“十二五”普通高等教育本科国家级规划教材
普通高等教育农业部“十三五”规划教材

农村发展研究方法 第二版

侯立白　李新然　主编

中国农业出版社

内 容 简 介

本教材共5篇15章：第一篇概述，主要包括第一章绪论，重点介绍农村发展研究的对象与内容、概念与方法体系、学习农村发展研究方法的意义与要求；第二章农村发展研究框架，重点介绍农村发展研究的基本程序、变量与变量设计、抽样原理与方法。第二篇农村发展研究的一般方法，从第三章到第八章，重点介绍文献研究法、观察研究方法、访谈调查研究方法、问卷调查研究方法、案例研究方法和实验研究法的基本概念、实施步骤、优缺点等内容，并分别列举案例进行说明。第三篇农村发展研究的参与性方法，主要包括第九章参与性发展研究与工作方法，重点介绍参与性与农村发展的关系、农村发展的参与性实践；第十章参与式发展研究具体方法，重点介绍参与式研究方法的优点和适用范围，以及展示法、分析法、排序法、记录法、图示法、研讨会议法6种参与式研究方法的具体操作步骤、适用范围、注意事项，并列举参与式发展研究方法案例进行详细说明。第四篇农村发展研究的系统分析与评价方法，主要包括第十一章农村生态系统分析方法，重点介绍农村生态系统的概念及特征、农户生态系统分析方法；第十二章农村发展研究评价方法，重点介绍农村发展研究评价的一般过程和常用的评价方法。第五篇农村发展研究资料整理、分析与报告撰写方法，主要包括第十三章农村发展研究资料的整理方法，重点介绍数字和文字资料的整理方法以及统计指标的分析；第十四章农村发展研究资料的分析方法，重点介绍数量型资料的统计分析和非数量型资料的分析方法；第十五章农村发展研究报告的撰写方法，重点介绍农村发展研究报告的结构与写作格式、写作步骤和注意事项，并列举写作范例。

本教材作为普通高等教育“十一五”国家级规划教材和全国高等农林院校“十一五”规划教材，既适用于农村区域发展专业，也适用于其他相关专业，同时也供从事“三农”问题的研究者和实际工作者参考。

第二版编写人员

主　编　侯立白（沈阳农业大学）
　　　　　李新然（云南农业大学）

副主编　李首成（四川农业大学）
　　　　　韩祥铭（山东农业大学）
　　　　　张　雯（沈阳农业大学）
　　　　　方平平（福建农林大学）

参　编（按姓氏拼音排序）
　　　　　陈　方（西南林业大学）
　　　　　陈　品（扬州大学）
　　　　　程昕昕（安徽科技学院）
　　　　　段巍巍（河北农业大学）
　　　　　李文河（河北经贸大学）
　　　　　路　遥（云南农业大学）
　　　　　孙玉娟（东北农业大学）
　　　　　雍太文（四川农业大学）
　　　　　占纪文（福建农林大学）
　　　　　赵洪亮（沈阳农业大学）
　　　　　赵月红（山西农业大学）

审　稿　朱朝枝（福建农林大学）
　　　　　陶佩君（河北农业大学）

第一版编写人员

主　编　侯立白（沈阳农业大学）
　　　　　李新然（云南农业大学）
副主编　韩祥铭（山东农业大学）
　　　　　方平平（福建农林大学）
　　　　　王季春（西南农业大学）
编　者（按姓氏笔画排序）
　　　　　王国骄（沈阳农业大学）
　　　　　王季春（西南农业大学）
　　　　　方平平（福建农林大学）
　　　　　李孟良（安徽技术师范学院）
　　　　　李新然（云南农业大学）
　　　　　张　雯（沈阳农业大学）
　　　　　陈　方（西南林学院）
　　　　　段巍巍（河北农业大学）
　　　　　侯立白（沈阳农业大学）
　　　　　黄亚勤（云南农业大学）
　　　　　曹流俭（安徽农业大学）
　　　　　韩祥铭（山东农业大学）

第二版前言

近几年，随着农村发展步伐的加快，处于急剧转轨变型时期的农村经济、社会、文化和技术等各个方面，呈现出日新月异的发展态势。农村区域发展学科，一直以来以农村发展为主要研究内容，基于研究对象的整体性、复杂性和系统性，在学科方法论上，一直坚持多学科协作的原则，为了更好地反映这个特点，就需要不断加强对研究方法的方法论、基本原理和实践、具体研究技术手段和分析方法，进行新的探索、总结和创新，从而使农村发展研究方法更好地为农村经济建设和社会发展做出应有的贡献。

该教材充分立足于中国特有国情，着眼于现代发展观，依据农村发展的基本原理与实践，明确其所阐述的方法和工具不隶属于任何一个学科，但又反映了每个学科的特点，强调了使用范围和层次上的宽泛性。

在教材内容上，对农村发展研究的方法论基础进行重新界定，重点对农村发展研究假设提出和变量设计部分的内容进行扩充，并补充完善每种方法的具体操作环节，对每种方法的实例进行修订，增强操作性和实用性。该教材还进一步整合了参与式发展理论框架指导下形成的参与性方法，详细阐述了一系列可操作的具体方法和工具，并配备相应的案例，通俗易懂、易操作，不仅适用于参与式的发展项目，同时也可用于其他的社会调查和研究需要，强调研究理念和方法上的先进性。

在教材体例上，我们采取了多种新颖活泼的形式将教材内容的理论性、可读性和实用性巧妙结合，在大部分章节中或后都附有案例材料或应用举例，并提供小结和思考题，便于同学们对知识的回顾和复习。

该教材修订工作从2008年5月开始，2008年5月，“全国高等院校农村区域发展学科建设学术研讨会”在河北农业大学召开，初步确定了《农村发展研究方法》的修订大纲，并明确了该修订教材的主编和副主编人员。2009年4月，在西南林学院召开了《农村发展研究方法》的统稿会，进一步确定了写作框架和理念中的创新点，强调相关概念的理解和定位等，并在此基础上对大纲的框架进行了重新梳理。2009年11月，《农村发展研究方法》教材主编、副主编审（定）稿会在沈阳农业大学召开，主编、副主编们本着求同存异、认真负责的态度，对《农村发展研究方法》教材的编写大纲、主要章节、写作难点等进行了热烈的讨论，对教材初稿进行了进一步审阅和修订，最后，由侯立白修改、定稿。

该教材第二版修订具体分工是：由侯立白、李新然担任主编，李首成、韩祥铭、张雯、方平平担任副主编。本教材聘请福建农林大学朱朝枝教授、河北农业大学陶佩君教授担任主审。本教材各章的具体承担者为：第一章：侯立白（沈阳农业大学）；第二章：韩祥铭（山东农业大学）；第三章：方平平（福建农林大学）；第四章：段巍巍（河北农业大学）；第五章：赵月红（山西农业大学）；第六章：孙玉娟（东北农业大学）；第七章：李文河（河北经贸大学）；第八章：程昕昕（安徽科技学院）；第九章：路遥、李新然（云南农业大学）；第十章：陈方（西南林业大学）；第十一章：雍太文、李首成（四川农业大学）；第十二章：占纪文（福建农林大学）；第十三章：陈品（扬州大学）；第十四章：赵洪亮（沈阳农业大学）；

第十五章：张雯（沈阳农业大学）。

需要说明的是，本教材借鉴和引用了学术界许多相关的研究成果（引用的参考文献列于书后），在此，向这些研究成果的作者们致以由衷的谢意。本教材的出版得到沈阳农业大学、云南农业大学的大力支持，在此表示感谢。在本教材定稿过程中，沈阳农业大学持续发展与推广学专业的硕士研究生郝营和张红芹，2007 级和 2010 级农村区域发展专业的本科生做了许多文字处理方面的工作，一并表示感谢。

由于编者水平有限，本书难免会有不妥甚至疏漏之处，恳请有关专家、学者和广大读者予以批评、指正，共同促进《农村发展研究方法》的完善和提高。

编　者

2010 年 3 月

第 一 版 前 言

进入21世纪以后，中国正进入急剧转轨变型时期，农村发展和现代化建设是我们这个时代的主要任务。当前“抓住发展这个第一要务，坚持科学发展观”，已经在各个学科及领域中形成基本共识。因此，以农村发展为主要内容的农村区域发展学科，必须尽快适应中国农村发展的需求，研究具有中国特色的农村区域发展理论、区域发展模式、区域发展战略和区域发展规划，推动中国农村经济社会全面、协调、可持续发展，实现社会主义物质文明、政治文明和精神文明共同进步。

农村发展是一个系统工程，具有多学科、综合性的特点。因此，其研究的范围和内容也是广泛的。其研究对象涉及社会、经济、文化、技术、政治（制度）等范畴。基于研究对象的整体性、复杂性及系统性，决定了在方法论上必须是多学科协作，这些方法和工具不隶属于任何一个学科，但又反映每个学科的特点。它是学科知识的综合，而不是组合。

2002年12月，“全国高等农业院校农村区域发展专业教材编写会议”在沈阳农业大学召开，初步确定了《农村发展研究方法》的编写大纲，并明确了该教材的主编、副主编人选。2003年9月，在中国农业推广理论与方法学术委员会的支持下，于福建农林大学召开了“全国高等农业院校农村区域发展专业教材及专业研讨会”。会议期间，进一步细化了该教材大纲及主要内容，明确了该教材的主编、副主编及参编人员。2003年12月，在云南农业大学召开了《农业发展研究方法》教材主编、副主编及参编人员会议，对教材初稿进行了进一步修订，最后，由侯立白修改、定稿。

教材编写的具体分工是：由侯立白、李欣然担任主编，韩祥铭、方平平、王季春担任副主编。本书聘请福建农林大学朱朝枝教授、河北农业大学陶佩君教授担任主审。本书各部分的具体承担者是：第一章：侯立白（沈阳农业大学）、韩祥铭（山东农业大学）、李新然（云南农业大学）；第二章：韩祥铭；第二章：段巍巍（河北农业大学）、方平平（福建农林大学）、王季春（西南农业大学）；第四章：李欣然、陈方（西南林学院）、张雯（沈阳农业大学）、黄亚勤（云南农业大学）、李孟良（安徽技术师范学院）；第五章：陈方；第六章和第七章：侯立白；第八章：曹流俭（安徽农业大学）；第九章：王国骄（沈阳农业大学）。

需要说明的是，本书借鉴和引用了学术界许多相关的研究成果（引用的参考文献列于书后），在此，向这些研究成果的作者们致以由衷的谢意。本书的出版得到沈阳农业大学、云南农业大学的大力支持。在此，表示深深的谢意。在本书定稿过程中，沈阳农业大学的王萍、王婧、侯玉虹、赵宏亮、盛耀辉、蔡万涛、杨业圣等同学做了许多文字处理方面的工作。

由于编者水平所限，本书肯定有不妥甚至错误之处。盼请读者予以批评、指正，以期本书能得到不断的充实和修订。

编　者

2004年3月

目　　录

第二篇 农村发展研究的一般方法

第三篇　农村发展研究的参与性方法

第四篇 农村发展研究的系统分析与评价方法

第五篇　农村发展研究资料的整理、分析与报告撰写方法

第一篇　概　　述

第一章　绪　　论

第一节　农村发展研究的对象与内容

一、农村发展研究的含义及其演变

（一）发展与农村发展

1. 发展的内涵与外延。严格说来，农村发展研究意义上的发展概念，是第二次世界大战后随着发展研究的产生、兴起和发展才广泛流行起来的。当今，发展成了最时髦的词语，如“发展公司”、“发展中心”、“发展大厦”、“发展问题”、“发展中国家”等随处可见。就连中国的地方政府中也设立了“农村发展局”这样的政府机构。“发展”的概念有广义和狭义之分。广义的发展等同于进步，可泛指人类社会的递进或成长；狭义的发展指一个社会的现代化问题和现代化进程。

发展概念的内涵外延十分丰富，它是一个多义的、多层次的综合性概念。不同学者对发展有着不同理解，例如：孔德认为，“进步”就是发展。黑格尔认为，“发展”有两种含义：一是指潜能，能力是潜在；二是指自为自在，亦即真在或实在，潜能变为自为自在的过程便是发展。所以“发展”既可以指发展活动，又意味着结果的状态。不同领域对发展有着不同看法：一般说来，经济学家笔下的发展指的是“经济增长”，社会学家则用“社会变迁”来说明社会发展，医学界有时用“发展”指代病情的变化，其他各部门和学科也都有自己的“发展”范畴。不同历史发展阶段对发展有不同侧重：在增长经济学盛行一时的20世纪60代，发展成了经济学界“第一等优先的经济议题”，单纯片面的“经济增长”便是发展。20世纪70年代初，由于国际经济秩序和政治关系发生了重大变化，由联合国倡导的“第一个发展十年”的失败（1960—1970年），发展中国家“有增长无发展”和“没有发展的经济增长”的现象十分普遍。人们的福利、个人的安全、自由和权力、生存和安全，以及认同普遍恶化，世界发展形势日趋严峻。人们对增长即是发展的理论，对增长的可能性、必要性进行反思，开始从社会经济的协调均衡发展，从为一切人的发展和人的全面发展的角度对发展的

概念内涵外延进行界定限制。主要观点认为：

第一，不存在关于发展的“终极”、“标准”定义，发展的概念也是发展变化的，也应该是开放性的，具有时代性和部门性；

第二，发展所应包含的指标是可以确定和选择的；

第三，发展的范围、目标是多种多样的，发展动力和发展的内外部环境是错综复杂、相互影响的；

第四，人的因素日益占主导地位，强调一切人和人的最大化的全面发展；

第五，强调经济与社会、物质与精神、局部与整体、现实与未来的均衡协调发展。

2. 农村发展的含义。农村社会与发展概念的有机结合便构成了一个全新的概念—农村社会发展，简称农村发展。农村社会发展同发展概念一样，具有丰富多彩的内容和广泛的外延。它是一个最基本、但却最不好把握的概念。它的内容与意义同样经历了一个复杂多变的演变过程。目前，人们一般从社会、经济、技术、政治和文化协调发展的角度去理解农村社会发展的概念，可以看做是经济领域的工业化、政治领域的民主化、社会领域的文明化以及价值观念领域理性化的互动过程。具体地说，农村发展主要应包括以下三个方面的含义：①指保证和促进经济、技术发展的社会前提。这是最高层次的农村社会发展，它既包括整个农村社会的变革，也包括一定制度下生产关系和上层建筑的调整。②指伴随着经济、技术发展的需要而必须相应发展的农村社会条件，如农村社会保险的统筹，农村人口的控制。③指广大农民物质生活质量的提高与改善，它是农村社会发展的结果与生产力在生产者身上的最终体现。三者构成一个整体，缺一不可。

3. 发展与农村发展的演变趋势。针对发展和农村发展概念的产生、演变及其内涵外延的诠释，我们可以看出发展和农村发展关注的范围和领域不断扩展，关注的问题逐渐深化，主要表现在：①由单指经济增长变为泛指整个农村社会生活各个层面的变迁；②由局部、外援、依赖、单一的发展变为综合整体和内在的发展；③由注重物质发展转到注重人的发展；④由单独的经济发展变成农村社会经济协调发展；⑤由忽视文化的发展，到重视文化因素；⑥由关注发展中国家的发展问题变为关心全球的发展问题。

（二）发展研究和农村发展研究

1. 发展研究的含义。发展研究自古有之，并非现代社会的产物。发展研究有广义和狭义之别。

广义的发展研究是探索整个宇宙和社会变迁的一般规律，从整体、全球角度上阐明各国社会经济发展的历史过程与现状和未来。如马克思的社会发展理论、唯物辩证法。

狭义的发展研究，是针对相对贫穷落后的发展中国家政治、经济、社会、文化的发展问题所开展的研究。例如，发展新闻学、发展心理学、发展社会学、发展经济学、发展政治学、未来研究、发展哲学、现代化研究等。

2. 农村发展研究的含义。农村发展研究是在普通发展研究的理论和方法指导下，研究特定的农村发展的科学，是庞大的发展研究学科体系中十分重要的一门学科。农村发展研究是通过采用科学的方法来系统地收集和分析关于农村社会现象的资料，并在此基础上对相关的农村社会现象及其本质和规律做出科学认识的活动。农村发展研究从研究对象的范围上划分，可分为广义农村发展研究和狭义农村发展研究。

广义农村发展研究从全球背景上探索农村经济发展和农村社会变迁的一般规律，阐明包括发达国家和发展中国家在内的农村经济、政治和农村社会发展的历史和现状，乃至未来发展的远景。广义农村发展研究最初是从发达国家的“经济增长”问题及其前景出发来研究全球性农村发展问题的，因此也叫“增长理论”或“全球模式”。

狭义农村发展研究是专门以发展中国家为研究对象，它分析这些国家落后的原因、发展的国内外条件和环境，并提出政治、经济、社会、文化等综合发展的战略方案和政策建议。通常就称为“农村发展学”或“农村发展理论”。

广义农村发展学与狭义农村发展学虽有区别，但实际上是相互联系不可分割的。这不仅是因为它们研究的问题本身是相互贯通的，而且因为它们在思想体系及学术观点上往往是相互借鉴、互相渗透的。

3. 农村发展研究的历史演变。发展是当今世界性的主题，对发展的结果—现代化即获得现代性，各发展主体基本上是没有异议的，但对用什么样的手段来发展，不同时空条件下的发展主体却难以取得共识。由于各个国家和地区自然条件、历史传统的差异性很大，发展的手段实际上也不可能是一致的。农村发展研究是一门新兴的充满希望的学科，从它诞生到现在，只有约 40 年的历史，其产生以来所经历的变化之大，或许是其他任何重要的学科领域所未曾有的，对解决世界农村发展问题的重要性也是不言而喻的。在研究如何促进农村发展的历史舞台上，作为不同发展阶段的发展理论背景，传统发展理论向参与式发展理论的转变，给农村发展研究赋予了历史性的意义和价值。

（1）传统发展理论指导下的农村发展研究。以现代化理论为代表的传统发展理论所包含的是以经济增长为中心的发展思想，其理论背景是第二次世界大战后资本主义经济的高速发展，因此，传统发展理论所要求的模仿西方发达国家的核心是经济增长。近几十年的发展实践表明，真正能与发达国家接轨的只是极少数国家和地区。西方新马克思主义理论认为，大部分发展中国家在获得现代化的过程中出现了“内在殖民化”或“拉美化”现象。所谓“内在殖民化”，是指在一个国家内部，以城市为代表的相对先进的部分、地区和阶层与国际资本连接起来，剥削这些国家的落后部分、地区和阶层，形成内部的依附关系，造成“两极分化”。所谓“拉美化”是指社会的阶层结构呈现出很不合理的金字塔形，经济增长的成果被占社会成员人数很少的主导性阶层分享殆尽，处于社会中下层的城市贫民和农村无地、少地的农民没有机会分享经济与农村发展的成果，这种拉美国家普遍存在的经济与社会之间的结构失衡现象被称为“拉美化”。巴西、阿根廷、秘鲁、哥伦比亚、委内瑞拉、墨西哥等拉美国家在 20 世纪六七十年代有着当时世界上最快的经济增长速度，但社会阶层结构的畸形使其丧失了继续发展的动力。由于不能使社会中的大多数人分享经济与农村发展的成果，引发许多社会问题，例如社会长期动荡不安，贩毒活动、恐怖活动猖獗等，因此以现代化理论为代表的传统发展理论的有效性受到怀疑。在传统发展理论背景指引下，农村发展研究主要关注经济增长方面的问题，在此基础上，经济类学科得到快速发展，关注的中心主要集中在发展中国家的国内因素，以及发展的历史和现状等问题上。

（2）参与性发展理论指导下的农村发展研究。20 世纪 60 年代以后逐步形成的参与式发展理论，是作为对以现代化理论为代表的传统发展理论的反思与批判的面目出现的。与现代化理论相比，参与式发展理论是一种微观发展理论，它强调尊重差异、平等协商，在“外来者”的协助下，通过社区成员的积极、主动的广泛参与，实现社区的可持续的、有效益的发展，使社区成员能够共享发展的成果。参与式发展理论的价值取向却是以人为本的，这解决了落后国家在现代化过程中的“谁是发展的主体”、“谁是发展的受益者”这样的根本问题。它在解决农村区域发展方面问题的有效性正越来越受到重视。尤其是对中国这样一个各地自然条件、文化传统差异很大的发展中国家来说，因地制宜，充分利用当地的各种资源（包括人力资源），在当地农民积极、主动的参与中形成一种可持续的、有效益的发展就变得更为重要。理论的演变相应带来了农村发展研究的巨大转变，农村发展研究涉及的学科领域很广，经历了由单学科到多学科、跨学科的发展过程，已形成若干分支，如发展经济学、发展社会学、发展政治学等。这些分支学科各自从不同角度对“农村发展”这个总课题作出自己的贡献。农村发展研究经历了由单纯研究经济增长到全面研究社会经济发展，由研究发展中国家的国内因素到将国际国内因素综合起来进行研究，由单纯研究历史和现状到同时预测和研究未来发展过程。

二、农村发展研究的内容

农村社会发展是一个最困难而最吸引人的社会学问题，主要从社会和发展的角度去分析农村社会现象，农村社会系统结构和农村社会运行机制，寻求农村发展过程的社会、文化，心理、经济和政治基础与变动趋向。农村发展研究注重研究农村社会发展与政治发展的关系，农村社会发展与经济发展的关系，农村社会发展与文化发展的关系，简而言之，研究农村发展问题的所有的社会因素。

（一）纵向层面

从农村发展研究的纵向层面，可以划分为四个高低不同的研究层次。

1. 整个人类社会的发展问题。它是发展理论研究的最高层次，它的概括性、综合性、全球性最强。

2. 地区性发展问题。包括国与国之间、南北之间、东西之间、南南之间的国际社会协调发展问题，以促进区域性或地区性现实发展为目的。

3. 国家的农村发展问题。这是农村发展研究最直接、最基本、最具体的研究对象。它是前两个研究层次的基础和依托。

4. 农民全面发展的问题。这是农村发展研究的核心问题，也是发展所要达到的最后目标。

（二）横向层面

由于农村发展不单单是一种经济增长的过程，它更是农村社会系统的全面革命与调整，因此，横向层面的农村发展研究的问题范围十分广泛和庞杂。

1. 农村发展理论与农村发展的关系问题。主要集中在以下问题的探讨中：农村社会发展的主体、农村社会发展的根源、农村发展的阶段性、农村发展的方向性和发展速度、农村发展的类型和形式、衡量农村社会发展的社会指标、农村发展研究的学科体系和理论体系的建设和发展问题。以上研究，主要关注理论如何指导农村发展的实践，特别要考察各种社会变迁理论如何影响政府，尤其是发展中国家政府的发展政策、发展计划和发展战略的制定、实施与评估。

2. 文化发展和农村发展的相互关系问题。特别是重点研究文化发展与经济增长的相互关系，以及对农村社会发展的影响问题。文化发展的核心问题是价值观念更新。发展中国家的农村发展实践证明，发展中国家普遍存在长期无法解决的众多发展问题，例如贫困落后、人口爆炸、教育落后、文盲问题、环境污染、宗教迷信盛行、营养卫生状况恶劣、科学技术落后、过度城市化等，均与文化价值观念的僵化、价值判断标准的失衡密切相关。

3. 农村发展模式、发展进程与发展道路问题。特别是从发展历史上，从动态的发展过程中去考察农村发展的社会变迁。当代农村发展作为一种现代化过程，它是复杂的、有阶段的、不可逆转的进步过程。不同政治体制的国家、不同的民族和地区，发展的目标可能只有一种，但发展道路却可能有千万条。通过比较借鉴现有的发展形态，预测发展进程，设计发展模式，提出发展政策建议等，可以为其他地区的农村发展提供发展方向和借鉴样板。

4. 农民的发展与农村发展的相互关系问题。特别是，从为了一切农民的发展与农民的最大化发展中去辩证探讨农民发展与农村发展之间的关系。农村发展是以农民的现代化以及为实现农民的现代化所必需的农村社会层面的现代化（它包括经济增长、科技发展、体制创新、机制完善等内容）为研究对象。当代农村社会在发展的时序与发展的链条上，强调的是封闭向开放的转变，传统向现代的转变，农业经济向工业经济、知识经济的转变。因此，当代农村发展要研究当代农村社会的现代化过程问题，要研究农村现代化过程中农民的现代化问题。

5. 农村发展趋势与农村发展战略问题。 农村发展研究不同于其他学科的突出之处在于它面向未来，服务于未来。19 世纪，西方的许多思想家已做了大量的社会观测和“批判性社会诊断”，如瑞士的布克哈持、俄国的托尔斯托、法国的普鲁东、波德莱尔、德国的马克思等。这种面向未来的农村发展趋势和发展战略的研究自然也成了当今我们的主要研究议题。

第二节 农村发展研究方法的概念与方法体系

一、农村发展研究方法及其特征

（一）农村发展研究方法的概念

人们要认识客观世界，改造客观世界必须采取一定的方法。什么是方法呢？列宁在《哲学笔记》中摘录过黑格尔《逻辑学》里的一段解释：“在探索的认识中，方法就是工具，是主观方面的某个手段，主观方面通过这个手段和客体发生关系……”也就是说，方法就是主体在认识世界和改造世界的某项任务中所采用的方式或手段。毛泽东在《关心群众生活，注意工作方法》一文中曾形象地把任务比喻成过河，把方法比喻成桥和船，他说：“我们不但要提出任务，而且要解决完成任务的方法问题。我们的任务是过河，但是没有桥或没有船就不能过，不解决桥或船的问题，过河就是一句空话，不解决方法问题，任务也只是瞎说一顿”。但是研究对象不同，方法也必各异。例如，农学家研究生物，要使用实验法，数学家使用逻辑演绎法，而研究农村发展中出现的各种新现象、新问题，就必须采取农村发展研究的方法。

农村发展研究方法是在辩证唯物主义、历史唯物主义原理和科学方法论的指导下，吸取了科学研究方法（包括自然科学和社会科学）的基础上，人们在长期的农村发展研究实践中逐步总结出来的一套认识和研究农村社会的方法体系。

农村发展研究方法和一般发展研究的关系是特殊（个别）和普遍（一般）的关系，既不能互相割裂，也不能互相取代，即农村发展研究方法遵循着一般发展研究方法所遵循的基本原理与原则，它是一般发展研究方法根据调查区域或调查对象所划分的一种类型，与城市发展研究方法相对应。

（二）农村发展研究方法的特征

农村发展研究方法是通过科学的研究方法而保证农村发展研究的客观性，提高农村发展研究活动的效率的。农村发展研究方法的特征包括：

1. 经验性。农村发展研究方法首先是一种经验性方法。所谓经验性，是指发展研究必须依据可感知的资料，这也就是说，农村发展研究只对那些可以看到、听到、接触到的东西感兴趣。“经验性意味着根植于经验的”、“可观察的人的行为，人所创造的东西以及以语言为中介的意见和关于态度、价值判断、意愿等，都属于经验上可感觉的社会事实。”农村发展研究者通过所收集的大量类似的经验资料，反映了更大规模的社会现象的某些部分，将这些所有资料整合起来，我们就可以“经验地”认识社会现象的某些部分。

2. 理论性。农村发展研究方法具有理论性的特征，即农村发展研究的方法体系注重理论对经验研究的指导，并且重点要解决从具体的经验资料到普遍性理论概括的逻辑过程。

3. 规范性。农村发展研究方法具有规范性特征，即农村发展研究方法体系同时也是农村发展研究活动的规范体系，它不仅为研究者提供研究的手段，同时也规范着研究工作的各个环节。这是因为，农村社会调查要能实事求是地、准确地反映客观实际，就必须思想严谨、判断恰当、推理合乎逻辑，而不遵循逻辑规律，就难免使调查产生不真实的问题。

4. 多样性。农村发展研究方法具有多样性的特征，即农村发展研究方法体系是由多种不同的研究方法组成的，并且在农村发展研究过程中可以采用多种不同的研究方法。

二、农村发展研究的方法体系

虽然现代农村发展研究的历史较短，但从整体上看，农村发展研究学科的研究对象与研究任务的层次性和复杂性，决定了研究方法也必然具有层次性和多样性。一般的说，发展研究方法的体系结构也由以下三个层次构成：一是农村发展研究的方法论；二是发展研究的具体过程和技术；三是发展研究的各种具体方式和方法。

农村发展研究方法的三个层次是相互联系、缺一不可的。一般说来，农村发展研究的方法论是人们的思想方法和科学的一般方法在发展研究中的体现和应用，它提供了发展研究的指导思想。基本方式表明贯穿于发展研究全过程的程序、步骤与操作方式，说明研究者是通过何种具体途径得出研究结论。而一定的研究方式又规定了一套与之相适应的具体的方法、技术和工具等。

（一）农村发展研究的方法论

1. 方法论及其层次。研究必须以一定的理论和方法论作为指导，但方法论并非是统一的。那么，何谓方法论呢？方法论是关于研究方法的理论，它主要探讨科学研究的基本假设、逻辑、原则、程序、方法等问题，它是指导科学研究的一般思想方法或哲学观点。农村发展研究的方法论是农村发展研究方法的理论基础，也即对农村发展研究方法的科学性和合理性的哲学论证。

方法论在不同层次上有哲学方法论、一般科学方法论、具体科学方法论之分。三者之间是互相依存、互相影响、互相补充的对立统一的关系。其中哲学方法论是关于认识世界、改造世界、探索实现主观世界与客观世界相一致的最一般的方法理论，例如马克思主义哲学是一种科学的哲学方法论，它不仅是认识客观世界的武器，也是改造现实的武器。哲学方法论在一定意义上说带有决定性作用，它是各门科学方法论的概括和总结，是最一般的方法论，对一般科学方法论和具体科学方法论有着指导意义。研究各门具体学科，带有一定普遍意义，适用于许多有关领域的方法理论是一般科学方法论，例如社会学中的实证主义、反实证主义（人文主义）、批判主义等。研究某一具体学科，涉及某一具体领域的方法理论是具体科学方法论。例如经济学提出“经济人”的假设，认为人的行为是理性的，是由其经济动机决定的。而社会学基本假设之一是，人的行为是受社会结构或社会环境制约的。农村发展研究是一门跨学科的、综合性的科学，多种学科对其作出了贡献，其中主要是经济学、政治学、社会学和农业自然科学。当各个学科的研究者触及农村发展问题时，他们总是使用本学科的方法论，适当时候会加一点补充和修正。

2. 方法论的历史演变。一提到科学的研究方法，人们总是很容易想起亚里士多德·波普尔那样的哲学家不断探索的所谓“科学的方法”。一般步骤如下：①形成一个假设；②通过观察和实验收集相关资料；③根据对资料的理解对假设做一些可能的修正；④为了验证修正过的假设作进一步的观察和实验，综合分析所有资料；⑤提出研究结论。这个过程经常被简化为：通过对理论的演绎建立研究假设，对研究假设中概念开展操作化，进行经验观察，最后得出结论。它往往被看做是科学实证主义的规则。实际上，自然科学家也很少严格遵循这些规则。在发展研究领域中，总的说来，把严格的科学实证主义方法应用到发展研究的论著中并不多见。但他们采用的这些方法基本上是“科学的”。他们从观察开始，进而根据观察到的现象提出与因果解释相关的假设，对这些假设进行经验上的检验，从那些经过经验检验并且与其他人们业已接受的正统知识中做出概括。

在科学方法论的初创时期，学者们大多集哲学家与自然科学家于一身。在一种朴素的整体思维方式的引导下，自然科学和发展研究尚未分离，哲学知识、自然科学知识关于方法论的知识往往难以分解，哲学还没有把认识论问题作为自己的中心课题，自然科学方法论与发展研究方法论并没有明确的界定，自然哲学和自然思辨决定了当时的科学方法论带有整体的性质。

从 16 世纪到 19 世纪初叶，随着近代科学的兴起，自然科学与哲学开始分化，经典自然科学趋于成熟，自然科学方法论研究具有独特意义，认识论问题逐步成为哲学研究的中心问题，发展研究方法论的独立考察也逐步有了客观基础和现实意义，只是当时的发展研究方法论集中地表现为哲学方法论罢了。

从19世纪以来，发展方法论从一般哲学问题中分离出来，特别在20世纪以来，成为独立的研究领域，发展研究空前繁荣，发展研究方法论获得了空前发展。此间，发展研究方法论的长足发展主要表现在两个方面：一个特别重要的方面是，马克思主义经典作家创立的新唯物主义，带来了科学方法论的重大变革，它不仅为社会科学的研究也为发展研究提供了彻底唯物辩证的方法，成为发展研究方法论发展史的重要里程碑。另一方面是西方发展研究方法论中，实证精神的引入和反实证主义思潮的兴起，实证主义和反实证主义成为西方发展研究方法论中两大典型派别。

就前者而言，马克思、恩格斯从方法论上考察了当时科学和哲学发展的新成就，并对资本主义社会作了深入细致的研究，创立了辩证的、历史的、实践的唯物主义。这种新唯物主义同时也是彻底的唯物辩证方法，它把黑格尔的唯心体系倒置过来，主张通过直接考察显示的“市民社会”来建立发展研究理论。马克思指出：“我们想把我们的全部叙述都建立在事实的基础上，并且竭力做到的只是概括的表明这些事实”。这种以经验事实为依据，以唯物辩证法为分析手段，在具体的社会过程和社会联系中探求社会历史现象的本质、规律和意义的研究方法，体现在包括《资本论》在内的一系列研究中。

马克思主义科学方法论吸取了以往哲学和实践的一切成果和最新成就，它批判了以前的方法论，建构了唯物辩证的科学方法论。这种合理形态的科学方法论不仅研究了最一般的哲学方法，而且总结了发展研究许多具体方法，如观察方法、实验方法、数学方法、假说方法、分类方法、比较方法、归纳和演绎方法、分析和综合方法、抽象和具体方法、历史和逻辑方法、理想化方法等，在发展研究方法论的发展进程中占有极其重要的地位。

3. 实证主义与反实证主义之争。社会学的创始人孔德主张“观察优于想象”，他将自然科学中的研究法则引入社会研究，认为人与动物只有程度上的差别，对人性及社会的研究应类同于对动物甚至对原子的研究，即实证研究。孔德由此提出了他确认的社会研究方法。首先，他断言，观察是社会学的主要方法；其次，是实验方法，即基于世界各种文化的比较，以及人类社会与动物社会的比较。此外，孔德还提出了历史法，即不同历史阶段和过程比较，这也可归入比较法的一种。迪尔凯姆进一步发展、系统化了实证主义方法论，他在《社会学方法的规则》一书中首先制定了社会研究方法的细则。其中，“首要的，同时也是最基本的规则是：把社会事实作为事物来看待”。他认为，信仰体系、社会习俗和社会制度等现象是外在于个人的客观的社会事实，个人对社会事实的反应就如同物质对外界刺激的反应一样。因此，对社会现象也可以采用自然科学的方法加以分析和解释。

德国学者狄尔泰正式抓住了社会现象的特殊性向实证主义提出诘难。他认为，由于人具有自由意志，人的行为是无规律的、无法预测的；社会历史事件也都是独特的、偶然的，不存在普遍的社会历史规律。因此，对人和社会不能用自然科学的方法来研究，而只能以人文学科的主观方法对具体的个人和事件进行解释和说明。在反实证主义思潮中，大部分学者都介于实证主义与主观主义两极之间。其中，德国学者韦伯的发展研究方法论最具代表性。韦伯既反对实证主义，也反对主观主义。与实证主义不同，他认为，社会现象与自然现象具有异质性，前者含有社会成员对自己和他人行为的主观理解，即社会事实最终归结为可理解的事实。研究必须首先观察行动者的“主观思想状态”，并依靠研究者的直觉或“理解”对行为的意义做出判断。与人文学派不同，他主张，由于人的社会行为是有意义、有目的的，因而具有一定的规律性，对之可以采用自然科学的方法加以研究。但是，社会研究对人的行为理解的因果解释不是仅仅通过外部表现和外部影响，而且还通过对人的行为动机的理解。韦伯强调，独立于人的主观意识之外的社会规律是不存在的，但是通过对理性行为的理解，就可以找出社会现象的规律性，可以对人的行为做出预测。韦伯认为，只有通过阐明和解决实在的问题，科学才有基础，它的方法论才能继续发展，相反，纯粹认识论和方法论的思考决不会在这方面发挥决定性的作用。方法论始终只能是对在实践中得到的检验手段的反思。韦伯的发展研究方法论体现了他从解决实际问题的需要来考虑方法的求实精神。

反实证主义学派提出了许多令人深思的观点，他们对实证主义方法论构成了强有力的批判和挑战。而从另一角度看，实证主义方法论也构成了对反实证主义方法论的诘难和驳斥，这两大类各自均有一定的片面性却又含有不少合理因素的社会可行方法论之间的争论，显露了人类在发展研究方面的成果和思维教训，这无疑有利于农村发展研究方法论的发展。

而从它们与马克思主义发展研究方法论的关系来看，马克思主义发展研究方法论深刻地影响了人们对于社会历史和科学自身的看法，但它本身并不是终极真理，而是仍然需要面对社会历史提出的新问题不断发展和补充。这种发展既可以是来自自身的改善，也可以是来自外部的促进。现代实践和科学的发展提出了许多为马克思主义创始人所未遇到和未预料到的无数新问题，它们对马克思主义提出了新的挑战。在此情况下，马克思主义的发展研究方法论当然需要不断丰富和完善，而迪尔凯姆、韦伯等人的发展研究方法论无疑为这种变革提供了非常有效的参考。

在农村发展研究中应遵循何种方法论，是一个实践的问题，因为研究农村社会现象有各种可供选择的方法论、研究途径和判断标准，这就要对具体的现象做具体分析。有些农村社会现象，如农村人口发展是适于用自然科学的数量化方法分析的，而有些社会现象，如社会规范的形成与变化，目前还只能用历史、哲学或人类学的方法加以研究。因此，在做具体研究时，研究者一般要根据研究课题的性质来选择更适于这一课题的方法论和学科理论作为指导，或者是根据自己在理论、方法论方面的专业特长来选择适当的研究题目。

（二）农村发展研究的基本方式

基本方式指贯穿于农村发展研究全过程的程序和操作方式，它表明研究的主要手段和步骤。农村发展研究的基本方式包括研究设计和研究方法两种类型。

1. 研究设计。研究设计是指研究者对整个研究工作进行规划和安排，对研究类型、研究程序和具体方法加以选择并制定详细的研究方案的过程。研究设计所涉及的内容相当广泛，但最主要的包括明确研究目的与研究性质、确定研究对象与分析单位、确定研究的具体内容，以及选择研究方式和具体的研究方法等方面。

（1）明确研究目的与研究性质。在研究设计阶段首先需要确定研究目的的层次，即探索性研究、描述性研究和解释性研究，然后对研究项目的具体目的做出分析和陈述。探索性研究是研究者在整个研究工作的前期阶段中对所研究的现象或问题进行初步了解的过程，其目的是要获得对所研究问题及调查对象的初步印象和感性认识，以便为今后更周密、更深入的研究提供基础和方向。描述性研究的主要目的是对农村社会现象的状况、过程和特征进行客观准确的描述。描述性研究在研究的时间地点、研究内容、研究角度、研究对象的选择等方面比探索性研究更明确具体，在研究方法上也与探索性研究有较大的差别。描述性研究常常采取严格的问卷调查和随机抽样的方法，并且研究样本的规模要比探索性研究中的规模大得多。解释性研究是对于农村社会现象或事件之间因果关系的研究。在解释性研究中，研究者要说明农村社会现象及事件发生的原因，并预测其发展的后果。解释性研究在内容上不像描述性研究那样面面俱到，它往往针对某一个具体问题提出假设，通过问卷调查来搜集数据，最后验证假设。在分析方法上，解释性研究往往要建立理论模型，通过统计分析方法来分析模型中各因素之间的关系强度，从而达到检验理论模型的目的。

在明确了研究目的以后，还需要明确研究的性质。一般说来，研究性质可以分为理论性研究和应用性研究。理论性研究是以发展有关农村社会的基本知识为目标的发展研究，它的关注点主要在于探索农村社会现象之间的因果关系和增加对农村社会现象内在规律的认识。应用性研究是指针对现实农村社会问题，旨在提出解决问题方法的研究，其目标主要是了解现实的农村社会问题，尽可能广泛和具体地描述农村社会现象的状况和特征，分析产生农村社会问题的原因，以及某种农村社会现象未来发展的趋势，从而有针对性地提供各种政策建议等。理论性研究与应用性研究的区分主要在于其研究目标的不同。同时，应用性研究与理论性研究密切相连。应用性研究要应用一定的理论来指导研究，在应用性研究中也要对所研究的问题进行理论分析。

（2）确定研究分析单位。在研究设计中，研究者还应当明确研究的分析单位。分析单位是研究者所要调查的和描述的对象，它是研究的基本单位，研究的最终目的是将这些分析单位的特征汇集起来以描述由它们组成的较大集合体或解释某种社会现象。一般来说，分析单位等同于抽样单位。但有时，分析单位可能与抽样单位不一致。另外要注意，分析单位不一定是研究结论中要解释的单位。一般说来，农村发展研究中的分析单位分为个人、群体、组织、社区和农村社会产品等不同的层次。在确定分析单位时，关键是要注意区分群体类别与集合体之间的不同。

个人是社会科学研究中最常用的分析单位，大部分发展研究都要通过分析个人特征来解释和说明各种社会现象。但社会科学不像生物学、心理学、生理学或医学那样分析人类特有的特征，而是分析在不同社会环境、不同社会制度或不同文化中的具体特征，即分析各种社会角色的特征，例如家长与子女、学生与教师、领导者与被领导者等。发展研究一般不停留在个人层次，因为它的主要目的是描述或解释由个人或个人行为组合而成的社会现象。

群体主要是指有某些共同特征的一群人，如妇女、儿童、青少年、老年人、工人、农民、干部、富人等。它们可以作为发展研究的独立的分析单位。群体特征不同于个人特征，例如家庭的特征包括家庭规模、形式、高档消费品的拥有量等。但有些群体特征可由个人特征汇集或抽取而来，如家庭的经济状况是由每个家庭成员的收入决定的，家庭的社会地位取决于家长的职业和声望。群体成员特征的平均值也可用来描述群体特征，如工人的平均文化程度、知识分子的平均收入等。

组织是由具有共同目标和正式分工的一群人所组成的单位，如企业、商店、公司、学校、机关单位、医院、政党等。组织特征包括组织的规模、组织方式、管理方式、组织行为、组织规范、任用、晋升、解雇等。社会组织是社会的基本构成单位，它是发展研究的重要对象。发展研究一般要分析某一组织在社关系系统中的位置和功能，它与其他部门的联系以及组织内部的结构和人际关系。

社区是按地理区域划分的社会单位，如乡村、小城镇、城市等。社区内的人们一般都共同从事社会、政治、经济等项活动，并具有较一致的文化规范和价值标准。将社区作为分析单位通常是描述社区居民的生活状况、交往情况、文化活动、行为规范以及社区的历史发展过程等。由社区研究可进一步扩展为对整个社会的研究，从而上升为宏观层次。

分析单位还可以是各种类型的社会活动、社会关系、社会制度和社会产品。例如，以历史和现代的各次战争为分析的单位，描述它们的特点和共同特征。或分析各个历史时期各个国家的政治制度、经济制度、国际关系、区域关系、家族关系、婚姻关系、生育制度等。社会行为是发展研究的一个重点。在将罪犯、离婚、自杀、革命、罢工、游行等行为当作分析单位时，不是把行为主体作为研究对象，而是侧重分析描述各个行为本身的特征。

社会产品是指建筑物、交通工具、书籍、服装、报刊、电影、歌曲等物品。例如电影的主题、内容、表现手法、道德准则等特征均可以作为独立的分析单位。也可以描述每家报刊的政治立场和影响力；或者对报刊上不同广告的特点进行分析，这是一个个广告成为分析单位。

可以说，分析单位是研究者所要了解的一个个案，它在很大程度上决定了抽样方案和调查方案的制订。在选择研究单位时应注意根据研究主题和研究对象选定分析单位。另外还要注意由于分析单位不正确、分析层次混乱或研究内容狭窄而导致的层次谬误与简化论两种错误。

层次谬误（或生态谬误）是指用一种高层次的分析单位做调查，却用另一种低层次的分析单位做结论。例如，以城市为分析研究犯罪问题时发现，流动人口多的城市比流动人口少的城市的犯罪率高。这是从人口统计资料和犯罪率调查中得到的客观、真实的资料，但是如果由这些资料得出结论说：流动人口比非流动人口的犯罪率高则是显然错误的。因为调查资料是以城市为单位而收集的，对它必须用城市特征，而不能用群体（或个人）特征来解释。如果要以群体特征来解释犯罪率，则应以群体为单位进行调查，例如分别调查流动人口与非流动人口，然后进行比较得出结论。“层次谬误”就是指这种将社区特征与群体特征、群体特征和个人特征相混淆的错误。在用统计资料做分析时很容易出现这类“层次谬误”。例如由“国有企业比集体企业的工资成本比重高”，推论出“国有企业比集体企业工人的工资高”，由“基督教国家比佛教国家的自杀率高”推论出“基督教徒比佛教教徒的自杀率高”，等等。当然，这种推论偶然也是符合实际的，但它的推理方法则是错误的。

简化论（或还原论）是指局限于用某类特征来分析和解释各种复杂的社会现象。例如，在解释人的行为时，心理学家只考虑心理特征（如动机、性格），经济学家只考虑经济特征（如经济地位、经济利益），社会科学家只考虑社会特征（如角色、规范）。在讨论研究内容时我们已经了解到，任何分析单位都具有各种属性和特征，而简化论则只偏重于其中某一类特征，这种就会忽略其他特征，犯简单化的错误。此外，各种简化论在研究中常偏重于不同的分析单位。例如，对中国“文化大革命”的研究，心理学家常以领导人为分析单位，用领导人的个性来解释“文化大革命”的产生原因，而社会科学家常以社会制度、社会阶级为单位来分析社会结构的影响。

实际上，并没有一种普遍适用的分析单位，一项研究应考虑到各种分析单位和各种特征，然后依据理论假设和初步考察来确定比较适当的分析单位与研究内容。

（3）确定研究的具体内容。研究内容是分析单位的属性和特征。研究者一般根据研究课题和研究假设的要求，确定出主要想了解的项目或指标。研究的内容不应过多，因为一个分析单位的属性和特征包含各个方面，如社会、政治、经济、文化、心理、态度、行为等。一项研究不可能调查所有的方面。一般来说，可以将分析单位的属性特征划分为三大类：状态、意向性和行为。

状态是一些客观指标，通过它们可以描述分析单位的基本状况。如个人的状态包括年龄、性别、身高、职业、收入、文化程度、婚姻状况等。企业的状态有组织结构、人员规模、产量、产值、利润等。社会产品的状态有产品形式、风格、质量、重量、色彩等。研究者根据研究假设选择其中某些指标。例如要研究人们的政治态度受哪些因素影响，可选择个人的年龄、职业、文化程度、经济收入等状态变量作为主要影响因素。状态变量一般可作为自变量，它们对态度、行为及其社会现象都有影响。

意向性是分析单位的内在属性，它是一种主观变量。意向性包括态度、观念、信仰、个性、动机、偏好、倾向性等。不仅个人和群体具有意向性，组织、社区甚至社会产品也有意向性。例如国有企业和乡镇企业有不同的价值观念和行为倾向，不同社区有不同的社会舆论等。由于意向性很难直接观测，研究者通常需要设计一组题目来描述态度、观念和行为倾向的不同类别和不同程度。

行为是一种外显变量，研究者可以直接观察到的各种社会行为和社会活动，如加入政党、参军等。群体、组织和社区等分析单位也有特殊的行为。

对行为可以从各个方面考察。例如韦伯区分了四种主要的社会行为：目标—理性行为、价值—理性行为、情感性行为和传统行为；还可以从其他角度划分，如分为政治、经济、社区、长期性、短期性等行为。一般来说，社会行为通常是解释的因变量，它受状态变量和意向性的影响。同时社会行为之间还存在着相互作用和相互影响，如一个人的行为会导致另外一个人的相互行为，反之亦然。此外，对行为有影响的因素还包括社会结构，社会制度、社会关系变量，社会环境、历史、文化等变量，它们是较高层次的分析单位的属性和特征。

研究内容的选择不仅取决于研究课题和研究假设，而且还取决于研究者的方法论倾向。

（4）确定研究的时间维度。时间维度也是研究设计中重要的一个方面。一旦研究的课题确定下来之后，研究这就要围绕着研究目标，从实践的角度进行一些考虑。比如，如果我们希望考察社会变迁的某些方面，那么，我们的设计显然就要设计在不止一个时间点上去考察我们感兴趣的现象。从研究的时间尺度上，它可以划分横向（横剖）研究与纵向（纵贯）研究两种类型。

横向（横剖）研究是关于某类社会现象在一个时间点或时间段里存在状况及其因果关系的研究，它一般在一个时点或时段上广泛地收集研究资料，并用以描述研究对象在这一时间点上的状况，或者探讨这一时间点上不同变量之间的关系。例如不同年龄、职业和地区的人在某一时间对政治体制改革的各种意见和态度。人口普查和民意测验多采用横剖研究。有些人认为，经验研究多是静态的、横剖的，而理论研究主要是从历史发展观点看问题，因此大多是动态的、纵贯的。这种观点是片面的。因为横剖研究并不等于静态研究，它也可以进行动态分析。例如，某民意测验在 20 世纪 80 年代调查了各种人（20～60 岁）的宗教信仰，通过分析各个年龄组的不同信仰程度，就可以发现从 40～80 年代宗教在社会中的影响和作用的变化。此外，许多理论检验研究都采用横剖设计来探询因果规律。例如，要考察结婚和有子女是否会影响政治态度，就可以在同一个时间调查未婚者、已婚者和有子女者，然后通过比较来发现人在结婚前后和有子女前后政治态度的变化规律。横剖研究的优点是调查面广，多采用统计调查的方式，资料的格式比较统一且来源于同一个时间，因而可采用各种类型的研究对象进行描述和比较，但资料的深度和广度较差。

纵向（纵贯）研究指的是在前后不同的时间里分别对某种或某些社会现象进行调查，收集该社会现象当时的资料，将这些资料结合起来分析，以描述某种社会现象的发展变化，以及解释不同现象前后之间的联系。历史研究和人类学研究多采用这一设计。纵向研究主要有三种不同的类型。

第一，趋势研究。趋势研究是对某种社会现象随时间推移而发生变化的研究。例如，每隔一年或半年就调查一次对政治改革的态度，又如比较各次人口普查的资料来发现人口增长的规律或预测今后的发展趋势。

第二，同期群研究。同期群研究是对同一时期同一类型的研究对象随时间推移而发生的变化的研究。如调查 50 年代毕业的大学生在各个时期所发挥的作用。注重的是某一类型，而不是某一个个体的特征。所以在不同时间可以调查不同的人，只要他们属于某一个类型。但每次调查的抽样都应当是随机的，以保证被调查到的样本可以代表这一类型的人。

第三，同组研究（追踪研究）。同组研究是对同一批研究对象随时间推移而发生变化的研究。如分析同一批人在结婚前和结婚后，或无子女时和有子女之后的政治态度的变化。注重个体特征，因此要求在各次调查中都调查同一批对象。纵贯研究的特点在于，它能了解现象的发展过程，能比较不同时期的变化，此外，由于各种变量的时间顺序清楚，因此容易做出逻辑上的判断。但纵贯研究的调查范围较小，难以进行不同类型的比较。

2. 研究方法。研究设计的另一个主要任务是选择研究方法（或研究法）。研究方法表明研究的实施过程和操作方式的主要特征，它由一些具体方法组成，但它不同于在研究的某一个阶段中使用的具体方法。各门学科常用的研究法可能有所不同。如自然科学多采用实验法，历史学主要运用文献考据法，法学常用案例研究法，这是由于研究对象的不同所致。区分研究法的主要标准是：资料的类型、收集资料的途径或方法和分析资料的手段和技术。依据这个标准，可以将农村发展研究中常用的研究方式分为调查研究、实地研究、实验研究和文献研究。每种方式都有其特点。前两种属于调查研究，目前在农村发展研究中是最常用的研究方法。一项研究在确定了某种研究法之后，可选择各种具体的资料收集方法。

（1）调查研究。按照调查对象的范围可将调查研究划分为普查、抽样调查和个案调查。

普查是指在一定范围内对调查对象的全部单位无一例外地逐个进行的调查。它常用于行政统计工作中，如人口普查、工业普查、农业普查等。普查的作用是能够对现状做出全面、准确的描述，其目的是了解国情，把握整体的一般状况得出具有普遍性的概括。普查的特点是标准化程度很高，可统计汇总和分类比较，调查结论具有很高的概括性和普遍性，可精确地反映总体的一般特征，但调查的内容较有限、缺乏深度。普查的工作量很大，所花费的时间、人力和经费很多，所以，除统计部门和行政部门之外，一般的发展研究很少采用这样的设计。

抽样调查是按照一定的方法从研究对象的总体中抽取一些个体作为样本来进行调查，并通过样本统计量来推论总体情况。在发展研究中，由于客观条件的限制或由于研究目的的要求，往往无法或没有必要对每一个研究对象都进行调查，所以要采取抽样调查。抽样调查的样本是采用科学的抽样方法从总体中抽取出来的，那么调查的结果就能够较好地反映总体的状况。但是如果样本是主观选取的，那么调查结果只能说明被调查到的这批样本状况，而不同用于说明总体。当然，这种结果对于了解总体的一般状况也有或大或小的说明。抽样调查的特点，它比普查要节省时间、人力和经费，资料的标准化程度较高，可以进行统计分析和概括，能了解总体的一般状况和特征，调查结果有一定的客观性和普遍性，应用范围广泛。但资料的处理上需要运用复杂的计算机技术。抽样调查是20世纪30年代以后随着抽样理论、统计分析方法、问卷技术和计算机技术的完善和普及而发展起来的，它常与问卷调查方法相结合，目前在发展研究中应用越来越广泛。

个案调查是从研究对象中选取一个或少数个体（这些个体被称为个案）进行深入细致调查。个案可以是个人、家庭、企业、社区、组织等。个案调查是根据被调查者的具体情况而深入地挖掘个案的独特性，从中发现有价值的资料。它不是客观地描述大量样本的同一特征，而是主观地洞察影响某一个个案的独特因素。个案调查的方法来源于医学和法学对病人或罪犯的案例分析。这种分析一般都要详细了解案主的家庭状况、生活环境、个人经历、社会关系、健康状况等，以探询其独特的病因或罪犯动因。19世纪和20世纪初，人们在发展研究中广泛借鉴了这种方法，研究者从工厂、农民、贫民、乞丐、少数民族、原始部落、社区、企业等社会单位选取一些具体对象作为个案，深入地了解人们的社会活动、生活方式、行为模式、价值观念、文化规范等。在这些个案研究中，发展了许多适用于发展研究的具体方法和手段，如参与观察、深度访谈、生活史研究、社区研究、个人文献分析等。我国常用的典型调查也是研究对象中选取若干个具有代表性的个体，对他们进行深入调查，它试图通过深入地“解剖麻雀”，以少量典型来概括或反映总体，从特殊性中发现一般性。从调查对象的范围和调查方式上说，典型调查与个案调查有很大相似之处；但从它们的起源和主要作用上说，又有很大不同。典型调查是毛泽东同志在中国革命的实践中总结和倡导的，它的作用在于真实、迅速地了解全局情况。与个案调查不同，典型调查要求被调查对象具有典型性，因此，选取典型是这种方法的关键。毛泽东指出：怎样找调查的典型？调查的类型可以分为三种：先进的、中间的、落后的。如果能依据这种分类，每类调查两三个，即可知一般情况了。当然，还可以根据各种具体的情况来分类和选择典型。典型调查试图解决由个别推论一般，由个性概括出共性的任务，在这一方面它有很大的独创性和应用价值。但它的局限在于，研究者所选择研究区域典型与否具有代表性是很难判断的，因此由这种主观选择的典型而得出的研究结论并不一定能适合于总体或全局。

个案调查和典型调查的特点：它们能详细地解剖某一个案，能够在实际生活中体验到当时、当地的情景和气氛，能够深入地了解社会行为的背景和发展过程。但调查资料难以标准化，只能依靠主观判断得出结论，结论的客观性和普遍性难以检验。

（2）实地研究。实地研究是一种定型的发展研究方式。它通常以参与观察、个案研究的形式进行。其基本特征是深入到所研究对象的生活环境中，作为其中的一员与他们共同生活一段相当长的时间，通过参与观察和询问，去感受、感悟研究的行为方式及其在这些行为方式背后所蕴含的文化内容，以逐步达到对研究对象及其社会生活的理解。

实地研究者往往力求从所研究的对象的角度，而不是局外观察者的角度来认识和了解社会世界。实地研究者通常要经历一个“先融进去”、“再跳出来”的角色转换过程。在研究之初，研究者要尽快地“进入角色”，即使自己的语言、行为举止和生活方式，都要尽量地“同化于”所研究的对象及其社区，以达到移情理解，即站在对方情境中理解问题的目的。而当要对观察到的现象和行为进行判断、分析和解释时，研究者又要随时“跳出角色”，恢复到研究者客观、中立的立场上来，以局外人的角度，重新审视被观察对象的行为表现，发掘其所包含的客观含义，以达到“超脱理解”的目的。实地研究的目标更多的是进行理论建构，而不是去检验理论。

（3）实验研究。实验是在一种高度控制的条件下，通过操纵某些因素来研究变量之间因果关系的方法。在实验过程中，研究者通过引入、控制和操纵某些变量，同时观察另一个变量发生的变化，以此来探讨不同现象之间的因果联系。从方法论上看，试验是定量研究的一种特定类型，它比其他的方法更直接基于实证研究的背景和原理，尤其是检验变量之间关系方面，实验研究具有更强的力量。实验研究方式的本质特征在于对研究的控制，可以说没有控制就没有实验。实验需要控制场景、控制对象、控制操作程序、控制测量方法。简言之，实验是需要人为制造的研究方法，这与调查研究仅仅对现实社会现象进行“自然采集”的方法有很大不同。

实验组与对照组、自变量与因变量、前测与后测，是构成实验研究的三组基本元素。而各种政治的、伦理的、道德的和法律的限制，往往是实验研究难以广泛应用于社会领域的主要原因，而重大事件的出现、实验对象的成熟、初试—复试的影响、实验对象的缺失等，则是造成实验研究失效的内部因素。

（4）文献研究。文献研究是一种间接研究方式。文献研究的方法可以分为内容分析、二次分析和现存统计资料分析等三种。内容分析是对很多的文献资料进行抽样和编码后进行的分析；二次分析是利用其他研究者为着其他研究目的所收集的原始数据资料进行的新的研究；现存统计资料分析是对各种政府部门所公布的基本统计资料进行再分析利用。

要注意的是在选择研究方法时，要考虑研究对象的性质，研究对象的规模、研究所采用的分析单位、研究所要达到的目标等。同时，对同一个研究问题，研究者也可以采用不同的研究方式进行研究。同时要根据方便、经济、科学和可行的原则进行选择。

（三）农村发展研究的具体方法及技术

农村发展研究的具体方法及技术是指在农村发展研究的各个环节所采用的方法、技术和工具等，其中重点包括各种收集资料的方法、整理资料的方法和分析数据的方法，以及在这些过程中所采用的各种技术手段和相关工具的使用方式等。

1. 资料收集方法。资料收集的方法是指收集资料的内容和各种收集资料具体方法的总和。农村发展研究的主要资料来源有：询问记录、观察记录、统计数据、文献资料等。农村发展的研究对象和内容决定了农村发展的研究方法必须具有较强的综合性、系统的概括性、实用性、可比性和典型量化，因此资料收集方法除普通社会学的研究方法，如问卷法、访问法、案例研究法、直接观察法、实验法、文献法，作为一门独立的学科，农村发展研究还经常使用如下一些研究方法：①传统与现代农村社会变革比较法。即将传统的农村社会、经济、文化、政治现象与现代农村社会的相同因素与现象排列比较，从中找出变化的原因、变化的方向、变化速度与程度，指明农村社会发展的状况与趋势。②农村社会统计与定量农村社会分析法。在农村发展研究中、建立在农村社会统计基础上的定量社会分析法日益受到人们的高度重视。③比较农村社会学法，由于世界体系的日趋成熟，由于国际文化交流与合作日益增多。由于可得的社会统计资料与数据的日益增多，由于全球化的盛行，20 世纪 70 年代出现了比较农村社会学法。美国为此创办了《国际发展比较研究》杂志，布莱克主编了《日本和俄国的现代化》。④农村社会指标法。所谓农村社会指标就是反映描述农村社会发展的各个层面的数据体系与系统。农村社会指标类型较多，从内容上说，可分为农村社会福利与生活质量指标和国情指标两大类。⑤农村社会发展系统工程设计。即人们为了解决某些农村发展问题，达到一定的发展目标而进行的系统性、综合化的发展规划。⑥农村社会区域分析法。⑦农村社会发展模型法。

2. 资料整理和分析方法。农村发展研究的资料可分为数据资料和文字资料两大类。分析数据资料的主要方法是统计方法、数理方法和模拟法。分析文字资料的一般方法是比较法和构造类型法。此外，农村发展研究还要运用到各种特定的理论分析方法，如功能分析、结构分析、阶级分析、历史分析等。但任何研究都离不开理论分析或定性分析，但具体采用哪些分析方法，是由研究对象和研究目的决定的。

3. 研究的具体技术。研究的具体技术包括各种抽样技术、问卷与观察表格的制作技术、调查指标的设计、文献选择及文献收集技术、观测仪器、录音录像设备、实验设备等的使用技术、计算机技术、资料整理的方法与技术等。

第三节　学习农村发展研究方法的意义与要求

一、学习农村发展研究方法的意义

1. 提供认识探索农村发展问题的手段，提高农村发展研究的自觉性。农村发展研究是人们有目的、有意识的一种自觉活动。自觉性的高低，对于研究质量的好坏、效率的高低和成果的大小往往具有决定性的作用。一个被动地为了完成任务而去进行发展研究的人，最多只能了解到一些实际情况和数字，却很难揭示事物的本质及其发展规律，更不可能通过调查研究来增长自己的才干。因此，学习农村发展研究方法，有利于提高人们进行农村发展研究的自觉性，促使人们主动地去学习、钻研调查研究工作，这对于提高农村发展研究的质量和效率，扩大调查研究的成果，必将起到巨大的推动作用。

2. 提高农村发展研究的科学性，为农村发展做出科学决策。农村发展研究方法是一种科学的认识方法和工作方法，但这绝不是说任何人只要一做农村发展研究，就必然能够得出正确结论。事实上，有许多农村发展研究并没有真实地反映实际情况，或是没有做出科学的研究结论，有的甚至还直接间接地为错误的理论、路线、方针、政策作辩护。这有主观方面的原因，也有客观方面的原因。就研究者主观方面来说，有理论问题、选题问题、设计问题，还有各种各样的方法和技术问题等。学习农村发展研究方法，有利于掌握农村发展研究的知识和技能，防止和克服农村发展研究过程中可能发生的种种误差，从而有利于提高农村发展研究的科学性。深入进行农村社会学研究可以使我们在制定农村政策上更加科学，更加符合农民的意愿，符合农村的实际。新中国成立以来农村现代化建设中的一些政策出现了偏差甚至失误，由此造成的损失惨重，究其原因，就在于我们忽视了农民的需要，不了解农村和农民，未对农村发展状况进行深入研究和分析造成的。因此，农村发展研究方法可以对农村发展的形势和趋势进行科学认识，为制定农村发展的科学决策作出贡献。

二、学习农村发展研究方法的基本要求

怎样才能学好农村发展研究方法呢？当然首先要学好各有关学科的知识，如农村发展

学、社会学、农村社会学、农民心理学、统计学、逻辑学等学科的知识，其次，还要注意以下几个方面的问题：

1. 要以马克思主义哲学为理论指导。农村发展研究方法是一种科学的认识方法，也是一种科学的工作方法，它的研究总是离不开理论思维，这就必须要求具有自己的科学理论基础，这个理论基础就是马克思主义哲学，即辩证唯物主义与历史唯物主义。同时，还要十分重视马克思主义的创始人及其继承人对农民的历史地位与特征，农业和农村的发展以及城乡关系等方面的丰富理论知识。例如，马克思的关于社会主义特色的国有和农村发展的理论；恩格斯的关于农民地位和解决农民问题的理论、方法和原则；毛泽东关于农民的历史地位、社会作用以及工农关系和发展农业、建设农村、解决农民问题的道路等理论。当今中国共产党人从社会主义社会发展战略的高度研究解决“三农”问题的理论、方针和政策，都对农村发展研究有着重要的启示、指导意义，我们应该认真学习和应用。

2. 要有“以农为本”的理念。以农民的利益为立足点，尊重、相信农民的无限创造力。在农村发展研究过程中坚持群众观点，就要求研究者不仅要相信群众、依靠群众、虚心向群众学习，而且还要有一套优良的调查研究作风：要有深入的作风、谦虚的作风、艰苦的作风、勤奋的作风。

3. 要坚持走群众路线。辩证唯物主义与历史唯物主义群众路线的基本点是从群众中来，到群众中去。农村发展研究作为科学的工作方法也有两个基本点：其一是到群众中去做研究，将群众中分散的无系统的意见收集起来，经过初步研究，形成研究结论；其二是再通过研究，将研究结论与当时当地的实际情况结合起来，化为群众意见，贯彻到群众的实际行动中去，并通过群众的实践来检验研究结论，发展研究结论。这就是说，“从群众中来”的过程是发展研究的过程，“到群众中去”的过程也是发展研究的过程，这种“从群众中来，到群众中去”的过程是无限循环和不断发展的，发展研究的过程，也是无限循环和不断发展的。在学会使用各种研究方法和工具的具体操作技能的基础上，从农民的生产、生活实践中学习，从农村发展的实际中获取知识和才能。

4. 要坚持理论联系实际。要在“用”字上下工夫。持续地关注研究农民、农业和农村的新情况、新经验、新问题和新趋势，为促进我国农村现代化进程贡献知识和建议。更为重要的是在实地研究过程中要边干边学、边学边干，这样不仅能熟练地掌握农村发展研究方法的基本内容，而且还能为丰富和发展农村发展研究方法的内容作出自己的贡献。

小 结

本章首先指出发展、农村发展、发展研究和农村发展研究的内涵和外延的丰富性。作为不同发展阶段的发展理论背景，传统发展理论向参与式发展理论的转变，给农村发展研究赋予了历史性的意义和价值。纵向层次的农村发展研究主要包括整个人类社会的发展问题、地区性发展问题、国家的农村发展问题和农民全面发展的问题。横向层面的农村发展研究的问题范围十分广泛和庞杂，主要集中在农村发展理论与农村发展的关系问题、文化发展和农村发展的相互关系问题、农村发展模式、发展进程与发展道路问题、农民的发展与农村发展的相互关系问题和农村发展趋势与农村发展战略问题等五个方面。农村发展研究方法是在辩证唯物主义、历史唯物主义原理和科学方法论的指导下，吸取了科学研究方法（包括自然科学和社会科学）的基础上，人们在长期的农村发展研究实践中逐步总结出来的一套认识和研究农村社会的方法体系，具有经验性、理论性、规范性和多样性的特征。农村发展研究方法的体系由三个层次构成：农村发展研究的方法论；发展研究的具体过程，以及技术和发展研究的各种具体方式和方法。

思　考　题

1. 请指出发展和农村发展的内涵和外延。
2. 何谓农村发展研究，其历史演变过程如何？
3. 分别从纵向和横向层次指出农村发展研究的主要内容。
4. 农村发展研究的方法体系都包括哪些方面？请具体论述。
5. 学习农村发展研究方法的意义有哪些？其具体学习要求是什么？

第二章　农村发展研究框架

第一节　农村发展研究的基本程序

由于研究问题的层次性质不同，农村发展研究的形式有所不同，当然其具体的研究过程、方法、手段也因此大不一样。但无论采用什么形式，具体的农村发展研究应该是一项有始有终的工作和一个定向的有序过程，任何有成效的研究往往总是先选定某个研究课题（项目），并且围绕着这一课题展开一系列的探索活动。无论具体过程、方法和手段的差异多大，它们之间必然存在着某种共性的东西，而研究程序就是对这种共性的抽象和概括。一般而言，农村发展研究过程大体包括：选择课题，提出研究假设、研究方法的选择与实施准备，研究数据的获取与整理分析、课题总结等基本环节。

一、选择课题

（一）课题选择的意义

课题选择是研究工作的起点，它规定着研究的任务与方向。没有课题便没有研究探索的目标和方向，也就无从进行研究。研究的目的在于解决问题，而解决问题是以发现问题、提出问题为前提的，所以研究应从问题开始。

农村发展中的问题很多。如中国农村改革问题、不同区域农村发展的模式问题、农村城市化问题、农村社会经济结构问题、农民的社会保障问题、农村剩余劳动力转移问题、农村教育问题、农村环境问题、农村弱势群体的权利问题、农民经济收入过低问题，等等。问题就是差异，是理想状态与现实的差异。问题也是矛盾，更多的是应达到的理想状态或欲望与实现能力、现实条件的矛盾。发展研究即“问题求解”，也就是“设法消除给定过程的当前状态与所要求的目标状态之间的差距”。问题的实质是矛盾，谁发现了矛盾谁就发现了问题。但在一项研究中往往不可能也没有必要回答和解决所有的问题，因此必须做出适当的选择。

课题的选择决定着研究工作的效用与价值。农村问题因研究的范围层次等不同而异，有综合性问题，也有相对单一性问题，有一般性理论问题，也有具体开发实践问题等。不同问题所涉及的范围、层次，及其重要程度不同，即使同一层面的问题其地位、影响程度大小也不一样，有的问题不仅影响范围大且对农村发展起着主导制约作用，另一些则处于服从地位。因此，在农村发展研究的选题中若能抓住对农村发展起作用大的理论问题或实践问题，其价值和效用就大。所选课题对发展是否起关键作用，是否急需解决，其意义价值效用也不相同。

总之，课题的选择必然会直接影响到研究的目标和研究方向，关系到研究的价值成效的高低。除此，课题的择定也在一定程度上决定着解题模式。在研究过程中采用什么样的研究手段和方法，提交什么样的研究成果，研究人员如何组织，时间如何安排以及研究经费来源与分配使用等也与选题有关。有时仅仅从课题的选择是否适当，就可以反映出研究者提出和解决问题的能力与水平。

（二）课题选择的原则

要有效地选择恰当的课题，需要综合考虑。诸如：研究的理论意义、实践价值、迫切性、可行性以及研究者的主体条件等多种因素。进行农村发展研究，在课题的选择过程中总要受到研究人员发展观、价值观的制约以及方法论的影响。哪些问题值得研究，哪些问题不值得研究，价值观不同所得出的结论可能完全不同。在处理研究主体与研究对象之间的关系方式上，论证假设所需证据的来源也因价值观、方法论不同而异。此外，社会意识形态和政治因素以及研究的层次、所选研究的类型、分析单位等因素都会对农村发展研究的选题产生影响。那么，如何才能合理有效地选择农村发展研究问题？我们认为，在借鉴和反思过去发展研究中的经验与教训的基础上，选择和确定研究课题应当遵循以下基本原则。

1. 需要性原则。农村发展研究的课题应源自农村发展的实际需要。从发展对象的需要与问题出发，特别要考虑不发达地区农村发展的实际需要，农村弱势群体发展的实际需要，解决国家政府、农民群众急需和亟待解决农村发展问题。只有选择符合客观需要的课题才能得到响应的重视和支持，才具有意义和价值，才具有研究的必要性。为此，研究人员要深入农村的发展实践，注重在农村发展研究与实践中农民的参与，在实践中了解农村发展的实际情况，发现制约农村发展中各种问题和主要矛盾。

以往世界各国在发展经济过程中，特别是发展中国家，为了获得最大的整体发展速度，大都采取了不平衡的发展战略，将资金、技术投向本来具有区位优势和竞争优势及经济基础条件等相对较好的发达的地区，更加剧了地区间发展的不平衡性。在这种情况下，落后地区特别是落后地区的农村的发展往往被不同程度的忽视了，这些地区的农村发展被抑制甚至出现了生存问题，因而发展成为其更迫切的需要。即便是相对发达的地区，在市场经济条件下也存在诸多需要解决的发展问题，如农村劳动力转移问题，农村工业化、城市化与资源及生态环境的矛盾问题，贫富间发展不平衡问题，弱势群体的平等发展的权利问题，如民主参与权、接受教育权等。类似上述问题如果得不到有效的解决将会引发社会的动荡进而影响整个地区或国家的发展。如何处理好平衡发展与不平衡发展的关系？如何解决在不平衡发展背景下落后地区农村的发展问题以及弱势群体的发展问题等，不仅是重要的理论课题，更是重要的发展实践课题，这些问题的真正解决对国家或地区的发展无疑具有重要意义。

2. 可行性原则。所选择的发展研究课题应是切实可行和能够预期完成的，即要充分考虑主客观条件的现实可行性和预期实现研究目的的现实可能性。在农村发展研究中，所选课题若不具备可行性，哪怕是现实再需要，成果再诱人也无济于事，因为这样的课题或者无法展开研究，或者无法达到研究目的而徒劳。发展研究是一个循序渐进的过程，“我们只能在我们时代的条件下进行认识，而这些条件达到什么程度，我们便认识到什么程度”，解决那些在现时条件下经过努力可以解决的问题。

选择什么样的课题要看启动该项研究的时机是否成熟。所研究的范围、层面和问题的难度要看是否具有客观的物质与技术基础，同时还与研究组织者自身的兴趣、精力、时间、学识水平，组织协调能力，实践经验以及对研究方法与工具的了解和掌握等有关。这里所说的客观的物质与技术基础包括人力、物力、财力等诸多方面。所谓人力是指课题研究组织的人员构成及其知识能力结构；物力是指课题所需的研究设备仪器以及文献材料；财力则是指能保证课题顺利进行的经费数目及其来源构成。对解决重大发展研究课题，主张多学科联合，多方面配合。一般受国际或国家重视的攻关项目，在研究力量、研究经费等方面比较有保障。而其他项目，如范围较小的局部性开发项目，则往往受到认同感与经费等方面的限制难以有效地进行。但是，这类课题往往任务的数量大，尽管其限制因素多、困难大，如果确实是农村发展中急需解决的问题，仍然要予以考虑，可以通过加大对课题必要性的宣传工作，引起有关部门的重视并注意提高受益群体的参与积极性，以改善其可行性。

3. 科学性原则。发展研究必须以科学的发展理论为指导，所选课题必须有科学依据。当今世界，发展是全球的共同主题。但什么是发展以及如何发展尚未形成统一的认识或一致的看法。数百年来，由于各自的知识与社会背景不同，世界上出现了多种发展思潮和不同的发展理论流派。被称作当代三大发展理论的现代化理论、依附理论和世界体系论，“尽管其具有一定的前后继承关系，但前者并未被后者取代，更没有因后者的出现而最终消失，在今天的发展研究中仍然发挥着各自的作用”。即便是同一种发展理论，也有不同派别或研究方向。如现代化理论又分作：政治学方向、经济学方向、社会学方向、人文学方向、制度学方向和系统学方向，各研究方向又形成了相应不同的理论体系。不同发展理论或同一理论的不同研究方向，由于对发展现象研究的角度不同，研究层次不同、关注重点不同等，使其对如何发展的认识产生了相当的差异。发展理论的多样性，实质是由发展问题的复杂性决定的。

实践是检验真理的唯一标准。所谓科学的发展理论应该是能够经得起发展实践检验的发展理论。所以，我们在发展研究中应坚持历史唯物主义和辩证唯物主义的认识论，在选题上坚持实践第一的观点，坚持用科学发展观统领全局，坚持理论联系实际和群众路线，一切从实际出发，实事求是。

农村发展研究课题应当具有充分的科学依据是由研究的目的性决定的。在提出和解决农村发展问题时，解决到什么程度还必须考虑现阶段的国情、区情、社情、民情等具体情况。中国正处于社会主义初级阶段，在处理发展问题时，首先要辨证地对待和处理稳定与发展关系，同时要全面深入地了解研究对象发展的内在条件和外部环境，正确地把握发展的阶段性与发展趋势，使选择的课题具有充分的理论依据和现实意义。发展研究课题的选择是科学理论指导与客观实在的统一，是检验理论与发展理论的统一，重在解决制约农村发展的实际问题。

4. 创新性原则。所谓创新性原则是指所选择的课题及由此展开的研究应当具有新颖性、先进性和独到之处。发展研究的创新性是由发展研究的性质所决定的，没有创新就没有发展。解决农村发展问题强调多学科的交叉融合，这种交叉融合本身就是一个创新过程。选题的创新性表现在：观念新、概念新、方法新等几个方面。

进行发展研究，首先要解放思想，更新观念。由于人们的思维惯性，考虑问题很容易受到固有思维模式的束缚。农村发展是一个动态过程，发展问题也处在不断变化之中。因此，人们的思想观念与农村发展现实免不了存在较大的差异，而这种差异更多的是表现为人的观念的落后，所以只有不断更新观念才能克服这种差异。在发展研究中也只有不断更新观念才会有新思路，才能提出具有新颖性的课题。

农村发展研究需要多学科的交叉融合，交叉融合实质上也是一个系统综合问题。如何针对农村发展问题，在发展目标的引导下，综合应用有关现有的科学技术成就，通过创造性思维使问题概念化、概念系统化。系统综合的核心是概念开发，而概念开发首先在于形成新的理念、新的思路，在这些新理念新思路的指引下构造出新的概念模型，通过概念模型与现实问题的比较，选择和确定可行的合乎需要的变革，提出综合解决发展问题的新方案。因此，概念新是研究课题具有新颖性、先进性的自然体现。

研究方法是研究解决问题的规范做法或系列手段，对于搞好研究工作具有至关重要的作用。俄国生理学家巴甫洛夫曾指出："科学是随着研究方法所获得的成就而前进的。研究方法每前进一步，我们就更提高一步，随之在我们面前也就开拓了一个充满着种种新鲜的事物，更辽阔的远景。因此，我们头等重要的任务就是制定研究方法。"方法创新为创新性研究提供了重要保证，因此在发展研究中必须注重方法的创新和先进方法的运用。但是方法新是研究具有新颖性、先进性的一个方面，而不是全部，发展研究是以问题为导向而不是以方法为导向的。方法的创新取决于研究问题的实际需要，要防止对解决的问题尚未辨析清楚就提出要用某种数学方法或模型，避免让问题适应方法的生搬硬套。

此外，创新性需要有风险意识，要敢于承担风险。正如德国启蒙思想家莱辛所说："为寻求真理的努力所付出的代价，总比不担风险地占有真理要高昂得多。"同时还必须把创新与继承辨证地统一起来。创新不仅是一个事实判断，而且是一个价值判断。在具体的科学实践中，创新往往不同程度地包含着对传统的反思，但反思传统、抛弃传统都未必就能进行真正意义上的创新。

二、提出研究假设

（一）辨析问题

选择研究课题既是一个确定研究方向和目标的过程，也是一个辨析问题的过程。在这个过程中，正式提出研究假设之前，需要通过查阅相关资料和实际调查回答一些事先必须回答的问题。如要研究解决的是一个什么问题，即这个问题如何表述？为什么要研究这个问题，意义何在？研究这个问题会涉及多大范围和哪些领域，即它是哪个更大问题的一部分？解决这个问题的可能方式是什么？用什么方法来解决？解决这个问题的效益如何？谁受益？研究该问题会得到什么结论或结果？对研究结果将如何评估？解决问题所需的资源是哪些？需要多少？其作用如何？是否相匹配？相应的限制因素是哪些以及如何克服等。对上述问题的回答可称作分析问题或问题辨析，即对所要研究问题的理论与现实背景、问题的性质、类型，解题的意义、方式、方法、条件以及可能得到的结果等有一个初步认识和大致的判断。

作为择定课题的定性陈述，辨析问题的规范表述应采用开题报告形式。当然，性质不同的问题，辨析的重点应有所不同。对属于理论层次的"软"问题，辨析重点放在问题的现实背景和理论支点是什么，为什么要研究这个问题以及应当如何研究等方面。通过辨析问题可进一步明确研究主题，以便系统地提出有针对性的研究假设；对属于应用层次的"硬"问题，辨析的重点放在研究问题的价值、解决问题目标、条件特别是不利条件、效益以及受益者，解决问题可采取的方式以及效果如何评估等方面，通过辨析问题可进一步明确研究目标，以便制定出解决问题的计划方案及相应的工作假设。

在农村发展研究中，所谓"软"、"硬"问题是相对而言的。许多课题往往既包含理论方面的问题，又有需要解决的实际发展问题。"硬问题"的解决需要通过解决"软问题"为其提供理论或方法论方面的支持，解决“硬问题”是发展研究的基本目标。很多情况下由于“软”、“硬”问题交织在一起，因此农村发展研究比其他研究往往更复杂、更困难。

（二）提出研究假设

1. 假设的特性与功用。发展研究的过程是一个提出问题、探讨答案和解决问题的过程。研究假设在探讨答案和解决问题中起着引导性作用。因此，适时而恰当地提出研究假设，对于有效地开展研究是十分重要的。恩格斯在《自然辩证法》中曾指出：只要自然科学在思维着，它的发展形式就是假说。这一著名论断不仅适用于自然科学，也适用于科学发展研究。实际上假说是科研工作中十分重要的智力活动手段，是任何科研活动必不可少的重要程序之一。

研究假设又称假说（hypothesis），是根据已知的事实、经验或理论，对将要研究的问题事先做出的有待检验的尝试性回答或解释。研究假设或是对未知的事物或现象的本质或规律所作的推测或猜想，或是研究者对于研究结论的设想或预期。除非特殊情况，通常的假设是尚未和有待证实的结构化命题。如：“只有农民的广泛参与才能保证农村发展计划的有效实施”就是一种关于解决“如何才能有效地实施农村发展规划”问题的假设，如图 2-1。事实上任何理论在其被论证之前统统都是一种假说，当然是与非也只有经过实践的检验后才能作出评价。

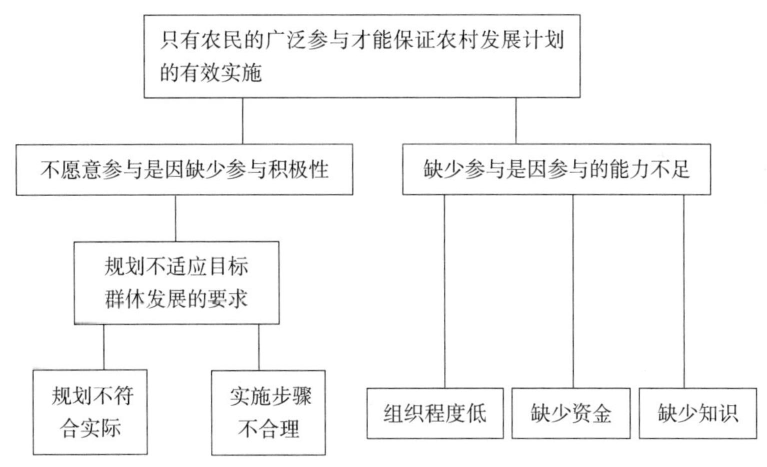

图 2-1　农村发展计划实施研究假设树

在发展研究中，研究假设具有以下特性：第一，假设是针对所要研究的问题做出的，是理性的且体现着发展研究目的的；第二，假设是在研究人员初步掌握了一定的事实材料和发展学知识的基础上或在前人研究成果的启发下形成的，是科学性与假定性的统一，不是空学来风；第三，假设不是结论，其真实性尚未完全判定，有待通过试验或调查结果的事实来检验或验证；第四，假设可能在研究中被证实，成为科学的判断或科学理论，也可能被证伪，部分或全部被推翻；第五，假设允许在研究期间进行修正、补充和完善，以引导研究的进行。

在发展研究中研究假设有以下具体作用或功能：

（1）假设是研究方案设计与研究（调查或试验研究）指标确定的主要依据。研究指标，简称指标或反应（response），是指在研究过程中用来衡量和判断研究效果如何的标志或评价研究目标是否达到的标准。研究假设不同，不仅依据假设所确定的研究指标不同，为获取这些指标而设计的调查或试验步骤、方法、技术也因此有所不同。以农村小康问题研究为例，不妨提出以下两个不同的假设。①农村小康是社区的经济发展、社会进步、政治民主、生活质量和生态环境状况的综合体现。②农村小康说到底就是如何提高农民纯收入的问题。显然，若依据以上两个不同的研究假设，无论是进行农村小康的理论研究还是建设研究，其研究指标和评价标准的确定可能会大不一样，总体研究方案也因此有所区别。

（2）研究是在研究假设的引导下进行的，对开展研究工作具有明显的导向作用。假设不同解决问题的思路不同。发展研究的具体认识目的和途径往往是采用提出假设、验证假设的方式进行的。通过提出假设可以进一步使研究目标及研究内容具体化，明确针对什么问题进行试验或调查研究，搜集什么资料信息，如何收集资料以及资料如何处理和分析等。

（3）假设在理论与现实之间建立起某种联系，将理性与感性、抽象层次与经验层次、理论与实践联系起来，通过对假设的验证可以促进人们对事物的认知过程。在研究过程中，无论假设被证实与否，都可将人们的认识推向前进，促进科学知识的发展。若假设在研究中被证实，或产生新的理论，或可使假设所依据的理论得以充实，促进理论的发展。如果在研究过程中假设被证伪，也并不一定意味着研究无意义或研究完全失败，可从中引发不同于已往的或新的思考，促进观念的转变或产生新的思想，或修正假设进而完善假设，使研究得以有效或更加深入的进行。提出假设、检验假设、修改假设、完善假设的过程，实质是发现真理和发展真理的过程。

2. 提出假设的方法。从假设的表述方式上，假设可分为“陈述假设”和“对立假设”两类。假设的类型不同，提出的方式也不同。对立假设又称统计假设，主要用于研究事物变化在受到随机性因素影响后其数量或质量特征变化的规律性，推断其变量间的差异或关系是否属于偶然。对立假设通常由一个无效（零）假设和数个备择假设构成，无效假设与备择假设形成对立关系（这类假设的设计置于后面章节讨论）。陈述型假设即通常所谓的研究假设，这类假设的提出主要有以下三种方法：

（1）根据实践经验提出研究假设。经验来源与实践，是从多次实践中得来的知识或技能。当需要解决新问题时，人们总是首先从以往的经验中寻求答案。一般具体做法是在占有一定的观测资料或信息的基础上，通过对资料的整理分析，把过去的经验作为参照系，采用归纳、类比、综合等方法，从而提出具有一定客观性的假设。这类假设的具体内容与研究者的阅历经验有着密切的关系。如某贫困山区存在的林业发展的问题需要研究，有人认为当地的林业发展不起来是技术问题所致，只有引进和推广科学技术才能解决森林资源的管理和发展问题；有人则认为是规划问题所致，只有大规模的、组织严谨的规划才是解决林业资源管理和林业发展的问题；有人却认为是一个利益分配问题等。在农村发展研究中，针对相同的发展问题，因研究者的经验不同，提出的研究假设可能不同，相应解决问题的方式、效果也会因此不一样。

（2）根据已有的理论推出研究假设。即主要运用演绎法提出假设。具体做法是运用已有的相关学说或原理对当前面临的新问题做出尝试性解释，对如何解决当前的新问题进行逻辑推演。按照理论与实践的辩证关系，在实践中检验已有的理论并完善和发展这一理论，反过来再运用该理论进一步去探索或解决更新的实践问题。该方法的实质就是在某种范式支配下的一种“解题活动”，即所谓“常规科学的任务”。在某一学科的渐进性发展时期，人们提出问题一般能够在现有的范式所允许的限度内，通过提出辅助性假设，使问题得到满意的解决。但是值得注意的是，这种研究假设都是有假定前提或条件（设定）的，且其合理性是不容讨论的。同时，由理论推演所做出的假设往往使用许多抽象的概念，而抽象层面的假设则往往无法直接观测和检验，因此，还必须借助于经验，把理论假设中的概念与经验变量（指标）联系起来。即需建立经验层次上的操作假设，以解决假设验证上的可操作性。

（3）以猜想的方式提出假设。其前提和做法是，当根据已有的经验或理论对现实问题都不能作出令人置信的解释，或事实与已有的理论经验发生根本冲突，或从现实得到某种启发但尚未有任何理论可给予支持时，发挥研究者心中无法表面化的“支援意识”（subsidiary awareness）的作用，根据有限的事实进行理性思考，用全新的观点对现实问题或现象的本质做出创造性推测。这种以猜想的方式提出研究假设，实质是一种知识创新活动。以这种方式提出假设往往要求研究者要有胆有识，既勇于揭露已有理论与新事物的矛盾，又敢于突破已有理论的局限性。然而，“任何研究方法论的著作，只能就某一门学问的研究过程予以形式上的界定，根本无法说明这门学问实质层面中无法形式化的创造性活动。一个真正的创新过程并不是严谨的逻辑行为，存在逻辑推理的断层，有一个从无到有的飞跃。这时，研究者的逻辑思维逊位于直感判断，不是接受知识而是应用知识的过程，这种无法在课堂上学到的技能只有在科研实践中才能锻炼出来。”

3. 研究假设在提出过程中应注意的问题。

（1）研究假设应以真实可靠的事实或正确的理论为依据。不能以捏造的东西、虚假的理论甚至歪理邪说作为提出假设的前提。研究假设可能是在查阅理论文献中得到的启示，也可能是从已有的经验或从实地考察与访谈中得到的解题思路。任何研究都有一个继承和发展的问题，任何发现都是在客观现实中的发现，任何创新也都是现实基础与水平之上的创新，对已有的理论不能采取回避和不承认态度，而是要充分地把握和利用，特别注意研究假设不要与已被大量实践所证实的理论相违背。因此，对提出假设所依据的事实和已有理论应有深入全面的了解和客观的评价。

（2）研究假设的表述应尽可能确切、清晰和具体。对于假设中难以测度的抽象概念或模糊定义，应给出具有可操作性的界定或合理的解释，以便能够进行有效的测量和分析。

（3）研究假设必须是可以检验的。若假设不具备可验证性，其表现往往是无法依据假设进行研究变量（指标）设计，或变量不具备可测度性，而使得研究无法科学地进行。

（4）对于调查研究，研究假设的提出者必须具有正确的立场、观点和方法论。由于调查项目和内容都是根据研究假设确定的，因此调查什么或不调查什么都是经过事先选择的。研究者的立场、观点，即对问题看法都会对调查内容起决定性作用。由于复杂问题因果关系的不一致性和非确定性，错误甚至荒谬的假设也有可能被非科学的选择性调查结果所“证实”，因此会得出错误的结论和非科学的理论，这也是一些非科学理论甚至歪理邪说也有一定市场甚至盛行一时的根本原因。

（5）对于复杂问题研究，应注意研究假设的系统层次性及其内在逻辑关系。进行一项研究总是围绕着一个核心假设展开的，这个核心假设即最高假设，也就是所谓的“主题”。然而，全面深入地论证某个主题或验证其真实性，往往需要从不同角度、不同层次去进行探索和讨论。特别对于复杂的系统问题，为了引导研究系统深入地进行，自然会形成不同层次的假设，且不同层次假设也必然有着内在的联系。一般低层次假设是高层次假设的细化，而下一层次的假设是对上一层次假设的支持。通常把这种按层次展开的具有逻辑关系的假设系统称作“假设树”（图 2 - 1）。研究假设的这种系统层次性与逻辑性是由科学研究的本质所决定的。同时假设树有利于提高收集信息的质量和效率，引导研究按着有限的方向深入下去。

（6）提出研究假设要注意集思广益。对于应用型农村发展研究，在形成假设过程中要特别注意与所研究社区农民的交流与相互学习，重视被研究对象的参与，使假设更符合解决问题的实际，提高假设的质量以及假设论证和发展实践的可行性。

三、选择研究方法和准备实施

研究方法的选择问题涉及对所研究问题的理解与把握和对研究方法的理解与把握两个方面。如何根据问题研究的实际需要选择恰当的研究方法，对于顺利实现农村发展研究目的、提高研究效率具有重要的意义。而实施的准备则是在研究方法选定之后考虑如何将其付诸实践的问题。

（一）研究方法选择的必要性与可能性

研究方法是为实现特定的研究目的所采取的手段或途径，常以规范、准则、程序等相对确定的形式表现出来，使研究目的和研究任务具体化，告诉或规定人们在解决问题时，应该做什么，不做什么，先做什么，后做什么，以及怎样做才能具有效率，才能获得成功等。在农村发展研究中之所以存在研究方法的选择问题，是由其本身需要研究问题的异质多样性决定的。研究的层次（区域，社区）不同，需要研究的问题以及问题的性质也往往不同。制约其发展的原因可能是认识方面的问题，也可能是技术方面的问题；可能是制度上的体制问题，也可能是管理上的机制问题。即使是同一性质的问题，研究的不同阶段其主要研究任务目标也不相同。对于不同的问题特别是当研究的问题涉及不同学科领域时，不可能采取完全相同的方法解决一切问题。因此，必须根据研究问题的实际需要选择相对恰当的方法。

所谓农村发展研究方法，其实质上是当代科学（包括：自然、社会科学以及系统科学）研究方法在农村发展研究中的综合运用与创新发展。由于农村发展研究的跨学科性以及可以从不同的角度进行初步研究的特点，在农村发展研究中实际上是有多种方法可供选择的。目前，虽然专用于农村发展研究的方法尚甚少，但是，其相关学科，如自然学科与社会学科等，在其长期的研究与实践中已形成了相对成熟的方法。这些方法不妨称作传统（一般）方法，如自然科学的实（试）验法、调查法；社会科学的观察法、访谈法、问卷法、文献法；人文学的理解法等。这些传统方法在农村发展研究中为初步探讨或解决某一方面问题的研究方法的选择或借鉴提供了可能。除传统方法外，系统科学研究法（如系统分析法、系统综合法、系统评价法、系统模型法、系统规划法、系统模拟法等）以及在上述部分方法的基础上结合国际援助或农村扶贫项目的实施等而发展形成的参与式研究法（参与式的分析法、评价法、项目规划法、培训法等），为在针对特定农村社区开展的相对综合性应用研究或理论研究中选择研究方法提供了可能性。

（二）研究方法选择的基本原则及其选择问题

1. 研究方法选择的基本原则。从总体而言，选择什么样的研究方法实际上是由研究中要回答的问题所决定的。当研究涉及的具体范围、所处的层次不同时，要解决的问题、问题的性质可能会不同。由于发展研究中存在着问题异质性，回答和解决的问题所采用的方法也因此而不同。如农村区域性社会发展的理论问题显然与生产技术问题的性质是不同的，因此研究的方法自然也不会相同。同时，问题研究的目的不同，针对所研究的问题提出的假设不同，则依据假设所拟订的研究方案及研究指标也往往不同，因此获取研究指标所采取的形式、方法等自然也有所不同。所以在研究方法选择过程中应根据要回答问题选择相应的研究方法。

在研究方法的选择上要坚持理论研究与实证研究的辩证统一，还原论方法与整体论方法论的辩证统一，坚持用系统方法解决系统性问题。农村发展研究是一项复杂的系统工程，因此所研究的问题必然有一个系统的层次性和子系统的归属问题。具体地讲，研究的问题可能属于某个农村社区或某个社区的社会子系统、经济子系统或生态子系统，也或许是其中一个子系统的某个亚子系统。其具体归属是由特定条件下的具体问题所决定的。当所研究的问题属于农村社会子系统且相对单一时，在研究过程中，可参考借鉴社会学科以调查研究为主的研究方法。若研究的问题属于农村生态子系统下的农业生态问题，则可采用生态系统研究的具体方法，如参与式农业生态系统分析法或种植系统研究方法。当然，如果研究的问题属于某个村庄的综合性发展实践问题，则可通过采用参与式农村评价和参与式社区发展的研究方法来解决。总之，问题所处系统与层次不同要注意选择相应不同的研究方法。

2. 假设的论证与研究方法选择。针对问题提出假设并论证假设是农村发展研究的一般手段和最基本形式。论证研究假设的过程就是问题求解的过程，但如何论证假设则是一个研究方法选择的问题。

（1）论证的基本途径与选择。通常研究假设的论证有两条或两类途径，即理论研究与实证研究。这两条途径实际上分别反映了归纳法和演绎法两种不同的思维方式。归纳法是以观察事实和归纳逻辑为基础，通过对有关现象的观测和科学的处理或抽象，探讨其内在的规律性的东西或概括出理论命题。而演绎法是从已知的法则、理论或公理和演绎逻辑，推演出新的知识或某种命题。实证研究是根据假设从客观现实中去寻求论据，通过获取现实客观资料和数据来检验所提出的假设是否成立。理论研究则与之相反，它是从更高抽象层次的公理、定律、法则或学说出发，通过逻辑推理来证明假设是否成立。实证研究的关键是如何获取事实，理论研究的关键则是如何找出作为逻辑推理起点的公理、法则或理论依据。显然实证研究属于归纳法思维方式，而理论研究属于演绎法思维方式。

在发展研究中，研究方法的选择问题，概括地讲就是论证途径的选择问题。实际上，不同论证途径都有各自论证的具体形式，也存在一个具体方式、方法的选择问题。如理论论证，或从公理出发演绎出支持假设的结论；或从现有知识出发构建理论模型以支持研究假设；或提出有意义的悖论，从质疑甚至否定某种现有理论的方式支持自己提出的假设等基本方式。在深入地探索客观规律的过程中，实证研究和理论研究是交替使用的。其实质是一个由实践到理论（假设），再由理论到实践循环认知的过程。在农村发展研究的现实中，实证研究往往与理论研究两者是并行不悖的。有时对同一问题可以从理论和实证两个方面同时进行研究。在农村发展研究中我们应当重视理论研究，没有理论上的突破，研究难以深入进行。但要防止那种纯粹由理论到理论，而忽视解决发展实际问题的倾向。因此必须处理好理论与实践的关系。在发展研究中，由于实证研究往往更多地与农村发展实践联系在一起，研究更贴近实践，更有利于直接解决实际问题。所以要特别注意对实证研究方法的选择。

（2）实证研究与方法选择。对于实证研究，有多种具体的用于论证假设的方法。按研究对象的可控性可分作实（试）验研究与非实验研究两类，每一类又有不同子类型及相应的方法。如非实验研究又分作统计调查研究与无干扰研究两种。统计调查研究，主要采用问卷法和访谈法；而无干扰研究则主要采用现有统计数据分析法和历史比较分析法等。

研究中采用那一种实证研究方法，主要是由既定假设所决定的，即在提出了研究假设的同时也就相应的决定了论证假设的方法。但是，还有一个假设和论证方法相互制约的问题。一般来说假设的提出者在其提出假设时，往往受自身习惯论证模式的影响。这与研究者本身对某种研究方法的理解掌握、熟悉程度以及研究问题的习惯做法有关。如对试验研究方法比较熟悉且已成为研究习惯做法的人，在提出问题和研究问题时往往首先考虑如何用实验的方法解决。因此，在提出假设时自觉不自觉地会受到这种思维定式的影响。这就是通常的所谓“实验主义”或“实证主义”。在发展研究中要注意克服这方面的问题。要对相关学科的各种研究方法都非常熟悉，对各种研究方法都要有一个正确的理解和从本质上的把握，以保证提出假设是从回答或解决问题的实际需要出发而不是被动地去适应某种习惯做法。

在实证研究的情况下，选取实验研究还是非实验研究方法，主要取决于研究对象的可控性和研究者的控制能力及其施控的水平。如果研究对象具有可控性或研究者能够对研究对象进行控制则选择实验研究方法，否则，采用非实验研究方法。

①实验研究。实验研究和试验研究在严格的概念上还是有区别的。其区别在于研究指标的观测中是否具有或然成分，即在研究观测数据中是否存在非实验因素的偶然性变化引起的误差。观测数据资料中必然包含随机误差的实验通常称作“试验”，通常的实验是不包含随机误差的。实际上在自然条件下进行的研究，研究指标的观测数据中均含具有不同程度的随机误差与抽样误差。因此，这里对两者不加严格区分而统称作“实验”。在研究中如何控制研究对象的问题，实质上是如何控制实验误差的问题。

所谓实验研究，就是在人为选出或创造的一组特定条件下，通过人为地改变能够对研究对象产生影响的某个或某些因素的状态（水平）或状态组合（统称处理），而控制其他因素保持不变，有目的的观测研究对象的反应，通过比较分析研究其某个或某些实验指标的改变与因素水平改变的关系，探讨其内在的必然联系，以提高人们认识的水平，进而把握研究对象变化的规律性。显然，实验研究是一种研究者主动干扰研究对象以分析其变化规律的研究方法，较适用于验证因果关系一类的假设。具体的实验研究方法有很多种，具体使用何种实验方法，需根据研究条件的实际情况，进行科学的实验设计。同时，还要掌握相应的统计假设检验的方法，以便对研究结果进行正确有效的统计处理。实验研究要求研究结果必须具有可重复性、典型性、正确性等特性。因此，实验研究得到的结论在研究论证过程中是最具说服力的。根据研究问题和论证假设的实际需要，如新技术、新品种的推广问题，改善农村生态的措施有效性问题等，特别属于技术层面的农村发展问题研究，在有能力或有条件的情况下可应尽量选择实验研究方法。

②非实验研究。与实验研究相比，在非实验研究中不能像实验研究那样有控制、有目的

地主动干预研究对象，不能通过对研究对象施加影响或刺激来研究其反应的规律性，研究者处于被动地位。在非实验研究中，根据研究者和研究对象之间是否保持沟通和直接接触又划分为调查研究（包括实地或观察研究）与无干扰研究。

所谓调查研究是利用研究对象所处的现实条件（自然条件、经济条件、生产条件、生活条件、政策条件、政治地位等）的多样性，通过对在典型的或不同条件下的同一（类）研究对象进行调查观测（或询问、访谈），了解其现实状况、表现、意愿等若干观测指标（发展指标及其相关指标）的变化与所处条件改变的关系，探讨条件的变化与研究指标变化的内在联系，提高人们对其变化成因的认识，以把握其变化规律性。

与实验研究不同，调查研究不受环境条件是否具有可控性的限制，因此广泛用于各个领域，包括政治、社会、经济、管理等多个学科。在农村发展研究中，凡是涉及类似于上述领域的研究假设，一般均可选择调查研究方法进行论证，具体调查研究方法有问卷调查法、访谈法等。但应注意，严格的调查研究必须事先进行科学的设计，内容包括抽样方法设计、调查问卷设计等。

实地研究实际上是一种介于调查研究与无干扰研究之间的实证研究方法，是研究人员以双重身份对自然状态下的研究对象进行直接观察，参与到研究对象的活动之中又尽量不对研究对象产生干扰，通过一段时期的直接观察记录，获得多种信息（包括数据的、非数据的如形象的或直觉的资料），从中体验验证和论证假设。这种方法的优点是可针对具体研究对象进行连续深入研究，缺点是方法不具规范性。

无干扰研究是根据研究对象活动遗留的“痕迹”或从他人对研究对象的观测记录或描述中查找论据的一种实证研究方法。其具体研究方法可分作三类：文本分析、现有统计数据分析和历史比较分析。所谓“无干扰”只是研究者在其获取资料数据过程中不直接对研究对象产生干扰，但不能说明数据资料中不包含干扰因素的影响。如现成的统计数据未必是在不受干扰的条件下得到的。所以，在这类研究中很难对数据的准确性做出判断，因此存在研究的效度不高的问题。这类方法一般在初步研究中采用，可作为提出新一轮研究假设的依据。

3. 参与式发展研究与实践方法的选择问题。参与式发展研究方法是一种特殊类型的实证研究。之所以将其归入实证研究，是因为该方法也是通过获取客观事实资料和数据来论证或解决问题的。所谓特殊，是因为其获取资料、信息的思路、做法与传统方法不同。在农村发展研究特别是复杂系统性问题的研究与实践中，参与式发展研究与实践注重发展主体——农民在发展研究中的参与，通过启动研究对象的知识系统，调动和发挥他们参与发展研究的积极性和主动性，使其对发展与研究具有“拥有意识”，把研究行动视作一种为自己的利益而进行的活动。这样在发展研究中会使得研究数据的获取、信息的收集更全面、更真实可靠，更有效地发现问题和解决问题。

（1）参与式方法的基本特点。参与式发展研究方法的基本特点是注重问题的系统性，用系统的观点和方法看待和处理农村发展中具有社会性或综合性的复杂问题。解决问题的技术路线是针对具体特定的农村社区发展问题进行系统分析、评价并在此基础上进行综合与决策。所谓系统分析，就是针对一个系统内的基本问题，用系统观点进行思维推理、分析对比，在确定和不确定的条件下，提出可能采取的对策，为达到预期目标提供各种可行的预选方案。而系统评价的目的则是辅助进行系统决策，为系统决策提供理论依据。参与式发展研究使用最多的方法是系统分析法与系统评价法。系统分析法有：参与式农业生态系统分析、参与式性别分析、目标群分析、参与者分析等；系统评价方法有：快速农村评价与参与式农村评价、农业知识系统快速评价、农民参与式技术评价、参与式检测评价、参与式贫困评价等。而参与式研究方法中的农作系统研究、参与式社区发展研究、参与式发展项目的规划与评估方法等，是以上述系统方法为主多种方法的综合应用。

在农村发展研究中，参与式方法源于对传统发展理论及其实证研究方法论的反思和对自身成功经验的总结。参与式研究方法对于解决欠发达地区规模不大的农村（社区）发展问题，特别是农村复杂的社会性、综合性发展问题具良好的效果。在其发展与实践研究中逐渐形成的参与式思想、原则（如强调以人为中心、自下而上，注重“乡土知识”和可持续发展，强调发展对象特别是弱势群体的发展参与和权利以及方法上的开放性、讨论式、相互学习，赋权和简化操作等），对于研究和处理各种社会性问题都具有重要的现实意义。其缺点是方法尚不够规范，研究如何进行以及研究效果如何很大程度上依赖研究者的知识结构和经验。同时对于解决大范围的区域性农村发展问题，如农业产业化与产业大范围区域性布局问题、区域社会经济一体化与城乡统筹发展问题等，其方法上的可操作性和适应性差。

（2）参与式方法选择问题。在农村发展研究中，若从系统的角度把农村发展视作与人（农民）有关的复杂系统性问题时，其研究假设的论证可以选择参与式方法及相应的工具。当然，也可选择其他系统科学的方法，如钱学森提出并倡导的综合集成法（研讨厅系统）。对于参与式发展研究与实践方法的选择问题，主要是根据其特点确定在哪些区域哪些方面使用的问题。我们认为，参与式方法解决问题的优势主要表现在以下几个方面：①落后区域农村的开发，如贫困状况分析，特定农村社区扶贫项目的确定与实施研究；②农民行为导向与涉农技术发展，如农业新品种、新技术的推广研究；③农村开发或发展项目评估；④其他农村社区社会发展的综合性研究规划与实践研究。

实际上在参与式发展研究和实践中并不存在如何正确选择研究方法的简单固定模式。重要的是要掌握发展研究和实践领域已经积累了哪些资料，取得了哪些经验，知道怎样做会成功或不可行。根据不同的目的、要求和实地情况、人财物力和时间等资源的限度，来选择适当研究类型，对其使用的工具（主要源于对系统分析、评价与其他科学研究具体技术方法的发展）进行适当的搭配或整合。参与式的研究与实践方法中不要求有机械性的“蓝图”计划模式，即使有也需要其随应用环境进行相应的改革、变化；在这方面发展工作者扮演着重要的角色，随时要对计划进行研究、探索和调整。

4. 综合集成法的选择问题。综合集成法是中国科学家钱学森在 20 世纪 80 年代提出的一种解决“复杂巨系统”问题的方法论。钱学森认为，“解决开放的复杂巨系统问题目前唯一有效的办法，就是使用从定性到定量的综合集成法，简称综合集成（meta - synthesis）。”

综合集成方法论的实质是专家经验、统计数据和信息资料、计算机技术三者的有机结合，采用圆桌会议（Seminar）的工作方式，把经验（多半是定性的经验）与理论结合起来，把定性与定量、微观与宏观、还原论与整体论辩证地统一起来。集之大成，发挥系统的整体优势和综合优势，产生出解决“复杂巨系统”问题的新思想和新方法。

使用综合集成法解决“复杂巨系统”或开放的复杂巨系统的一般形式是“研讨厅系统”（Hall for workshop of meta-synthetic engineering）。研讨厅是一个由知识体系（包括各种相关的科学理论、专家的经验和感受、常识性知识、各种情报资料）、专家体系（包括科学、技术、经济、政治、文化等各方面、各层次的有关专家）、工具体系（以计算机为核心的多种高技术）按照系统原理组织起来的具有等级层次结构和动态性（参加的人员都不是固定的，因任务不同而经常变更）、开放性（与外界不断进行信息交换）的研讨厅系统。研讨厅系统的一般结构是由不同层次的研讨厅子系统连接而成。简单示意图如图 2-2 所示。

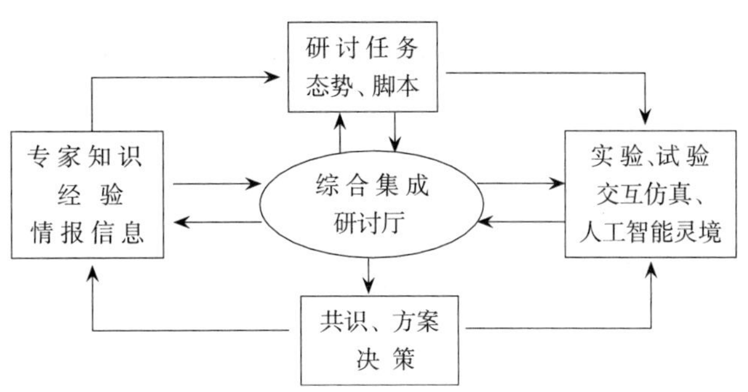

图 2-2　综合集成研讨厅体系简单示意图

在经济全球化大背景下，区域经济一体化进程的不断加快，农村发展的外部环境也在不断地发生着变化。因此，在农村发展研究中不能仅把眼光集中在某个点之上，必须从更为广泛的视野来看待和处理农村发展问题。研究的视野不同，农村发展研究的问题及问题的复杂程度也不相同。如“经济全球化与中国西部农村的发展问题”，“欠发达农村地区城乡一体化发展”等。但这类问题不仅涉及的区域规模大而且问题极其复杂。在解决这类复杂的区域发展问题时，可以考虑选择综合集成方法。

由于综合集成方法论并非专门针对农村复杂系统问题提出的，因此，在使用时要结合发展问题的实际与研究的特点对其具体化并加以适当发展。

（三）实施准备

要做好任何一项研究工作都应制定相应的研究计划，并为研究计划的实施做好一切准备，以保证研究工作能够顺利的开展和有条不紊的进行。实际上研究计划的制订就是准备工作的一项重要内容。如果事先没有计划，没有准备，就很可能在研究过程中产生不应有的失误或工作上的被动。因此，必须对研究实施的准备工作给予高度的重视。

实施准备工作应如何做，怎样才能做好？在长期的研究实践中，不同的研究类型都各自形成了一些规范的做法。当然，由于研究的具体问题不同，研究的目的以及采用的研究方法等不同，其准备工作的具体内容以及要求上往往存在很大的区别，因此很难一一具体讨论。尽管如此，不同的研究形式就其总体而言，在准备工作的思路或过程上是大致相通的。这里以统计调查研究的实施准备为主，介绍如何搞好实施准备工作。对于其他研究形式的实施准备，可依此作为参照，而具体问题在下面章节中结合具体方法进行讨论。

1. 确定调查研究对象。在农村调查研究中，调查对象的确定通常包括三个层面，即研究范围、研究单位和研究单元。研究范围实际是对由若干研究单元构成的研究总体大小及其所在空间的界定。研究“总体”又称“集团”。不同的研究内容，相应总体的定义是不同的。统计调查研究中，总体是关于研究对象的某种数量性质的一个数值集合。如在扶贫研究中，研究范围界定为经济落后地区的“某个县”，调查研究的目的是要了解该县农户的经济状况，则可把总体定义为农户的经济收入。研究范围内包含的所有农户的户数，即研究总体的大小。研究单位则是进行研究分析的基本单位，是按研究单元的某种属性人为进行的一种划分。如上述以农户为研究对象时，按农户的社区属性对其进行划分，可把“村庄”作为研究单位，也可把“乡（镇）”作为研究单位。研究单元是构成研究单位的“元素”，是一个与总体对应的"个体"。在统计调查研究中，是以研究单位作为基本"分析单位"的，而研究单位的特征是由研究单元的特征决定的。"个体"实质上是关于研究单元的某一数量性质的特征，如上述扶贫研究中，研究单元为农户，但是在调查研究中，不是调查研究农户的全部特征，而是与研究目的有关的内容，如"家庭年人均纯收入"或"家庭人口数"。

在调查中往往通过采用问卷或访谈的形式，一次获得关于研究单元的多个（数量或质量）特征（指标）的测量结果（观测值）。调查研究的目的是通过个体特征推断总体特征的，所以在调查研究时，应首先对研究总体和研究对象给出严格定义，同时，对要调查的关于研究对象的那些特征给出明确的定义和界定。

（1）确定研究范围。在调查研究的准备工作中，首先考虑的问题是研究范围的确定问题。范围越大，总体容量就越大，包含的研究单元就越多，若进行全面调查，对投入的人力、物力、财力及时间的消耗往往会很大，一般研究难以采用。研究范围究竟以多大为宜，首先要服从调查研究的目的和要求。同时，也要根据现有的人力、财力、物力来决定。另外，同样的调查范围，调查的指标（项目）越多、越细，则对时间以及人、财、物的消耗就越大。当确定研究范围很大时，不仅物质消耗大，而且调查有的时间也因此拖长。所以，在确定研究范围时要综合考虑多个方面的影响。当调查的指标项目少，且每个项目耗费的时间少，物质消耗也不大时，调查范围宜大，反之研究的范围宜小。当必须进行大范围调查时，应采用抽样调查研究方法，或提高研究对象的参度，降低调查成本，以协调研究范围与研究成本之间的矛盾，但这些都会增加准备工作的工作量和工作难度。

（2）确定研究单位。研究单位亦即分析单位。社会调查研究中分析单位有五种类型，即个人、群体、组织、社会产品和社区。在确定研究单位时还需要注意两个方面的问题：一是代表性和典型性；二是被调查单位是否愿意配合。实际上代表性是一个与抽样有关的概念，在后面另讨论。关于配合性问题，还要借助于参与式方法来解决。

（3）确定研究单元。研究单元是直接调查研究的对象，应该是具体明确的。在农村社会问题调查中，无论研究单位如何确定，最终还是找什么人做调查的问题。在确定调查对象时，除去要明确调查研究范围、研究单位外，找什么人做调查也是一个很重要的问题。主要是考虑调查结果的可信性、代表性和准确性。要选了解熟悉所要调查研究的内容的且愿意配合调查研究的人。

顺便指出，在实验研究中也存在一个研究范围、研究单元的确定问题。如新品种的区域实验中，可以把某一气候生态区作为实验研究范围，研究单元则为该研究范围内的，一个个有代表性的不同生态区农田。选定在什么位置、什么样的土地上，土质如何，土壤差异大小，小区面积多大，如何排列以及有无不利因素的干扰和不良影响，交通是否方便等都要考虑，这些都是重要的研究准备工作，必须在研究之前认真解决。

2. 确定调查研究时间。农村调查研究时间的确定主要考虑农时季节以及如何使调查内容与农民忙闲相协调的问题。在农村无论进行何种调查研究，重要的是要尊重农民，遵守农时季节的规律性。因此除非研究内容特殊需要，如农业时令技术调查以外，一般性农村调查要尽量利用农民的闲暇时间进行，如在"三夏"、"三秋"忙完之后相对闲暇时间、冬闲期间以及民间节日的空闲时间。如果在大忙季节进行调查往往引起他们的厌烦。由于不同区域农民忙闲的规律不同，因在调查时间的确定上首先要掌握这一规律，合理安排调查。在调查之前要做好一切准备，如调查表格以及其他调查所使用的工具以及赠送用的小礼品等，以便在调查中提高调查效率，节省调查时间。

3. 组织和培训调查研究人员。挑选、组织与培训调查人员，是一项十分重要的准备工作。因此要根据研究内容的实际需要、调查工作任务量的大小等，建立一支作风优良、业务熟练，有团队精神和足够数量的调查队伍。

（1）挑选调查人员。在挑选调查研究人员时，主要考虑是否熟悉农村、热心农村调查研究工作。一般要求调查人员身体素质好，有不怕吃苦的精神；有较好的心理素质，遇事理智，有耐心；工作责任心强，善于协作；对农村、农民有感情，善于跟农民打交道；最好能掌握调查研究的一般理论和技能，有一定的调查经验。

（2）业务培训。对调查人员要事先进行有组织的专门培训，使每一位调查人员对调查研究任务、要求，操作步骤、工作进度与日程安排，工作质量标准做到心中有数。能熟练地掌握调查使用的工具、方法，能讲会干。学会做动员工作，具有调动群众参与积极性的能力。

（3）人员组织。为保证调查任务顺利按时完成，根据调查任务的需要，可对参加调查的人员进行组织分工，形成结构合理的调查研究队伍体系，通过人员的合理搭配，形成一个个团队。各团队能够针对某一项任务独立开展工作。

参考参与式研究方法的经验，团队组成人员可从以下几个方面考虑：①组织协调者：有组织协调能力，能发挥大家的作用；善于谈吐，充满信心；善于倾听，不盛气凌人；善于决策，处事果断。②各方面专家与业务骨干：精通业务，对研究课题理解把握准确；能处理调查研究中的偶发事件；遇到业务问题有办法解决。③地方领导：熟悉当地的农村发展情况，有号召力，办事认真，实事求是，作风朴实，平易近人，群众信任。④“点子王”：主意多，有创新性；非正统，富有想象力。⑤实干家：办事执著，有韧性，守纪律；工作认真，实际操作能力强，不怕吃苦，诚信可靠。⑥公关者：性格外向，善于结交朋友，具有一定公关能力者。⑦活跃分子：积极、乐于助人；爱争论。争强好胜，能引起不同意见的讨论。⑧分析评论者：冷静内向，有能力对大量数据进行深入分析，很少出错。团队里过失与疏忽的主要发现者。⑨后勤服务者：有人缘，能理解人，乐于助人，操心团队事务，善于细节安排，办事公道，考虑问题周全。

4. 探测性调查。所谓探测性调查，是在正式调查之前到实地进行的试探性和准备性调查。目的是为了完善调查方案的设计，修正不符合解决问题实际情况的研究假设，使调查人员进一步明确问题的关键，使调查课题更切合农村实际，确保正式调查能有效、顺利地进行。其基本任务有以下几个方面。

（1）确认与发现问题。尽管课题已经确定，研究的内容以及研究假设也是经过了反复思考和深思熟虑的，但其毕竟还只是思维活动的结果，要调查的项目是否全面、得当，对事先提出的解决问题的思路和对实现说明是否和客观现实相符等，还有必要在研究的现场进一步加以确认。如果研究内容以及相应的假设与现实有较大的出入，还必须在正式调查研究之前进行适当的调整，使研究的内容的设想更符合要解决问题的实际情况。避免在调查研究中造成不必要的人力、物力、财力和时间的浪费。实际上有一些研究内容是在探测性调查当中发现的，探测性调查的过程也是一个发现问题的过程。

（2）检验队伍。尽管调查队伍已经建立且经过了严格的培训和一定的组织分工，因尚未经过“实战”，直接投入正式调查研究工作是否还存在问题尚不能完全断定。因此，探测性调查的过程也是一个检验调查队伍、锻炼调查人员的过程。通过探测性调查可提前发现调查者本身的问题，使问题在正式调查之前得到解决。

（3）建立工作关系。通过探测性调查。与被调查者进行初步的接触。建立必要的思想沟通。使他们对开展调查活动的重要性、目的有初步了解，有一定的思想准备，从而对正式调查奠定一个好的基础。同时，对被调查者的思想状况、工作规律要有初步的了解，使正式调查的准备工作做的更充分、更细致、更切合实际。

5. 设计问卷。在调查研究过程中，具体调查指标往往有多项，为了在调查中减少可能出现的疏漏，统一调查内容与形式，一般需要设计实施调查表格或方案。其主要形式有问卷调查表、态度测量表、观察表、访谈大纲等。这些调查表或大纲，是由若干具体项目组成的一个具有层次结构的问题系统。问题多少以及问题的结构是由研究目的所规定的，一般是根据研究假设树形成的。当然，并不是所有的调查都事先提出研究假设，如社会人口普查以及描述性研究课题，研究的目标仅回答“是什么、有什么差别”，不回答“为什么”，其调查方案设计可按调查惯例进行。通常不同的研究内容调查方案的问题及其结构不同，但都应遵循一定的原则和步骤进行。

（1）问卷设计的基本原则。一是在满足研究论证假设所需的前提下，方案越简单越好；二是要有利于获取真实可靠的调查结果。在农村发展研究中，研究的对象是广大农民，考虑到被调查者的知识文化水平参差不齐，忙闲不一，因此提出的问题要注意易于理解，方便回答。语言要明确简练，使用概念要准确，问题的层次结构要清晰、繁简要得当。切忌提出的问题使人感到厌烦，或过于复杂、模糊不清，令人不知如何回答，也不要涉及个人隐私，提出使人难堪的问题。

（2）问卷设计的步骤。问卷设计的实质是变量筛选与设计。首先把与研究内容有关的项目、指标都一一列出来，初步建立基本架构。其次，分别对每一个项目指标，先不管其逻辑顺序，只要是符合项目内容的问题都写下来，越多越好，多多益善，然后进行合并精简，最好请熟悉某方面情况的专家给以指教，避免存在遗漏或不需要出现的问题。其三，项目内问题分层归类，形成层次分明，逻辑关系清楚的问题树。其四，组成问卷或绘制表格，形成规范的格式。

6. 拟订调查方案。在进行调查之前应拟订关于调查工作的整体行动方案。其目的在于保证研究的各项调查工作（包括准备工作）的实施操作有条不紊地按期顺利进行。调查方案基本内容主要包括：

（1）说明调查目的意义。首先要对选择题目的原因做出说明。为什么选择这个题目，研究主要解决什么问题，研究和解决这个问题有什么实际的科学价值或实际意义。然后，对题目和研究假设中涉及的概念做出严格的界定或明确的解释。

（2）确定调查对象。明确规定研究范围、研究单位和研究单元。注明研究的具体地点、地理归属；明确研究或分析单位是个人、群体、组织还是社区。

（3）确定调查项目并设计问卷（表）。明确研究的具体内容，说明收集关于那些问题的资料，形成与假设树相一致的调查指标体系并以调查表或调查（访谈）大纲的形式规范地表达出来，即实施方案设计。

（4）确定数据信息的收集与分析方式、方法。主要确定调查的方式是抽样调查还是典型调查？是随机抽样还是分层抽样？是问卷还是访谈？调查得到的数据用什么统计方法分析？调查人员如何分组？设置几个调查组？每组几个人？人员如何搭配情况？

（5）确定调查正式开始的时间和步骤。主要明确调查正式开始的时间和调查步骤，并在团队内及时进行传达。

（6）调查经费预算与分配。当调查方案设计好之后，就要详细计算完成调查方案实施所用的各项费用。一般研究经费包括九个方面，即调研人员的差旅费、调研与协助人员的劳务费、课题资料费（书籍、统计资料、参考文献费）、表格印刷复印费、数据处理费（计算机使用费）、专家咨询费、必要的设备工具购置费、来访招待费以及料所不及的费用（如研究用物品价格上涨）等。要本着少花钱多办事，厉行节约的原则搞好经费的预算与分配，切忌铺张浪费。要做好经费开支计划，管好用好每一笔研究经费。

（7）组织与管理。包括：课题负责人、领导小组成员与分工，技术小组成员与分工，办公地点与联系方式等。

7. 编写研究计划。调查研究是农村发展研究的基本形式，但任何一种研究形式（方法）不可能适用于所有研究课题。在农村发展的实际研究过程中，往往采用多种的不同的研究形式，使之相互补充、相互验证，以便深入有效地回答问题和解决问题。因此，在拟订调查研究计划基础上，还要制定整体上的研究计划，使研究成为一个有机的整体以协调各项研究工作。

整体研究计划（规划）事关研究工作的全局。一般在研究课题提出后，研究准备工作开始之前，先拟订一个初步研究计划，以此指导实施准备工作的进行。同时，结合准备工作中发现的问题，以及准备工作的成果，对原研究计划加以修正、调整和完善。在研究正式实施之前，形成完整、规范的整体研究计划（规划、方案），并以书面的形式（研究计划书）提交给有关部门和人员。

研究计划书至少有以下两个方面的重要作用：其一，研究计划书是某项课题开展的一切研究活动的文字依据。利用计划书可把所进行研究的内容、目的、要求、方法、步骤、经费分配使用等，用文字的形式准确地表达和相对固定下来，并依此统一所有参加研究人员的思想和行动。特别是大型、多个研究单位协作项目，避免在研究过程中的随意性。计划书本身是在参试人员广泛讨论的基础上制定的。其二，便于征求同行专家的意见，方便信息交换，避免不必要的重复研究，提高研究的效率和水平。

对于实证研究，研究计划书一般包括以下内容：①研究题目；②研究的目的意义；③研究主要解决的问题、依据、预期效果；④研究的范围、对象、地点、条件、期限；⑤研究课题的目标分解与相应指标体系；⑥研究方法及其体系构成；⑦各项（子课题）研究方案设计；⑧获取数据的汇总方法与措施；⑨数据的处理方式与方法的规定；⑩总课题与子课题研究人员构成及其组织分工；⑪不同子课题的开始与完成时间、分工与协作方式；⑫经费总量控制，各子项目的经费与分期拨款额；⑬研究的阶段性考核、阶段总结的内容与时间安排；⑭目标责任书。

四、实　施

实际施行研究计划或方案，包括对研究对象进行的各项观察、调查、实验、测定，以及数据记载或现象描述等。根据既定的研究计划和实施方案，正式对研究对象进行选择、处理、安排；对研究人员进行组织、研究任务的分配等。落实各项具体的研究工作，具体包括组织领导、资料搜集和数据整理三个部分。

（一）实施工作的组织领导

计划实施中，组织领导至关重要，特别是多个研究单位的协作研究尤其如此。组织领导的主要任务是人员分工与布置任务、任务执行与信息反馈、协调与监督。

1. 组织分工与任务配置。所有参加研究的人员经过业务培训和思想动员后，根据每一个研究人员的思想业务水平、工作能力、实践经验和技术特长以及研究任务的实际需要进行合理分工。做到人人有事干，各负其责，知人善任。形成一个组织严密、结构合理、层次分明的研究与组织管理体系。组织管理体系要与研究任务的划分一致。对研究任务与人员进行合理配置，使每一位参加人员都对自己的任务、责任、位置都十分明确，每一级有每一级的任务，各级都有人负责，做到各司其职，分工协作。

2. 运行与信息反馈。为保证研究的顺利进行，除去合理组织与任务分工外，还要建立有效的运行机制，依此激励和约束研究人员的思想和行为。其中关键是利益分配问题。作为研究人员一般都很重视自己在研究中所处的位次与工作价值，因此，不仅要做好思想工作，还要使每一位参加人员的工作价值得到合理体现。同时要在计划任务执行中能及时发现问题，使在研究过程中出现的问题得到及时的处理。因此，要重视信息反馈工作，建立相应的制度，如定时间的联席会、不定期的碰头会，以便交流信息，及时总结经验、教训，发现问题，讨论解决的办法。

3. 监控与协调。监控与协调是组织领导的重要职责，也是研究能否按计划正常运行的重要保证。因此，必须在研究计划的实施过程中做好监督与协调工作。

所谓监控就是对研究活动的监察督导和研究进度的控制。

监察主要是针对研究质量而言的。要保证整个研究课题的完成质量，必须对研究的每一个环节，特别是关键研究环节的工作质量进行监察督导，主要手段是建立任务的质量标准和奖惩办法，形成自我监督、自我约束机制，他人监督与自我监察相结合，从而保证研究的质量和数量。

控制是针对研究进度而言的。作为课题负责人，要为研究的出资方负责。同时，各子项目要为总课题负责。由于研究任务的系统整体性，可能因某一个研究部分出现问题，就会影响到整个课题的完成进度。要保证整个研究能按规定的时间完成，不仅要对研究任务进行横向分解，还要进行纵向分解，规定各时间段的进度要求，分时控制。督察，不仅督察任务完成质量，还要督察研究进度。建立任务完成进度汇报制度。按时汇报研究进展情况，如果出现问题应及时采取措施加以解决。

关于组织协调工作，包括研究人员与地方关系的协调，研究人员之间的关系协调以及任务与人员的协调三个方面。研究人员与地方关系的协调问题，主要是重视与当地领导与群众搞好关系，取得他们对研究工作的认同与支持，农村发展研究不同于其他研究，没有当地群众的理解、配合和参与，研究工作是不可能做好甚至是无法开展的，这是研究任务的性质所决定的。如何处理好与当地老百姓的关系，首先是研究人员的立场观点问题，要搞清楚为谁在研究，为什么要研究；其次，要学会如何与农民打交道，研究人员要理解他们对发展的渴望，相信农民有智慧和能力，要学会尊重农民，要依靠当地的群众与领导搞好研究工作。研究队伍内的协调问题，往往出在对问题的认识不一致、研究任务和研究力量的分配不合理，要及时发现加强协调。认识不一致要采用讨论的方式解决，通过认真的讨论取得认识上的一致性，即使思想认识一致，还有思想与客观规律是否一致的问题，总之需要一段时间的磨合才会取得成效。研究的过程是一个规律的探索过程。因此，只要搞好协调问题总是可以解决的。关于任务与人员的矛盾问题，要提倡齐心协力，上下一致通力合作，及时调整力量以保障研究工作的顺利进行。同时，应注意领导以身作则，身体力行和做出表率。

（二）数据的搜集与整理分析

1. 数据搜集的原则与方法。

（1）数据搜集的基本原则。数据（信息资料）的搜集是研究计划实施的重点任务和关键内容之一。能否获得翔实、准确的信息资料直接关系到研究的价值与成败。因此，信息资料搜集工作必须给予高度的重视。

搜集信息资料的基本原则是要有整体性、真实性、针对性和可比性。

整体性就是要把农村作为一个复杂的系统整体来认识。由于农村发展中表现出来的问题往往不是孤立的，因此不能孤立地片面地去看问题，而是把它作为一种系统现象来对待。“农村社会调查是通过搜集资料来认识农村社会现象的，搜集的资料整体性越强，对农村社会现象的认识就越全面越深刻。”同时，对农村问题认识越全面、越深刻，搜集信息资料就可能越具有整体系统性。如何来弥补研究人员在其资料搜集时间上的有限性、对农村问题认识局限性与整体性和真实性要求的矛盾。解决的主要办法，就是要运用系统科学的思想设计一个具有系统性的调查方案；同时要采用科学的调查方法。

有效地认识和解决农村问题，是以获得客观真实的数据为前提的。在解决所获信息资料的真实性方面，应广泛采用和借鉴参与式方法。

针对性原则是由选择的研究课题决定的。农村问题很多，社会现象也十分复杂，在搜集信息资料时也不能看见什么就了解什么，见了什么就调查什么，而是围绕着课题去搜集和研究内容密切相关的信息资料，即有针对性地进行信息资料的搜集工作。只有这样，得到的信息资料才带有集中性和针对性。获得资料针对性越强、越集中，问题的本质就越突出，对问题的认知也就越深刻。

可比性原则就是搜集来的信息资料要有可比性。只有通过比较，才可能做出鉴别，才能找到产生问题的原因。要善于运用比较的方法，将问题的各个方面和各个层次与它们的各个不同阶段的表现形式加以对比分析，从而找出它们的相同点和不同点以及产生相同或不同的原因。

要辨证地看待和处理信息资料的整体性、真实性、针对性和可比性的关系。不能过分强调某个方面，同时又要根据研究的目标有所侧重。

（2）数据搜集的途径与方法。搜集信息资料的途径与方法很多，不同的论证方法，实际上就是搜集信息资料的不同途径，而具体获取的方法（工具）主要是由资料的特性决定的。农村社会调查中获取信息资料的方法归纳起来大致有五种：①访谈法，指调查者与被调查者直接交谈，其中有开调查会和个别访问；②通讯调查，如发信件、通电话、通过互联网调查；③实地观察，即深入到调查地进行直接观察；④查阅现有文献、资料；⑤问卷调查，即通过直接发放问卷让被调查者填写或直接提问回答。

实验研究中，获取研究数据的方法因研究对象不同而异。如果研究对象是人或与人有关，采用的方法与社会调查方法基本相同，否则往往需要利用专门仪器测定获得研究数据，例如农地生态指标数据就需要利用进行生态研究的仪器进行测定获取。因此，在研究的准备阶段，也要对研究使用的仪器设备的类型和数量等做好充分的准备。

2. 数据的整理与分析。

（1）数据整理。在研究计划实施过程中得到的数据一般称作原始数据，又称“一手资料”。它是指通过对研究对象的直接观测等手段得到的数据，是相对于经过他人之手加工过的数据而言的。对原始数据的整理就是要求研究人员，对大量而分散的原始资料利用数据整理的方法，通过图表等手段进行系统化、规范化处理，使之符合数据分析的要求或具有可直观性和简单明确的特点。

数据整理的过程是进一步鉴别资料的过程。在整理过程中，会发现有一些资料不重要、不真实或者根本没有用处，因此应予以舍弃；有些资料还不完整或数量不足，需要进一步搜集补充；还有些资料值得怀疑，需要暂时保留，经认真加以鉴定后再作决定等。

原始数据有数字资料（定量测定得到的资料）和非数字资料（定性描述）之分。对数字资料往往需要进行统计学处理，如分组编（绘）制频数分布表（图）；汇总并计算其简单的特征数（如平均值、方差、变异系数等）。通过简单的统计可对数据中是否存在特异数据做出鉴别，以便进一步考察其真伪。对于非数字性资料，一般按其特征进行归类处理，以便查阅和使用。

（2）数据分析。数据分析是在对数据进行整理的基础上进行的。数据分析的目的在于透过现象认识事物的本来面目，抓住反映事物本质的有价值的东西；把似乎彼此孤立的材料联系起来，探讨事物整体的内在的联系，找出事物变化的真正原因。在实际研究工作中，统计学的方法，如假设检验、方差回归分析、主因子分析、主成分聚类等应用较广泛。

需要注意，统计分析结果完全依赖输入的数据，统计方法本身并不能对数据的真实性做出判定。对此，研究者必须有清醒的认识。统计方法的误用，或用不真实数据进行统计分析，不仅难以得到科学的结论，且具有一定的欺骗性，也会为他人抨击实证科学提供了证据，需要引起足够的重视。另外，数据分析不限于统计分析一种方法。还有其他许多方法，如系统分析法、计算机模拟分析等。“理论发现过程的起点是问题，终点则是找到能够解答问题的理论。任何科学的发现都是通过比较、分析、综合、概括、类比、想象、抽象等手段来实现的”。

五、课题的总结

研究课题的总结是研究程序的最后一个环节。它主要包括：研究总结报告、研究报告（解决问题的方案、规划等）的撰写与研究工作总结三个方面的内容。

1. 研究总结报告的撰写。研究总结报告是研究的技术性总结，主要说明研究目的是否实现，研究任务完成情况，取得的成果，产生的效益或价值，取得了哪些成功的经验或教训等。一般分作课题综合性研究总结报告和专题研究总结报告。综合性研究总结报告，通常是把在研究过程中使用的研究方法、所获得（包括专题）的研究成果、取得的经验、存在问题或不足等以总结报告的方式进行综合概括。研究总结报告主要说明，研究目的是否实现，研究任务完成情况，取得的成果，产生的效益或价值，取得了哪些成功的经验或教训等。专题总结的内容与综合研究总结报告基本相同，只是就某一个方面进行总结。

2. 研究报告的撰写。研究报告有不同的类型，不同研究内容撰写的格式与要求也不尽一致。以论文方式提交的研究报告，一般由引言、正文、结论、摘要以及参考文献等几个部分组成。研究报告的具体类型、撰写要求等另章节讨论。

3. 研究工作总结。研究工作总结就是对整个研究过程的各个环节所做的主要工作、采取的主要措施等进行回顾概括。通过对整个研究过程的反思，形成理性的认识，找出成功的经验和应吸取的教训。为以后的研究工作提供有益的借鉴。

研究工作总结的基本要求是：重点突出、求实客观。对成绩不夸大，对问题不回避。通过对研究实践中存在的问题与错误、成绩与缺点、经验与教训做出恰当的、符合实际的判断。从而做到积累经验，把握研究工作规律性，以便更好地指导以后的研究工作。

研究工作总结报告的内容一般包括以下几个方面：①基本情况回顾；②主要工作：着重总结研究实施的组织领导工作。如怎样开展业务培训、如何动员群众参与、如何建立完善研究体制与工作机制、如何投融资、如何处理和协调各种关系等；③主要成绩和经验：如组织管理创新、对研究方法的发展等；④存在的主要问题：问题出现在哪些环节、哪些方面，这些问题是否有一般性、如何加以避免等；⑤提出来表彰的组织与人员；⑥其他值得总结的问题。

第二节　变量与变量设计

一、变　　量

（一）变量与属性

变量是指具有可度量性的概念，其属性在幅度上和强度上的变化程度是可加以度量的，如农民的生活满意度、劳动生产率等。度量的前提是能够观测，因此可度量性又称可测度性。所谓测度，就是在研究中对所确定的研究内容或研究指标进行有效的观测和度量。

概念是人们思维的产物，是通过对一定范围内同一类现象的概括或抽象得到的。在现实生活中，人们观测或感受到一类现象具有某种共同属性，于是将这种共性冠之以一个名词以供人们在沟通中使用。如用“工薪阶层”这个概念来表述主要依靠工资生活的那些劳动者，而把主要靠种田为生的劳动者则用“农民”这一概念表述。概念不仅仅反映感性经验，而且具有理性认识的特征。从这一意义上，概念又是人们用以反映对象及其本质的思维形式。概念的抽象程度有高有低。抽象层次高的概念往往包含多个抽象层次低的概念，并且它往往是难以直接观察和描述的，这是因为概念的抽象层次越高，其涵盖面越大，特征也就越不直观。相反，概念的抽象层次越低，其涵盖面越小，特征也越明确。

变量和属性是密不可分的，并且易混淆。所谓属性通常是指客体的某种特性，变量则是按逻辑归类的一组属性。例如：人分男性和女性，“性别”是变量，它由男、女两种属性组成的；“职业”也是变量，它可由农民、工人、教师、公务员等属性组成。因此可以说变量是由特定属性构成的集合的名称，该集合中每一具体的元素是测度该变量时的一个可能的取值。因此变量是指具有一个以上属性取值的概念，那些只有一个固定不变的属性值的概念叫做“常量”。

在实证研究中，不乏对变量属性的描述。如某农村按年人均收入（变量）：1 000元以上占 1%，500～1 000元占 10%，500 元以下占 89%；受教育程度（变量）：高中占 3%，初中占 20%，小学占 40%，文盲占 37%；性别比例：女性占 52%，男性占 48%；年龄结构：0～9 岁占 15%，11～19 岁占 13%等。

在农村发展研究与实践中，人们总期望变量出现某种属性，如：人均年纯收入高、文化水平高、劳动生产率高等，也希望避免另一些属性的出现，如农作物产量低、劳动生产率低等。变量之间关系（特别是因果关系）的研究，构成了农村发展研究工作的主要内容。如农民的文化水平、受教育程度等是否对作物产量、人均年收入产生影响，等等。可以说，整个研究工作就是用变量语言来完成的。科学方式的实证、清晰、客观等特征，只有用可度量的变量语言才能达到要求。农村发展研究报告中，如果缺少变量语言，无验证过程，则很难令人承认其学术价值。

变量既然属于概念就需要给出定义。好的定义应具有准确的内涵和清晰的外延，必须含有可识别的种差以辨明变量属性的构成。对于抽象概念还要进行操作化设计，以便进行有效的测度和分析。农村发展研究中变量的界定往往需要认真思考。例如：农民的“参与程度”，是指农民参与决策的程度，还是意见表达的程度。程度如何测度，是指参加各级会议的人数，还是指发表意见的多少等，界定不同，则测度结果会大不一样。

（二）变量分类

变量是可以从不同的角度分类的，依据不同的分类标准可将变量分作不同的类型。有些变量只能在两种状态间变动，如性别、婚否等，称之为二分变量；有些变量可在两种以上的状态中变动，如信仰可分为佛教、道教、天主教等。这种根据一定标准把事物分为两类或多类的变量可称作离散变量。与离散变量相对应的称作连续变量。如收入、作物产量、年龄、身高、智力等都是连续变量，它反映了客观事物的量的演变过程。

在解释性研究中，通常是按变量间相互影响的关系来划分的，即分作自变量，因变量和中介变量。自变量是影响或决定因变量的变量，是因变量发生变化的前提和原因。在变量分析中自变量的属性值将不受其他变量的影响而独立的给定。如产品质量与受教育程度的关系。受教育程度愈高，产品质量则愈高。按两者的关系，受教育程度影响或决定着产品质量，受教育程度是自变量；因产品质量对受教育程度的变化做出反应，产品质量是因变量。一个变量在一种情况下作为自变量，而在另一种情况下可作为因变量处理。如在分析产品质量与产品销售额时，又把产品质量作为自变量，把产品销售额作为因变量。这种情况，反映了变量间的系统关联性。一般而言，因变量是研究者企图探索或解释其属性变化原因的变量。而对自变量为何变化，研究者往往并不予以深究。遏制或调节自变量对因变量影响程度的变量被称作中介变量，或控制变量。自变量往往和中介变量同时存在，并对因变量产生影响。如农业生产技术推广，增加生产现场的技术指导力度（自变量），劳动生产率（因变量）提高，但应视作业的复杂程度而定，这里作业复杂程度就是中介变量。中介变量作为一种状态或条件存在，它的属性不发生变化。因此自变量是通过中介变量对因变量发生影响的。这种关系可以表示为自变量——中介变量——因变量的顺序关系。在研究中，我们不能同时研究所有变量，有些变量必须被中介化，使其成为控制变量，以保证它们不会对自变量与因变量的关系产生干扰。如在社会调查中，调查对象的情绪，调查者的态度、声音等都是要适度控制的。

（三）变量的关系

变量之间有各种各样的关系。根据变量间的关联性可分作：相关关系、因果关系和虚无关系。

1. 相关关系。相关关系即变量之间存在对称偕变关系。两个变量可共同发生变化，但难以区分其一的变化是由另一个变量引起或者相反，很可能是由其他变量的变化引起的。如农产品的产量与品质之间有相关关系，其变化可能是由于化肥用量不同引起的。

2. 因果关系。因果关系与相关关系不同，属单向依存关系。可以明确地判断一个变量的变化是由另一个变量的变化引起的，因果关系中自变量是原因，因变量是结果。因果关系分析，离不开中介变量。如农业技术推广力度与农民收入有因果关系，当地的某种生产条件即为中介变量，因此要因地而异。

3. 虚无关系。两变量之间不存在互动关系，即使出现互动现象，也是处于偶然或抽样误差所致。

农村发展的核心是人的发展，但研究途径可以不同。如可通过考察人的主观世界，研究某个人的价值观、理想和抱负等，最后总结其成功与之道或思想境界等。虽属于人文学科的研究任务，也要给予应有的重视。而科学研究方法是将人的属性，如个人的情况：年龄、性别、信仰、党派、出生地点；各种倾向：价值观、习惯、思维方式以及各种行为特点；业绩、人际间的交往行为的特点等都作为一种变量来处理，探讨变量之间的关联。发展研究与实践，好比医学研究人员和临床医生的差别。虽然研究者和医生都需要接触患者，但研究人员更多的是关心某类疾病如何治疗，而临床医生则更关心如何把一个具体的病人医好。简单地说，临床医生注重个性，研究人员注重共性。变量关系分析是后者必不可少的工具。

二、变量设计

从研究的思维过程来看，在辨析问题与假设提出阶段的第一步就是研究者把某种设想或创意转化为学术研究概念，即概念化；第二步则是概念的操作化，即如何使概念在现实世界中可观测，进而设计出可操作的论证方案。所谓变量设计主要是指如何根据研究假设的工作定义设计出可直接测度的变量指标。变量设计实际上涉及概念化和操作化两个过程。

（一）概念化

农村发展研究不能离开概念。农村的社会现象、经济现象等都要依靠概念来表述，对这些现象状态及其关系的阐述也都是借助于概念进行的。因此，如何把活生生的且不断变化的农村社会经济等现象加以概括抽象，使之成为学术研究概念，便成为发展研究的一项重要工作。概念化是一个过程，通常包括以下几个方面：

1. 选择合适的词语来表达概念。概念是构造理论的基石，其产生、存在和词语是紧密相关的。概念形成于人们的头脑之中，但要把头脑中的概念明确、清晰、系统地表达出来，就必须选择恰当的词语。也只有把概念明白清晰地表达出来，才能与他人交流思想，取得一致的见解。概念只有做到清晰明白才能成为研究的工具。

2. 阐明概念的含义。概念的含义要加以澄清并明确的予以界定。明确概念的方法就是给予定义。如在农村社会调查研究中，将所要研究的有关概念给予明确的定义和说明。通过对概念的定义、说明，来明确所要调查研究的社会经济现象的具体内容。例如：对“农民的收入状况”进行调查研究，那么，首先必须明确本次调查研究中“收入”的具体含义是什么，是指现金收入，还是其他什么收入。

3. 明确概念间的关系。把定义明确的概念放到所要研究的理论构架之中，从它和其他概念的横向关系中去考察它的含义。前面述及的相关关系、因果关系、虚无关系均为横向关系。概念之间的横向关系是一种逻辑关系。在此基础上的逻辑推理是水平显示。它对于深入了解概念的内涵具有重要作用。如加大农业投入会使农业产出的增加。“投入”与“产出”两个概念之间可能有直接因果关系。投入中有科技投入、资金投入、物质投入等，产出也有不同，由此形成研究的平面理论架构。

在实证研究中，作为理论的建构，除了横向的逻辑关系以外，还可与概念推延的经验层次的关系相连，即从其纵向逻辑关系考察它的含义。由此更具体、更明确地考察概念。这种经验推理是一种垂直显示。如“社会需要”这一概念，纵向关系主要包括以下几个方面：①基本物质需要：收入、住房、交通、其他；②安全需要：良好的工作生活环境、工作稳定感；③归属友爱需要：美满家庭、良好的同事关系等；④自尊需要：荣誉、尊重、公平待遇等；⑤自我实现要求：学习、就业、发展机会等。

（二）操作化

所谓概念的操作化，就是将抽象定义通过给出操作定义等方法使其从抽象层次展演到具体的经验层次，使概念与可观测的具体现象联系起来。操作化就是要建立起一座沟通抽象概念与具体的经验事实的桥梁，为研究者实际地测量抽象概念提供可能性及其方法。例如：“同情心”这个概念，人们确实常常谈到它，也能体会到它。但这个“东西”在现实中人们却不知道它的形状、大小、颜色，也没有谁摸到过它。然而当将“同情心”操作化为“主动帮助盲人过街”、“主动给讨饭者钱物”、“主动为灾区捐款”时，人们就会在现实生活中看到它，也就能测度它了。操作化的作用正是让那些通常只存在于我们头脑中的抽象概念，最终在我们所熟悉、所生活的现实世界中“现出原形”，让那些本来只能靠我们的思维去了解、体验的东西，“变成”我们看得见、摸得着的“东西”。

在农村发展研究中，无论是提出假设还是假设的论证都要用到诸多概念，如：地位、公平、权利等。要求研究所提出、所使用的概念要具有确定的内涵和清晰的外延，并在研究开始时就应界定清楚并贯穿于整个研究的始终且不能前后不一致或矛盾。在给出概念的抽象定义时，其属性往往是无法进行直接观测的。因此，在实证研究中还要把研究假设中抽象的概念转化为可观测的变量指标，即操作化后才能解决其具体的测度问题。操作化的难易与概念的抽象层次高低有关，对于抽象程度较低的概念可以采用直接给出操作定义的方法。对于抽象程度较高的概念则需要构建相应的指标体系才能实现概念的操作化。

1. 操作定义。所谓操作定义就是依据抽象定义所界定概念的内涵和外延提出一些可观测的指标或项目来说明如何度量概念。这种定义即一套程序化的工具，它告诉研究者如何辨识抽象概念所指称的现实世界中的现象。例如“人口增长”的操作定义是：人口增长＝出生人数－死亡人数＋迁入人数－迁出人数。

通过这样的操作定义，人口增长这个变量就具备了可测度性。给出操作定义的主要目的在于澄清概念在研究中所指以及说明测量变量的操作方法。在农村发展研究中，由概念的一个抽象定义转化为具体的操作定义，实际上并不都如此容易。且许多抽象概念并非都可以用数量指标来测量，因此操作定义有时是用一些可感知的分类事项（指标）来说明的。如“居住环境质量”可用交通条件、离商业网点的距离、文化娱乐设施等可感知的具体事项来综合地加以评价。

指标是概念内涵在经验层次上的所指或标志，是表示一个概念（变量）含义的一组可观察到的事物。为概念设定操作定义主要就是要确定出一些指标（如出生人数、死亡人数等），以及这些指标与变量的函数关系，以便对变量予以测度，或者说变量是用指标具体刻画的。当然，一些具有明确单一指标的变量，像产量，变量即指标，但变量与通常所说的指标并不完全是一回事。如“社区规模”是变量，而用于刻画社区规模的指标往往不止一种，如社区的居民户数、常住人口数、建筑面积等都可以用来测度社区规模的大小。因此，如何根究研究的目的要求选择和构造指标体系才能有效地对变量进行测度是操作定义的基本任务，也是变量操作化的一个核心问题。

2. 综合指标体系。在农村发展研究中，往往涉及诸多高度抽象的概念，如社会主义新农村、小康社会、可持续发展，等等。它不像简单概念那样只对应于一个单纯的可直接观察到的现象，而是涉及多个不同维度或方面而很难给出一个简单的操作定义。因此，在对其操作化时，要指出概念所具有的不同维度，每一个纬度所具有的亚维度，直至找出可以进行测度的具体指标，通常将这样建立的系统化了的指标称作综合指标体系。英克尔斯在测量“人的现代性”时，将这一概念分成 20 多个不同的维度。马广海在探讨“社会心态”这一概念的操作化时，在先进行的概念化的基础上，给出的操作定义是：“社会心态是与特定的社会运行状况或重大的社会变迁过程相联系的，在一定时期内广泛地存在于各类社会群体内的情绪、情感、社会认知、行为意向和价值取向的总和。”即对社会心态概念的测度分为：社会情绪、社会认知、社会价值观和社会行为意向四个基本纬度。

显然对于一些比较复杂比较抽象的概念来说，构建指标体系不是一件容易的事。通常，可以采取下列两种方式：第一种方式是寻找和利用前人已有的指标体系。当然已有的指标不一定完全适合，因此需要作一定的修改和补充，但利用前人的指标具有可与其他研究所得结果进行比较的优点。同时，这种做法比每个研究者都发展一套自己特定的指标的做法更有利于知识的积累和形成。第二种方式是自己先进行一段时间的探索性研究，采用实地观察进行资料收集的初步工作。采用无结构式访问的方式与被研究者中的关键人物进行比较深入的交谈，从中获得符合实际的答案。

3. 变量的测量。

（1）变量测量的特性。从外延角度，变量是属性的逻辑集合。如性别是变量，它由男性和女性两种属性组成。变量设计包括确定变量所包含属性的过程。如就业状况可概括地分为就业和失业两种属性，而将一些老弱病残、在校学生等人归入其他类属性。每种变量的属性构成应符合分类的规则，即完备性、独立性等。所谓完备性，就是研究中的每个观测值无一例外地归入某个属性；而独立性是指观测值归属的不相容；当然变量的各属性也要符合同一逻辑等级要求。

变量的测量实质上是属性测量。不同变量具有不同的测量特点，所选择的测量尺度不同。一般而言，变量可分为离散和连续变量两种。离散变量指测量值有限的变量，如职业，其取值（属性）再多，总可以罗列出清单。连续型变量至少理论上有无限个取值。当然有一些连续型变量通过分段，可以将其离散化，如年龄（变量）可划分为：少年、青年、中年、老年；经济收入有高、中、低之分等。变量属性可以有各种各样，但从测量特性来划分，可归结为四个层次的属性，相应的有四个层次测量尺度。即定类尺度、定序尺度、定距尺度和定比尺度。不同尺度不仅给人以粗、细之分而且影响到统计工具的选择。

测量是根据一定的规则将数字或序号分派于所研究的属性。不同尺度满足一定的测量特性。重要的测量特性包括同一性、优先性和可加性。①同一性为的是将同一属性的不同事物归为一类作为研究对象。设 A，B，C 均为变量观测值，$A=B$ 意味着 A，B 属性值相等。其一般表达为：$A=B$ 或 $A\neq B$，二者必居其一；若 $A=B$，则 $B=A$；$A=B$ 及 $B=C$，则 $A=C$。②优先性用以比较属性的大小、强弱、高低、快慢等。一般表达式为：如果 $A>B$，则 $B\ngtr A$；若 $A>B$ 及 $B>C$，则 $A>C$。③可加性表示属性间可进行加减运算，一般表达式为：如果 $A>0$ 及 $B>0$，则 $A+B>0$，有 $A+B=B+A$；如果 $A=P$ 及 $B=Q$，则 $A+B=P+Q$；$(A+B)+C=A+(B+C)$。P、Q 亦代表变量的观测值。

（2）变量测量的尺度。

定类尺度，或名义尺度是指符合同一性要求的一种尺度。借以规定变量的有限属性集合。对于研究对象可给以数码或文字标定其属性，起到和其他研究对象区别的作用。用以测量如性别、婚姻状况、民族、职业定类指标。

定序尺度，能满足同一性和优先性两种性质，用于将变量的属性排序，可以比较短长。可用于受教育程度、社会经济地位（上、中、下）、积极性（很、一般、不）等变量的测量，定序尺度只是排出研究对象的优先次序（如按学生成绩排列的名次为：A、B、C），但不能反映优先的程度和强度。

定距尺度，不仅满足同一性和优先性，同时满足可加性。不仅可以辨异同、排先后，还可以相加减，如智商测验（IQ）得分。一般优先次序之间的差异是等距离的，无真实零点，其零点值需要根据具体情况而定，如温度。

定比尺度，功能最多且最精确的一种尺度，除了具备其他三类尺度的功能外，还符合可比性。可以实行加减乘除各种运算。定比尺度与定距尺度的差别在于具有实际意义的真实零点。譬如“收入”可用定比尺度来度量，完全无收入即为零点，收入2 000元是收入1 000元的两倍。温度 300℃不是 150℃的两倍。因此，度量收入与温度的测量尺度应有所不同。

度量尺度设定的目的是将观测值分类和比较。对于分类的比较，这四种尺度都可以满足；用于排序时，除了定类尺度外，其他三类种都可以满足；对于差异强度的要求，定距与定比尺度可以满足；而真实的零点，则只有定比尺度具备。

（3）量表。量表是一系列结构化的符号和数字，按照一定的规则分配给适用于量表的个人（或他们的行动、态度），是获取样本观测值的主要工具。与测量的尺度相对应，量表有以下几种：

类别量表。它将数据分成互相排斥、互不相容的各种类别。赋予目标或现象不同的数字用来命名或分类。如用数字“1”表示男性，“2”表示女性，构造性别量表。这些数字不能排序或加减乘除，其唯一的量化是对每一类别的客体进行频次和百分比计算。

顺序量表。除具有类别量表用数字代表特征的特点外，还增加了对数据排序的能力，但不能进行算术运算。量度用众数、中位数以测中心趋势，百分位数或四分位数以测量离散程度。

等距量表。等距量表除包含顺序量表的所有特征之外，还增加了量表范围内各点之间的间距相等这一维度。可以求算术平均值、标准差和相关系数，也可以利用 t 检验、F 检验等参数统计分析法。有时我们常常假设顺序量表的间距是相等的。

等比量表。除综合了上面所讨论的三种量表的功能之外，还加上绝对零点或原点的概念。可以对等比量表的数值进行比较。等比量表反映了变量的实际数量，可以进行所有的算术运算，包括乘、除都可以使用。

测量是指按照特定的规则，将数字或符号分配给目标、人、状态或事件，将其特性量化的过程。测量是一个分配数字的过程，这些数字反映了事件、个人或物体所具有的特性。首先，它测量的不是事件、个人或物体本身，而是它们的特性。其次，测量的规则要正确制定和理解。如性别的规则很易制定，用 1 表示男性，用 2 表示女性。当然也可用 1 表示城市，用 2 表示农村。

量表是变量设计结果直观表达方式，也是进行实际测量的工具。通过量表可把抽象概念的操作化方法具体地展现出来。例如，对“领导干部的能力”这一抽象概念，采用定序尺度，可利用顺序量表对其进行实际测度，见表 2－1。

表 2－1　领导干部能力测量表

	能力种类	很强（5 分）	较强（4 分）	一般（3 分）	较差（2 分）	很差（1 分）	不知道（0 分）
领导干部能力	调查研究能力						
	科学决策能力						
	使用干部能力						
	组织管理能力						
	协调服务能力						
	思想工作能力						
	写作能力						
	演讲能力						

利用量表对变量进行测度还需要进行变量的取值幅度设计。所谓取值幅度设计是指变量最高、最低值的选择以及取值区间划分的问题。对于定序、定距尺度，零点和上限值是主观确定的，如考试成绩可设计为百分制，0～100 便是取值幅度，当然也可设计为 0～120 或 150 分为取值幅度，相对于不及格、及格、良好、优秀四级记分，不仅取值幅度不同，取值区间的划分标准也是不同的。再如，调查农民对某项农村政策的态度，可设计为“赞成、基本赞成、无所谓”三种属性，也可设计为“很赞成、基本赞成、无所谓、反对、坚决反对”，等。对于定比尺度，取值幅度理论上可以是零到无穷大，但实际上仍然存在一个合理取值幅度的问题。对农民“人均收入”的测量，对其取值幅度也需要设定上、下限，但下限不一定设计为零，上限也无须设计为无穷大，因研究区域不同上限值的设定也应有所不同。总之，应根据研究问题的实际需要对变量取值幅度进行科学的设计。

科学的变量设计是对概念进行有效和正确测量的基础，并直接影响到测量信度和效度的高低。所谓信度是指测量数据与结论的可靠程度，即测量工具能否稳定地测量所测事物，或对同一对象重复进行测量所得结果相一致的程度。变量的属性构成设计不符合分类的规则，措词含糊不清、不易理解等问题，则会使重复测量所得结果的一致性差，结论的可靠性差、信度低。所谓效度就是指所测结果和结论的正确程度，测量工具、手段能够正确测出所测事物的程度。即测量出来的"东西"是否是研究者想要得到的"东西"。由概念层到经验层面的推延不合逻辑，多指标变量在选取指标时不全面、不准确，因变量指标与自变量指标呈虚假关系等，测量结果不能有效地回答提出的问题，论证乏力，效度低。关于如何提高测量的正确性和有效性将在后面章节中结合具体问题进行讨论。

第三节　抽样原理与方法

一、抽样与抽样误差

（一）抽样的概念及其分类

抽样调查研究中采用的主要手段，就是从调查对象的总体中选择部分对象进行调查。实际上，抽样是借以认识调查对象总体的一整套程序和方法。

抽样作为一种从局部认识整体的调查方法，自古至今一直被人们自觉或不自觉地使用着。比如：在炒菜时尝上一口，就可知道整锅菜的咸淡；医生抽取病人一滴血，便可了解病人全身血液的状况等。但是，作为一种科学的调查方法，形成也不过 70 年左右的时间。尽管其发展的历史不长，但应用却非常广泛，已成为自然科学和社会科学研究等普遍采用的一种方法。

抽样的目的在于通过样本来推断总体，具体说是由样本特征推断总体的特征。根据抽样时是否遵守随机原则，可将抽样方法分作概率抽样和非概率抽样两大类，见图 2-3。

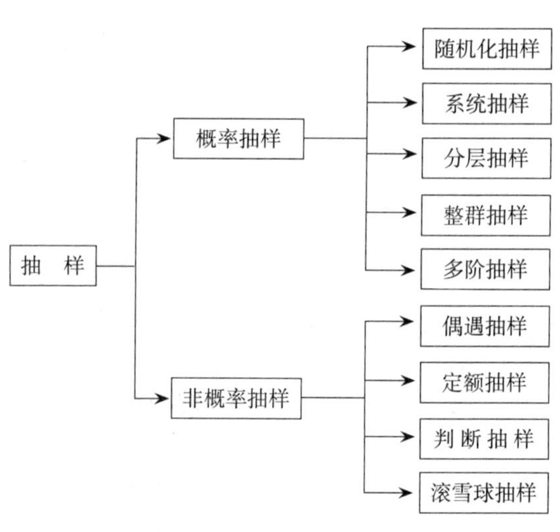

图 2-3　抽样的分类

所谓随机原则，就是在抽样时，总体中的每一个单位都有被抽中的机会且机会（概率）的大小是已知和确定的。根据机会是否均等，随机抽样又分作等概率抽样与不等概率抽样。例如，对某村全体村民作随机抽样调查，女性每百人抽 10 个、男性每百人抽 5 个作为代表。在同一性别内是等概抽样，但对全部村民而言是不等概抽样。需要注意，随机不是随意，在大街上见到便随意拉人的做法并不是随机抽样。

（二）总体与样本

总体是指所研究对象全体的集合。总体中每一个具体的研究对象称作元素，或称总体单位、抽样单元。而样本是从总体中按特定程序和规则抽取的一部分研究对象。样本是总体的一个子集合。把总体中包含元素的多少称作总体容量，而样本中元素的数目为样本容量。

必须指出，总体有研究总体与调查总体之分。研究总体是在理论上明确界定的全体研究对象的集合体。如，“中国青年”这就需要从年龄、地域、国籍等方面对研究对象做出确切的说明。调查总体是实际抽样中有可能选中的所有研究对象的集合。如把已得到的名单上所有符合“中国青年”条件的那些人构成的集合，作为调查总体。有时，我们研究的对象总是处在不断的变化之中，如人每天有生有死，总是有人由于各种原因使研究者无法与之取得联系，或者无法对其进行调查；如正处在病危之中的、精神病患者等符合调查条件的人，从总体中减去这一部分后余者才是调查总体。

（三）抽样单位与抽样筐

总体是由总体单位构成的，依据研究的目的不同，总体单位可以是个人，也可以是其他社会单位，如群体、社区等，也可以是人类活动的产物。例如：在农村劳动力调查中，总体单位可以是每一个农民，也可以是农村的每个家庭。总体中的单位数可能是有限个，也可能是无限个。但无论有限还是无限，从抽样的角度，总可以将所有总体单位划分为互不重叠且完备的多个部分。而每个这样的部分称作抽样单位。

抽样单位是人为划分的，根据抽样方法的不同，抽样单位可大可小，总体单位可以作为抽样单位，也可以把一群总体单位作为抽样单位，如以农村家庭为总体单位，而以村为抽样单位，村是由若干家庭组成的。

抽样筐，又称抽样范围，是确定的全部抽样单位的名册（单）。抽样筐可以采用现成的，如由公安部门提供的某农村社区的农户名册。但更多的需要人工编制。如调查山区的植被状况。规定每 $100m^2$ 为一个总体单位，每一公顷为一个抽样单位，可根据生态区的航片，将整个生态区划分为若干个抽样单位，并对每一个抽样单位编号，每一个抽样单位都有确定的定位坐标，所有的抽样单位号码就构成了样筐。

（四）参数与统计量

参数是用以描述总体某一特征的特征值，如总体平均值、总体方差等。而把描述样本特征的特征值称作统计量。如某生态区共计面积 10 万 hm^2，每 $100m^2$ 为一个总体单位，全部调查点有1 000万个点，求其平均植被覆盖率，即为总体参数。若抽取1 000hm^2，每公顷取 5 个样点，而5 000个样点的植被平均覆盖率则为样本统计量。抽样调查的主要目的，就是通过样本统计量推断总体参数，从而达到由部分对全局的认识。

（五）抽样误差

抽样调查的目的就是以部分推断整体。之所以要抽样，往往是因为总体太大，全面调查困难很大，或调查具有破坏性。通过抽样可以减少调查的工作量，降低难度或减少破坏与损失。但用样本统计量来推断总体参数，必然存在一定的风险性。而产生推断风险的原因就是抽样误差。

所谓抽样误差就是由抽样造成的样本统计量与总体参数之间的差异，或用统计量去估计参数时存在的偏差。抽样误差越小，用统计量估计参数时的偏差就越小，推断的风险就越小。抽样误差的大小与总体单位之间的差异状况以及抽样方法、样本容量大小都有关系，如何抽样才能减少抽样误差，提高估计的精度和推断的风险，是在抽样调查中考虑的核心问题。

二、影响抽样误差的因素

（一）误差的种类

误差有两类，即系统误差和随机误差。系统误差是由于在调查中人为失误造成的，如被调查者提供的情况、数字不真实，或调查人员粗枝大叶造成的缺查、漏查、登记失误以及调查时带有某种心理倾向等。如调查作物产量时，多取长势较好的地段，就会导致调查结果与真实情况的不相符，这是在调查中要尽量避免的。当然，即使不存在系统误差，在相同的条件下，对同一研究对象进行多次重复调查，调查结果也不会完全相同。这种结果之间的差异称作随机误差。随机误差产生的原因很多。在抽样调查中，这种误差是必然存在的，也是抽样误差的主要来源。在调查结果中系统误差与随机误差往往是同时存在的。

（二）影响抽样误差的因素

1. 总体单位之间的不一致性。即各单位间差异越大抽样误差越大。反之，总体单位间差异越小，抽样误差也会越小些。若各单位完全一样，则不应有抽样误差。

2. 抽样单位数的多少。抽样单位越多，抽样误差越小。反之，抽样单位数越小，则抽样误差越大。这是因为当样本容量越大，样本特征值如平均值，就必然越接近总体特征值，所以，抽样误差必然越小。这实际上就是抽样理论中的大数定律。

3. 抽样组织形式。即使是相同的样本容量，不同的抽样组织形式，样本组成不同，抽样误差也不一样。如经过排队分类后，各类内个体之间的差异相对较小，表明抽样误差较小。按等距和类型抽样，要比简单随机抽样的误差小。应用前提是，要提前对总体进行较充分的了解。

4. 抽样方法。采用不同的抽样方法抽样误差不同。相同的样本容量，不复置抽样调查比复置抽样调查产生的误差要小一些。若总体容量有限且不大时，复置后的个体还有可能被抽取。这时由于心理上已有所准备或产生厌烦情绪，在回答同样的问题时，心理情绪等因素就会对调查结果产生影响。

三、抽样误差的统计定义与置信限

在抽样调查中，有不复置抽样和复置抽样两种方法。所谓复置抽样，即从总体中随机抽取的样本个体，在观测之后，将其返还回总体之中，目的在于不改变总体容量以保证抽样是等概率的。再抽取下一研究对象时，被抽取过的研究对象还有被抽出的可能性。如果不将被观测过的研究对象返置于总体之中，总体容量减少，且被抽过的研究对象也不可能再被抽作样本，而这种抽样方法称作不复置抽样。不同抽样方法误差的计算是不同的。

（一）抽样误差的统计学定义

样本平均值的标准差，又称标准误差，是抽样误差的统计学定义。在随机化复置抽样的条件下，抽样误差定义如下：

$$\sigma_{\bar{x}}=\sqrt{\frac{\sigma^2}{n}} \tag{2.1}$$

其中：$\sigma_{\bar{x}}$为标准误差；n为样本容量。σ^2为总体方差。当总体方差未知时，可用样本方差S^2估计，其公式为：

$$S^2=\frac{(x-\bar{x})^2}{n-1} \tag{2.2}$$

在随机不复置抽样的条件下，抽样误差定义为：

$$\sigma_{\bar{x}}=\sqrt{\frac{\sigma^2}{n}\left(1-\frac{n}{N}\right)} \tag{2.3}$$

当样本平均值为一成数p，且样本容量充分大（n至少大于30）时，可以用样本方差［$p(1-p)$］估计总体方差［$P(1-P)$］代入式（2.1）和式（2.3）作为复置与不复置抽样的标准误差。

数理统计证明，只要样本容量（n）充分大时，一般不小与30（社会科学研究要求不小于50），不管总体服从什么分布，均可以用样本方差代替总体方差来对抽样误差做出估计。其原因是，当样本容量很大时，样本统计量的理论分布是趋于正态分布的，这实际上就是中心极限定理。

比较式（2.1）和（2.3）可知，在总体容量有限的条件下，复置与不复置抽样，抽样误差计算公式仅差一个修正系数，且这个修正系数的值总是小于1。因此，复置抽样的标准误差总是小于不复置抽样的标准误差。这与前面的对抽样误差影响因素所做的分析是一致的。由前面的讨论已知，抽样误差越小，用样本统计量估计总体参数的合理程度就越大。因此，从理论上来说，应在调查中采用复置抽样，但在实践上还是有问题的。一般来说只要总体容量不是太小，可以采用不复置抽样。这是因为当样本容量与总体容量的比值（n/N）很小时，抽样误差的修正系数是很接近与1，因此可以忽略不计。

（二）置信限

所谓置信限，是用统计量对参数进行区间估计时，参数以较大的概率存在的范围界限。对参数进行区间估计，依据的是抽样分布理论。

根据中心极限定理，当样本容量充分大时，其样本统计量的分布趋于正态或接近正态分布，因此，可根据正态分布给出参数的置信区间和置信限。

（1）置信概率与置信区间。在抽样调查中，当通过随机抽样得到样本平均值之后，就可以很方便地给出总体参数一个可能存在的范围，这个在给定范围的可能性的大小为置信概率。一般置信概率不能小于85%。而把在一定置信概率条件下，参数存在的范围称作置信区间。

假定未知的总体平均值（参数）为μ，置信概率定为$(1-\alpha)$，置信区间的一般形式用式（2.4）给出：

$$\bar{x}\pm\mu_{\alpha/2}\sigma_{\bar{x}} \tag{2.4}$$

即当$\alpha=0.05$时，$1-0.05=95\%$，参数μ置信概率为95%的置信区间为：

$$(\bar{x}-1.96\sigma_{\bar{x}}\leqslant\mu\leqslant\bar{x}+1.96\sigma_{\bar{x}}) \tag{2.5}$$

即当 $\alpha=0.01$ 时，$1-0.01=99\%$，参数 μ 置信概率为 99%的置信区间为：

$$(\bar{x}-2.576\sigma_{\bar{x}}\leqslant\mu\leqslant\bar{x}+2.576\sigma_{\bar{x}}) \quad (2.6)$$

式（2.5）、式（2.6）中的 $\mu_{\alpha/2}$ 为标准正态分布的双侧分位数，由正态分布双侧分位数表查出。置信区间的左端点称作置信区间的下限，而右端点称作置信区间的上限。当样本容量小于 30 时，式（2.4）中的 $\mu_{\alpha/2}$ 用 $t_{\alpha/2}$ 替换即可。$t_{\alpha/2}$ 为 t 分布的双侧分位数。不同的随机抽样类型，计算出抽样误差之后，代入式（2.4）就可以给出相应的总体参数的置信区间和置信限。

四、抽样方法

（一）概率抽样

概率抽样，又称随机抽样。概率抽样是以大数法则为理论基础，每个总体元素都有确定的不为零的概率被独立的选作样本。

概率抽样有三个基本特点：以随机原则为基础；抽样必须通过随机的手段来实现；抽样误差是可以计算和有限的。

概率抽样有五种方法：简单随机抽样、系统抽样、分层抽样、整群抽样和多阶段抽样。

1. 简单随机抽样。简单随机抽样又称纯随机抽样，适用于常态分布的总体。抽样时对总体单位不必进行任何的分组或排列。抽样时，样筐中每一个单元都给出编号，且有均等的机会进入样本。采取的办法是抓阄法或随机数字表法。当总体容量较大时以随机数字表为宜。做法是，从随机数字表的任意行列开始，以样筐内最大单元编号为限，每读到一个随机数，把编号相对应的单元入选样本，越限或重复号放弃，直到选足规定的样本容量为止。

简单随机抽样是其他概率抽样方法的基础，操作上也比较简单。但是，当总体规模很大时，由于抽样单元的空间分散性，抽样实施并不容易。

2. 系统抽样。系统抽样又称等距或机械抽样，是将总体单位按一定的空间、时间或某些标志顺序排队，注意一般不要按研究特征为标志排队。根据样本占总体的比例计算抽样间隔数 K，设总体容量为 N，样本容量为 n，则取样间隔为 $K=N/n$。在第一抽样间隔内，用随机的方法抽取一个单位作为第一样本单位，以后每隔 K 个总体单位抽取一个单位，抽至完毕。

系统抽样的主要优点是易于实施，工作量少。只是第一次需要取一个随机数，在第一个间隔内按随机数抽取第一个个体，往后机械地等距抽取即可。总体单位无标志排队的系统抽样实质是简单随机抽样。抽样误差计算与简单随机抽样相同。而按有关标志排队实质是更细的分层抽样。它的抽样误差可按分层抽样计算。

3. 分层抽样。分层抽样又称类型抽样或分类抽样。分层抽样适用于研究总体单位有明显的分类特征，不同类型研究对象的层次特征明显。如劳动力的收入因性别、受教育程度、职业等有明显差别，通过按此分层，可以使同一类型（组）的特征具有相对一致性，组间可有明显的差别。然后用纯随机抽样或等间隔系统抽样。一般按一组内的单位数占总体容量的比重确定抽样权重。特殊情况下可对分层抽样的权重进行适当调整，若当某些组的单位数太少或处于特殊考虑时可不按比重分配抽样份额，如在农村社会调查中，可适当增加妇女的代表人数，突出女性的地位或作用等。

分层抽样的主要优点有：

（1）提高由样本推断总体的精确性，其原因在于改善了样本的代表性；

（2）可分层统计，即适应于对总体参数的推断需要，也可对亚总体的参数进行推断。如全国人口调查，可按省、市、县等分层进行；

（3）抽样操作灵活方便，便于组织实施。

分层抽样应注意：一是调查者必须对总体情况有较深入的了解和认识；二是分层依据的特征必须是明显的，以防止误操作。

4. 整群抽样。整群抽样与上述几种随机抽样方法有明显不同。无论是简单随机抽样、系统抽样还是分层抽样，其最终的抽样单位是研究单元即“个体”。整群抽样与之相比，抽样单位不是一个个的研究单元，而是研究单元的集合体，即成群单元的类群。整群抽样又称聚类抽样，它是将总体按照某种标准划分为若干子群体，把每个子群体作为一个抽样单位。具体方法是：先将总体按某种标准划分为若干子群，以子群作为抽样单位；用随机的方法从总体中抽取若干子群，最后将所有抽取的子群中的所有个体合并在一起，构成一个样本。例如：某大学有 100 个教学班，每班 30 名学生，每个班即一个子群。计划抽 300 名学生作为样本进行调查。在抽样时，不是一个个去抽取 300 名学生，而是从 100 个班中，随机抽 10 个班，用这 10 个班的全部学生构成样本。

整群抽样的主要优点是：易于获得样筐，便于组织，节省组织和调查成本。如对某县农户的收入进行调查，按村分群，样筐不是所有农户的名称，而是村名。被抽到村的所有农户构成样本，当然样本容量会与原计划有所不同。

整群抽样的最大缺点是：样本的分布不均匀；样本的代表性差；抽样误差较大。

5. 多阶段抽样。多阶段抽样也称多级抽样。特点是，把抽样过程分为几个阶段来进行。它是在整群抽样的基础上发展起来的，主要适用于层次结构复杂的大范围调查。如全国农户调查，先按省市区分群，对于每个省又按地区分群，这样群下又有子群。具体抽样方法是，首先从总体中随机抽取若干群。然后再从被抽中的群中抽取低一级的子群，这样逐级进行，经过多阶段的抽样直至抽出所需样本。

多阶段抽样的优点与整群抽样大致相同，但适应更大范围的调查。缺点是每一阶段抽样都会产生误差，抽样的阶段越多抽样误差也相应因累加效应而较大。

（二）非概率抽样

概率抽样的主要优点是具有坚实的抽样理论基础，能够计算抽样误差的大小，利用参数估计或假设检验方法对未知总体参数做出有效的推断，从而实现由部分到总体的认识。然而，有些情况下，严格的概率抽样往往难以进行，如总体的边界不清而无法制作样筐时。另外，部分研究者的主要目的只是为了初步了解有关研究对象的情况，以此为基础建立研究假设，为开展深入研究或正规调查研究做些初步的探索。这时可以放弃严格的概率抽样，而代之以非概率抽样。因此进行非概率抽样一般是有前提和条件的。非概率抽样不能代替概率抽样，尽管具有操作方便、省钱、省力等优点。但是，用非概率抽样推论总体是极不可靠的。因此，非概率抽样调查一般不应以推断总体为目的。

非概率抽样有：偶遇抽样、判断抽样、定额抽样与滚雪球抽样等几种类型。

1. 偶遇抽样。偶遇抽样是指研究者在一定时间、环境把所遇到的人作为调查对象，或者选择距自己较近、容易找到的人作为调查对象，以此构成样本。因此，偶遇抽样又称方便抽样。个别人在社会调查中，有时采用这种方法。

这种抽样方法往往被误认为随机抽样，但它与随机抽样完全不同，不能保证所有研究对象有确定已知不为零的概率被抽中。其缺点是样本代表性差，有很大的或然性。

2. 判断抽样。判断抽样又称主观抽样，即根据调查人员的主观判断来抽取样本。调查者主观判断的依据和所抽取的样本对于总体是否具有代表性，完全取决于研究者对总体的了解程度和判断能力。在无法确定总体边界，或者由于研究者的时间、物质条件有限而无法进行概率抽样时，可以用这种方法。

判断抽样在选择样本时，对偏离“平均”的现象可能给予特别的关注，即有意识地选择一些观点和大家差异悬殊的人作为调查对象，通过了解为什么会与总体平均状况发生偏离，来发现问题，把研究引向深入，而目的不在于对总体做出概括。

3. 定额抽样。定额抽样与分层抽样中的按比例抽样相似。它将总体按照一定的标准划分为若干类型或层次，样本在各层次中份额是按各层单元数占总体的比重分配的。但抽样不按随机的原则进行。而是主观判断的，并且是可以随意调换的。

4. 滚雪球抽样。进行抽样调查时，先从少数几个熟悉和合适的研究对象开始，然后通过他们得到更多的调查对象，这样一步步扩大样本直至认为可以截止时为止。把这种抽样方法形象地比作“滚雪球”。在农村社会调查中，当遇到无法了解总体的状况的情形时，可以采取滚雪球抽样方法。即从对个别人调查开始，在已被调查对象的引导下，调查对象逐步增加。但是，这种方法总有一些合适的研究对象无法找到，而产生一定的遗漏或偏误。

小　　结

本章从发展研究的一般过程入手，介绍了农村发展研究的基本程序，包括发展研究课题的选择、研究假设的提出、研究方法的选择、研究实施的准备、研究数据（论据）资料的收集及数据处理、研究报告的撰写等等，分析了各环节的逻辑关系，应该遵循的基本原则和注意的问题。然后，对基本程序中两个重要问题—变量设计与抽样方法分节进行了简述。指出变量设计第一步就是研究者把某种设想或创意转化为学术研究概念，即概念化，第二步则是将概念操作化，即要使概念在现实世界中可以观测，进而设计出具有可操作性的研究论证方案。在变量测度中，科学的变量设计是对概念进行有效和正确测量的基础，因为它直接影响到测量信度和效度的高低。测量尺度有四个层次，即：定类尺度、定序尺度、定距尺度和定比尺度。抽样调查或观测是实证研究论据获取采用的主要手段。在调查结果中系统误差与随机误差往往是同时存在的，采用不同的抽样方法抽样误差不同，统计量的计算公式不同。

思　考　题

1. 什么是农村发展问题？如何认识农村发展研究问题选择的重要意义？
2. 农村发展研究问题选择的原则有哪些？
3. 什么是研究假设？发展研究中研究假设有什么作用？
4. 提出研究假设的方法有哪几种？

5. 理论研究与实证研究有何差别?
6. 如何理解“参与式发展研究方法是一种特殊类型的实证研究”?
7. 参与式研究方法有利于解决哪些方面的问题?
8. 一个理想的参与式调查研究团队应该由哪些人员构成?
9. 结合某个实际调查说明如何进行调查问卷设计。
10. 农村社会调查获取数据资料的方法有哪些?
11. 变量之间有哪三种关系?
12. 变量的测量尺度有哪些? 相应的量表有哪些? 各有什么特点?
13. 试述概率抽样的类型及优缺点。
14. 试述非概率抽样的类型及其特点。

第二篇　农村发展研究的一般方法

第三章　文献研究法

文献资料是一切科学研究的基础。英国科学家牛顿说过："如果说我比别人看得略为远些，那是因为我站在巨人们的肩膀上的缘故。"牛顿所谓的"站在巨人们的肩膀上"，意思就是指充分地占有和利用文献资料，使研究工作有一个比较高的起点，从而有利于研究工作取得突破性的成就。牛顿的名言充分说明了文献调查方法在科学研究中的重要作用。

第一节　文献研究法概述

一、文献、文献研究法的含义与作用

（一）文献和文献研究法内涵

文献是指人们用一定技术手段建立起来的储存与传递信息的载体，是人们从事各种社会活动的记录。文献构成有三个基本要素：一是要有一定的知识内容或信息；二是要有一定的物质载体，如报刊、书籍、卡片、缩微胶片、磁带光盘等都可以作为文献的物质载体；三是要有一定的记录手段。文献资料是间接的、第二手资料，它在研究中是不可缺少的。

文献具有多种功能。它既是人类认识和改造客观世界的重要资源，又是人类进行科学交流、获取信息、传授知识的重要工具；它既是科学研究的结晶，又是确认科研人员发现或发明优先权的基本手段；它还是衡量一个学科、一个研究机构乃至一个国家的学术水平的重要标志。在科学研究中，文献是研究工作的起点，又是研究工作的终结，其作用贯穿于科研工作的全过程。具体地说，文献在科学研究中的重要作用突出地表现在选择课题和提供理论依据两个方面。

文献研究法是利用文献间接收集资料的一种方法。具体而言，文献研究法是指通过全面搜集、鉴别、整理、分析相关文献资料，从而形成对事实的科学认识的一种研究方法。文献研究是史学、哲学和社会学最常使用的研究方法，包括历史文献研究、统计文献研究和文献

内容分析等。在农村发展研究课题中也常常需要用到文献研究法。

（二）文献研究法的意义

1. 有助于确立研究方向。在确立农村发展研究方向、研究课题和发展项目时，文献研究法所收集的资料可以作为决策的佐证。通过文献研究法可以了解与研究课题有关的研究历史、研究现状、研究趋势，进而明确研究课题的科学价值，找准研究的突破点，为确定社区发展项目提供可行性的论证材料。

2. 可避免重复劳动。文献资料能够提供科学研究的有关信息，使研究者充分占有资料，从而避免重做前人已经解决了的问题，重复前人已经提出了的正确观点，甚至重犯前人已经犯过了的错误。

3. 可扩展研究范围与领域。文献研究是以文献为其直接的研究对象，是一种非接触性的研究，因而可以不受时间和空间的限制，既可以从纵向角度研究不同时期的社会现象，也可以从横向方面比较不同地区或国家的农村发展状况。

4. 可为研究农村社会现象提供必要依据。在研究农村社会现象的特征，分析农村社区现象的内部结构和外部联系以及运行过程和制约因素时，文献研究法收集的资料可成为重要的信息源。

5. 可了解研究课题有关的政策与法律。通过查阅文献，了解与研究课题有关的各种方针、政策和法律，有利于端正研究工作的指导思想，加强研究工作的政策性和法律性，保证研究工作的顺利开展。

6. 可作为农村发展研究工作的重要手段。文献研究并不仅仅只是一种收集资料的方法，它还是一种研究方式——既包括资料的收集也包括对这些资料的分析与研究。在农村发展研究中，可以通过文献研究法了解、分析与研究农村的社会系统、农村社会演变历史或某些现象，进一步明确农村发展研究工作的重点。文献研究法有着其他研究方法无法比拟的优点，成为农村发展研究工作的重要手段。

二、文献的类别与来源

不同的文献形式有着不同的优缺点，了解不同类别文献的各种特征，能正确和高效地使用文献研究方法。

文献根据不同的标准可以分成不同的类别，这里介绍以下三种分类方法：

（一）按编辑出版的不同形式分类

按此分类，文献可以分为图书、期刊、报纸、科研报告、会议文件、学位论文、政府出版物、档案、统计资料、内部资料等。

（二）按文献性质、内容加工程度、用途的不同分类

按此分类，文献可分为零次文献、一次文献、二次文献和三次文献，或称为零级、一级、二级、三级文献。

1. 零次文献。零次文献即曾经历过特别事件或行为的人撰写的目击描述或使用其他方

式的实况纪录，是未经发表和有意识处理的最原始的资料。也可视为第一手文献，这类文献包括未发表复印的书信、手稿。

2. 一次文献。一次文献也称原始文献，一般指直接记录事件经过、研究成果、新知识、新技术的专著、论文、调查报告等文献。

3. 二次文献。二次文献又称检索性文献，二次文献是指对一次文献进行加工整理，包括著录其文献特征、摘录其内容要点，并按照一定方法编排成系统的便于查找的文献，包括目录、文摘、索引等。

4. 三次文献。三次文献也称参考性文献。三次文献是在利用二次文献检索的基础上，对一次文献进行系统的整理并概括论述的文献。此类文献不同于一次文献的原始性，也不同于二次文献的客观报导性，但具有主观综合的性质，如综述报告、年鉴、词典、百科全书等。

（三）按文献载体形式和记录技术的不同分类

按此分类，文献可以分为手工型文献、印刷型文献、视听文献、缩微文献、机读文献等。

手工型文献，是指由手工刻、铸、写成的文献，如青铜、竹片、锦帛等载体上刻写的文献，在纸张上写下的手稿、笔记、信件、日志、原始资料等。

印刷型文献，是指将知识内容印刷在纸张等物质载体上的文献，包括各种公开发行或者未公开发行的报刊、书籍、科研报告、会议文献、个人资料及各种数字统计资料等，是一种广泛的文献形式。但这类文献比较笨重，所占的空间大，而且成本相对较高。大量查阅和使用这类文献常常要耗费很大的人力、物力和财力。

视听文献，是指运用录音、录像和摄影技术直接记录声音与图像的文献形式，包括电影、电视、录像、录音、唱片、照片、绘图等，能够通过声音和图像反映信息，是很有价值的文献。

缩微文献，是指以感光材料为载体，利用光学记录技术，把书面型文献缩小许多倍的文献。查阅时，通过一定的仪器放大或还原成文字或图像。

机读文献，指用电子计算机阅读的文献，它以一定的磁体为介质，以光盘、磁盘为载体形式，以计算机作为记录和查阅手段，将它转化成文字或图像。这种文献同其他三类文献相比具有存储信息量大、保存时间长、占用空间少、查阅摘取方式方便等特点。

三、文献研究法的特点

（一）文献研究法的优点

1. 历史性。从时间的角度看，文献研究是对人类以往所获得的知识的研究。无论是上下五千年的远古文献，还是现代乃至当今的文献，只要是先于研究者当前研究的成果，研究者都可以进行研究。文献法所研究的资料反映的是过去的状况、观点、思想方法，因此具有历史的特点。

2. 灵活性。从操作角度看，文献不受时空限制，具有较强的灵活性。如文献研究不用亲临现场，在研究时不受环境等因素的制约和限制；在时间上，研究者完全可根据自己的情况灵活安排。

3. 无反应性。文献研究法，不直接接触研究对象，因此就避免了研究对象在被研究过程中的各种“反应”对研究的干扰。

4. 继承性与创新性。从效能角度看，文献研究法的运用是继承与批判的过程。这就是说在农村社会调查中，只要用到文献研究法，就必然继承或接受了过去的某些材料、观点或思想方法。当然这种继承是有选择和批判性的。

对文献资料进行深入探讨、分析、比较、鉴别的研究过程，又是对各种文献资料加以重新组合，寻找新联系，发现新规律，形成新观点和理论的过程，体现了研究的创新性。因此，文献研究法是继承性和创新性的结合。

5. 简易性。文献研究法简易性表现在它效率高，花费少。它可以用很少的人力、经费、时间，获得比其他研究方法更多的信息。文献一般集中存放在图书馆、档案馆、研究中心等，随时可以去查阅、去摘录，花费主要是车费、复印费和转录费等。

（二）文献研究法的局限性

1. 倾向性。因为任何文献，都有一定时代、一定社会条件的局限性，都受到撰写者个人素质的制约。

2. 滞后性。文献资料反映的是过去的状况、观点、思想方法。再新的文献资料，都是对过去社会现象的记录，而社会生活是不断变化发展的，所以文献资料难以反映最新的事物、现象、情况，缺乏一定的现实性。

3. 可靠性难以评估。文献研究法作为收集第二手资料的方法，它的最大缺点在于：其可靠性难以评估。任何文献都是在一定时代、一定社会条件下的产物，都是一定的人撰写的。撰写者不同的写作目的，导致文献资料有可能存在这样或那样个人偏见或虚假成分。文献研究就是对别人的资料再处理、再加工，因此收集文献资料时，要特别注意文献的鉴别。

4. 部分资料难以获得。由于许多文献不是公开的或不可以随意获得，因此对于某些特定的社会研究来说，往往难以得到足够的文献资料。比如说，个人的日记、私人的信件往往属于个人的隐秘，一般不会公之于众。此外，某些政府机构、社会组织内部的保密性文件、决议、记录、统计数字等文献资料，研究人员通常也很难得到。

（三）文献研究的适用范围

文献研究法是一种非常重要的研究方法，主要适用于以下两个方面的研究：

1. 纵贯分析。文献研究可以应用在认识社会历史发展趋势的研究中，其他调查方法，如调查、实验、观察等方法所研究的都是现实的情况，因而往往难于用来进行纵贯分析或趋势研究。文献研究法，尤其适于做长时段的研究，研究的对象往往是一种趋势。随着时间的流逝，各个不同历史时期的社会现象和社会生活，或多或少总会以各种不同的文献形式记录和描述下来。因此，如果我们要研究不同历史时期（比如20世纪70年代到90年代）中国农村人口增长的特点和趋势，最好的方法就是利用这30年来的各种有关农村人口增长的文献资料进行分析和研究。这种研究方法常用于理论研究和社会变迁研究，适合于专门的历史性研究和系统的比较性调查研究课题。

2. 探索性研究。在正式对调查对象进行研究之前，一般都要进行探索性调查研究。在探索性研究的过程中采用文献研究法，可以有效地帮助了解有关问题和研究对象的历史和现状，了解与研究对象有关的理论与方法；帮助确定研究课题，提出研究假设，避免重复性劳动。在这种研究中，文献研究比现场观察、访问、走访专家更有时效性，又是保证研究具有创新性的有效方法。

第二节　文献研究法的程序与方法

一、文献研究法的一般程序

文献研究法与其他研究方法一样，在具体研究的过程中要遵循一定的实施程序，即确定研究专题，拟定研究计划，检索与整理文献，从事文献分析，写出文献综述报告或研究报告。

（一）确定研究专题

研究专题的确定是研究性工作开展的起点。首先通过文献研究，了解有关研究课题的历史、现状，有关研究课题以往的研究成果，了解有关研究课题的理论和方法。其次对收集到资料进行分析研究，找到新的论据，发现新问题，提出新观点，形成新的认识。最后在遵循确定研究专题的原则和按照研究课题目的的基础上，确定研究专题。

（二）拟定研究计划

文献研究应做好研究计划的拟定工作，具体包括：研究的目的和意义，研究的主要内容及阶段，收集文献的途径、方法和文献分析的方法，研究工作的进度安排和时间分配，研究人员的具体分工情况，经费的预算和支出，研究成果的形式等。

（三）检索与整理文献

文献资料的收集是文献研究的一个重要环节，全面、准确、迅速地收集真实可靠的、符合特定需要的文献资料是决定文献研究质量乃至其成败的关键因素。文献的收集又可分为三个阶段：一是分析和准备阶段，包括分析研究课题，明确自己准备检索的课题要求与范围；二是搜索阶段，搜索与所研究问题有关的文献，然后从中选择重要的和确实可用的资料进行阅读，并记录所搜集的材料；三是加工整理阶段，对搜集到的大量文献资料要作一番去粗取精、去伪存真的加工整理工作，对保留下来的资料要进行分类编排，并编制题录索引或目录索引。

（四）研读和分析文献

对已收集到的文献资料进行整理、阅读、描述和分析，从中发现新问题，挖掘新证据，得出新结论。对文献的分析研究主要分为定性研究和定量研究两种。

文献的定量研究是指把用文字表述的资料转变为用数量表示的资料形式化方法，比较重要的如内容分析法（在第三节里介绍）。文献的定性研究是指对文献内容进行深入的分析，对文献包含的社会事实进行说明和解释。

（五）写出文献综述报告或研究报告

文献综述是文献综合评述的简称，指在全面搜集有关文献资料的基础上，经过归纳整理、分析鉴别，对一定时期内某个学科或专题的研究成果和进展进行系统、全面的叙述和评论。综述分为综合性的和专题性的两种形式。综合性的综述是针对某个学科或专业的，而专题性的综述则是针对某个研究问题或研究方法、手段的。

二、文献资料分析的方法

（一）文献收集的方法

1. 检索工具查找法。文献检索工具可分为两类：一是手工检索工具；二是机读检索工具。手工检索工具是指仅用手工方式来处理和查找文献的一切工具，如目录卡片、书目或文献索引等各种印刷型检索工具，是我国目前主要的文献检索工具。手工检索工具，按著录的形式，可分为目录、索引和文摘等。机读检索工具主要指电子计算机检索系统的技术设备，是一种效率很高的现代化文献检索工具。

利用检索工具查找文献，可以采用顺查法，也可以采用倒查法。顺查法，即由远到近的查找法，其优点是检准率和检全率都比较高，缺点是耗费时间多、检索效率低。倒查法，即由近而远的查找法，它不仅能够重点反映与研究课题有关的最新信息与动态，而且也能了解有关历史情况；其优点是节约时间，缺点是可能漏检。

2. 参考文献查找法。也称追溯查找法。即以文章或专著末尾所附文献为基础，逐一追踪查找的方法。这种方法不必利用大量的检索工具书，只需利用已掌握文献中所附的参考文献或引文来追踪查找，扩大检索线索就能获得所需的文献资料。其优点是所查文献比较集中，效率较高，能及时反映最新动态，缺点是所得文献资料不够全面，误检率也较大。

3. 分段查找法。也称循环法，即将前两种方法综合起来、交替使用的方法。先利用检索工具书查得一批文献，再利用所查到的文献后面所附的参考文献和引文进一步追溯查找相关的文献。也可以先利用参考文献查找法，查找出一批文献后，再利用检索工具书查找法扩大线索。如此交替使用，直到查出自己所需的全文献为止。

4. 专家咨询法。专家咨询法是指向熟悉有关文献或文献检索工具书的人说明自己所需要文献的类别范围，请他们指点门径进行查找的方法。这种方法主要适用于收集藏于图书馆以及其他机构（如档案馆）的文献。对于藏于图书馆的文献，如不熟悉检索方法，也可以运用此查找方法。

（二）浏览

浏览即把收集到的文献资料普遍地、粗略地阅读一遍，使自己对所收集的文献资料有个大致的了解。浏览要有明确的目的。浏览速度要快且讲求质量，要善于抓住文献的筋骨脉络，重点掌握文献的主要观点和数据，大致了解文献的内容，初步判断文献中所提供的信息价值，为下一步的筛选打下基础。

（三）筛选

筛选是在广泛浏览的基础上，根据调研目的需要，通过认真的选择，将收集到的文献分为必用、应用、可用、不用等几个部分，使手中文献的数量由大变小，质量由劣到优。筛选的前提是全面浏览了解文献内容，筛选的依据在于文献中有用资料的多少和质量的优劣，关键在于调研者要善于比较。筛选的具体办法是分层进行，先从大量文献中筛选出可用文献，再从可用文献中筛选出应用文献，最后从应用文献中筛选出必用文献。

（四）阅读

在浏览和筛选文献资料后，要真正从文献资料中摘取有用信息，还需要进行认真的阅读。

先读文摘，后读原文，可以根据文摘，决定索取全文。先读综述性文献，后读专业性文献，可以比较全面地了解前人已总结的有关专题的情况。先读现刊文献，后读过刊文献，可以了解研究对象的最新发展水平。先粗读，后精读。阅读文献的方法，多采用先粗读与浏览，再精读与摘记的方法。粗读决定是否需要进一步精读，精读可以明确挑选出有价值的信息资料。在阅读文献资料的过程中，要注意结合自己的研究课题，结合具体的研究任务，注意边阅读边记录。

（五）记录

记录是指调研者在阅读过程中，将有价值的资料记录下来，以供进一步分析、研究使用。记录资料的方法主要有标记、眉批、抄录、提纲和札记等。标记就是在书上做记号，是最简单的记录方法。眉批是指在书刊的空白处写上体会、评语、疑问等。这也是一种简单方便的记录方法。抄录就是把有价值的信息抄下来，分为全录和摘录两种方式。提纲是指把全书或全文及章节段落的内容要点，用简练的语言提纲挈领地写出来，其好处就是便于掌握所找文献资料的内容和结构，加深对原文献的认识。

调研者可以采用上述记录资料的主要方法，对文献进行摘录，注意注明文献资料的来源，包括书名、作者、出版社、出版时间、版次页码、收藏单位等内容。

（六）鉴别

由于文献研究法的研究对象是第二手资料，所以对准备使用的文献进行鉴别是一个非常重要的环节。鉴别的方法因资料的不同而不同。主要有对比鉴别如对同类、同年代文献进行鉴别，专家鉴别，尤其是对历史文献资料的记载，以及原文献的鉴别等。根据鉴别对文献做出取舍。

（七）整理文献的方法

整理文献是指对搜集和记录的文献做出不同的界定。具体作法有如下几点：

1. 界定总体。文献无论有多少，都可以从总体上做出范围的界定。总体界定之后，就可以按抽样方法进行抽样，抽样的结果为编制一个文献的抽样类别。

2. 界定类别。在抽样类别编制后，要进一步界定各类别内容，使各类别内容有独立性和相互排斥性。

3. 记录单位。按各类别内容的有关特征，按文献的主题、人物、项目、段落、句子以至词语等作为整理的记录单位。

4. 统计数量。统计数量是使文献资料内容进一步数量化。其方法有以下几种：

（1）依照文献出现某类别内容的次数进行比较。如对某村村务公开满意度调查中有满意与不满意两种态度，按此两种态度做二元编码，统计结果可为调查者采用。

（2）统计在文献中某些类别内容出现的频率。如某历史阶段报刊上出现“农民增收”重要词汇的频数统计，可为研究农民生活水平所采用。

（3）统计反映强度的总合评量。由于反映强度的类别内容不必只分两级，而是一种由大到小或由强到弱的序列，因此可以根据不同类别内容设不同等级，每一等级给一分值，然后将各等级统计分值总和除以等级，得出对某类别内容的总合评量。

（4）统计占空间数量大小。即不仅从文献中统计出现的频率，而且统计在空间位置上所占比例大小。如报刊上的文字数据、图片所占的空间比例统计，可为调查者采用。

三、文献研究的技巧与问题

在文献研究法中常常会遇到不少问题，需要很多技巧，以下主要介绍阅读技巧、鉴别问题、累积技巧、分类问题和编码问题。

（一）阅读技巧

文献研究的目的就是收集到所需的信息。对收集的文献进行阅读，这是从文献中获取信息的最主要的途径。通常，课题研究所涉及的文献量都很大，为了收集有用的资料，需要阅读尽可能多的相关文献，这就要求研究人员要具备一定的阅读技巧。具体地说，阅读文献的技巧包括下述三个方面的内容：

1. 侦察。当拿到文献时，不要急于看内容，而是先翻阅一下文献的目录或文摘，确定该文献是否符合自己的要求，以决定取舍。总之，侦察的目的是为了节省阅读时间，提高阅读效率。

2. 浏览。即是对经过侦察认为有阅读价值的文献粗略地翻阅，大致地了解其基本内容和特点，而不要求掌握、理解或记忆其中的具体内容。浏览的重要特点快且要抓住筋骨脉络。通过浏览，确定需要精读的部分。

3. 精读。即一种理解性的阅读，要求研究人员能够恰如其分地对文献予以评价，并及时地记录信息。在精读过程中，必须积极地进行思考。精读的速度，随具体内容的性质而变化。总之，既要弄懂问题又要节约时间。

阅读是一门艺术，掌握要领很重要。所谓要领，就是要明白书中什么地方最重要、最精彩，掌握了这一点，就能够高屋建瓴，迅速领会文献的实质和作者的意图，从而也能够节省阅读的时间。侦察、浏览、精读，就是帮助读者寻找“要领”的重要技巧。

（二）鉴别问题

文献的真实可靠性，直接影响到调查研究的质量。因此对文献进行鉴别就成为文献调查所面临的主要问题之一。所谓鉴别，就是对收集来的资料的可靠性和全面性进行审查。

鉴别文献的方法主要有：其一，可以把不同研究人员关于同一主题的资料用同样方法收集起来加以比较，以验证它们是否一致及其差异大小；其二，可以把不同研究人员利用不同方法、经过不同的途径所收集的关于同一研究对象的资料加以对比，相互印证，以鉴别其全面性与可靠性；其三，可以分析和研究与文献有关的原始记录，从中发现问题，鉴别真伪；其四，可以把同一文献的不同版本或同一主题的相关文献加以比较，以鉴别文献信息的全面性和可靠性等。

鉴别问题是文献调查中的关键问题之一。文献选择不当是常事。问题在于，我们应该及时发现并采取补救措施，如在小范围内重做类似的调查工作，有针对性地予以剔除和修改等，从而防患于未然。

（三）累积技巧

累积技巧即累积文献信息的技巧。一般来说，一是眉批，二是做读书笔记。眉批就是在书页的空白处所写的简单体会、评语或疑问等。眉批便于将研究者在阅读时的即兴理解和思考探索记录下来，以利于今后做进一步的研究。需要注意的是，眉批的方式只限于自己的书籍。

做读书笔记是最常用的累积文献信息的技巧。从内容层次方面来讲，做读书笔记有三种方法：抄录、提纲和札记。

从形式方面来讲，一是笔记本法，即将阅读过程中所得到的有价值的资料和自己的体会等记在笔记本上，其优点是笔记本便于携带，不易散失，缺点是不便于资料的分类整理和使用。二是卡片法，即将有关文献资料、提纲、心得体会、疑问等记录在标准卡片上，其优点是便于资料的分类整理和利用。做卡片时，一般每张卡片记录一条资料，内容包括卡片题目，资料内容，资料出处（作者，书名或篇名，卷次，页码，出版者，出版日期等）。当卡片积累到一定数量时，再根据卡片题目对卡片进行归类整理和存放。此后，新的卡片随时可以加入相应的类目。随着时间的推移，每个主题的资料都会丰富起来，研究也就有了深厚的基础。

（四）分类问题

对收集来的文献资料进行分类整理，也是文献调查中经常遇到的问题。分类，是根据一定的标准把文献资料分别归到不同类别中去的过程。分类通常也是一种研究的步骤或方法。

一是根据研究对象自身的情况，具体地说，是根据文献资料反映的是研究对象的哪一方面、哪一阶段等情况，对文献资料进行归类整理，比如文献资料可分为历史资料和现状资料、经济学资料和社会学资料等；二是根据研究目的和研究需要，对文献资料加以归类整理，比如我们可以把一个课题分为几个部分，把每个部分的历史资料和现状资料都归结到一起。文献资料的这两种分类各有不同的特点和要求：前一种分类属于严格的分类，其类别是互斥的，也就是说，每一种资料必须归入某一个类别，不允许重复和交叉；后一种分类则是一种实用的分类，随着研究的进程以及资料收集情况，文献的归类可以有所变动，同一资料也可以用在研究课题的不同阶段或不同部分，从而也可以归在不同的类别之中。

对文献资料进行分类整理是文献分析与研究的基础。分类其实也是理解与掌握文献内容的过程，它的实施要求研究人员具备一定的逻辑素养，熟悉研究课题和了解分类常识，否则，就难以对文献资料进行准确的分类，从而也不能为进一步的研究奠定基础。

（五）编码问题

编码是通过计算机来实现把有关文献资料转换为数字的形式的过程。当代社会科学研究所涉及的文献资料往往数量惊人，利用手工方法已无法处理。而电子计算机以其高速度弥补了手工处理的不足，从而在社会科学研究中扮演着越来越重要的角色。由于计算机一般不能识别原始文献资料，利用计算机处理文献信息时，必须把有关文献资料转换为数字的形式——这种将文字资料转换为数字形式的过程就叫做编码。编码问题的提出，要求研究人员必须学习和掌握一定的计算机知识和技能。社会已进入计算机时代，如果不会利用计算机，将无法适应现代化的研究工作，甚至有可能被飞速发展的社会所淘汰。因此，利用计算机的问题应该引起科研人员的高度重视。

第三节 文献分析与研究

一、二次分析

（一）二次分析法的含义

二次分析也称第二手分析，指的是对那些由其他研究者以前为别的目的收集和分析过的资料所进行新的分析。根据研究目的的不同，可以把二次分析分为两种类型：一种是从别人为研究某一问题而收集的资料中，分析与该问题所不同的新的问题，即把同一种资料（已有的、别人的研究所收集的资料）用于对不同的问题的分析和研究中。另一种类型则是用新的方法和技术去分析别人的资料，以对别人的研究结果进行检验，即用不同的分析方法处理同一种资料，看看是否能得出同样的结论。

（二）二次分析的步骤

二次分析的过程一般包括以下四个步骤：

1. 选择研究的主题。在二次分析中，你必须相当准确地把注意力集中到你的研究主题上，以便于选择与之相适应的数据资料。在主题与资料的关系上，二次分析往往要求主题去适应资料，而不是相反。这主要是因为数据资料是已定的，无法变动的，研究者只能在处理和分析资料的方法和技术上动脑筋，而研究主题则是可以随时调整的。

2. 寻找合适的资料。二次分析所用都是原始调查或统计所得到的数据资料。因此我们要对这种资料的主要来源有所了解，在美国等西方国家，有许多专门从事调查研究的机构，并且计算机应用十分普及，又有各种不同规模的数据库。因而，资料来源较广。而在我国，目前还缺乏这样的数据资料库，因而所能利用的大多是国家统计部门所收集的资料。

明确所寻求的资料是二次分析的关键。你可以通过查阅过去一段时期的研究期刊而得到有关大型调查数据资料的情况，这也是寻找和发现潜在的、具有吸引力的资料来源的最好途径。根据所收集的原始资料，就可以从中选择所需要的数据，进行研究和分析。原来的研究者所建立的某些变量、量表和指数，比如农民社会经济地位量表等，只要是研究需要的，可以直接为你所用，但一定不要忽视他们的编制方法。

3. 对资料的再创造。收集到所需要的数据资料后，往往要对这些资料进行一些加工才能更好地为自己的研究服务。首先，必须从资料中寻找或重新定义所要研究的变量。其次，应该仔细地研究这些变量。如果有一份每一变量的频率统计，就可以帮助你加深对资料的了解。再次，可以只取样本中的一个部分作为分析的对象。比如说，只取 18 岁以上的对象进行分析。但是，在这样做的时候，你必须重新考虑抽样设计，看看这种抽取部分样本的做法对样本本身的性质有什么影响，以及所抽取的子样本的代表性又如何等。总之，二次分析研究人员可以重新创造出许多资料去适合你的研究。

4. 分析资料。二次分析的最主要、最大量的工作，就是对资料的重新分析。在这种分析中，各种统计分析方法和技术都同样适用。二次分析则是研究者自己不去进行实地调查，不去“创造”第一手资料，只是根据自己的研究目标在别人已“创造”出的各种原始资料堆中去“寻找”合适的资料进行分析，即只是把别人已“创造”好的资料拿来为自己所用。

（三）二次分析的优缺点

二次分析首先具有省时、省钱、且省力的特点。比如，二次分析研究者根据自己的研究目标在别人已“创造”出的各种原始资料堆中去“寻找”合适的资料进行分析。二次分析的另一个突出优点是特别适合于比较研究和趋势研究。比如，我们可以通过对不同的研究者在不同的地区分别收集的资料进行二次分析，来对比不同地区的情况；或者把不同的研究者对不同的群体进行调查所取得的资料进行二次分析，来对比不同群体的情况；还可以把研究者在不同时期对于同一问题所作的若干次研究的资料聚集在一起进行二次分析，以便研究事物发展的趋势等。

二次分析的主要缺点在于其所用资料的准确性或适用性不足。一方面某个研究者为其特殊的目的所收集的数据资料，不一定正好适用于研究者的需求；而另一方面，二次分析研究者所需要的数据资料则有可能在现有研究数据中完全搞不到。最常见的情形是，二次分析研究者往往发现原始资料研究中的某个问题基本上是在测量原始资料研究者所感兴趣的某个变量，并不正好是二次分析研究人员所希望测量的变量。

二、内容分析法

（一）内容分析法的含义

所谓内容分析法，就是指通过对文献中的词、短语、概念、主题、字符、句子、段落、人物等进行量的分析，从而比较精确揭示文献内涵及其传播的信息实质的一种方法。

内容分析的基本目的是把语词以及非定量的文献转换成定量资料。内容分析的结果一般用频数分布和百分比的表格展示出来，它可以用于研究任何的信息形式，包括书籍、杂志、诗歌、报刊、歌曲、绘画、演说、信件、法律等，但主要用于文献信息分析方面。内容分析应用的面很广，它可以用于描述社会中的事件和过程，也可以用于检验各种假说，还可以为课题研究提供理论依据。

（二）内容分析的步骤

内容分析的过程类似于社会调查的过程，它一般包括以下几个有序的步骤：

1. 确定研究的总体。明确研究的总体，是确定所需要样本的前提。

2. 抽取文献样本。内容分析所涉及的文献范围通常很大，研究人员难以直接研究全部对象，因此，在研究主题确定之后，研究人员的首要任务是从确定的文献总体中抽取文献样本。

3. 确定分析单位。在对文献做内容分析时，抽样取决于分析单位。如果分析单位是书籍，就应在书籍中抽样；如果分析单位是作者，就应当在作者中抽样。一般认为，最主要的分析单位有词汇、句子或段落、主题、人物、书籍、作者等。

4. 界定内容的类别。界定内容的类别是对样本中的信息进行编码，即根据特定的概念框架对所分析的文献信息进行分类。需要指出的是，内容分析法对文献内容的分类，必须满足研究目的需要，而不必拘泥于教条化的分类规则。

5. 对内容的定量处理和计算。这是最为关键的一步。在内容分析中，有几种主要的定量处理方法：一是统计各类别在文献中出现的频率；二是统计分配给某一类别的篇幅量；三是各类别所展示的详尽程度。

内容分析的目的在于准确，它要求消除研究过程中的倾向性，减少主观的程度。内容分析能够比较精确地揭示文献所内含的信息，因此是研究人员获取文献信息、寻求理论依据的强有力的手段。

（三）内容分析的优缺点

内容分析属于文献研究方法中的一种，因此它也具有其他文献研究方式具有的优缺点。同时，它还具有自己独有的一些优缺点。其优点是：

1. 标准化和客观化高。内容分析方法是将研究对象用标准化的、数量化的方式进行记录、统计和分析，所以结果更客观一些。它是文献研究方式中最具量化分析特征的方法。

2. 结论可比性。内容分析其标准化和客观化的特征，使得研究者可以根据一定的标准将自己的研究结论同别人的结论进行对比。

3. 适用于总体很大的文献研究。内容分析不仅结合了抽样的调查方法，同时还利用统计软件进行资料分析，这使得总体很大的文献研究成为可能。同时，它符合成本效益原则，可以节约一些人力、物力和财力。

但是，内容分析也具有一些缺点。它最大的缺点就是这种量化的方法可能会在资料量化的过程中出现割裂研究对象本身的意义的错误，也就是将研究对象简单化。内容分析法无法得出因果结论。比如研究者可以描述报纸中涉及村官反腐败言论的数量，但内容分析法却无法传达这些言论对于人们产生了怎样的影响。还有内容分析法的结果因编码方式不同而不同，缺乏较为统一的编码单位，导致对比分析的困难。

（四）实际样例

美国社会学者瑞·方克豪瑟利用传播媒介，研究美国20世纪60年代面临的重大社会问题。20世纪60代的美国社会矛盾重重，是一个空前的动荡年代。这十年有关公民权利（人权）及越南战争的社会辩论异常热烈。生态状况、妇女问题的争议也有燎原之势。大众传播工作者蓬赫塞采用内容分析法加以研究，把研究时间规定为1960—1970年。信息源定为三种最著名的周刊。抽样时，使用了这个时期内出版的三种周刊的全部刊物，共1 716期。在编录方法上，直接采用了《读者指南》的编目。从三种周刊中把每篇文章都要分别予以标引，得到一个只有一个级位的 14 个类目。按 11 年来报道的多少——以文章为单位来计算，全国从中发现美国社会众矢之的问题是什么，应当迅速解决的问题也就自然暴露出来。然后，与盖洛普调查相对照，以证明内容分析法的可靠性或其他结论的不一致程度。结果如表 3-1 所示。

表 3-1　内容分析法与盖洛普调查的对比

社会问题类别	文章篇数	排列顺序	盖洛普调查顺序
越南战争	861	1	1
种族关系及城市骚乱	687	2	2
校园动乱	267	3	4
通货膨胀	234	4	5
电视及传播媒介	218	5	12*
犯罪	203	6	3
吸毒	173	7	9
环境污染	109	8	6
吸烟	99	9	12*
贫困	74	10	7
性（道德堕落）	62	11	8
女权	47	12	12*
科学与社会	37	13	12*
人口	36	14	12*

注：这些项目在盖洛普调查中未列入“重大问题”，故记为相同的顺序号

盖洛普是美国著名的社会舆论专门调查机构，其数据颇有权威性。那么蓬赫塞的内容分析结论，相比如何呢？

我们可以用斯皮尔曼系数来判断：

$$\rho=1-\sigma\sum\ (V_X-V_Y)^2/n\ (n^2-1)$$

式中：V_X 为内容分析等级，V_Y 为盖洛普调查等级。计算数据如表 3-2 所示。

表 3-2　斯皮尔曼系数计算表

内容分析等级（V_X）	盖洛普调查等级（V_Y）	等级差（V_X-V_Y）	等级差平方（V_X-V_Y）^{2}
1	1	0	0
2	2	0	0
3	4	−1	1
4	5	1	1
5	12	7	49
6	3	3	9
7	9	2	4
8	8	0	0
9	12	3	9
10	7	3	9
11	8	3	9
12	12	0	0
13	12	1	1
14	12	2	4
Σ			102

$$\rho = 1-(6\times102)/14(14^2-1) = 1-612/14(196-1)$$
$$= 1-612/14\times195 = 0.78$$

系数0.78说明两者尚是一致的。盖洛普是一个权威性的调查机构，它的结果在美国深有社会影响，而内容分析的结论与之有明显的相关性。这说明蓬赫塞的内容分析法是成功的，较真实地反映出美国当时的社会状况。“热点”与盖洛普调查完全一致：越南战争、种族关系（及城市骚动）等。

三、现存统计资料分析

（一）现存统计资料分析的含义

现存统计资料分析是指运用现存的官方或半官方的统计资料进行社会科学研究的方法。现存统计资料的研究者则是利用那种以频数、百分比等统计形式出现的聚集资料。毫无疑问，我国最有价值的统计资料是由国家统计局编辑的《中国统计年鉴》以及诸如《中国社会统计资料》、《中国人口统计年鉴》、《中国农村年鉴》这样的分支统计资料，它们既包括各省和各主要城市的资料，也包括不同年代的资料。此外，一些专门的研究机构，特别是调查研究及民意测验机构，也可以提供巨大的数据资料。比如，美国的盖洛普民意调查中心，每年都公布他们的各种调查结果。在现代，反映社会现实的信息源主要是报纸、杂志、书籍、网络等。现在统计资料分析也常常是围绕它们展开的，多以统计表和统计图的形式表示。如表3-3所示：按人均纯收入五等分分组的农村居民收入与消费。

表3-3 按人均纯收入五等分分组的农村居民收入与消费 单位：%

项 目	1957年	1965年	1978年	1982年	1983年
生活消费品支出	98.3	97.3	97.3	97.8	97.8
其中：					
食品	65.8	68.5	67.7	60.5	59.3
衣着	13.5	10.5	12.7	11.2	11.2
燃料	10.0	8.3	7.1	5.6	5.4
住房	2.1	2.8	3.2	10.3	11.1
用品及其他	6.9	7.2	6.6	10.2	10.8
文化生活服务支出	1.7	2.7	2.7	2.2	2.2

资料来源：中华人民共和国国家统计局．1985．中国统计年鉴1984．北京：中国统计出版社，473页．

（二）现存统计资料分析的主要步骤

1. 选择合适的资料。许多研究常常要求大量的聚集资料与此相适应。比如，任何涉及全国范围内某种社会现象的趋势的研究，都要求这种资料。如果所研究的问题可能与某种聚集资料相适应，那么，必须仔细地考虑能够用来回答这一问题的统计证据的类型。要从各种调查统计部门所统制的现存统计资料中，选择最适合你的研究问题、最有代表性和最有说服力的证据。

2. 处理资料。由于聚集资料都是基于一定的基础之上建立起来的，所以把它们分解开来通常是不可能的。比如，当发现了某一时期的就业率资料中没有区分性别，那么，就不可能将这一资料分解成男性就业率与女性就业率。我们通常所能做的，是比较那些基于较小的单位，比如说省、市为单位的合计资料中的信息。我们可以比较改革开放 30 多年中，经济较发达省份与经济较落后省份的就业率情况。总的来说，我们可以根据现有统计资料本身的结构和特点，横向或纵向等多方式地整合、处理资料。

3. 说明资料来源。说明所用的现存统计资料的来源，是现存统计资料分析中的一个很重要的工作。研究者必须对所用资料的各种注释、总体基础以及测量指标的确切类型等都有明确的认识，一定要准确地记下资料的来源和出处。因为现存统计资料分析人员所用的都是别人已整理好的资料。不明确这些资料的收集方法、指标含义，往往不能很好地使用这些资料；而不确切地说明资料的来源、出处，人们就会对证据的可靠性和准确性产生疑问。

（三）现存统计资料分析的信度

同历史比较分析法一样，逻辑推理和重复论证对保存现在统计资料分析的准确性具有同样重要的意义。逻辑推理和重复验证这两条科学的原则，对于保证现存统计资料分析的效度来说是极其重要的。在现存统计资料分析中，一点小小的独创和推理常常可以发现好几个有关假设的独立检验标准，如果所有这些检验都表现出一致的结果，那么，证据就有力地支持了结论。

现存统计资料分析的信度在相当大的程度上依赖于统计资料本身的质量。即这些统计资料是否精确地报告了它们所要报告的内容，如果统计资料本身不精确，就会造成严重的问题。要减少和防止这样的问题，要提高现存统计资料分析的信度，就要对这种问题产生和出现的可能性有较清楚的认识。这通常需要对数据和报表的性质进行调查和了解，对数据失真的程度做出估计，从而加以修正。比如说，如果某一现存统计资料中包含犯罪率的统计数据。我们不能毫不加以分析和了解就把这一统计数据看作现实的情况，因为这种统计数字中往往只包含已立案的或已发现、已报告的犯罪案件，却并不包括那些未被发现、未报案或未立案的犯罪事件。当然，如果同时运用逻辑推理和反复验证的方法去分析所用的现存统计资料，这样就可以确保所用的现存统计资料的信度。

现存统计资料分析属于文献研究方法的范畴，具有文献研究法所具有的优缺点。现存统计资料分析运用的是现存的官方或半官方的统计资料，因此数据信息比较客观真实，引用比较可靠，但有些统计资料难以获得。此外现存统计资料分析人员所用的都是别人已整理好的资料，因此现存统计资料本身的质量的真实、可靠，直接关系到文献研究的质量。还有研究人员利用现存统计资料受到现存统计资料本身结构的约束，不利于多角度的发掘、利用。

四、历史比较分析法

（一）历史比较分析法的含义

历史比较分析法是通过对不同历史时期的社会现象的异同点进行比较和分析的一种重要的文献研究法。历史比较研究是一种定性研究方法，应用于对社会变迁、政治社会学、社会运动、社会层级、宗教、犯罪学、性别角色、族群关系、家庭等分析。

（二）历史比较分析法的类型

我们在可比较性原则的基础上，运用历史比较分析法对能够进行比较研究的社会现象加以分析，并总结出历史比较分析法的类型，主要有以下四类：

1. 横向比较。横向比较主要是从空间角度出发，对同一历史时期发生在不同空间的历史事物进行的比较研究，以期同中求异、异中求同、启迪思维、发现问题、深化认识。这是目前历史比较研究中运用最多的一种类型。

2. 纵向比较。纵向比较是对不同历史时期的社会现象的异同点进行比较分析。通过考察不同历史时期的社会现象在不同发展阶段或历史时期中的相同点与差异处，进而全面完整地把握其发展的全过程，并发现其本质和发展规律。

3. 宏观比较。宏观比较是从整体与系统的角度出发，对历史事物或社会现象进行贯通的或高度概括的比较研究，进而形成对历史事物或社会现象在历史演变过程中的变化规律或提出一些新的理论观点。

4. 微观比较。微观比较是相对于宏观比较而言的，就是指不论从空间角度抑或是时间角度出发，都站在历史发展的特定角度，对历史发展过程中历史事物或现象的侧面、局部以及具体事项进行的比较研究。

历史比较研究的类型，在运用的过程中要对研究对象和条件进行选择、综合运用，才能收到较好效果。

（三）历史比较分析法的一般程序

历史比较分析法的比较程序，就是指研究者运用历史比较方法进行比较时的具体操作步骤。具体的程序一般分为三个阶段，即确定比较类型；进行比较研究；总结比较结果。

1. 确定比较类型。在对历史事物或现象进行比较研究时，研究人员应在遵循可比性原则的基础上，根据自己的知识结构及认识能力确立比较研究的主题，即确立进行比较研究的目的、寻找进行比较研究的对象，并根据所确立的比较主题，确定比较类型。

2. 进行比较研究。历史比较分析必须是在两个或两个以上的历史事物间进行的。因此，对比较的双方或多方，要分别进行单独研究，包括史料的搜集与考证，史实的辨明与复原。研究者应在占有资料的基础上，确立或找出比较研究的对比点，进行对应的比较和分析，真实地反映比较对象的面貌和本质。

3. 总结比较结果。研究者应在综合分析所比较研究的历史问题的基础上，运用抽象思维的方式，进行理论的判断和概括，最后形成理性的结论。

（四）历史比较分析法的优缺点

历史比较分析法是历史研究的基本方法之一，旨在揭示社会现象的发展趋势和发展规律。它的优点是，可以区分不同的事物，可以概括事物的共同点和相异点，有助于建立抽象的理论概念和一般类型。在研究阶段，比较分析法作为一种理论分析工具，是必须掌握的。其局限性主要有两点：一是由于任何比较都只是将事物的某一方面或某几个方面与其他事物进行比较，因此无法全面地认识事物之间的各种关系；二是无法对事物产生的原因做出明确的说明和解释，因为仅仅确定事物之间的异同点并不能确证事物之间的内在关系。

（四）历史比较分析法范例

美国华裔社会学家杨庆堃教授曾利用中国的历史文献《大清历朝实录》，对晚清（1796—1711 年）每年的社会骚乱与当年的政治腐败、经济衰滞情况之间的关系，作了细致的定量分析。首先，他设：

$$\begin{cases} X=\text{每年经济衰滞程度} \\ Y=\text{每年社会骚乱程度} \\ W=\text{每年政治腐败程度} \end{cases}$$

各值计算公式为：

$$\begin{cases} X=\sum\text{（灾害性质）（延续时间）（受灾面积）（实有影响率）（伤害民生的程度）} \\ Y=\sum\text{（某骚乱事件涉及范围）（持续时间）（参与人数）} \\ W=\sum\text{（受惩罚官员人数）（官阶）（渎职方式）} \end{cases}$$

其中社会骚动程度（Y）各因素的量度方法为：

$$\text{涉及范围}\begin{cases} \text{少于一省 10\% 的县}=1 \\ \text{一省 11\%～50\% 的县}=2 \\ \text{一省 50\% 以上的县}=3 \end{cases}$$

$$\text{持续时间}\begin{cases} \text{时间不详}=1 \\ \text{一个月之内}=2 \\ \text{2～12 个月}=3 \\ \text{13 个月以上}=4 \end{cases}$$

$$\text{参与人数}\begin{cases} \text{人数不详}=1 \\ \text{999 人以下}=2 \\ \text{1 000～9 999 人}=3 \\ \text{10 000 人以上}=4 \end{cases}$$

用同样的方法把政治腐败与经济衰滞程度也数量化，然后计算出相关系数：

$r_{XY}=0.33$，说明经济衰滞与社会骚乱有关

$r_{WY}=0.72$，说明政治腐败与社会骚乱有关

$r_{XW}=0.12$，说明经济衰滞与政治腐败有关

究竟是经济衰滞还是政治腐败对社会骚乱影响更大？相关系数 $r_{WY}>r_{XY}$，由此还不能对上述问题做出回答，需要进行控制，用标准化的多元直线回归方程式进行分析。公式：

$$\beta_1=(r_{XY}-r_{WY}r_{XW})/(1-r_{XW}^2)$$

$$\beta_2=(r_{WY}-r_{XY}r_{XW})/(1-r_{XW}^2)$$

$$Z_Y=\beta_1 Z_X+\beta_2 Z_W$$

计算结果：

$$\beta_1=(0.33-0.72\times0.12)/(1-0.12^2)=0.24$$

$$\beta_2=(0.72-0.33\times0.12)/(1-0.12^2)=0.69$$

$$Z_Y=0.24Z_X+0.69Z_Y$$

上述结果表明：W（即政治腐败）比 X（经济衰滞）对 Y（即社会骚乱）的影响更大。

因此，杨庆堃教授又得出了一个“政治决定论”类型的结论。为了使研究更加准确，又进行了时间落后的分析：计算数据如表 3-4 所示。

表 3-4　时间落后分析

Y 落后的年期	r_{XY}	r_{WX}
0	0.33	0.72
1	0.31	0.69
2	0.25	0.68
3	0.30	0.59

此表说明，政治腐败与经济衰滞对社会骚乱的影响是同样的。

小　　结

文献研究法是运用最普遍的研究方法之一，因此如何使用文献研究法是本章的重点。本章主要涉及文献研究法概述，指出文献研究法是指通过全面搜集、鉴别、整理、分析相关文献资料，从而形成对事实的科学认识的一种研究方法。文献研究法的意义有助于确立研究方向；可避免重复劳动；可扩展研究范围与领域；可为研究农村社会现象提供必要依据；可了解研究课题有关的政策与法律；可作为农村发展研究工作的重要手段。文献研究法的一般程序：确定研究专题；拟定研究计划；检索与整理文献；研读和分析文献；写出文献综述报告或研究报告。本章主要介绍了文献研究法中的二次分析法、内容分析法与历史比较分析法等。重点强调内容分析法是指通过对文献中的词、短语、概念、主题、字符、句子、段落、人物等进行量的分析，从而比较精确揭示文献内涵及其传播的信息实质的一种方法。现存统计资料分析是指运用现存的官方或半官方的统计资料进行社会科学研究的方法。现存统计资料分析的信度在相当大的程度上依赖于统计资料本身的质量。要减少和防止这样的问题，要提高现存统计资料分析的信度，就要对这种问题产生和出现的可能性有较清楚的认识。

思　考　题

1. 什么叫文献研究法？文献有哪些类别？
2. 文献研究法意义何在？
3. 文献研究法有哪些特点？
4. 文献研究的一般程序有哪些？
5. 整理文献具体有哪些做法？
6. 如何做好文献资料的阅读？
7. 内容分析法有哪些步骤？
8. 如何看待现存统计资料分析的信度问题？
9. 结合自己的专业，选一个感兴趣的问题，通过文献分析法，完成一篇综述。

第四章　观察研究方法

第一节　观察研究方法的概念和类型

一、观察研究方法的概念及其特点

（一）观察研究方法的概念及要素

观察，“观”者看也，“察”者思考、比较、鉴别也。观察是认识的起点，在日常生活中，观察时时处处都在发生，如观察天气，观察服装的款式、颜色等。在农村发展研究中，观察法是观察者根据研究需要有目的、有计划地运用自己的感觉器官或借助科学观察工具；能动地了解处于自然状态下的社会现象的方法。它包括五个要素：观察主体、观察对象、观察环境、观察工具和观察者的知识。观察主体是指进行观察的研究人员；观察对象是指观察的事实，包括事件及其过程、背景和环境条件、人物及其活动等；观察的环境要使观察对象保持在自然状态下，同时要注意环境条件的因素变化情况；观察的工具包括人的感官和辅助工具，进行观察时既要用眼看、用耳听，还要借助于照相机、录音机、录像机等现代化的工具扩展眼界，准确详实地记录信息资料；观察者的知识和技能决定了观察结果的质量。因此，为了认识某一社会现象，进行有效的观察活动，要认真选择观察对象、观察环境，在知识的指导下对观察情况进行解释。

（二）观察研究方法的特点

农村发展研究离不开观察。观察不同于“走马观花”式的随意观看，而是一种仔细地察看、科学的观察，目的是为了了解农村社会现象的本质特征和规律。其作为科学的观察，与日常生活的随意观察相比有如下特点：

1. 它是观察者有目的、有计划的自觉认识活动。科学的观察在实施之前，要围绕研究课题，提出研究假设，对观察对象、观察项目和观察方法制定周密的计划，系统地设计。按照事先制订的观察计划进行，如考古工作者对出土文物的观察，农学家对作物长势的观察，心理学家对人们行为的观察等，这些都是为科学研究服务的。离开研究课题和研究假设，观察就是盲目的。日常生活中的观察虽然也有一定的目的，但主要是为了获得周围生活的信息，用以安排个人的生活或调节个人的行为，多数都是无意识或潜意识的活动，无需进行周密的组织和计划，缺少系统性。如人们走在大街上看到高楼大厦、车水马龙等景象，消费者通过观察寻找商品，家庭主妇通过观察寻找炊具等。

2. 它是运用两类观察工具进行的观察活动。这两类观察工具是：①人的感觉器官，其中最主要的是视觉器官——眼睛。据心理学家研究，人们关于外部世界的信息90%是通过眼睛获得的。因此，人的眼睛是最重要的观察器官。此外，人们还通过耳、鼻、舌、身等感觉器官直接感知外部的事物。②科学观察工具，如照相机、摄影机、望远镜、显微镜、录音机、探测器、人造卫星，以及观察表格、观察卡片等。这些科学观察仪器和记录工具，实质上是人的感觉器官功能的放大或延长，它们往往对观察结果产生重大影响。人们日常的观察一般只使用第一类观察工具，即人的感觉器官，科学的观察则往往使用两类观察工具。

3. 它是对自然状态下的社会现象的能动的反映过程。农村发展研究中的观察主要指实地观察，它特别强调要让观察对象处于自然状态下。在观察的过程中，不仅是对观察对象直接感知的过程，而且是人的大脑积极思维的过程。实践证明，人们在观察中究竟看到了什么，一方面取决于观察对象的客观状况，另一方面取决于观察者的感知能力、社会经验、理论假设和思维能力等主观因素。这就是说，科学观察的过程，不是人的感觉器官对观察对象被动的纯客观的扫描过程，而是人对社会现象的能动的反映过程。

4. 观察结果具有客观性。科学的观察要运用观察工具系统地、反复地进行观察，收集资料，同时还要注意客观、全面地记录收集的信息，以便观察之后根据记录发现事物发展的状况，并且要对观察过程进行反思，评价观察的信度和效度，以确保观察结果的客观性和可靠性。而日常的随意观看无须进行记录和反思，观看本身就是全部，是起点也是终点，所了解的信息很容易流失。

二、观察研究方法的类型

（一）实验室观察和实地观察

根据观察的场所划分，观察研究方法可以划分为实验室观察和实地观察。实验室观察是在人工环境里，对观察对象、观察背景和条件进行严格控制后进行的观察。如自然科学、生理学和心理学的一些实验。农村发展研究中的观察是实地观察，即观察者对观察对象在自然环境下进行的观察。前者的观察结果具有较高的准确性，往往使用观察工具记录观察结果。后者因为是深入到现实生活中对实际发生的现象进行观察，因此观察结论往往具有普遍性，推广范围较广泛。下面介绍的参与观察和非参与观察、结构式观察和无结构式观察、直接观察和间接观察都属于实地观察。

（二）参与观察和非参与观察

根据观察者的角色，科学观察可分为参与观察和非参与观察。

1. 参与观察。参与观察就是观察者深入到被观察人群之中，以内部成员的角色通过参与被观察者的活动，在共同生活中收集与研究有关的资料。

参与观察研究方法是人类学和民族志研究中最常用的研究方法。参与观察按照参与程度的不同，可分为完全参与观察和不完全参与观察。完全参与观察，就是观察者隐蔽自己的身份参与到被观察的人群之中，以内部成员的角色进行活动，并在这个群体的正常活动中进行观察。例如，人类学家长期生活在少数民族之中，甚至与当地人结婚，完全以普通成员身份参加活动并进行观察；公安人员打入犯罪团伙从内部观察等，就是完全参与观察。不完全参与观察，就是观察者公开自己的身份，参与到被观察人群之中，并通过这个群体的正常活动进行观察。如作家、新闻工作者到基层与工人、农民同吃同住同劳动，并进行实地观察，就是不完全参与观察。美国社会学家怀特于1936—1940年以被研究群体一员的身份对波士顿市的一个意大利贫民区进行了实地研究，写成了著名的《街角社会》一书。这是参与观察研究方法在社会学领域的首次运用。

2. 非参与观察。非参与观察是指观察者不加入被观察的群体，完全以局外人或旁观者的身份进行观察。如大学生利用节假日到工厂、农村参观，就是非参与观察。

一般的说，参与观察比较全面、深入，能获得大量真实的感性认识，但观察者由于较长时间与被观察者生活在一起，观察者容易受到影响，结果往往带有一定主观色彩；非参与观察比较客观、公允，能增加许多感性知识，但往往不能做到深入、全面，只能看到一些表面的甚至偶然的社会现象。

（三）结构式观察和无结构式观察

根据观察的内容和要求，科学观察可分为结构式观察和无结构式观察。

1. 结构式观察。结构式观察又称标准化观察，是事先制订好观察计划，并将观察项目统一制定成观察表或观察卡片，严格按照规定的内容和程序进行的观察。例如，对于一次农民农业技术培训课的观察，可以事先做好观察项目表，然后依据项目依次观察记录。

2. 无结构式观察。无结构式观察也称非标准化观察，是指对观察的内容和程序事先不做严格的规定，只要求观察者有一个总的观察目的和要求、一个大致的观察内容和范围，然后根据现场的具体情况有选择地进行观察。

结构式观察能获得大量翔实、标准化的资料，并可对观察资料进行定量分析和对比研究，但它缺乏弹性，比较费时，并且测量的效度取决于观察表的质量；无结构式观察比较灵活，简便易行，适应性较强，但观察所得的资料不系统、不规范，受观察者个人因素影响较大，很难进行定量分析和对比研究。

（四）直接观察和间接观察

根据观察对象活生生的社会现象还是物化了的社会现象，科学观察可分为直接观察和间接观察。

1. 直接观察。直接观察就是对当前正在发生的社会现象的观察。上面所讲的参与观察和非参与观察、结构式观察和无结构式观察，都是对当前正在发生的活生生的社会现象的观察，是直接对人及其活动的观察，因而都属于直接观察。

2. 间接观察。间接观察是通过对物化了的社会现象的观察，间接地了解它所反映的调查对象的状况和特征。所谓物化了的社会现象，是指反映过去社会现象的各种物质载体，例如写实性绘画、古迹或遗址、各种腐蚀性或积累性物质痕迹。例如，通过观察某农村社区的道路、建筑情况，可以推断该社区的经济富裕程度。间接观察通常可以分为损蚀物观察和累积物观察。损蚀物观察是一种对物质磨损程度的观察。如通过观察农村图书室书籍磨损的情况，来了解农民对哪类书籍比较有兴趣。累积物观察是对物质堆积或积聚程度的观察。如通过对集贸市场垃圾积存程度的观察，可以了解市场的繁荣程度。

一般的说，直接观察简便易行、真实可靠。但是，过去了的社会现象无法直接观察，有些反映时弊的、隐秘的社会现象难以直接观察。间接观察比较复杂、曲折，它需要比较丰富的经验和知识，有时还需要科学的鉴定手段和方法，而且在推论时可能发生种种误差。但是，它可弥补直接观察的不足，更是对过去社会现象进行观察的唯一可行的方法。

第二节 观察研究方法的实施

一、观察研究方法的一般原则

社会现象具有偶然性、表面性，但是在这种偶然性和表面性的背后，社会现象又具有统计规律性。因此，农村发展研究中，要想运用观察研究方法获得全面真实的资料，取得良好的观察效果，观察者应该遵循一些基本原则，具有一定的对社会现象的分辨能力。

1. 客观性原则。客观性原则是进行科学观察的首要的、最基本的原则，是指观察时要从实际出发，被观察的对象是什么情况，就观察什么情况、记载什么情况，不能按照个人好恶有选择地进行观察和记录，更不能歪曲事实，或凭主观想象臆造那些根本不存在的事实。观察时只有遵循客观性原则，才能了解事物的本来面目，正确认识事物。

2. 目的性原则。在农村发展研究中，观察要围绕某一主题、为实现某一特定的目的而进行。观察前要根据研究主题和研究假设设计好观察项目清单或制定好观察提纲，观察时要按照观察项目清单或观察提纲搜集资料，不要被无关紧要的现象分散注意力，提高观察的效率。

3. 全面性原则。观察的全面性是观察客观性原则的内在要求。任何客观事物都有多种多样的内在属性和表现形式，都有多方面的外部联系。观察时要从事物普遍联系的观点出发，从不同侧面、不同角度、不同层次对事物和社会现象进行多方面观察，以了解客观事物和社会现象的全貌。只有既看好又看坏，既看正又看反，既看此又看彼，既看表又看里，才能全面、准确地反映客观事物的整体面貌。

4. 深入性原则。社会生活纷繁复杂、千变万化，许多社会现象的本质特征往往被表面现象和虚假的偶然现象所掩盖，不能一下子观察清楚。因此，要想做到观察的客观性和全面性，就必须进行深入、细致的观察。要坚决杜绝那种走马观花、浮光掠影式的观察，这样的观察仅仅停留在事物的表面，往往被假象迷惑，得出片面的、甚至错误的观察结论。

5. 持久性原则。要做到观察的客观性、全面性、深入性，必须进行持久的观察，才能辨别真相和假象，发现社会现象的本质特征。尤其许多复杂的社会现象，往往需要坚持长达数日、数月、数年甚至更长时间的实地观察，才能得到正确的调查结论。例如，英国社会人类学家马林诺夫斯基，1914—1920 年在新几内亚原始人部落中进行了长达 6 年之久的实地参与观察，到后来自己几乎成为原始部落的一员。通过这次观察，他写出了名著《西太平洋的航海者》。英国动物学家珍·古道尔博士在非洲的热带雨林经过长达 36 年的观察，积累了关于黑猩猩的习性、行为等方面的大量珍贵的资料，令人类重新改写了动物及人类自身的定义。

6. 条理性原则。观察要按照一定的程序和步骤进行，要循序渐进地展开。观察者在观察前，要事先了解所研究事物的特点，科学安排整个观察过程。观察可以按主次进行，即先观察主要对象、主要部分、主要现象，然后再观察次要对象、次要部分、次要现象；也可以按方位进行，采取由近到远或由远到近、由左到右或由右到左、由上到下或由下到上等方位逐次观察。还可以先观察事物的局部、后观察事物的整体，或者先观察事物的整体、后观察事物的局部，然后再进行综合或分析，得出观察结论。

7. 敏锐性原则。 观察中要明察秋毫，善于发现事物细节，从容易忽视的问题中发现新的线索。如果观察某一社会现象时，意外地出现了另一种现象，要注意把握机遇，捕捉新事物中隐含的信息。

8. 道德性原则。 在观察过程中，一定要遵守法律和乡规民约，决不可强迫被观察者干他们不愿干的事情，更不可在没有得到许可的情况下私闯民宅、偷看私人信件、强求观察别人的私生活、偷看别人不愿让人观察的事物或现象。

二、观察研究方法实施的步骤

（一）进行观察准备工作

进行观察的准备主要是根据观察目的制定详细周密的观察计划。观察计划包括，确定观察对象、选择观察时间和方法、确定观察内容和准备观察工具、安排观察程序、估计观察中可能遇到的各种问题以及解决问题的方法等。其次，要进行知识的准备，如了解被观察社区的基本情况、被观察对象的特征等。进行观察准备的目的在于使观察工作顺利进行，不走或少走弯路。因此，准备工作一定要全面、细致，每个细节必须考虑周全。

在观察计划中，最主要的是选择观察类型、确定观察内容和准备观察工具。在农村发展研究中，参与式观察常采用无结构观察和半结构观察方式，在开始阶段，常利用无结构观察摸清情况，然后设计观察提纲或观察表，再进行深入系统的调查；结构式观察常用于调查时间短，所需信息量不大，研究人员又没有条件参与被调查对象活动的情况。

观察工具包括观察提纲和观察表（卡片）。观察提纲用于参与观察和无结构观察。观察提纲要说明研究的团体和个人、需要观察的事实、观察项目、说明观察在什么地点、时间进行、研究客体在什么条件和状况下被观察。观察提纲要明确研究在什么水平上进行，即是把被观察团体当作一个整体研究，还是把注意力集中在个人行为上；根据观察内容确定观察项目以及观察项目之间的相互关系，以便根据观察所收集的资料，探索现象之间的关系。观察者进入观察现场有两个问题需要解决：一是要考虑采取什么样的方式使自己的身份合法化；二是与观察对象接触，取得被观察者的同意。一般的，观察者在进入观察现场前要事先与有关部门取得联系，获取支持；同时要准备好证明材料，如介绍信、身份证和工作证等，以证明自己的身份。与观察对象接触时要自然、平和，既能使自己进入环境，又不能因为自己的存在而冒犯观察对象。观察表（卡片）一般应用于有固定观察项目的结构式观察，因而对某一项记录的设计也就更周详。

（二）与被观察者建立良好的关系

这对于参与观察尤为重要，是参与观察活动最困难也是最关键的一步。最初，观察者可能不懂观察对象的风俗习惯和特点，这就要求观察者要耐心学习，积极主动地以自己的言行去化解各种隔阂，与观察对象打成一片，才能顺利进行观察。例如李勇以参与观察方法研究乞讨群体的过程中，为了拉近与乞丐的距离，不仅在外形方面刻意打扮成乞丐，在行为方面模仿乞丐，与乞丐同吃住，还通过递烟、买水或者买些小吃等方式与乞丐套近乎，与乞丐握手表示尊重等方式消除他们的戒心，最终获得了丰富的资料，完成了8万字的论文《合肥市乞讨现象的社会学研究》。

（三）开展正式观察

正式观察就是按照事先制订的观察计划进行观察，搜集资料。虽然观察内容随着研究主题的不同有所变化，但是都包括情景条件、人物活动、人际关系和目的动机四个方面。具体来说就是：观察现场都有谁？他们是什么人？有什么特征？有多少人在场？在场的人都分别做了什么？说了什么？这些行为是何时发生的，持续多长时间？在观察期间他们的行为有什么变化？他们在说话、行动时的表情如何？这些行为或事件出现的原因是什么……观察是一项技能性较高的工作，观察者要仔细、认真，有良好的注意力、忍耐力、判断力、记忆力、记录能力，还要善于控制自己的行为，使自己对观察对象的影响以及由此引起的变化减少到最低程度。要想取得好的观察效果，可以在正式观察之前，对观察者进行观察训练。

（四）进行观察记录

俗话说“好记性不如烂笔头”，如果在观察中只观察不记录，观察的重要信息很容易被遗忘，导致观察结果的片面性。因此，做好观察记录是观察中的重要一环。记录的方式可以是当场记录，也可以是事后记录。当场记录就是边观察边记录，该方法的优点是能够保持信息的客观性、真实性，但是如果只埋头记录，往往会错过一些重要的信息，尤其当一连串的事件连续发生时，比较适宜采取事后记录的方式。记录时要注意保持观察记录的客观性、全面性，避免凭主观好恶有选择地进行记录；同时要记下当场的个人印象和感觉、分析意见和推论，但要注意与观察的客观事实相区分，不能把评价、解释与事实混为一谈。当场记录尽量快又不引人注目，避免导致观察对象的反应倾向。事后记录要及时进行补记，以免忘却。当然，观察者还可以在征得被观察对象同意的情况下，采用录音笔、摄像机等观察工具，全面、真实地记录社会现象，这是一个既能详细记录，又不会使眼睛忙不过来的好办法。

（五）撤离观察现场，撰写调查报告

观察研究的目的不仅是发现问题、分析问题，更重要的是解决问题。因此，观察结束后，撤离观察现场时，一般应与该单位或社区的领导交换意见，介绍调查中发现的问题，并与其一起商量解决问题的办法，同时尽快写出调查报告，必要时还要征求被观察者所在单位及其政府部门的修改意见。

三、观察研究方法评价

（一）观察的信度

观察的信度是指多次观察的一致性，包括不同观察者观察的相关度；同一观察者在不同时间观察的符合度；不同观察者在不同时间观察的符合度。提高观察的信度可以通过多次重复观察、增加观察人数、减少定义的歧义或加强观察训练等方法。

（二）观察的效度

观察的效度是指观察的有效性。观察实施的各个环节都可能影响观察的效度。观察时应该灵活安排观察程序，认真对待每一观察步骤。

四、观察研究方法的技巧

尽管观察方法能够获取真实可靠的资料，但是如果观察者不能很好地掌握观察的技巧，就会产生观察误差，影响观察的效果。为了提高观察的效度和信度，观察研究方法实施中，观察者需要注意以下几点：

1. 提高观察者本身的能力，提高观察的有效性。观察结果的准确性取决于观察者的知识面、感知能力、注意能力、记忆能力、记录能力和识别能力等。一名合格的观察者不仅要具有良好的记忆力、注意力、忍耐力，而且要仔细、认真，善于控制自己的行为，使自己对观察对象的影响减到最低程度。为此，观察者要在调查研究的实践中，不断总结和学习观察经验，提高观察的能力；同时还可以接受一些专门的训练，如加强感官训练，组织新观察者与有经验的观察者同时观察某一对象，并当场做观察记录，然后再对观察结果进行比较，分析观察优劣的原因；还可以通过试听、试闻、试尝、试摸等训练，提高听觉、嗅觉、味觉和触觉的感知能力。

2. 采取恰当适度的观察活动，消除观察活动对调查对象的影响。为了减少被观察者反应性心理或行为所造成的观察误差，观察者应自觉控制自己的观察活动，必要时采取隐蔽观察、伪装观察的方法，尽量消除观察活动对被观察者的影响。此外，在某些特殊情况下，还可以事先不做任何通知，采取突然的方式进行观察。如调查乡村农户的生活状况，在不通知当地干部的情况下临时随机进入村子。除视察好的家庭外，还要去看看中等和下等的农户，以获得全面的印象。此外，观察可同口头调查相结合，一般虚假的现场是经不起盘问的。实践证明，观察活动的突发性、隐蔽性和伪装方式是减少观察误差的有效措施。

3. 消除观察中的主观随意性，提高资料的真实可靠性。观察中，由于观察者的知识面的影响，观察者往往不自主的进行有选择的观察。所以，观察者在观察前一定要进行全面的准备工作，制定周密的观察计划，确定具体的观察提纲，避免先入为主，按照个人的兴趣、爱好进行观察，减少观察的主观性和随意性。

4. 坚持观察的客观性，避免受观察对象和环境的影响。观察中要坚持客观性，具体问题具体分析，避免受到观察对象和环境的影响。这一点在参与观察中尤为重要。

5. 多人或多组同时观察，以减少观察误差。对于同一对象，可以采取多组或多人同时观察的方法，然后对观察结果相互印证，纠正观察偏差。此外，在调研的过程中，也可以灵活运用各种方法，把有计划观察和个别走访结合起来，从调研方式方法的安排上减少观察误差。

6. 利用观察工具，提高资料的生动性。照相机、录像机等观察工具，可以延伸观察人员的能力，保证观察结果的客观性和生动性，提供观察的效度和信度。值得注意的是，运用观察工具需要事先征得观察对象的同意，不能采取偷拍、窃听等方式。

7. 观察与思考相结合，获取更多有价值的资料。客观事物的观察过程往往是个冥思苦想的过程，对于发生的现象，观察者不仅要保持全神贯注，被动的进行观察，还要积极地进行思考，透过现象看到事物的本质特征。无数的人看到过无数的苹果掉在地上，只有牛顿创立了万有引力学说，这就是观察与思索的结果。善于从人们司空见惯的事物中观察到有价值的现象并加以提炼，这是人们成功的基础。能否正确观察眼前的现象，取决你运用什么样的理论指导你的观察行为，理论决定着你到底能观察到什么，比如，一个毫无古生物理论知识的人，他所看到的刚出土的恐龙蛋，只会认为它是一个形状漂亮的圆形石头，不会知道它的地质学、生物学意义上的价值。

8. 做好观察记录，为分析资料奠定基础。好记性不如烂笔头，观察过程中除了要进行全面、仔细的观察外，还要进行详细的记录，为分析资料奠定基础。同时为了分析的客观性，记录时要将客观事实资料与观察者的分析、判断观点相区分。

第三节　观察研究方法的优点和缺点

一、观察研究方法的优点

1. 获取资料真实可靠。农村发展研究中的观察主要是实地观察。实地观察属于直接调查，调查者在现场可以对社会现象进行持久、深入、全面的观察，了解事件的来龙去脉，所获均为第一手材料。只要研究者对被观察者的反应性心理和行为掌握得好，所得调查材料是十分可靠的。

2. 直观生动。客观事物丰富多彩，仅靠语言、文字难以把他们生动、具体地描述出来。而在实地观察中，观察者对观察对象及当时当地的环境和气氛亲身感受，所获得的是直接的、具体的、生动的感性认识，这是间接调查方法不能比拟的。例如，我们要了解某一农村社区的情况，文字材料写得再好，或介绍听得再多，也不如亲自到现场去看看。所谓“百闻不如一见”，就是这个道理。

3. 操作简便易行。实地观察基本上是观察者单方面的行动，可以随时随地进行，观察时间可长可短，观察者可多可少，观察前的准备和观察结束后的资料整理都不需太多工作量，也不需要被调查者的刻意配合，是一种非常方便的调查方法。

4. 可以获取不易言表或不变表述的资料。进行社会调查，有时会遇到访问对象语言表达困难或不愿配合的情况。如婴儿、哑巴等不能直接表述他们的感想或体会；有的对象不愿意接受访问或没有时间进行访谈。观察研究方法可以弥补此类缺陷，得到其他方法难以取得的资料。

二、观察研究方法的局限性

1. 获取资料具有偶然性和表面性。社会现象具有偶然性和随机性的特点，其本质特征和规律往往被表面的或随机的假象所掩盖，如果实地观察仅仅对特定时间、特定地点、特定条件下发生的社会现象进行观察，就会降低观察资料的可信程度。

2. 获取资料具有偏误性。观察资料的偏误主要来自三个方面。一是观察者与观察对象之间的人际关系有可能对观察对象的行为产生影响，从而影响观察结果；二是观察者的观察能力、经验以及心理等因素，会影响观察结果。三是观察资料的客观性容易受到观察者本人主观因素的影响。

3. 观察研究方法实施受到时空条件的限制。就空间范围而言，实地观察研究方法一般只能进行微观调查，不能用于宏观调查。就时间范围来说，对于不能预见的社会现象无法用实地观察研究方法进行调查，所以调查对象和范围比较狭窄。

以上种种局限决定了实地观察研究方法只有与其他调查方法结合起来，才能取得良好的调查效果。但尽管实地观察研究方法有上述缺点，它确实是人们获得第一手材料的可靠来源，是发现问题的重要途径，是建立假说的客观基础，是验证结论的有效手段。因此，实地观察研究方法是社会调查的一种最基本的方法，是一切直接调查方法的共同基础和前提。

三、案　　例

（一）非参与观察案例——范庄龙牌庙会仪式

范庄镇位于河北省赵县城东小滹沱河故道，是一个历史久远的古镇，范庄村处于镇中心。每年农历二月初二，范庄都会举行热闹的龙牌庙会，这一盛会不仅仅是当地人民的节日，也吸引了不少中外专家学者的目光。

2007 年 3 月，笔者到访了范庄庙会。正月二十九是龙牌会开始的前一天，龙牌会的醮棚早已搭好，众神画像也早已挂入龙祖殿和醮棚中。龙祖殿神像摆放的顺序在当地有一套传统的做法，据说是从老一辈传下来的。专门负责神像的刘晓辉有一本小册子，其中详细记载了神像的摆放顺序。但是，据笔者观察，实际摆放的神像与记录还是有较大的出入。由此可以看出，民间信仰的神源自古籍，但又会在传承过程中不克求精准，在模仿或者传播的过程中疏忽或遗漏，这是无法避免的。笔者还注意到龙祖殿两旁立着两块碑，左边的碑背面在前文中提到过是功德碑记，而其正面是范庄龙祖殿记。右边的碑正面书写着“范庄龙牌会省级非物质文化遗产”，落款是河北省人民政府，其背面是范庄龙牌会记。

二月初一的早上，广播就已经开始宣读各种龙牌会的信息。初一早上 6 点，村民们开始戒五荤，8 点左右，人们慢慢聚集到龙祖殿前等待仪式的开始，各地的花会也陆续赶到，还有河北电视台与赵县电视台的新闻记者们也到达了。这天燕赵都市报组织传统民俗体验游的团队的到访，也给龙牌会增添了不少“人气”。会长们也在安排执行仪式的人员到位，到 9 时左右，由帮会的妇女齐唱“请龙牌经”之后，十几个男人一齐把龙牌从龙祖殿中抬出来安放到之前装饰好的龙轿里。当一切准备就绪，由范庄鼓队领头，接着便是龙轿，龙轿周围围满了人，有抬着龙轿的几组人，还有许多坐在旁边的小孩，龙轿前面有一群虔诚的妇人倒退着走，并走一段时间就停下来对龙牌膜拜。龙轿后跟着众多各县、村的花会，形成一个长队，足有 1 km 长。队伍最前面有专人放炮，行进在范庄镇的主要街道上，道路两旁的人们引颈相望，小孩子们骑在父母的肩头观看，随着震耳的鼓声，整个范庄镇都热闹起来了。初一这天恰逢集市，街道上有许多小贩摆着摊点，在龙祖殿后边的市场有一个小型游乐园，里面有许多游戏，像旋转木马和开飞机都是小孩子们喜欢的，这些都使得整个庙会更加热闹了。队伍的最后，由一个妇女拖着一个滚动的轮子，后面有一个戴墨镜的男子拿着一根长长的鞭子一边走一边往前甩。记者们争相拍摄仪式的盛况，都抢着占据最好的拍摄地点，有的甚至爬到了村民的房顶上，但是范庄的人们也不会因为记者的拍摄而觉得有任何异常，范庄龙牌会的声名远播对他们来说早就习以为常，只是忘我地投入到仪式的盛会之中。

2007 年二月初一是个特殊的日子，这天正好有日食出现。恰巧在范庄是多云间晴的天气，太阳一会躲入云中，一会儿又出来露露脸。起初没有人注意到，但是还是有细心的人发现日食的出现，很多人都争相抬头往天上看，但这时龙轿的行进速度也大大减慢，常常停留较长的时间不前进，笔者猜想这是否与日食有关。后来笔者访问过几位帮会的人，他们都认为这天遇上日食兆头不好，不圆满。与中国传统观念相关，自古中国人认为日食、月食都是不好的征兆。学界也有许多学者发表文章讨论范庄对龙牌的祭祀到底是不是迷信，但大多数学者都主张跪拜与进香是中国传统的仪式形式，并不能一味地凭这点来界定是否是迷信。

在11时，龙牌游行的队伍回到龙祖殿，早已有帮会的妇女在殿内跪候龙牌，再由帮会的男人们将龙牌归回原位，又开始了新一番唱经的仪式，此时进香的人们不断地涌入殿内，看香的帮会妇女也忙个不停。当地人有个说法，龙牌必须在9时左右抬出，而11点之前必须回来，否则不吉利。而花会则在殿前的广场上各显本事，拿出其看家本领以吸引与会的人们驻足观看。12时，所有人员都到大伙房吃饭，大伙房今年用了四个灶，排成一排煮着大锅的粉条菜，同时供应许多馒头。大伙房设在市场院子的空地里，人们取了碗盛了菜之后拿着馒头蹲着吃，在最热闹的时候大伙房可以提供几万人的饮食。下午继续有花会的表演和戏班的表演，但没有特别的仪式了，人们进完香也渐渐散去，初一的仪式基本结束。

初二这天是龙牌会的正日子，也是8点左右就开始热闹起来，照例是花会，但比前一天少一些，但是整个广场上还是人山人海，热闹非凡。晚上有焰火表演，7时许就开始零散地放起了烟花，其中一种类似于冲天炮的烟火，看起来像一条龙一样蜿蜒向天空飞去，颇像龙升空飞舞的样子。到晚上8点时，人们慢慢聚齐，烟花放的频率逐渐加快，最后点燃用两根竹竿支起来的条形烟火，像一个燃烧着的瀑布在夜空中泻下来，将烟火盛会推向一个高潮。整个过程没有任何主持人，人们自发地来，表演准时开始，等烟火落下帷幕人们也渐渐散去。农村有自己的一套秩序规范，不需要谁去制定，大家以口相传便是，已是约定俗成，没有人闹场，大家和和气气、开开心心地来看焰火表演。

初三这天与初二差不多，外村唱经的都会来庙里助兴，他们来的时候本村的妇女们也会唱着经欢迎他们。香客较初二这天也少了许多，花会也少了。戏班的观众们也不如前两天，龙牌会的气氛慢慢淡了下来。初三这天由于人渐渐少了，庙会也基本谢幕。

摘自：盛燕，赵旭东．2008．从“家”到“庙”——一个华北乡村庙会的仪式变迁．福州：福建教育出版社．

（二）参与观察案例——记论文《合肥市乞讨现象的社会学研究》

25岁的安徽大学社会学硕士生陈勇，2008年8月至2008年12月在合肥“行乞”5个月，先后扮成学生乞丐、流浪汉和流动摊贩接近乞丐群体，收集资料。完成了研究乞丐群体的论文《合肥市乞讨现象的社会学研究》。

为了接近乞丐群体，他先做家教挣了500元钱购置乞丐的服装、道具，为了与乞丐零距离接触和交流，他刻意将自己打扮成“叫花子”。托人在工地上弄了一套旧衣服，蓬头垢面，养了胡须，弄得又长又脏，脸上还抹了一层黑炭灰，脚底蹬着一双破布鞋。扛着一个大麻袋，有时捡点矿泉水瓶子，有时沿街乞讨，甚至还不顾“斯文扫地”，和乞丐一样“撒野尿”。和乞丐们一起吃住。吃简单的东西，如别人施舍的、吃剩的东西，或者买点包子；晚上躺在自己带的麻袋上，睡在地下通道里，不管天气多冷都要坚持。

2009年1月，资料收集齐全，做乞丐的日子也告一段落，为了对乞丐来源地——农村的生产、生活状况进行深入了解，陈勇只身一人前往阜阳、亳州，以及河南郸城做了实地调查。

回校后，经过了三个多月的文字编写，陈勇给自己的论文写下了最终结果：2008年，在合肥市区以乞讨为生的乞丐有150±50人；男性多于女性，中老年多于青少年，其中大部分老年人是身体健全的，大部分中青年人是残疾的（其中多数残疾人有较低的生活保障）；绝大多数乞丐拥有家庭（多数成年乞丐已婚），家庭有青壮年劳动力，但是平时大多外出务工……

"乞丐在合肥从事乞讨，除了因为自己在生活上遇到了一些困境以外，还与城乡人口流动、农村社会保障不完善、乞讨亚文化、城市特征等因素相关。"例如，虽然绝大部分乞丐都是来自农村，虽然社会保障不完善是目前农村普遍存在的问题，但并不是所有的农村都会产生乞丐。"事实上，合肥市内的乞丐，许多人都是来自同一个地方的农村，比如阜阳、郸城等地，这就牵涉到该地区内存在着的流浪、转徙的民风，学术上称之为'亚文化'。"

参 考 文 献

1. 研究生也去当乞丐．http：//www.izhuozhuo.com.2009－07－30
2. 何雪峰．研究生为写论文沿街乞讨不少乞丐读书看报．中国经济网．2008－12－09

小 结

观察研究方法是农村发展研究中的基本方法之一，是观察者根据研究需要有目的、有计划地运用自己的感觉器官或借助科学观察工具，能动地了解处于自然状态下的社会现象的方法。它包括五个要素：观察主体、观察对象、观察环境、观察工具和观察者的知识。具体实施中，观察研究方法有很多类型，包括实验室观察和实地观察、参与观察和非参与观察、结构式观察和无结构式观察、直接观察和间接观察。一般的，观察研究方法的实施包括观察准备工作、进入观察现场、开展正式观察、进行观察记录、撤离观察现场、撰写调查报告几个阶段。要想取得好的观察效果，观察过程中必须遵守客观性、目的性、全面性、深入性、持久性、条理性、敏锐性和道德性的观察原则，还应该从主观和客观两方面采取一定的措施，减少观察误差，提高观察的效度和信度。与其他资料收集方法相比，观察研究方法的优点是操作简便易行、获取的资料直观生动、真实可靠。缺点是获取资料具有偶然性和表面性，而且容易受到研究对象和研究者双方的影响。

思 考 题

1. 科学观察和日常生活观察相比，有什么特征？
2. 观察研究方法有哪些类型？各自的特点和适用范围是什么？
3. 观察研究方法实施的步骤有哪些？
4. 为了提高观察效果，观察研究方法实施中应该遵循哪些原则？
5. 联系实际谈谈如何在观察实际中应用观察技巧减少观察误差。
6. 观察研究方法有什么优点和缺点？

第五章　访谈调查研究方法

第一节　访谈调查研究方法概述

一、访谈调查研究方法的概念

访谈调查研究方法，又称访谈法，亦称访问调查法，是指研究人员为实施调查方案直接与被访问者通过口头交谈等方式收集所需资料的一种调查方法。访谈是一种研究性交谈，也就是两个人（或更多人）之间一种有目的、有计划、有准备的谈话，由访谈员通过询问来引导被访者回答，以此了解调查对象对所研究事物的态度，最终达到调查目的。

访谈一般以面对面的个别访谈为主，也可以采用小型座谈会、调查会的形式进行团体访谈，还有通过电话进行的电话访谈。

访谈调查法是社会调查研究中普遍使用的收集资料的方法，也是开展农村社会调查应用最广的一种方法。

二、访谈调查研究方法的特点

访谈调查法之所以在社会经济研究中占有重要的地位，是由它本身的特点决定的。

（一）访谈法的优点

1. 调查方法灵活。

（1）访谈调查是访谈员根据调查的需要，以口头形式，向被访者提出有关问题，通过被访者的回答来收集客观事实材料，这种调查方式灵活多样，方便易行，可以按照研究的需要向不同类型的人了解不同类型的材料。

（2）访谈调查是访谈员与被访者双方交流、双向沟通的过程。这种方式具有较大的弹性。访谈员在事先设计调查问题时，是根据一般情况和主观想法制定的，对有些情况的考虑不一定十分周全，在访谈过程中，可以根据被访者的反应，对所调查问题作出调整或进一步展开。

2. 调查资料准确。

（1）访谈调查是访谈员与被访者直接进行交流，彼此间的相互作用、相互影响贯穿整个调查过程，并对调查结果产生影响。即访谈调查所得到的资料既是被访问者的看法和想法，同时也受到访问者的看法和想法的影响，所取得的调查材料真实、可靠。

访谈调查法还可以充分发挥研究人员的主动性和创造性，训练和培养他们的想象力、人际交往能力以及对事物的洞察力，激发他们对问题的新认识和解决问题的新思路。

（2）访谈调查过程易于控制。访谈员可以适当控制访谈环境，避免其他因素的干扰，灵活安排访谈时间和内容，控制提问的次序和谈话节奏，把握访谈过程的主动权，有利于被访者更客观地回答访谈问题。

（3）访谈员与被访者面对面交谈，所提问题回答率较高。

3. 易于深入探讨问题的核心。

（1）访谈员与被访者直接交谈，具有适时解说、引导和追问的机会，因此，可以在访谈过程中探讨较为复杂的问题，获取新的、深层次的信息。

（2）在面对面的谈话过程中，访谈员不仅可以收集被访者用语言提供的信息，还可以通过观察被访者的动作、表情等获得非语言信息，由此可以甄别所回答内容的真伪，了解被访者的心理状态。

4. 易于揭示明确的目的。访谈者能对被访问者明确地说明调查研究的目的，解释清楚想要获得的资料。特别是当被访者对某些问题不理解或产生误解时，访谈者能及时作出解释或引导，或接着用另一个更清晰的问题继续提问。

5. 调查方法应用范围广泛。访谈调查法既可用于定量调查研究，也可用于定性调查研究；既可用于大规模调查，又可用于小规模研究；既可以了解主观动机、情感、价值方面的问题，又可以了解客观问题；既可以了解现时资料，又可以了解历史资料；既可以用于验证某种假设或理论，又可以用于提出假设和理论；既可以获得语言提供的信息，也可以获得大量非语言信息；既适用于文化水平高的调查对象，也适用于文化水平较低的调查对象。

（二）访谈调查研究方法的局限性

1. 成本较高。访谈调查必须花费时间寻找被访者，面对面地交流，调查中还会发生数访不遇或拒访等现象，因此耗费时间和精力较多。另外，大规模的访谈调查项目常常需要培训一批访谈人员，使得调查费用增加。由于访谈调查所耗用的人力、财力等费用较高，花费时间较长，故难以大规模进行，因此，一般情况下访谈调查的样本较小。

2. 缺乏隐秘性。访谈调查要求被访者对所提问题当面作答，这会使被访者感到缺乏隐秘性而产生顾虑，尤其是对一些敏感的问题，往往会使被访者回避或不作真实的回答。

3. 受访谈员的影响大。访谈调查是研究者单独的调查方式，不同的访谈员的个人特征，可能引起被访者的心理反应，从而影响回答内容；访谈双方的陌生人身份也容易使被访者产生不信任感，以致影响访谈结果。

三、访谈调查的基本原则

访谈者在实施访谈时，为了获得预期的访谈效果，确保访谈调查的圆满成功，在访谈过程中应掌握和遵循科学的访谈原则。访谈调查的原则主要有：

（一）周密准备原则

访谈前要做好充分的准备工作，这是做好访谈调查的基础。根据调查内容拟定访谈计划，写出谈话提纲，确定访谈程序。提纲的内容包括访谈目的、访谈步骤、问题设想、谈话对象名单、谈话重点、谈话代码系统等。对于上述内容，要求尽可能考虑得细致周全。同时，访谈者要对被访者的学历、年龄、性别、民族、籍贯、职业、经历和性格气质等有所了解，以便在访谈时根据被访对象的不同情况，选择适当的谈话方式和方法。

（二）科学引导原则

访谈调查要善于探索交谈的方式方法，设法寻找打开被访者心扉的钥匙。访谈者在接近访谈对象时，要做到举止自然，轻松随和，营造友好融洽的谈话氛围，以避免对方产生恐惧、怀疑、紧张的心理和拒访的情绪。当访谈进入话题时，要按照预定的调查内容和访谈程序，逐步展开，科学地进行引导。引导的方法多种多样，如“开门见山”、“投石问路”、“引水归渠”等，可视对方的情况择善而从。当受访者谈话出现“走题”时，调查者就要及时地有礼貌地将话题引向主题，抓住问题的重点提问，以免浪费时间；当对方对问题产生误解时，要巧妙地作出解释；当对方谈话出现错误、庸俗的话语时，调查者不能流露出任何鄙视或不耐烦的表情，更不能无礼貌地打断对方的谈话；当集体访谈的发言者出现观点分歧时，调查者要采取公平、中立的立场，善于听取不同的意见，不能偏袒一方，使另一方有压抑和委屈感；当对方一时想不起所问事项的情况，或者对问题不够了解，谈话含糊其辞或遗漏重要情节时，调查者应抓住有利时机，巧妙地提问或追问，追问可采取“正面追问”、“侧面追问”、“补充追问”等方式，以弄清事情的来龙去脉；当受访者故意采用“不知道”、“不清楚”、“没意见”等语气时，访谈者就要耐心引导，打消对方的顾虑，或者用“反追问”的办法（类似激将法）来激励对方的勇气，谈出真实情况。访谈过程中切忌急躁，决不能用“命令”的口气追问，忌使用“说清楚一点”、“难道这也不记得了”等话语；当对方对一些事情确实记不起来或记不详细时，访谈者应给予充分的时间考虑、回忆，不要急于求成，或请对方慢慢回顾，另约时间再谈；当出现受访者不合作的异常情况时，调查者要善于观察和揣摩对方的心理活动和行为动机，及时变换策略，如可以转移话题，增强融洽气氛，或设计某种情境，引导对方作出反应，以打破不利于访谈的被动局面。如引导仍不成功，可以日后再登门访问或更换调查对象，以减少无答案偏差的比率，增加访谈调查结果的可信度。

（三）保守秘密原则

访谈过程中，被访问者的言谈如果涉及政治观点、宗族矛盾、个人隐私、家庭及邻里关系、群众之间纠纷等问题，调查者应严守秘密，不失信用，使被调查者确信自己的声誉和利益是受到保护的。有些单位和部门的相关资料，可以提供给调查者以满足研究工作之需要，但有些情况和数据不宜公开，调查者也应该尊重对方的意见，不得在群众中泄露或在调查总结中公开发表。

（四）记录真实准确原则

调查工作结束，提交完整、真实、准确的访问记录，是调查者尽职尽责的重要标志。调查者要掌握记录技术，善于不动声色地把被调查者的谈话，包括意见、意见程度、特征等，比较详细地记录下来。当然，不是有言必录，但主要内容不得遗漏，以备分析研究时参考。一般情况下，调查者可以边谈边记，力求保证记录的准确可靠。如果在被调查者不反对录音的情况下，调查者也可以边交谈边录音。但有些被访者忌讳录音，调查者就不应勉强，可以采用会上心记，会下追记的办法。录音设备的使用，必须先征得被访者的意见，同意则录，如不同意，就要做好说服工作，打消被访者的戒备心理。若仍然拒录，则要放弃录音。

（五）尊重访谈对象原则

在访谈调查过程中，访谈者要礼貌待人，尊重被访者。谈话的话语要和气有分寸，既不能伤害对方的自尊心，更不能冒犯对方的禁忌。访谈者要设法取得被访者的信任、理解和支持，才能获得真实的资料。到一个单位区调查搜集资料，无论是召开座谈会还是找个人访问，都应事先向单位负责人报告，以取得组织的支持和密切配合，事后要简要汇报调查情况，感谢组织的支持。访谈结束时，要向受访者表示感谢。

访谈原则很多，内容也很丰富，但是，在访谈过程中，没有一成不变的原则，需要调查的实施者在实践中灵活应用，审时度势地把握。总之，只要调查者遵循访谈原则，讲究访谈艺术，与被访者真诚地交流，就一定能够取得被访者的理解和支持，获得翔实可信的资料。

第二节　访谈调查研究方法的类型

访谈调查研究方法根据调查研究课题的性质、目的、内容、要求、对象或时间、地点的不同，可划分为不同的类型。如按访谈有无规定的内容和程序划分，可分为标准化访谈和非标准化访谈；按照访谈对象的多少，可分为集体访谈和个别访谈；按照访谈中访谈者与被访者的交流方式，可分为直接访谈和间接访谈等。

一、标准化访谈和非标准化访谈

（一）标准化访谈

标准化访谈又称结构性访谈、正式访谈、导向式访谈或控制式访谈。这种访谈方式通常用于验证一种假设或理论，而不考虑与这个假设或理论无关的因素。具体做法是：事先把所研究的问题标准化，设计成有一定结构的表格或问卷，然后请被访者回答或选择回答。对于所有访谈者而言，他们提出的问题、提问题的次序与方式以及访谈记录都是同一的，被访者所回答的也是同一结构的问题。

访谈过程中，对于被访者有疑问或不明了的问题，访谈人员要按照访谈指南加以说明，而不能随意对问题进行解释。

标准化访谈设计的表格或问卷涉及的问题，可以是行为方面的，也可以是态度或价值方面的。例如，要了解“农民在生产上最需要解决的问题是什么”，可以用下列方式提问：

您在生产上最需解决的问题是：

（1）资金问题；

（2）技术问题；

（3）销售问题；

（4）良种、良畜问题；

（5）生产资料供应问题；

（6）市场信息问题；

（7）其他。

又如，您对现实生活的态度和感受是：

(1) 充满希望，努力奋斗；

(2) 很好，继续维持现状；

(3) 无所谓，吃饱就行；

(4) 不好，忧愁、苦恼、慨叹。

标准化访谈最显著的特点是访谈提纲的标准化，可以把调查过程的随意性控制到最小限度，能比较完整地收集到研究所需要的资料，而且便于对访谈结果进行统计和定量分析，便于对不同被访者的回答进行对比分析。缺点是由于所有的问题都是事先设计好的，因而限定了与被访者之间的交流，难以对复杂多变的社会现象进行深入的了解，并且随着访谈时间的增加，信息的可靠程度也会下降（标准化访谈提纲参见附录一）。

（二）非标准化访谈

非标准化访谈又称无结构式访谈或非正式访谈，是一种半控制或无控制式的访谈。具体做法是：事先不制定完整的调查问卷和详细的访谈提纲，也不规定标准的访谈程序，而是由访谈员按一个粗线条的访谈提纲或几个访谈要点展开，由访谈者和被访者在这个范围内进行访谈。与标准化访谈相比较，非标准化访谈是相对自由的访谈，访谈者根据情景边谈边提出问题并根据需要灵活地转换话题，访谈对象的回答方式也比较自由。由于谈话氛围轻松，被访者可以随意发表自己的意见，访谈员对于回答中出现的重要线索可以适当地离开提纲加以追问，双方还可以就一些细节问题展开深入探讨。

非标准化访谈常见的方式有以下几种：

1. 重点访谈。是指在调查内容上就某一重点问题进行的访谈。如对先进人物的先进事迹或典型经验的调查、新闻采访等均属于这一类型。重点访谈在分析典型经验或特殊事件所引起的人们态度的变化上功效很大，故常运用它来研究大众传播视听的社会效果。

2. 非引导性访问。为保证资料访谈的准确程度，避免由于访谈者引导性问话而导致被访者在回答问题时出现偏向性误差，访谈者不作引导性发言，任由被访者就调查问题诉说其看法、事因或感情，访谈的主动权掌握在被调查者手里。这种调查方式，往往可以发现调查者不易发现的问题，并使访谈双方的谈话氛围融洽（个体访谈提纲参见附录二）。

非标准化访问的优点是弹性大，能够充分发挥访谈者和访谈对象的积极性、主动性，能够对问题进行全面、深入的了解，有利于研究者调整原设计方案中没有考虑到的新情况、新问题，便于拓宽和加深对社会问题的理解。缺点是对访谈者的要求较高，要求访谈员能够把握谈话方向和进度，施展较高的谈话技巧。同时，由于提问方式灵活，调查涉及面广，对访谈结果进行定量分析和对比研究的难度较大。

二、集体访谈和个别访谈

（一）集体访谈

即利用召开调查会的方式进行访谈调查。是指在主持人或协助者的指导下，邀请相关人员，根据访谈提纲，就某一特定的研究课题进行深入讨论收集资料的方法。这种方法可以集思广益，互相启发，互相探讨，而且能在较短的时间内收集到较为全面的信息。

集体访谈根据访谈目的的不同，可以分为两种类型：一种是综合性访谈，其访谈内容比较全面、广泛，目的是了解农村社会现象和问题的基本情况，参加人数一般不超过 20 人，否则，会议难以很好地控制。另一种是专题性访谈，其访谈内容比较专一，能够对所研究问题进行深入的了解和探讨，专题访谈的参加人数一般为 6～8 人。毛泽东是集体访谈法的热情倡导者和积极实践者，他说："开调查会，是最简单易行又最忠实可靠的方法，我用这个方法得了很大的益处，这是比什么大学还要高明的学校。"

进行集体访谈调查，要做好以下几方面工作：

1. 访谈前充分准备。包括明确会议主题，拟定访谈提纲，确定会议规模，物色参会人员和选择会议场所和时间等。

拟定访谈提纲，访谈提纲是进行成功访谈的首要环节。拟定访谈提纲时，从访谈的主题、目的、要求到相应的次级主题、可能涉及的方面以及先后顺序等方面，都要尽可能地做出比较周密的构想，力争做到清楚明了，并且应该把访谈的目的和内容等事先通知与会者，让到会人员了解开会的意义和内容，使他们事先有所准备。这样，既可以使访谈者心中有数，便于对访谈过程进行有效地指导，又能够使被访者明确讨论的中心议题和要求，便于打开思路，发表意见。

物色到会人员，是做好集体访谈的基础。应根据访谈的主题，挑选熟悉情况、经验丰富、思想敏锐的人员参加，同时，要尽可能使有限的访谈人员具有广泛的代表性。即要注意挑选与调查内容有关的各个方面的人员参加，包括相同见解的、不同见解的，既要有干部，更要有群众；既要有经验丰富的年长者，也要有才思敏捷的青年人；既要有从事管理工作的，也要有生产一线的实际操作人员。这样有利于听取各方面的意见，全面了解农村社会的实际情况。

选择会议地点和时间是集体访谈成功的一个必要条件。会议地点应方便、适宜，可以是农社区会中某一居民（人缘好）的家中，也可以是乡亲邻里常去的聚会、聊天场所等。同时座位的布局要随意一些，最好是按当地群众聊天时的那种就座习惯布局，这样可以减轻与会人员的拘束感，有利于创造轻松的访谈氛围。另外，对于一些领导干部不必出席的会议，应该做好他们的工作，尽可能不要出席会议，如果到了现场，领导干部最好坐在不被注意的地方，以免影响群众的畅所欲言。会议时间的安排以适合当地群众的作息时间为宜，以利于与会人员集中精力进行讨论，充分发表自己的意见。

2. 访谈过程中因势控制。访谈开始时，访谈者应以平等、和蔼、热情的态度和与会人员建立起相互理解、相互信任的关系，努力营造群众平常聊天时的气氛。如会议开始主持人首先打破短暂的沉默，按照当地的习惯，用群众的语言与与会人员打招呼，说明会议的目的、意义、内容和要求。或者会前先物色好带头的发言人，在主持人简短介绍完后就请他先发言。

会议期间，主持人应善于提问，启发诱导，抓住关键性问题，引导与会人员动脑筋，提供情况，发表意见，顺应访谈的气氛和进展态势，自然地将调查会的内容逐步展开，当发现新的重要线索时，要善于及时引导，"跟踪追击"，掌握事情的来龙去脉，当出现不同意见时，要注意引导大家充分开展讨论，以弄清真相，明辨是非，得出符合客观实际的结论。

3. 主持人具备较高的素质。集体访谈要求访谈员具有较熟练的访谈能力和组织会议的能力，可以说主持人素质的高低是集体访谈能否成功的关键。因此，对于访谈主持人的要求有：一是要谦逊、客观。访谈期间，主持人要摆正自己的位置，作为访谈主持者，一般不轻易表示自己的看法和观点，不应对与会者的发言进行轻率的肯定或否定，即不充当“裁判员”或“评论员”的角色。二是会议期间能够营造良好的氛围。访谈期间，主持人可以适当做一些简短的插话和解释，以活跃气氛，引导与会者积极发言，尤其要注意保护少数，充分尊重少数人的发言权和意见。三是能够把握会议主题。访谈期间讨论热烈时，议论的中心往往难以控制，会出现跑题现象。这时，主持人应紧紧把握会议主题，或者等待时机因势利导，把与会者的兴奋中心引回会议主题；或者另辟蹊径，围绕访谈主题提出新的问题，形成新的议论中心。四是做好与会者之间的协调工作。在访谈过程中，与会者可能会出现意见分歧，甚至产生激烈的争论、争吵，出现这种情况时，主持人应该能够妥善做好引导和协调工作，以保证访谈的顺利进行。如果发现与会者之间出现明争暗斗的现象，就应采取恰当的方式及时结束会议，以免造成不良的后果。

4. 做好会议记录。研究者要亲自口问手记，边问边记，把应该记录的资料记录下来，笔记要根据需要确定详略取舍，一般以详细为好。有些重要的会议，也可安排专人做记录，会议主持者则可以集中注意力，边问边思考，启发与会者打开思路，畅所欲言。

（二）个别访谈

也称为个别谈话、个别询问。是指访谈员对每一个被访者逐一进行单独访谈，获取资料的一种方法。与集体访谈相比，个别访谈灵活方便，不受时间、地点限制。由于访谈基本上只限于访谈者与被访对象之间的信息传递，双方的交谈不受他人干扰或牵制，没有群体压力，有利于访谈对象讲真话，也有利于访谈人员更详尽、深入地了解有关事件的发展过程和具体细节，获取真实的资料。把问题了解得更透彻。

个别访谈的具体做法是：

①拟好访谈提纲。拟出谈话要目，计划访谈的内容和范围；②选择访谈对象。由于农村基层干部和群众在思想、经验、智能和对某些问题的看法等方面的差异度比较大，因此，应多找些访谈对象，以确保调查资料的真实性；③向访谈对象说明访谈的目的和要求。访谈开始，调查者应把谈话的目的和要求明确地告诉被访者，特别是在农村的调查，与农民朋友交谈时语言要通俗易懂，调查目的要讲的具体细致明了，便于对方领会谈话意图，提供有关的材料和情况；④把握访谈的方向。在谈话过程中，访谈者要善于提出问题，引导和启发对方自由地充分地发表意见，但当对方出现答非所问、所提供材料有疏漏或比较笼统含糊，甚至颠倒了事物的真相时，就要以商讨的口气向对方提出问题，耐心查问，逐个探究，以扩大线索，弄清事物的全貌。

与集体访谈相比，个别访谈更适合以下情况：第一，调查、了解有关思想政治方面的敏感性问题、犯罪问题、干部作风问题、人际关系中存在利害冲突或容易产生隔阂的问题等；第二，所要访谈的内容，只有个别人深知底细，或者知情人有思想顾虑等原因，不便在公众场合说明真相；第三，访谈对象行动不便或其他原因不便召集来的。

三、直接访谈和间接访谈

（一）直接访谈

直接访谈是指访谈双方进行面对面的交谈。常见的调查方式有两种：一是“请进来”，即访谈人员请访谈对象到事先安排的场所进行交谈，获取资料；二是“走出去”，即访谈人员深入到访谈对象中去进行实地访谈，获取有价值的信息。一般来说，后一种形式能够获得较多的社会信息，因此，多数情况下访谈人员会采取“走出去”的方式进行实地访谈。

直接访谈要求访谈人员直接接触被访者，依据问卷向被访者提问，并亲自记录被访者的回答。

直接访谈的优点表现在以下三个方面：

第一，能够对调查过程加以控制，从而提高调查结果的可信度。一方面，由于调查人员当面提出问题，当面听取回答，因此可以减少被调查者由于对问题理解不清或误解造成的误答；另一方面，由于调查人员当面提问，被访者当场回答，避免了自填式问卷等调查过程中经常出现的他人代填或由几个人商量着填写答案的情况。同时，这种当面提问、当面回答的方式也在一定程度上降低了被调查者出现欺骗性回答的机会，提高调查结果的真实性。

第二，能够对调查资料的效度和信度进行评估。调查员在询问和记录的同时，可以对被访者的表情、态度和行为，甚至对某些家庭状况进行观察，从而帮助分辨和判断被访者回答的真实程度。

第三，能够保证较高的回答率。直接访谈是由调查员与被访者相互配合完成的，因此，被访者的回答率往往可以得到很好的保证。

但是，也应该看到，直接访谈也有其局限性的一面。一是调查费用高。如调查员的培训费用、工作报酬，以及路途的差旅费用等；二是花费时间长。调查员要对被访对象逐一进行访问，因此它所花费的时间要长得多；三是对于某些较敏感问题的调查，采用直接访谈的方法，会使调查结果的真实性和可靠性受到影响。

（二）间接访谈

间接访谈是指访谈人员借助于某种工具对访谈对象进行访问的一种调查方式。最常见的就是电话访谈，即访谈人员通过打电话的方式与被访者联系，并在电话中对被访者进行调查访问的方法。这种访问方式是随着社会现代化的发展，特别是随着普通居民中电话普及率的提高发展起来的。美国等西方国家大约在 20 世纪六七十年代就开展了电话访问调查。我国电话访问的出现则是最近十几年的事情。

与直接访谈相比，电话访谈具有其自身的优点，表现在：第一，电话访谈可以节省人力、财力。采用电话访谈，由少数有经验的访谈员就可以完成任务，而且电话访谈的费用要比派遣访谈员进行实地访谈的费用低得多；第二，电话访谈收集资料时间短，由于电话访谈不需要像面谈那样占用路途往返时间，使每次访谈只需很少的时间，从而可以在较短的时间内完成信息的收集；第三，保密性强，电话访谈具有匿名性，从而使访谈对象能够减轻思想顾虑，在一些敏感性问题上提供真实的想法。

当然，电话访问也存在一些不足的地方。主要的问题之一是调查对象的选取及代表性方面的困难。从理论上说，电话访谈的结果只能推论到有电话的对象这一总体。而在实践中，电话访谈必然会遇到如何抽样的问题。如果说，总体中每一个成员都有一部电话，而且都集中在一本电话号码簿上，那么抽样将是十分简单的。但现实情况是：一方面，电话号码簿上的号码并非正好构成我们所希望调查的总体（比如，我们希望调查的是全市居民家庭，而电话号码簿上的许多号码却是各种社会组织、单位的办公电话）；另一方面，有许多属于我们调查总体的号码又没有出现在号码簿上，这样，我们就无法抽到他们。因此，在运用电话访谈的方法时，研究者一定要对总体及样本的情况有清楚的认识，尽可能做到抽样的科学性与代表性。

电话访谈的另一个弱点是调查时间不能太长，通常情况下控制在十分钟以内比较合适。因此，访谈时间的不允许性客观上制约了这种方式所收集的资料的范围和深度。当调查的内容较多、问题较复杂时，采用电话访谈方式就不太合适。所以，在实际社会调查中，电话访谈通常比较多地运用在市场调查和舆论调查方面。

第三节　访谈调查研究方法的程序及技巧

一、访谈调查研究方法的程序

访谈调查研究方法的程序是指开展访谈调查工作所要经历的基本过程。主要包括选择调查课题、调查前的准备、实地调查、调查工作总结和撰写调查报告等方面的内容。

（一）选择调查课题

选择调查课题是开展社会调查工作的首要环节。这一阶段的工作做得如何，直接关系到调查工作的开展。所谓的调查课题，简要说来，就是存在于农村社会活动之中，有待于认识、研究和解决的问题。

费孝通教授指出："现在社会调查的题目不是少了，而是太多，我们应付不过来。在这种情况下，应当按轻重缓急作出有序的安排，先研究什么，后研究什么，要有所选择，合理安排。"由此可见，调查课题必须是农村社会活动中存在的问题，同时，也是人们想要明白但还不明白的事情，它集中体现了人们对事物的已有认识与尚未认识，而又需要认识之间的矛盾。这些问题引导着人们去认识它、研究它，并探求解决它的途径。因而，问题是联结已知与未知的桥梁。农村社会调查要立足已知，探求未知，也就必须通过研究存在于农村社会活动中的问题这一桥梁。

调查课题的选择要依据需要性、科学性、可行性的原则进行。切忌轻率地选择和确定那些过大、过难，或者在较短时间内无法完成的课题。

（二）调查前的准备阶段

开展调查之前，要做的准备工作，主要是指确定调查对象、选择调查时间、挑选和培训调查人员、探测性调查、提出研究性假设以及设计调查方案等工作。

1. 确定调查对象。对于调查对象的确定首先是确定调查范围，其次是确定调查单位，最后确定找什么人作调查。

2. 选择调查时间。选择调查时间要考虑两个方面的问题：一是完成该调查课题按计划需要多少时间；二是选择什么时机去开展调查。

3. 挑选和培训调查人员。一般来讲，对访谈调查人员有以下几点要求：

（1）有高度的责任感，热爱农村社会调查工作。

（2）懂得农村社会调查的一般原理和技能。农村社会调查的原理包括马克思主义哲学、农村社会学等方面的知识；农村社会调查的技能则是指速记、一般调查方法、社会统计方法、调查问卷设计以及与调查相关的一些设备的使用等。

（3）调查人员要有虚心求教的态度和严谨朴实的工作作风。

对于调查人员的挑选，一是要挑选对调查业务比较熟悉，对实地调查有经验的人员参加；二是要适当配备熟悉当地情况、知晓当地风俗习惯的人作为调查人员，以便于调查工作的顺利进行。

4. 探测性调查。所谓探测性调查，是在调查课题初步确定之后，正式调查之前，为进一步验证调查课题，更好地把握问题的中心，探寻为解决完成调查课题涉及的种种问题的假设性办法，到实地进行试探性或准备性调查。目的是为了使调查课题更切合农村社会实际，使调查人员更进一步明确问题的关键和探求解决问题的途径，为设计调查方案提供客观依据。

探测性调查要解决的问题大致有三个方面：①验证调查课题和弄清调查课题的中心内容。即用客观事实对初步定下来的调查课题进行验证，同时，弄清楚调查课题的中心内容，使调查课题具体化。②与被调查者接洽，为正式调查打好基础。一是使被访者明白此次调查的意义，取得他们的支持；二是了解他们的工作和有关活动特征、规律，例如，他们生产什么，如何生产，什么时候最忙，什么时候稍闲等。③与被访者就调查课题所涉及的各种问题，如挑选调查人员、确定调查对象和调查时间等，展开广泛的讨论，征求他们的意见，为设计调查方案做好准备。

5. 提出研究假设。假设亦称假定。是对未知的客观事物所作的需要经过实践检验的假定性设想或说明。这种假定性设想或说明需要事实验证并有最低程度的可证实性，以验证其是正确的或错误的。科学的假设必须满足以下几个条件：①以明确的概念为基础；②具有经验的统一性（即能被经验检验）；③对假设的适用范围要有所假定；④与有效的观测技术相联系；⑤与一般理论相关联。

6. 设计调查方案。调查方案是针对调查课题的需要对正式调查事项作出一系列的事先决定，综合起来，形成一个执行调查任务的主体计划。主体计划的重点包括"预期"和"说明"，即预期调查项目所涉及的内容以及完成调查任务所必需的客观条件，说明通过调查要得到的东西和要做的工作。设计方案一般包括设计总体方案和实施方案两个方面。

（1）设计总体方案。总体方案是对整个调查过程和内容的总体规划，是进行实地调查的行动纲领。主要包括：调查目的、调查方式和组织分工、调查项目、调查步骤与调查时间、经费来源及开支情况等。

（2）设计实施方案。实施方案又称实施调查表，其主要形式有问卷方案、访谈方案、观测方案和试验方案等。在设计实施方案时应站在被调查者的立场，所提问题易于理解把握，切忌含糊其辞、模棱两可。

设计实施方案时，首先要把符合调查内容的问题都列出，然后，按逻辑顺序加以排列。一般情况下，是一般问题在先，特殊问题在后；主要问题在先，次要问题在后；易于回答问题在先，难于回答问题在后。

（三）农村社会调查的实施与总结阶段

1. 实施阶段。农村社会调查在做好调查前的各项准备工作之后，就要进入具体的实施过程，这是整个农村社会过程调查中最重要、最生动的一个阶段。其主要内容有：实施调查中的组织领导、搜集资料和整理资料三个部分。

（1）实施调查中的组织领导。组织领导的主要任务是做好组织、执行与信息反馈、协调与监督等工作，以确保调查任务的顺利完成。

（2）搜集资料。农村社会调查是通过搜集资料来认识农村社会现象的。当调查课题确定之后，调查工作就要围绕既定的调查课题展开，资料的搜集也就必须针对与调查内容密切相关的资料，以确保所搜集资料有较强的集中性，为调查者寻求问题的本质提供思路。

（3）整理资料。即对调查获得的资料按调查内容的需要，进行加工整理，使之合理化、系统化。

2. 总结阶段（针对调查工作本身而进行的总结）。总结阶段是农村社会调查的最后一个程序。主要包括两个方面：一是调查工作总结；二是撰写调查报告。

（1）调查工作总结。总结是对整个农村社会调查过程中各环节的工作加以综合检查、评价，上升到理性认识，找出成功的经验和应当吸取的教训。其目的是通过对农村社会调查实践的回顾、评价，认识和掌握农村社会调查的客观规律，为更好地指导后来的农村社会调查工作提供借鉴。

（2）撰写调查报告。撰写调查报告是农村社会调查过程的终结，也是整个调查工作最关键的环节，在农村社会调查中占有极其重要的地位和作用。它是用调查得来的丰富资料，以书面的形式来反映情况，揭露矛盾，揭示事物本质及其发展规律，向人们提供经验、教训、建议、措施和办法等，为各级领导部门提供决策依据，为科研教学部门提供研究资料。

农村社会调查过程是一个有机整体。选择、准备、实施以及总结调查课题四个阶段的工作环环相扣，互有联系，互相影响。因此，要求农村社会调查工作者在从事具体工作的过程中，要有整体观念。

二、访谈调查研究方法的技巧

访谈调查是一种社会交往过程，访谈中调查者与被调查者之间形成一种社会互动关系。调查资料正是通过这种社会互动取得的。因此，访谈的成功与否，在很大程度上取决于访谈者对这种社会互动过程的组织和控制程度。调查人员只有在这种互动中，与调查对象建立起基本的信任与一定的感情，并根据对方的具体情况展开访谈，才能使被访者积极提供资料。因此，访谈调查要求访谈员必须具备良好的访谈技能，并能灵活运用访谈的各种技巧。一般来讲，访谈技巧大体可分为访谈准备、进入访谈、访谈过程控制和结束访谈等几个阶段。

（一）访谈前的准备

在访谈调查开始之前，要求访谈者要做好充分的准备工作。因为访谈对象是有思想、有感情、有心理活动的个性化的人，他们一般不会向“陌生人”主动提供资料，访谈者要想取得预期的调查效果，需要访谈双方建立起相互信任、相互理解的关系，被访者才会积极配合提供相关资料。访谈前的准备工作主要有以下几个方面：

1. 选择恰当的访谈方法。访谈方法的选择因研究目的不同而不同，一般的，如果想验证某一理论，就选择标准化访谈；如果是进行探索性研究，可选择非标准化访谈；如果需要对问题进行深入细致的研究，宜采用个别访谈；若要迅速了解多数人对某一问题的反应，则可以采用集体访谈方法。

2. 制定访谈提纲，学习与访谈内容有关的知识。访谈方法确定后，访谈员要根据访谈的目的和方法制定相应的访谈问卷、访谈表或访谈提纲。访谈问卷、访谈表一般用于标准化访谈，访谈提纲用于非标准化访谈。不论采取哪种访谈方法，访谈员都要充分了解、掌握与访谈内容相关的知识，以便在访谈过程中能够对访谈对象的回答做出必要的回应，甚至双方可以就某一问题进行深入的交谈。如果访谈员对访谈对象所讲的问题一无所知，被访者就会失去与之交谈的兴趣，从而影响访谈工作的顺利进行。

3. 确定访谈对象，充分了解访谈对象的有关背景情况。访谈对象作为访谈资料的提供者，是整个访谈过程不可或缺的一方。访谈对象选择是否恰当，直接决定着访谈的成功与否。一般而言，所确定的访谈对象应该是对所调查的情况最了解、最具有发言权的人。访谈对象确定以后，要尽可能了解被访者的情况，如其性别、年龄、职业、文化程度、专长、生活背景、身体状况和精神状况和其所在社区的特征，以便针对不同的访谈对象设计开场白，选择访谈方法和灵活地运用访谈技巧等。

4. 选择访谈的具体时间、地点和场合。为了访谈的顺利进行，提高访谈的质量和效率，选择恰当的访谈时间、地点和场合就成为准备工作的重要环节。一般而言，访谈时间应选择在访谈对象工作、劳动和家务不太繁忙，心情愉快的时候。例如农闲季节、晚上等。访谈的地点和场合应以有利于被访者准确回答问题和畅所欲言为原则。若要了解农民的个人或家庭情况，最好到农户家中与农民进行单独访谈；如果是向基层领导了解农村发展情况，地点宜选择在办公室。

另外，访谈人员应提前到场，在约定时间、地点等候调查对象，如果去调查对象的家里或工作地点要准时。

（二）进入访谈现场

进入访谈现场是展开访谈的前提条件。进入访谈现场一般应请与访谈对象熟悉的人引见，引见人可以是单位或基层组织的领导，也可以是访谈对象的亲戚、朋友或同学。引见者的品格、身份、威望等都会有助于访谈对象增加对访谈员的信任感。引见者在访谈对象有了愿意接受访谈的表示之后，即可适时离开，这样有利于消除访谈对象对于引见者的戒备心理。

访谈伊始，访谈者首先遇到的是如何称呼对方的问题。一般来说，称呼恰当，就为访谈的顺利进行开了一个好头，否则，就会闹笑话，甚至会引起对方的反感。我国地域辽阔，各地的称呼有很大的不同，比如，“大哥”在多数地方为尊称，而在个别地方可能含有贬义。在北方农村，对年长者称“大爷”、“大娘”显得较为亲切，而在南方地区的年长者则对“老先生”的称呼比较喜欢。所以，对访谈对象的称呼要入乡随俗，亲切自然，既要表现出对被访者的尊敬和热情，又不可一味奉承。

其次，访谈人员要作自我介绍，向被访者说明来访目的以及为什么要进行此项研究，请求他的支持与合作。同时，要告诉被访者，他是如何被选出来的，根据具体情况有时可告诉他是根据科学方法随机抽样的，无特殊目的，他的回答将给予保密；有时则告诉他是因为他在社区和这项研究中的重要性而特意挑选的。这一阶段的主要任务是与调查对象建立融洽的关系，消除其顾虑，使他们产生参与研究的动机。

另外，衣着、服饰、打扮等外部形象，往往是一个人的职业、教养和兴趣爱好等内在素质的反映。因此，要求访谈者一方面要注意使自己的穿着、服饰尽可能与被访者相近，给对方以易于接近和交往的信息；另一方面，也要注意从对方的穿着、服饰来获取信息。

（三）预备性谈话

预备性谈话是访谈双方直接接触后，进行正式访谈之前的沟通联络过程，目的是消除访谈对象的心理顾虑，求得被访者的理解和支持。访谈双方接触后，接下来就是选择有效的方法接近访谈对象。一般来说，接近被访问者有以下几种可供选择的方式：

1. 自然接近法。即在某种共同活动过程中接近对方。这种接近方式有利于消除被访者的紧张、戒备心理，有利于在对方不知不觉中了解到许多情况。

2. 友好接近法。即从关怀、帮助被访问者入手来联络感情、建立信任。例如，对方家中有病人，就谈如何治病、用药和调养；对方在生产、生活中遇到了困难，可帮助出主意、想办法、提建议；对方遇到了挫折和不幸，要表示同情并予以安慰、开导等。如果条件允许，还可以采取一些具体行动来帮助对方解决实际困难，这样更有利于双方建立感情和信任。

3. 正面接近法。即开门见山，先作自我介绍，直接说明调查的目的、意义和内容，然后再进行正式访谈。在访谈双方彼此熟悉或被访问者没有什么顾虑的情况下，一般可采用这种接近方式。正面接近的方式，虽然显得有些简单、生硬，但却可以节省时间、提高效率。

4. 求同接近法。即寻找与被访者的共同点，激发被访者的热情与兴趣。例如，可从共同的经历、兴趣爱好、同乡等方面寻找共同语言，作为最初交谈的话题。也可以从对方熟悉的事情、最关心的问题等谈起，例如，与农村大妈可以谈她养的鸡、鸭，与年轻主妇则谈她的孩子等。

5. 隐蔽接近法。即以某种伪装的身份、伪装的目的接近对方，并在对方没有觉察的情况下了解情况。一般来说，只有在特殊情况下，对特别的对象才采取这种接近方式。如果滥用隐蔽接近方式，有可能引起不良的后果。

总之，在进入访谈现场的过程中，访谈人员无论采取哪种方式接近被访者，都应以朋友或同志的姿态与对方建立起融洽的关系，然后再进入正题。

（四）正式访谈

在访谈双方形成一个融洽的交谈气氛之后，访谈员就可以围绕访谈主题开始正式的提问，以获取有价值的信息。为了使访谈能够达到预期的目的，访谈员必须熟练地掌握、运用谈话技巧和引导、追问技巧等。

1. 提问的技巧。提问是访谈法的主要手段和环节，提问恰当与否是访谈能否顺利进行的一个关键环节。因此，要求访谈者掌握提问的技巧、所要了解问题的种类、提问的方式和语言。

（1）提问的种类。访谈过程中提出的问题，大致可分为两大类，即实质性问题和功能性问题。所谓实质性问题是指为了了解访谈调查所要了解的实际内容而提出的问题。这些问题大致可分为以下几类：一是事实方面的问题，如姓名、性别、收入、产量等。二是行为方面的问题，如您农闲季节外出打工吗？三是观念方面的问题，如您认为当前农民最迫切的要求是什么？您对农村合作医疗有什么看法？四是情感、态度方面的问题，如您对目前的生活状况感到满意吗？您赞成土地规模经营吗？所谓功能性问题，是指在访谈过程中为了消除拘束感，创造有利的访谈气氛，或从一个谈话内容转换到另一个访谈内容而提出的问题。它也可以分为四类：一是接触性问题，提出这类问题的目的不是为了解决问题，而是为了接触被访者，如今年的收成如何？您身体好吗？二是试探性问题，如您现在忙吗？您了解农村养老保险吗？提出这类问题的目的是为了试探一下访谈选择的时间和对象是否恰当，以便确定访谈是否进行和如何进行。三是过渡性问题，如访谈内容从生产转向销售问题时，可以先提问，今年的辣椒收成不错，销路怎么样呢？四是检验性问题，如关于家庭生活水平的调查，可以先问家庭收入再问支出和节余，这样可以起到相互检验的作用。

在访谈过程中，访谈人员往往对实质性问题比较重视，而不大重视功能性问题，然而，提问的技巧恰恰体现在功能性问题上，因此，在访谈中善于灵活运用各种功能性问题，可以促进访谈过程的顺利进行。

（2）提问的方式。访谈调查的提问方式多种多样，可以采用“闲谈式”，也可用“拉家常”式，但切忌“审问式”。在具体调查时，可以开门见山，直奔主题；也可以投石问路，先做试探；或顺水推舟，逐波前进；或逆水行舟，溯源而上；或顺藤摸瓜，逐步发展；或借题发挥，跳跃前进；或竹笋剥皮、层层深入；或耐心开导，循循善诱；或点穴拿筋，旁敲侧击……究竟采取哪种提问方式，应根据被访者的情况、问题本身的性质特点和访谈双方之间的关系来定。总的原则是使访谈过程在平等、友好的气氛中进行。

（3）提问的语言。提问的语言应做到“一短三化”，即提问的话语应尽量简短，语言地方化、口语化和通俗化。“一短三化”的核心是提问语言要对象化，即能够被访谈对象理解和乐于接受。这一点在农村发展研究中尤为重要。

（4）提问和解释问题要保持中立。即访谈过程中提问不应具有诱导性和倾向性，以避免给访谈对象造成应该怎样回答的感觉，而使获得的资料带有虚假性。对于被访者的回答，无论正确与否，都不宜做肯定或否定的评价，更不应去迎合或企图说服对方，而只能做一些中性的反应。如表示“你的想法我已了解了”，“请你继续说下去”等，以鼓励对方把心里话说出来。

2. 听取回答的技巧。听取回答是访谈法的另一个重要环节。访谈的技巧既包括提出问题的技巧，又包括听取回答的技巧，访谈者只有做到善问会听才能达到访谈的目的。听取回答的核心是访问者应做到有效地听。要做到这一点，访谈者应从以下几方面努力：

（1）要有正确的态度。首先要做到有礼貌耐心地倾听，当访谈对象回答问题时，访问者应该聚精会神，礼貌耐心，做到边问、边听、边记。如果访谈人员心猿意马，被访者就不可能认真地谈下去。其次要做到有感情地听。访问过程不仅仅是语言信息交流过程。也是感情交流过程。访谈过程中，访谈员应努力做到与访谈对象的感情发展相交融，如访谈对象谈到成绩时要为他高兴，谈到困难时要为他着急，谈到挫折和不幸时要表示同情等。

（2）善于对被访者的回答做出恰当的反应。当被访者认真回答问题而且答得对路的时候，或是为了回答问题而努力回忆、积极思考的时候，或是在几种可能性中做出选择的时候，访谈员一般不插话、不干扰，保持沉默，专心倾听。但在更多的情况下，访问者应对访谈对象的回答做出恰当的反应，可以用“是”、“对”、“讲得好”、“有意思”、“增长了见识”

等语言信息，或者用点头、肯定的目光和手势等肢体语音信息鼓励被访者继续谈下去。对被访者的回答做出恰当的反应，是保证访谈过程正常进行的必要条件，也是有效倾听的必要条件。

3. 引导与追问的技巧。在访谈过程中，不仅要提问，许多时候还需要访谈人员根据访谈内容对被访者进行引导与追问。引导与追问不是提出新的问题，而是对已提出问题的引申和补充，是为了使被访者能够正确理解和准确、真实、全面地回答问题。

（1）引导。引导的目的是为了帮助被访者正确地理解和回答已经提出的问题；一般情况下，当交谈遇到障碍不能顺利进行下去或偏离原定计划时，应及时加以引导。为了提高访谈的质量，访谈员要根据具体情况，采用适当的引导方法。如果是被访者没有听清楚所提问题，就应当用对方听得懂的语言将问题再复述一遍。例如，“我想你可能没有听清楚我刚才提出的问题，我再说一遍……”如果是被访者对问题的理解不正确，则应根据统一的标准，对问题作出具体解释或说明。如果是被访者思想上有顾虑，就应摸清根源何在，然后采取对症下药的方法消除其顾虑。例如，可向被访者明确表示：“你反映的这个问题，我们绝对保密，请你放心地讲。”如果是被访者一时遗忘了某些具体情况，就应从不同角度、不同方面帮助对方进行回忆。如果是被访者的回答离题太远，就要寻找适当时机，采取适当方式，进行引导性提问，使访谈回到原来的主题上。例如，“你刚才谈了很多有关这方面的问题，很好，现在请你再谈谈另外一个问题。”如果遇到一些访谈对象不善于交谈，访谈员要耐心细致地加以引导，并让对方有充分思考的余地。总之，引导的目的就是为了排除访谈中的各种干扰和障碍，使访谈过程得以按原定计划顺利地进行下去。

（2）追问。在访谈调查中，追问也是一种常用的技巧。追问是为了使访谈者能真实、具体、准确、完整地了解或理解被访者所回答的问题。一般用于下列情况：当被访者的回答前后矛盾，不能自圆其说的时候；当被访者的回答不够完整的时候；当被访者的回答含混不清、模棱两可的时候；当被访者的回答过于笼统、很不准确的时候；当访谈员对一些关键问题的回答没有听清楚的时候；当被访者避而不谈、欲言又止、有意说谎的时候等。

追问的方式主要有：①直接追问与迂回追问。对于一般的问题，访谈者可以直截了当地请被访者对未回答或回答不具体、不完整的问题再作补充回答；对于记忆不清的问题和有所顾虑的问题则宜采取迂回追问的方式，即通过询问其他相关联的问题或换一个角度来询问，以获得被访者未回答或回答不完整的问题的答案。②反感追问。对于被访者极力回避和掩盖的问题，为了达到访谈的目的，可以采取激起对方一定程度的反感而促使其回答的方法，即反感追问。③即时追问与集中追问。对于一些简单的问题，可在对方回答问题时立即进行追问，如对某个具体数字没有听清楚的情况等。而对于一些比较重要、复杂的问题，则应先记下来，或在记录本上打上标记，留待访谈告一段落后集中追问。

引导和追问的目的是为了使访谈能够按预定计划顺利进行，因此，访谈中引导和追问都应做到适时适度，以不伤害访谈对象的感情为原则，以免影响整个访谈进程。

4. 记录技术。访谈的目的是要获得资料。访谈法所获得的资料是通过记录而得到的，因此，做好记录是访谈调查中的一项重要工作。

记录的方式分为现场记录和事后记录两类。现场记录是边访问边记录，它需征得调查对象的允许。此种方式的优点是所获资料完整，不带偏见。但可能会影响访谈双方的互动效果；事后记录是在访问之后靠记忆进行记录，它可以不影响访谈过程中双方的互动，提高对无记名调查方式的相信程度。其缺点是有些资料可能会因为遗忘而丢失。访谈过程中如何记录、采取何种方式记录，应视实际情况而定。标准化访谈的记录要按规定的记录方式，将访谈对象提供的答案准确、完整地记录在设计好的问卷或访谈表中，非标准化访谈的记录可以采取现场记录和事后记录两种方式。访谈记录的内容包括访谈对象的谈话，访谈对象的非语言信息及谈话的时间、地点、环境等。

现场记录可以采取访谈员口问笔记，也可以安排专人做记录。访谈员亲自记录一方面有利于边听边积极地思考问题，将谈话内容引向深入，也便于对不清楚的问题做出标记，及时进行引导和追问。另一方面也表示对被访者的尊重及对其回答的重视，能在无形中起到鼓励被访者发表自己意见的作用。记录形式可以采取笔记，也可以采取录音机录音。录音形式可使资料完整、具体，避免笔记中的误差，还可以节省时间，但使用时必须征得被访者的同意。由于录音资料最终还要整理成文字资料，因此，笔记是访谈记录的最基本形式。笔记的方法主要有两种：一种是详记，即用文字当场作详细记录。二是简记，即只记录一些必要的内容或要点。无论是详记还是简记，访谈中的要点、特点、疑点、易忘点和主观感受都应该作为记录的重点对象，并且要尽量记录原话，少作概括性的记录，以免掺入主观成分。

事后记录要在访谈结束后及时对访谈内容进行追记，以免因时间太久忘记某些有价值的信息。为了提高事后记录的效率，访谈员应尽可能地通过训练，提高自己的记忆力，同时可以在制定访谈提纲时，安排好问题的顺序和要点，注意问题的内在联系和逻辑性，以便于事后回忆记录。

5. 结束访谈。这是访谈的最后一个环节。结束访谈一是要做到适可而止，二是要做到善始善终。要做到以下几点：第一，要掌握访谈活动的时间，访谈时间不宜过长，一般以1～2小时为宜。但也不能过于机械，以不妨碍被访者的正常工作和生活秩序为原则。第二，要关注访谈活动的气氛。如果被访者感到疲乏和厌烦，情绪变坏，或是家中来了客人需要接待，或是被访者有其他要紧的事需要处理等，此时，就应尽快结束访谈活动。第三，对访谈对象的积极配合表示真诚的感谢。第四，为以后的访谈工作做好铺垫。如果这次访谈没有完成任务，那么就需要约定再次访谈的时间和地点，最好还能简要说明再次访谈的主要内容，以便于对方做好相关的准备。

每次访谈结束后，要对资料进行初步整理，如果发现模糊的地方和有遗漏的问题，就要重新访问一次，以保证资料的准确性和完整性。

小　　结

本章主要介绍了访谈调查研究方法是调查者根据预定的计划，围绕专门的主题，运用一定的工具（如访谈表）或辅助工具（如录音设备等），直接与被访者通过口头交谈等方式收集所需资料的一种调查方法。因此，访谈人员在调查实施过程中，应审时度势，灵活运用访谈原则，以确保访谈取得预期的效果。访谈调查研究方法根据研究课题的性质、目的、内容、要求及研究对象等的不同，划分为不同的类型。主要有标准化访谈和非标准化访谈；集体访谈和个别访谈；直接访谈和间接访谈等。一般而言，用标准化访谈法验证一种假设或理论。而对某些问题进行探索性研究，则多选择非标准化访谈法；集体访谈是可以在较短时间内获取大量信息的调查方法。而对一些敏感性问题的调查研究，采用个别访谈法较为适宜；

访谈者利用“请进来”、“走出去”的直接访谈法能够使所获信息更具准确性。在条件具备的情况下，选择间接访谈则可节省时间、费用等。访谈调查研究方法既是一种搜集资料的方法，也是一门人际交往的艺术。访谈人员在具体操作过程中，一是遵循一定的访谈程序，二是具备良好的访谈技能。例如在提出问题、听取回答、引导与追问、语言运用等环节尽量做到准确恰当、衔接自然。

思 考 题

1. 什么是访谈调查研究方法？

2. 简述访谈调查研究方法的基本特点。

3. 标准化访谈与非标准化访谈有什么区别？

4. 集体访谈应注意哪些事项？根据你家乡的实际情况，就农产品的销售问题拟一份集体访谈提纲。

5. 在提问过程中，访谈员应发挥哪些技巧？

附 录 一

标准化访谈表

建设社会主义新农村访谈表

访谈地点：________________乡________________村

访谈时间：________________年________________月________________日

访谈人：____________________

您好！我们是××农业大学农村区域发展专业的学生（出示学生证），正在进行教学实习活动。组织这次“建设社会主义新农村调查活动”的目的是准确了解当地社会主义新农村建设的状况，并及时掌握广大农民群众对社会主义新农村建设的心声和期盼，从而为党和政府制定社会主义新农村建设的相关政策提供决策依据。我们想占用您一些时间，了解目前新农村建设的情况。我们对您的回答严格保密，不会损害您的任何利益，希望得到您的支持与合作。谢谢！

1. 您认为新农村建设重要吗？

①很重要　　②重要　　③一般

2. 您认为新农村建设过程中需要解决的首要问题是什么？

①资金的保证　　②乡风民俗的改善　　③规划的制定　　④其他

3. 您认为社会主义新农村应该“新”在哪里？

①新的思想观念　　②新的村容村貌　　③新的生产设施　　④新的生活习惯

4. 在新农村建设中您最担心出现哪些问题？

①自筹资金比例过高　②有人从中以权谋私

③生活没有得到改善　④成为政绩或形象工程　⑤其他

5. 对于建设社会主义新农村，您认为目前最大的困难是什么？

①缺少资金　②缺少技术　③缺乏规划指导　④其他

6. 如果建设社会主义新农村需要您出工出力，您是否支持？

①支持　②视情况而定

7. 您对目前的家庭生活质量：__________。

①比较满意　②感觉一般　③感到生活压力很大

8. 发展农村经济，政府提供技术培训，您最希望得到哪项培训？

①农业种植、养殖技术培训　②外出打工技能培训　③其他

附　录　二

个体访谈提纲

“乡村健康金话筒”活动调查访谈提纲

前言：您好。我叫×××，是××单位的。今天找您想了解一下您对现在开展的“乡村健康金话筒”活动有什么看法。看法没有对错之分，您的意见对我们开展这方面工作很重要，欢迎您给我们提出宝贵意见，谢谢合作。

1. 您知道“乡村健康金话筒”联播活动吗？从哪儿听说的？

2. 听过这个栏目的播出吗？经常听或是偶尔听？为什么？

3. 这个栏目中您喜欢哪种形式的节目？能举个例子吗？

4. 这个栏目的节目容易理解吗？哪些内容不容易理解？

5. 在您听过的节目中，什么节目给您的印象最深？为什么？

6. 你收听到的这个栏目每次播出的时间是多少？您认为这样的时间长还是短？多长时间更合适？

7. 这样的栏目您认为在什么时间播出更合适些？

第六章　问卷调查研究方法

问卷调查研究或简称问卷调查，是一种在社会学中经常使用的量化的调查方法，也是农村发展研究中一种最常见的研究方式之一。问卷调查研究以其特定的方式满足了研究者探讨各种社会行为、社会现象和社会问题的需要。美国社会学家艾尔·巴比称“问卷是社会调查的支柱”。

第一节　问卷调查研究概述

一、调查研究及其发展

（一）问卷调查研究的概念

问卷调查研究指系统地、直接地从取自某种社会群体的样本那里以问卷的方式收集资料，并通过对资料的统计分析来认识社会现象及其规律的社会研究方式。

（二）调查研究的发展

问卷调查研究是随调查研究方法的发展而日趋成熟的调查研究方法之一。按时间顺序，调查研究的发展大体可以划分为近代和现代两个阶段。近代调查研究主要包括行政统计和社会问题调查，而现代调查研究则主要包括民意测验、市场调查和研究性调查。

1. 近代调查研究。虽然在公元前的古代埃及和中国，就有过以征税和征兵为目的的人口调查的记录，但是，作为一种社会研究方法，调查研究开始于近代的行政统计调查，调查多以社会管理和社会改良为目的。

（1）英国。早期的社会调查研究有霍华德在 18 世纪后半叶进行的有关英国监狱状况的调查，以及欧洲其他国家监狱的比较研究，后来出版了《英伦和威尔士的监狱情况以及外国监狱的初步观察和报告》一书；布思从 1886 年起，历时 18 年对伦敦工人状况进行了长期调查，调查结果汇集在 17 卷的《伦敦居民的劳动与生活》中；凯洛格 1907 年主持了匹兹堡调查，首次采用社区系统调查方法，探讨都市化的社会结果，1914 年出版了调查结果《匹兹堡调查》。

（2）法国。法国的经验调查发源也较早，较著名的还有黎伯莱的家庭调查。黎伯莱相信，通过调查家庭的收支情况可以获得有关家庭结构和功能的确切资料，并可为家庭的比较和分类提供可靠依据。黎伯莱历时 20 年的调查最后编写成书《欧洲工人》。

在法国与黎伯莱同期的还有帕兰·杜卡特列的妓女调查和维莱梅的纺织工人调查。杜卡特列的调查编写成两卷本的《巴黎的卖淫现象》发表后曾轰动整个欧洲。维莱梅的调查对于制定“童工管理法”起了很大作用。

（3）德国。1880 年有人在法国工人中进行过一次鲜为人知的调查。一位德国政治社会学家邮寄了约25 000份问卷给工人，目的是为了测定工人遭受雇主剥削的程度，但是，没有任何返回的记录。这项调查的主持者是马克思。恩格斯曾长期深入到工厂和工人居住区进行实地调查，写成了《英国工人阶级状况》一书。

另外，德国 19 世纪的许多经验调查研究都是由著名社会学家、历史学家及经济学家完成的，他们是斐迪南·滕尼斯、马克斯·韦伯、阿尔弗雷德·韦伯、古斯塔夫·施穆勒等人。著名社会学家马克斯·韦伯曾对产业工人的心理和生理状况、劳动生产率及企业发展关系进行过调查。

（4）美国。美国在 20 世纪初所进行的大规模社会调查以匹兹堡调查和春田调查最为著名。

1907 年进行的匹兹堡调查，目的是对工资、劳动立法、工人家庭生活及女工等问题进行研究。这是美国第一个系统性的大型社会调查。其后，另一大型调查是“春田调查”，春田市位于美国南北中央，是一座典型的美国城市。这次调查应春田市居民的要求而展开，目的是改善市内的公共事业。调查内容包括教育、工商业、市政管理、公共卫生、居住条件、娱乐场所、治安等，并针对调查结果提出了具体建议。结果不仅达到了改善公共事业的目的，而且还在大范围的宣传中使群众对该市有了新的了解，促使他们更积极地参与自己城市的市政建设。该调查对中国 20 年代的调查颇有影响。

19 世纪末 20 世纪初以前的大多数调查研究的目的主要在于解决社会当时的尖锐问题，如贫困、犯罪、居民生活状况等。这些调查虽然采用了实地体验、问卷调查等多种调查研究方法，起到了相当大的政治功效，但调查本身很难上升到理论高度。尽管如此，这些经验调查还是为今后的社会研究提供了丰富的调查经验和翔实的调查资料。

2. 现代调查研究。进入 20 世纪后，社会调查与社会理论的结合，促使研究性调查的出现。与此同时，随着小样本检验和抽样理论的建立，抽样调查方法日益完善。而社会统计调查模式和多变量分析方法的出现，标志着调查研究方法已成为一项成熟的量化社会研究方法。

（1）当代的发展。1897 年涂尔干出版了《自杀论》，该书通过对欧洲各国自杀统计资料的分析，检验了涂尔干关于自杀原因的各种假设，建立了一套完整的自杀理论。涂尔干的研究首次成功地将经验研究与理论研究结合在一起，表明在社会研究中，也可以建立类似自然科学中那种既可以解释经验资料，又可以接受经验资料检验的实证科学理论。从研究方法看，虽然涂尔干没有采用第一手的经验调查资料，属于二手资料的分析研究，但他将“多元分析法”引入了社会学，即利用复杂的统计技术来计算和分析各因素之间的关系。

20 世纪二三十年代，应经济、政治的需要，美国出现了大量舆论调查和市场调查。这些新兴调查因竞争的激烈（产品竞争和候选人竞争等）而普遍出现。于是，一些专职调查机构便应运而生。其中最著名的是由乔治·盖洛普 1935 年创办的盖洛普民意测验所。该调查机构因 1936 年准确地预测出罗斯福当选总统而名声大振。近几十年来，计算机业迅猛发展，美国的舆论调查业也是一派繁荣。除盖洛普事务所外，还有哈里斯、赛林格等六七家全国性大型专业机构。据统计，美国 1978 年仅花在舆论业上的资金就多达 40 亿美元，可见其规模之大、范围之广。

（2）中国社会调查研究的发展。在中国，科学意义上的社会调查直到 20 世纪初才开始发展。尽管科学的社会调查研究在中国只有短短几十年的历史，但我们还是能在这有限的发展史中找到不少优秀的社会调查范例。学术界早期的社会调查有许多是在外籍学者的指导下进行的，如1917年美籍教授狄特莫指导清华学生对北京西郊居民生活的调查，以及美籍传教士甘博、燕京大学教授步济时等人仿照美国“春田调查”所作的《北京——一个社会的调查》等。中国人主持的社会调查最早的是陈达对北平成府村居民和清华校工所做的生活费调查。

20世纪二三十年代是中国学术界社会调查发展最迅速的时期，学者们从了解中国国情入手，在社会、经济、政治等广泛领域进行了大量的社会调查。其中较著名的有：李景汉的《北京郊外乡村家庭》及社区研究的杰作《定县社会概况调查》。这一时期，少数民族地区调查也有了发展，其中，王同惠（费孝通的前夫人，在此次调查过程中献身）、费孝通的“花篮瑶社会组织的调查”在民族研究史上留下了感人的一页。20年代以来，中国共产党人在其革命实践的过程中，对中国社会调查事业的发展作出重大贡献。其中，毛泽东撰写了《中国社会各阶级的分析》、《湖南农民运动考察报告》等大批调查报告。

30年代后期和40年代，较著名的社会学和社会人类学调查成果主要有：陈达的《南洋华侨与闽粤社会》，费孝通的《江村经济》，史国衔的《昆厂劳工》，费孝通、张之毅的《乡土中国》等。

20世纪80年代以来，随着社会学的恢复和社会科学各学科的发展，学术性的调查研究又有了新的进展。中国正处于新的历史转变时期，社会变革与社会变迁带来了一系列亟待解决的问题，如“三农”问题、农村人口老龄化问题、留守儿童教育问题等。针对这些问题，社会科学工作者在各个领域进行了大量的调查研究，为农村社会的稳定和发展提供了许多有价值的信息和政策性建议。

从调查研究发展简史中不难看出。调查研究是一项综合了多项技术的研究方法。其中，作为主要研究方法之一的问卷调查研究本质上是一个测量过程，是抽样和统计分析密切结合的研究方法。

（三）问卷调查研究的特征

1. 需要从某个调查总体中抽取一定规模的随机样本。样本对于总体的代表性将直接决定研究结果的科学性和说服力。这也是其他研究方式所不具有的。

2. 资料收集需要特定的工具——调查问卷。编写调查问卷有特定的程序要求和规范。

3. 研究所获得的是大规模的量化资料，必须要在计算机辅助下完成资料分析。

可以说，以上三个方面的特征使问卷调查研究不同于其他研究方式。也正是由于这些特征，使得问卷调查研究成为社会研究方法中应用最广泛、最强有力的研究方法。

二、问卷调查研究的应用领域

（一）农村社会生活状况调查

通常是对某一时期、某一农村区域或某一农村社会群体的社会生活状况所进行的调查。它的着眼点主要放在了解农民社会生活各个方面的基本内容，以综合地反映一个时期、一个地区或一个群体中农民总的社会生活状况。比如对农村空巢老人生活状况的问卷调查研究、对农村社会保障体系现状的问卷调查研究等，就是这种调查应用的例子。

（二）农村社会问题调查

即针对农村社会中所存在的各种社会问题进行系统的调查、了解，找出问题的症结，为解决这些问题提供参考意见。比如近年来由于大量农村人口流入城市，引发的农村留守妇女、留守儿童的相关社会问题的调查等，都是常见的农村社会问题调查。

（三）市场调查

市场调查，即为拓展商品的销路，以便更好地为企业的生产和利润服务，而围绕某类产品或某种商品的市场占有率、顾客的购买情况、商标的宣传效果等所进行的调查。它是随着商品经济的发展而逐渐普及的。目前我国这类问卷调查研究也开始多起来，比如种子市场调查、肥料市场调查、农药市场调查、除草剂市场调查等。

（四）民意调查

民意调查，即对社会中民众的意见、态度、意识等主观意向进行的调查。最典型的民意调查是美国的总统选举民意测验。此外，各种民意测验机构对社会热点问题进行的民意调查，以及各种大众传播机构对其读者和听、观众进行的调查等，都属于这一类调查。

（五）学术性调查

即广泛应用于社会学、政治学、人口学、教育学、传播学等社会科学学科领域中的问卷调查研究。这类调查的目标，往往不是针对某一具体的社会现象和社会问题得出结论，而是致力于对某类社会现象所具有的一般规律或普遍法则进行探索和研究。

（六）农村发展需求调查

即对农民在社会发展过程中自我发展需求等主观意向进行的调查。如“农民对新农村建设的多元性需求调查”等关注农民作为发展主题的个人需求、群体需求的共同性和差异性调查，都属于这一类调查。

三、问卷调查研究的题材

（一）某一人群的社会背景

即有关人们各种社会特征的资料。这种资料既包括某些人口统计方面的内容，比如性别、年龄、职业、婚姻状况、文化程度等；也包括人们生活环境方面的内容，比如家庭构成、居住形式、社区特点等。这类题材客观性很强，在问卷调查研究中收集这方面的资料往往比较容易，较少出现问题。并且，几乎所有的问卷调查研究都或多或少地包括这一题材中的内容。

（二）某一人群的社会行为和活动

即有关人们“做了什么”以及他们“怎样做”等方面的资料。比如农民谁负责农事活动的安排、每周看几次电视、在家谁辅导孩子学习等。这类题材也是客观的、事实的，它通常构成大部分问卷调查研究的主体内容。

（三）某一人群的意见和态度

即有关人们“想些什么”、“如何想的”或“有什么看法”、“持什么态度”等方面的资料。比如怎么看待打工现象、对农村医疗体制改革有什么意见、选择对象的标准是什么等。这类题材属于观念性、主观性的，它是构成各种民意测验、舆论调查、社会心理调查的主要内容。

四、问卷调查研究的优缺点

作为社会研究中最常用的一种方式，问卷调查研究具有一些与其他研究方式所不同的鲜明的特点。正是这些特点形成了问卷调查研究的长处，也构成了它的短处。

（一）问卷调查研究的主要优点

首先，问卷调查研究既可以用来描述某一总体的概况、特征，以及进行总体中各个部分之间的比较，同时，也可以用来解释不同变量相互之间的关系。其次，问卷调查研究具有比较严格、规范的操作程序，这使得其研究结果具有较高的信度，即描述和概括事物的精确性较高。再次，问卷调查研究可以迅速地、高效地提供有关某一总体的丰富的资料和详细的信息，在了解和掌握不断变动的社会现象方面具有很大的优越性。最后，问卷调查研究所具有的定量特征和能通过样本推断总体的特征，使得其应用范围十分广泛。

（二）问卷调查研究的主要缺点

尽管问卷调查研究具有众多的优点，但其也不是万能的。与其他几种研究方式一样，它也存在着力所不能及的地方。

1. 缺少弹性。通常，问卷调查研究总是事先完成研究设计，并在研究中保持不变。这使得研究者无法察觉新的变量，有时即使察觉到了，也很难做出相应的处理。这在很大程度上限制了研究者进一步深化研究。再有，利用标准化问卷进行测量，是调查研究的特色之一，但这种标准化处理会使实际访问受具体环境的局限。因为，被访者的情况各异，适用于某些被访者的问卷，可能并不适用于另一些被访者。这样的问卷对于许多被访者来说，适用程度可能不是最高的，同时也使得调查研究难以处理比较复杂的议题。

2. 无法了解被访者具体的生活情境。问卷调查研究是用问卷来搜集被访者信息的，调查访问仅限于问卷设定的内容，而且调查的时间很短。因此，研究者很难进入到被访者的生活情境中，深入细致地把握被访者在真实生活情境中的行为和想法。这样，在调查访谈中，被访者的答复可能与其在真实社会情境中的表现并不完全吻合。

3. 容易受到人为因素的影响。一般说来，被调查对象会比较准确地回答诸如年龄、职业和教育等有关人口统计指标。但是，对于个人态度的调查就很难说有十分的把握，因为人们的态度很容易受到他人的影响，而问卷访问时又很难发现。研究行为本身可能就会影响被访者的态度。如某位被访者对一项有关农田使用政策的问题，可能并没有明确的看法，但当访问员问到这个问题时，他就可能对该问题形成自己的意见。某位被访者可能会明确地向访问员表示赞成改善农田灌溉条件，但在实际对增加农村灌溉设施表决时，他很可能会投反对票。也就是说，调查研究并不能测量社会行为，它搜集到的只是被访者对那些能回想起的过去的行为，以及未来的或假想的行为的自我报告。所以，研究者应该清楚，通过问卷访问得到的态度、意见，有时可能并没有反映出调查对象潜在的价值观，调查对象的行为也并不一定总是与态度保持一致。

（三）问卷调查研究方式所面临的挑战

1. 抽样的挑战。研究者首先遇到的是理论与现实条件之间的矛盾。随机抽样的科学原则及其严格的程序要求。而抽样的实际过程又是处于各种现实条件的限制之中的。在大多数情况下，问卷调查研究对样本规模的要求往往大大超过统计学上的要求。并且，对问卷调查研究的精确性的要求也使得样本规模要越大越好。而扩大样本规模也意味着研究者要付出更多的时间、人力、经费等。因此，我们在实际问卷调查研究的抽样中，常常不可能充分满足随机性的目标。

2. 自我报告法的挑战。自我报告方式的可靠性依赖于一个假设：被调查者的回答是真实的。只有所有被调查者都如实地向调查者“报告”他们的实际情况，调查所得到的资料才能用来反映社会现象，探索社会规律。然而，由于调查常常是在被调查者知道自己正在接受别人调查的情况下进行的，因而，有众多的因素影响着、阻碍着他们真实地回答调查者的询问。即使被调查者真实地回答问题，自我报告方式所得到的资料与实际情况之间，依然有可能存在一定距离。

3. 解释能力的挑战。对于描述一个较大规模的总体的状况来说，问卷调查研究是最好的方式。但是，对于解释现象发生的原因来说，问卷调查研究的能力就会有一定局限。这是因为，问卷调查研究所收集的往往是社会现象在某个时间点上的横切资料。这种单时间点资料特征会使问卷调查研究被普遍地看作某种“相关性”的研究方式，而不是“因果性”的研究方式。这也就是现实问卷调查研究中，相关分析较多，而因果分析相对较少的客观原因之一。

总的看来，作为一种测量过程，标准化测量和概率抽样使问卷调查研究具有较高的信度，但标准化测量、情境缺失和人为因素的影响，却使其效度较低。采用问卷调查研究方法，始终要对它固有的或可能的局限性有清醒的认识，注意在每一个具体的研究项目中努力克服它们。而克服问卷调查研究局限性的一个有效方法，就是将它与其他研究方法的结合使用，特别是与实地观察研究的结合，这样就能取长补短，大大提升研究结果的效度。

第二节　问卷设计

一、一般调查问卷的结构

问卷是问卷调查研究中用来收集资料的主要工具，它在形式上是一份问题表格，用途是用来测量人们的行为、态度和社会特征。实际调查中所用的问卷由于研究目的和研究内容各不相同，但一般都包含以下几个部分：封面信，指导语、问题、答案、编码等。

（一）封面信

封面信，即一封致被调查者的短信。它的作用在于向被调查者介绍和说明调查的目的、调查单位或调查者的身份、调查的大概内容、调查对象的选取方法和对结果保密的措施等。封面信的语言要简明、中肯，篇幅不宜过长，两三百字左右最好。虽然封面信的篇幅短小，但在问卷调查过程中却有着特殊的作用。因为研究者能否说服被调查者接受调查，并使他们如实地填写问卷，在很大程度上取决于封面信的效果。在封面信中，我们应该说明以下方面的内容：

1. 调查的主办单位和调查者的身份，即说明“我是谁”。比如，“我们是沈阳农业大学农村发展系的学生”。调查者的身份也可以通过落款来说明，比如落款为：“沈阳农业大学村落调研课题组”。落款要注明具体的单位，比如，只写“村落调研课题组”、“‘三农’问题调查组”，而不注明具体单位，是不妥的。因为被调查者看到这样的署名，仍不知你们是哪里的，是些什么人。这样就会增加他们的疑虑和戒备心理。所以，除了写清单位、组织外，最好还能附上电话号码和联系人的姓名、通讯地址等，以便消除被调查者的疑虑，体现调查的正式性。

2. 调查的大致内容和范围，即“调查什么”。但要注意的是：对调查内容的介绍不能欺骗被调查者，不能在封面信中说调查甲类问题，而问卷中却调查乙类问题；对调查内容的说明，既不能含含糊糊，完全不谈，也不能过于详细地去谈。通常的做法是用一两句话概括地、笼统地指出其内容的大致范围。比如“我们正在进行农村地区父母外出务工对留守儿童的影响”的调查等。

3. 调查的主要目的，即“为什么调查”。应尽可能说明调查其对于整个社会，尤其是对于包括被调查者在内的社会群体实际意义，而不能只谈“为了进行科学研究”等。比如，“我们这次调查的目的，是要摸清我国农村地区留守儿童的生活现状和存在的问题，为相应的社会政策的制定和实施提供科学的依据”。调查目的叙述得当，有利于调动回答者的积极性和责任心。

4. 调查对象的选取方法和对调查结果保密的措施。对于来访者或调查者，人们普遍存在一定的戒心，为了消除这种戒心，应该在封面信中简明扼要地说明。比如，“我们按照科学的方法挑选了一部分农民作为全乡农民的代表，您是其中的一位。本调查以不记名方式进行。”另外，还应该明确地说明“本次调查不用填写姓名和住址，答案无对错之分，请您不必有任何顾虑。”在信的结尾处，一定要真诚地感谢被调查者的合作与帮助等。下面是一份实际调查问卷的封面信。

尊敬的同志：您好！

感谢您在百忙之中抽出时间填写这份问卷，谢谢您对我们调查的支持。为了了解贵村村民消费情况，我们编制了这份调查问卷。问卷采取不记名方式，请您不必顾虑，如实地填写您的情况和意见，在问题的符合选项上画“√”，在“__”填写您的具体意见，再次感谢您的合作！

丛巍

沈阳农业大学　农学院　邮编：110866

（二）指导语

指导语即用来指导被调查者填答问卷的各种解释和说明。有些问卷的填答方法比较简单，指导语很少，常常只在封面信中用一两句话说明即可，如上面的封面信。在邮寄填答法的封面信中，除了上述填答方法的指导语外，还要加上类似于“为了减少您的麻烦，我们为您准备了一个写好地址、贴好邮票的信封。您填完调查表后，只需将它放进信封，封好口，投入邮筒就行了，请一定在某月某日之前填好寄出”这样的指导语。

有些比较复杂的问卷的指导语则集中在封面信之后，并标有“填答说明”的标题，其作用是对填表的方法、要求、注意事项等作一个总的说明。举例如下：

填　答　说　明

1. 请在每一个问题后适合自己情况的答案号码上画圈，或者在“__”处填上适当的内容。
2. 问卷每页右边的数码及短横线是计算机处理用的，您不必填写。
3. 若无特殊说明，每一个问题只能选择一个答案。
4. 填写问卷时，请不要与他人商量。

还有些指导语分散在某些具体的调查问题后，对填答要求、方式和方法进行说明。

（三）问题及答案

这是问卷的主体，也是问卷设计的主要内容。问卷中问题的形式可分为开放式与封闭式两大类。

1. 开放式问题。所谓开放式问题，就是那种只提出问题，但不为回答者提供具体答案，由回答者根据自己的情况自由填答的问题。

开放式问题的优点是可以使回答者充分自由地发表自己的意见。因此，获得的资料也相对丰富生动。缺点是资料难于编码和统计分析，对回答者的知识水平和文字表达能力有一定要求，填答所花费的时间和精力较多，容易使回答者放弃填答。

2. 封闭式问题。封闭式问题是在提出问题的同时，还给出若干个答案，要求回答者根据实际情况进行选择。比如，“您家目前主要的收入来源是哪些”就是一个开放式问题。但是，当我们在这个问题下面列出了若干个答案，要求回答者选择其一作为回答时，就变成了封闭式问题。比如：

您家目前主要的收入来源是什么？

（1）种植业收入。

（2）养殖业收入。

（3）打工收入。

（4）做买卖收入。

（5）跑运输收入。

（6）其他______。

封闭式问题相对于开放式问题的优点是：填答方便，省时省力，资料易于作统计分析。缺点是：资料失去了自发性和表现力，回答中的一些偏误也不易发现。根据开放式问题与封闭式问题的不同特点，研究人员常常把他们用于不同的调查中。比如在探索性调查中常常用开放式问题构成的问卷，而在大规模的正式调查中，则主要采用封闭式问题构成的问卷。

（四）编码及其他资料

在以封闭式问题为主的问卷中，为了将被调查者的回答转换成数字，输入计算机进行处理和定量分析，需要对回答结果进行编码，即赋予每一个问题及答案一个数字作为它的代码。编码既可以在问卷设计的同时就设计好，也可以等调查完成后再进行。前者称为预编码，后者称为后编码。在实际调查中，研究者大多采用预编码。编码一般放在问卷每一页的最右边，也可用一条竖线将它与问题及答案部分分开。下面就是预编码的一个例子：

问题：	编码：
（1）您的年龄：__岁	1-2
（2）您的性别：①男口②女口	3
（3）您每月的收入为多少？__元	4-7

对于第一个问题来说，一般人们的年龄往往在100岁以内，故编码中给出两栏，序号为1—2（或者根据研究目的赋值，“1”＝1～25岁，“2”＝25～100岁）。第二个问题都只可能选择一个答案，故分别只给一栏。第三个问题的答案往往处于10 000之内，可以分成四栏（“4”＝0～2 500元，“5”＝2 500～5 000元，“6”＝5 000～7 500元，“7”＝7 500～10 000元）。

表格式问题的情况稍有不同。特别是对于一些具有定序层次答案的态度问题，编码时还要特别注意它的方向性，如表6-1。

表6-1 请对村委会管理民主程度发表意见（在每一行选一格打“*”）

	非常满意	满意	一般	不满意	很不满意	不清楚
您对村干部在公共设施提供方面的满意程度						
您对村委会的财务公开是否满意						
您对村委会“一事一议”执行状况是否满意						

注：对于村委会管理民主方面，按1＝非常满意，2＝满意，3＝一般，4＝不满意，5＝很不满意，6＝不清楚来赋值。

表6-2 三种看法的赋值

	非常满意	满意	一般	不满意	很不满意	不清楚
看法1	1	2	3	4	5	6
看法2	1	2	3	4	5	6
看法3	1	2	3	4	5	6

每一个回答者在这个量表上的得分加起来，就构成他对村委会管理民主的认可程度。一个回答者在该表上的得分越高，表明他对村委会管理民主的认可度越高。

除了编码以外，有的问卷还需要在封面印上问卷编号、调查员编号、审核员编号、调查日期、被调查者住地、被调查者合作情况等有关内容。

二、问卷设计的原则

（一）要以被调查者为出发点

问卷调查的过程是调查者通过问卷向被调查者了解情况的过程。即“调查者—问卷—被调查者”。问卷在这一过程中充当的是调查者的工具。不同的研究者按照自己的研究目的和意图设计出各种不同的问卷，用以收集各种特定的资料。

但是，更应该注意的是，在“问卷—被调查者”这一环节中，被调查者是问卷所作用的对象。可以想象，不同质量、不同形式的问卷，对被调查者的刺激和影响是不同的，对被调查者的要求也是不同的。合适的问卷可以使被调查者愿意回答，也容易回答，而质量低劣的问卷则可能使被调查者拒绝填答，或者使他们难以填答。因此，要达到我们的调查目的，就必须在问卷设计时，首先从被调查者的角度出发，首先为回答者着想。

因此，研究者设计问卷时，不能只把注意力放在编制什么问题上，还要注意调查过程中人的因素。多从回答者的角度考虑，如选择合适的问卷长度，尽量减少对于被调查者来说回忆难度较大的问题等。尽可能为被调查者回答问卷创造条件，减少他们回答问卷的困难和麻烦。

（二）明确认识阻碍问卷调查的各种因素

1. 主观上的障碍。即由被调查者心理上和思想上对问卷产生各种不良反应所形成的障碍。当问卷内容太多，问卷表太厚或者问卷中的开放问题、特别是需要花较长时间思考、回忆、回答的问题太多时，一些被调查者容易放弃问卷，或者采取应付态度。但问卷涉及影响自身利益或个人隐私方面的问题时，回答者常常按大多数人的看法填，或者按“正确”的看法填。当问卷的封面信对问卷调查的目的、意义以及对被调查者如此填写问卷的重要性和作用说明不够时，回答者可能会对调查不重视或者合作的责任感降低。但问卷内容脱离被调查者的生活实际，或者所用语言与被调查者的社会文化背景极不协调，或者问卷设计呆板、杂乱时，回答者可能会对问卷调查不感兴趣，填答积极性降低。

2. 客观上的障碍。指被调查者受自身的能力、条件等方面的限制所形成的障碍。由于大多数问卷调查所使用的都是自填式问卷，所以客观上对回答者的能力提出了一定的要求。特别是农村社会调查过程中，研究者在设计问卷时若不考虑到被调查者的各种能力等客观因素，也会影响到被调查者同他们合作，也会造成问卷调查的失败。

如一些表格太复杂，问题表述太抽象，使调查对象很难看懂问题，造成阅读能力的限制。再有，对于调查问卷的目的和方法的了解不足，使调查对象的理解能力受限。在回答开放式问题的时候，有些回答者受到表达能力的限制，可能会把他的本意表达错了，有的则可能表达得不完全、不清楚，有的还可能完全表达不出来等。还有诸如计算能力、记忆能力的限制等，均会影响问卷的回收数量以及填答效果。

3. 明确与问卷设计紧密相关的各种因素。

（1）调查的目的。调查目的是问卷设计的灵魂，它决定着问卷的内容和形式。研究者要针对研究的目的，明确是要针对某一社会现象进行描述还是探讨社会现象之间的相关性或因果关系。问卷中需要提出什么问题，以及如何提这些问题都要紧紧地围绕研究假设和研究变量来进行。

（2）调查的内容。调查内容对问卷设计工作有着直接的影响。一般来说，当调查内容对于回答者来说比较熟悉时，没有什么心理压力时，容易引起他们的兴趣时，问卷就可以设计得相对详细和深入。但是，调查的内容回答者不大熟悉时，或者难以引起他们的兴趣时，或者调查的内容涉及比较敏感的问题时，问卷中的问题要提得浅显一些，间接一些，问题的数量也要少一些。

（3）样本的性质。样本的性质指的是样本的构成情况，即被调查者是一些什么样的人，比如说，什么职业、什么文化程度，什么年龄、什么性别，他们相互之间的差异程度如何等。因为不同的人们有着不同的社会背景、不同的生活方式，他们对同一事情的反应也是不同的。所以，在问卷设计前，必须对样本有一个清楚的认识，只有这样才能设计出合适的问卷。

如果样本只是某个特定群体的一部分，比如从农民中抽取样本，那么，整个问卷的设计工作都要以这一特定的群体所具有的特征为依据。即按农民群体的文化程度、生活方式、心理状态、语言方式等特点去设计。语言应该口语化一些、简单一些，问题数量应少一些。

三、问卷设计的步骤

（一）探索性工作

进行问卷设计，首先并不是编写问卷中的问题，而是要有一段时间的探索性工作。探索性工作最常见的方式，是问卷设计者亲自进行一定时间的非结构式访问。即围绕着所要研究的问题，以随便、自然、融洽的方式，同各种类型的回答者交谈。把研究的各种设想、各种问题、各个方面的内容，在不同类型的回答者中进行尝试和比较。从中获得对各种问题的提法、实际语言、可能的回答种类等内容的初步印象和第一手资料。同时，还可以在接近回答者的方式、封面信的设计、问题的数量与次序、问题的适当形式以及减少拒答率等方面形成较为客观的认识。

（二）设计问卷初稿

经过了前期的探索性工作，有了相关问题和答案的积累，就可以开始动手设计问卷初稿了。在问卷设计过程中，研究人员常常采用两种方法来确定问题的顺序。一种称为卡片法；另一种称为框图法。

1. 卡片法。就是把每个问题单独写在一张卡上，根据问题的内容对卡片进行分类，然后在每一类中根据日常询问的习惯和逻辑，排出问题的先后顺序，最后根据问卷的整体逻辑架构排列出各类卡片的顺序。在所有问题顺序确定后，还有反复检查几遍问题的前后连贯性及逻辑性，回答者的填答和阅读方便等，对问卷中的问题做最后的调整。

2. 框图法。框图法是根据研究假设和所需资料的逻辑结构，在纸上画出整个问卷的各个部分及前后顺序框图；接着从回答者回答是否方便，是否会形成心理压力，问题内容前后是否符合逻辑等方面反复考虑这些部分的前后顺序；之后具体地写出每一部分中的问题及答案，并安排好它们在该部分中的顺序和形式；最后对全部问题的形式、前后顺序等方面从总体上进行修订和调整，然后将结果抄写在另一纸上，形成问卷初稿。

卡片法很容易着手进行，特别是在调整问题相互间的顺序和修改问题方面十分方便。但是在第一阶段写具体问题时，由于缺乏总的结构，所以常常漏写某些方面的问题。框图法虽然在安排问卷各个部分的顺序和逻辑结构方面比前者容易，但修改问题、调整问题则显然前者方便。因此，最好是将两种方式结合使用。

（三）试调查

问卷初稿写好后，必须先将它用于一次试调查，而不能直接将它用于正式调查。试调查对于发现问卷潜在的缺陷和错误非常重要。进行试调查的方式主要有两种：客观检验法和主观评价法。

1. 客观检验法。它是将设计好的问卷初稿打印几十份，然后在正式调查的总体中选择一个小样本来进行试用。这样，正式调查时会遇到和会出现的问题，通常也都会在试调查中遇到和出现。通常可对下述方面进行检查和分析：

（1）回收率。一般来说，如果回收率较低，在60%以下，说明问卷设计中有较大问题，必须作较大修改，或者重新设计。

（2）有效回收率。即除掉各种废卷后的回收率。它比回收率更能反映出问卷本身的质量。如果某一问卷的回收率较高，如80%，但其中一半没填，明显乱填乱写的，个人所有背景资料都未填的问卷占了30%，则说明问卷设计中存在较大问题。

（3）填答不完全。如果问卷中有几个问题普遍未被回答或填答不完全，就有可能是前半部分的问题太难回答，或太花费时间，导致被调查者不愿继续填写下去；或者是中断部分前后几个问题难以回答，使回答者放弃继续填写。

（4）填答错误。填答者可能对问题的含义不理解或误解而造成的填答内容上的错误，也可能由于问题形式过于复杂，或者指示不清楚等造成填写形式上的错误。

2. 主观评价法。是指将设计好的问卷初稿复印若干份，分别送给该研究领域的专家、学者、研究者以及典型的被调查者等，请他们根据自己的经验和认识，对问卷进行评论，指出各种缺陷或错误。

（四）修改定稿并印制

根据上述方法逐一对问卷中的问题进行分析和修改后，才能定稿。在问卷的最后印制过程中，还要仔细检查，因为无论是版面上还是文字、符号上的印刷错误都有可能影响问卷的回收率，并最终影响问卷调查的实施效果。

四、题型（问题）及答案的设计

（一）问题的形式

1. 填空式。在问题之后画一条横线，让回答者在空白处填写。填空式一般用于那些只需要填写数字或者容易填写的问题。

例6-1　您的年龄______岁。

例 6－2　您的家庭人口数______人。

2. 是否式。问题的答案只有是和不是或者其他肯定或否定形式的回答。

例 6－3　您赞成“一事一议”吗？　　　　赞成□　　　　不赞成□

例 6－4　您结婚了吗？　　　　是□　　　　不是□

3. 多项选择式。给出的答案在两个或两个以上，回答者根据自己的情况选择。

例 6－5　在村里的文明与文化建设方面，您最希望：（多选）

①增加村民的文化活动，如放电影、看戏、扭秧歌等。□

②改变农村的黄、赌、毒、迷信等不良习气。□

③改善村里的治安环境。□

④举办丰富的文化培训活动，如下棋、跳舞等。□

4. 矩阵式。将同一种类型的若干问题集中在一起的提问方式。

例 6－6　您对村里以下的方面的满意程度是：（在每一行适当的方框内打“√”）

	很满意	满意	一般	不满意
村落绿化	□	□	□	□
垃圾处理	□	□	□	□
厕所条件	□	□	□	□
圈舍条件	□	□	□	□

5. 表格式。矩阵式问题的一种变化方式。例 6－6 的问题转化为表格式的形式如下：

例 6－7　您对村里以下的方面的满意程度是：（在每一行适当的方框内打“√”）

	很满意	满意	一般	不满意	
村落绿化					
垃圾处理					
厕所条件					
圈舍条件					

（二）答案的设计

问卷调查中的大部分问题是由封闭式问题构成，因此，答案除了要和所提的问题协调外，还要注意答案要有穷尽性和互斥性。

1. 穷尽性。是答案包含了所有可能的情况，不能有遗漏，不能让回答者无答案可填。如下列的问题的答案就不是穷尽的。

例 6－8　您家目前有：

①电视□　②电话□　③电脑□　④冰箱□　⑤洗衣机□

类似上述的一些问题并没有包含问题答案的所有类别，因此，就会使一些回答者无法填答。当然，在所有选项的最后也可以加入“其他”类。但是，如果某一问题中，“其他”的选项回答人数较多，也说明已有的问题分类是不全面的，需要加以调整。

2. 互斥性。互斥性是指答案之间不能重叠或者相互包含。

例 6-9 您的职业是什么?

①工人□ ②农民□ ③干部□ ④专业人员□ ⑤教师□

答案中的干部、专业人员、教师都不是互斥的。

五、问题的语言及提问方式

1. 问题的语言要尽量清楚。很多意见和观点对于研究者来说可能是再清楚不过了，但是对于回答者来说却未必如此。比如问题“您如何看待村委会的民主管理方案?”可能回答者会反问：“哪一个方案?”因此，问题必须清楚，回答者才能准确地知道要问的是什么。

2. 问题的陈述要尽可能简短。回答者通常都不愿意为了理解问题而去认真分析问题。问题的设计最好能够让阅读者迅速阅读、理解其内容。

3. 问题要避免带有双重或多重含义。研究者常常会问回答者一个实际上具有多重内容的问题，但又期待着单一的答案。比如，你可能会问回答者，是否同意以下陈述：村委会应该放弃“村容亮化”工程，将钱更多地用在道路建设上?可能很多人会同意，一些人会不同意，还有些人可能无法回答，可能他们认为既要有“村容亮化”工程，也应该进行道路建设。所以，应避免此类双重或者多重含义的问题出现。

4. 问题不能带有倾向性。倾向性是指鼓励回答者以某种特定的方式回答问题。比如“你认为乡政府的民主管理实施效果怎样?”这种措辞会导致大多数人倾向于同意权威机构或者人物的观点，而不会表达自己的观点。防止这种问题的最好办法是，先想象以下你给出答案的感觉。如果你都觉得难以正面表达你的观点，担心会受到排斥，那么就要重新考虑问题的提问方式。

5. 不要用否定形式提问。问卷中的否定问题极容易导致回答者误解。比如当被问及“您是否同意取消‘村委会自治’制度?”时，相当部分的回答者会忽略“取消”，并在这个基础上回答。这样一些人可能是反对的，但是选择了同意，一些人可能刚好相反。

6. 不要问回答者不知道的问题。比如一个研究农用交通工具使用程度的问卷，使用一个开放式问题问驾驶员从获得执照以来的行使公里数。在回答中，一些人给出的答案是上万公里。

7. 不要直接询问敏感性问题。在农村社会调查中，一些涉及个人态度或者观点的问题或者个人家庭生活和个人隐私方面的问题，回答者常常不愿意回答。研究者要充分考虑回答者的个人感受，避免无效调查问卷的产生。

六、问题的数量与顺序

(一) 问题的数量

一份问卷应该包含的问题的数量要依据调查的内容、样本的性质、分析的方法，拥有的人力、财力、时间等各种因素来决定，没有固定的标准。但一般来说，问题不宜太多，问卷不宜太长。通常以回答者在 20 分钟以内完成为宜，最多也不要超过 30 分钟。问卷太长往往引起回答者心理上的厌倦情绪或畏难情绪，影响填答的质量和回收率。笔者曾经接受过一份关于“高校教师科研情况”的问卷调查，问卷有 12 页 A3 纸之多，有很多同事放弃了填答或者干脆都选了一样的答案。因此，问卷一定要在满足调查研究的同时，尽可能简短。

（二）问题的顺序

问卷中问题的前后顺序及相互间的联系，会影响到被调查者对问题的回答结果。对于安排问卷中问题的次序，有下列常用的规则：

1. 把复杂难答的问题放在后面。把简单、容易填答的问题放在问卷最开头可以给回答者一种轻松的、方便的感觉，便于他们继续填答。如果一开始填写，回答者就感到很费力，很难填写，那么就会影响他们的情绪和积极性。

2. 把能引起被调查者兴趣的问题放在前面，把容易引起他们紧张或产生顾虑的问题放在后面。如果开头的一批问题能够吸引被调查者的注意力，引起他们对填答问卷的兴趣，那么调查便可能较顺利地进行。相反，如果开头部分的问题比较敏感，一开始就触及有关伦理、道德、个人态度、个人私生活等方面的问题，那么，往往很容易导致被调查者产生强烈的自我防卫心理。回答者的这种自我防卫心理将会引起他们对问卷调查的抵触，阻碍调查的顺利进行。

3. 把被调查者熟悉的问题放在前面，把他们感到生疏的问题放在后面。这是因为，任何人对自己熟悉的事物总能谈些看法，说出些所以然来；而对不熟悉的事物，则往往难以开口，说不出什么来。如果以被调查者熟悉的内容开头，就不至于使调查一开始就卡住而无法进行。比如个人背景资料，一般放在开头。因为，个人背景资料十分容易回答，比如年龄、性别、文化程度、婚姻状况、职业等。

4. 开放式问题放在问卷的最后面。因为回答开放式问题要比回答封闭式问题需要更多的思考和书写时间。把它放在问卷开头或者放在问卷的中部，都会影响回答者填完问卷的耐心和情绪。它放在问卷的结尾处，由于仅剩这一两个问题了，绝大多数回答者是愿意完完整整地填答完它们的。

七、相倚问题

所谓相倚问题，指的是该问题是否被问答和受访者对系列问题中的第一个问题的回答有关。如果使用得当，相倚问题可以将很复杂的问题明确化，降低回答者填答难度。

例 6-10　你抽烟吗？

抽　□ →

不抽　□

如果回答是抽：

您一天抽几包？

1 包　□

2 包　□

3 包以上□

第三节　问卷调查资料的收集方法

一、自填问卷法

问卷调查研究中的资料收集方法主要有两种基本类型：一是自填问卷法——受访者自己完成问卷；二是结构访问法——访谈者和受访者面对面的进行调查或者通过电话进行调查。在这两个大的类别中，根据具体实施方法的不同，还包括一些子类型。自填问卷法中又可分为个别发送法、集中填答法和邮寄填答法，结构访问法又可分为当面访问法与电话访问法等。

（一）自填问卷法的优点

1. 节省时间、经费和人力。自填问卷法可以在很短的时间内，同时调查很多人的情况，收集资料的效率很高。

2. 匿名性很好。对于一些有关个人隐私、社会禁忌等敏感性问题，被调查者往往难以同陌生人交谈。而自填问卷法一般不要求署名，调查员不在调查现场，被调查者可以在不受他人干扰和影响下独自填答，有利于客观真实的资料的收集。

（二）自填问卷法的缺点

1. 问卷的回收率有时难以保证。由于自填问卷法十分依赖于被调查者的合作，因此，问卷的回收率受调查者的兴趣、态度、责任心，以及被调查者的时间、精力、能力等方面的影响较大。

2. 对被调查者的文化水平有一定要求。被调查者要在能看得懂问卷，能够理解问题及答案的含义，能够理解填答问卷的正确方式的前提下，才能完成问卷填答。在农村社会调查中，所抽取的样本通常是一些文化程度较低的群体，因此，不适合使用自填问卷的方法。

3. 调查资料的质量很难保证。由于被调查者是在没有调查人员在场的情况下进行问卷的填答工作的。对于理解不清楚的问题，他们无法向调查人员询问，因此，各种错答、误答、缺答、乱答的情况时有发生。结果导致问卷调查资料的质量比较差，可信度不高。

二、个别发送法

个别发送法是指研究者依据所抽取的样本，将问卷逐个发送到被调查者手中，同时讲明调查的意义和要求，请他们合作填答，并约定收取的时间、地点和方式。

（一）个别发送法的优点

它比较节省时间、经费和人力；调查员可以向被调查者解释说明；可以保证比较高的回收率；调查具有一定的匿名性；被调查者有充分的时间和精力的时候进行填答等。

（二）个别发送法的缺点

由于个别发送要在一定的地域范围内进行，且受调查员数量的影响，因此，个别放送法的调查人群范围相对受限。

三、邮寄填答法

邮寄填答法是指研究者把印制好的问卷装入信封，寄给被调查者，待被调查者填答后再将问卷寄回调查机构或调查者。一般随信附上已写好收信人（或收信单位）且贴好邮票的回邮信封，以便于被受访者寄回问卷。

（一）邮寄填答法的优点

邮寄填答法不仅可以节省相当多的人力、物力，还可以不受空间的限制，尽可能地扩大调查范围。可以说，邮寄填答法是问卷调查研究中最方便、最便宜、代价最小的资料收集方法。

（二）邮寄填答法的缺点

由于该方法需要有调查对象的地址甚至姓名。然而，在实际调查研究中，很难获得完整的总体成员的名单（包括所有调查对象的姓名、地址及邮政编码的名单），因此，样本的抽取很难进行。再有，问卷的回收率很难保证。有许多的主、客观因素会导致被调查者放弃问卷调查的工作，如担心回函程序繁琐，不愿浪费时间填答等。为了尽量提高邮寄填答法调查的回收率和资料的质量，研究者可以采用以下方法：

（1）尽可能采用比较正式的、非营利性的、给人以信任感和责任感的方式说明调查者的身份。

（2）寄问卷的封面信最好单独打印，封面信的语气应该是随和的，不要用要求的口气，信的内容应该简明、短小。

（3）寄问卷的时间也应该有所考虑。如以单个农户作为样本调查时，不要在大的节日之前或者当地的农忙季节给被调查者寄问卷，以及重大的活动或事件发生之后邮寄问卷。以免被调查者对完成问卷和寄回问卷产生抵触情绪，同时避免重大事件对问题的回答造成影响。

（4）用跟踪信或提醒电话帮助提高回答率。一些学者研究表明，没有跟踪，一般可达到的回收率为50％～60％；而通过发跟踪信（提醒或催促），则可望达到70％～80％的回收率。

四、集中填答法

集中填答法指通过某种形式将被调查者集中起来，每人发一份问卷；接着由研究者统一讲解调查的主要目的、要求、问卷的填答方法等事项；然后请被调查者当场填答问卷；填答完毕后再统一将问卷收回。

（一）集中填答法的优点

1. 比个别发送法更为节省调查时间、人力和物力。

2. 比邮寄填答法更能保证问卷填答的质量和回收率。由于有调查员在场进行解释和说明，并可以解答被调查者的疑问，因而被调查者错答和误答的现象将大大减少，而问卷的回收率也会比邮寄填答法更高。

（二）集中填答法的缺点

许多问卷调查研究的样本根本不可能集中，因此适用范围较小。同时，众多的被调查者集中在一起，有时会形成某种不利于个人表达特定看法的“团体压力”或“从众效应”，从而影响问卷的信度。

五、当面访问法

当面访问法是指研究者先选择和培训一组调查员，由这组调查员携带着调查问卷分赴各个调查地点，按照调查方案和调查计划的要求，与所选择的被调查者进行访问和交谈，并按照问卷的格式和要求记录被调查者的各种回答。

（一）当面访问法的主要优点

1. 调查的回答率较高。由于访问法通常是在调查者与被调查者当面接触、二者面对面交流的环境中进行的，因此，被调查者拒绝合作或者半途而废的情况比较少，调查的回答率普遍较高。

2. 调查资料的质量较好。在访问过程中，调查员在场可以对访问的环境和被调查者的表情、态度进行观察，并对根据被调查者的反应对调查过程加以控制，因此调查资料的真实性和准确性较高。

3. 调查对象的适用范围广。由于当面访问法主要依赖于口头语言，因而对被调查对象的文化水平上没有什么要求。因此，适用的调查对象范围十分广泛。

（二）当面访问法的主要缺点

1. 访问员与被访者之间的互动有时会影响到调查的结果。双方在访问过程中很难做到完全客观，往往会导致一些访问偏差，从而影响问卷调查的质量和效果。

2. 匿名性相对较差。由于是面对面访问，一些涉及人们的隐私、社会的禁忌等敏感性内容的问题对于很多被调查者的思想压力就可能很大，顾虑就可能比较多。这些会影响到被调查者所提供的答案的真实性及可靠性。

3. 所需费用高，时间长。当面访问法必须培训访问员。培训的费用、工作报酬以及差旅费等，使其花费比个别发送法、集中填答法、邮寄填答法等要大。再有，当面访问法需要对被调查者逐一进行访问，因此，所耗费时间也相对较多。

4. 调查员的要求较高。由于访问法完全依赖于调查员获得调查资料。因此调查员对调查资料的质量、对调查结果的质量影响更大。因此，调查员必须具有较高的访问技巧、较强的应变能力、一定的访问经验。

六、电话访问法

电话访问法是指调查员通过打电话的方式与被调查者联系，并在电话中对被调查者进行调查访问的方法。这种访问方式是随着普通居民中电话的普及率增加而逐步发展起来的。从我国的情况来看，随着居民家庭中电话的普及率越来越高，采用电话访问的方式收集调查资料的方式将越来越多。电话访问也可称为计算机辅助电话访谈（CATI）是中心控制电话访谈的“电脑化”形式，它使用一份计算机设计的问卷，用电话向被访者进行访问，由电话、计算机、访问员三种资源组成一体的访问系统。当利用这种方式进行调查时，问卷由计算机自动生成，每一位访问员都坐在一台计算机终端（CRT），与总控计算机相连的带屏幕和键盘的终端设备面前，头戴小型耳机式电话，CRT 代替了问卷、答题纸和记录笔。当被访者电话被接通后，访问员通过一个或几个键启动机器开始提问，问题和多选题的答案便立刻出现在屏幕上，访问员读出 CRT 屏幕上显示出的问答题并直接将被访者的回答（用号码表示）用键盘记入计算机的数据库中。

（一）电话访问的主要优点

电话访问法的主要优点是十分迅速。采用电话访问的方式进行，一天时间就可以完成几百人的调查，而且所得资料可以直接输入计算机，储存为便于分析的数据格式。同时，电话访问的方式相对简便易行，比较省钱。再有，电话访问便于对调查员进行监督和控制，它使得电话访问的质量比当面访问更容易得到保证。

（二）电话访问法的主要缺点

其主要问题是被调查者的选取及代表性的困难。因为，并不是所有抽取的样本家中都有电话。如果只针对电话号码簿上的样本进行访问，其抽样的科学性与代表性无法保证。再有，电话访问调查的时间不能太长，如果调查的内容较多、问题比较复杂、问卷较长，会导致被调查者拒绝接受调查。通常情况下控制在 10 分钟以内比较合适。

七、网络调查

近几十年来，以计算机技术为核心的信息技术广泛应用，使人类社会的信息化速度飞速提高，对社会调查事业也带来了深远的影响。计算机网络技术与传统调查方法的结合将是社会调查研究方法发展的重要趋势。

建立在计算机网络技术基础上的新型调查技术主要包括计算机辅助面访（CAPI）、全自动电话访谈（CATS）、计算机辅助自填式问卷（CASI）、自填式问卷的电脑化（CSAQ）、按键式资料输入（DE）、声音识别（VR）等多种类型，以下将对其中几种重要类型进行介绍：

（一）计算机辅助面访

计算机辅助面访（CAPI），是指由被访者用键盘或鼠标回答显示在 CRT 屏幕上的问卷，或者由访问员按照顺序逐一读出CRT上的问卷问题，被访者回答，然后访问员再将答案输入计算机的访问调查方法。CATI与CAPI的区别在于，CATI是基于电话调查的计算机运用，而CAPI是基于直接面访的计算机运用。CAU是一种现代化程度较高的面访调查方式，在欧美国家的调查机构应用较多。这种形式的面访一般费用都较高，但被访者的配合程度也比较高，因为他们对这样的访问形式比较感兴趣。

（二）计算机辅助自填式问卷

调查者通过计算机的程序进行问卷准备、制作网站、进行数据收集。网上调查中问卷发放和回收的技术可以分为站点法、电子邮件法和讨论组型等。站点法指将调查问卷的HT-ML文件附加在一个或几个网络站点的Web上，由浏览这些站点的网上用户在此Web上回答调查问题的方法。电子邮件法指通过给被调查者发送电子邮件的形式将调查问卷发给一些特定的网上用户，由用户填写后以电子邮件的形式再反馈给调查者的调查方法。讨论组型是指在相应的讨论组中发布问卷信息，或者发布调查题目，这种方式电子邮件法类似。但在Web网站上和公告栏（BBS）上发布信息时，要注意网上行为规范，调查的内容应与讨论组主题相关，否则可能会导致被调查对象的反感或者退出。

总体来说网络调查技术具有以下特点：

（1）调查对象广泛。调查对象不受地域远近的限制和报送程序的影响，计算机网络可以同时接受成千上万人次的点击。

（2）调查的有效率高，由于调查对象广泛，调查回收的绝对份数会很多。

（3）每一份调查结果由计算机自动记录、分类、汇总，可以随时监控数据，很快公布调查结果。

（4）数据保存在计算机硬盘中，保存的时间长，调取数据方便快捷。

但是，也应该注意到新型调查技术在适用程度上还存在很多缺陷。原因在于该调查方法以网络技术的发展和普及为基础。我国当前的网络普及率还不高，电话普及率也只是在城市中比较高，因此对于涵盖社会各阶层人群的调查，新型调查技术会产生系统倾向，即选择偏差。

第四节　问卷调查的组织与实施

一、问卷调查的组织

由于问卷调查研究以大规模的样本资料收集为前提，因此，需要在组织好整个调查阶段的工作。问卷调查的实施过程可以大致分为以下几个阶段：①确定调查员；②培训调查员；③联系被调查对象；④对调查过程的管理和监督；⑤问卷的整理和分析。

（一）确定调查员

调查员是问卷调查研究中资料收集工作的主要承担者。因此，调查员的个人素质和能力将直接影响问卷调查实施的结果。一般调查员应具备以下的条件：

1. 诚实与认真。调查员要客观地、实事求是地、认真地记录调查的结果。

2. 兴趣与能力。调查员对于调查工作要有兴趣，否则，如果为了完成任务而被动消极地去干，往往会影响调查研究的实施。由于要和不同的被调查者交流，调查员还要具备一定的观察能力、辨别能力和交往能力。

3. 勤奋负责。进行农村社会调查，环境和条件往往十分艰苦，因此要求调查员具有不怕困难、不怕吃苦的精神，对于调查研究还要具有高度的责任心。

4. 谦虚耐心。调查员对待被访者，要尊重和耐心，不能表现出看不起，或者我是外来人的态度。

5. 要针对被访问对象选择合适的调查员。如果调查婚姻、家庭问题以及儿童教育问题时应选择女性调查员更合适；对于开展少数民族地区的调查，选择当地的、同民族、同宗教的人，将非常有利于调查工作的开展。国内一些学者在进行农村社会调查时，挑选社会学专业或者农村发展专业的在校大学生作为调查员，同时聘用当地的居民作为辅助调查员，取得了较好的效果。

（二）培训调查员

1. 研究人员要向全体调查员介绍该项问卷调查研究的目的、内容和方法，及其与调查项目有关的其他情况，以便调查员对该项工作有一个整体性的了解。同时，还要就调查访问的步骤、要求、时间安排、工作量、报酬等具体问题进行说明。

2. 讲授一些基本的和关键的调查访问技术。比如如何敲门，如何自我介绍、如何获得被调查者信任，如何尽快与被调查者建立良好的合作关系，如何客观地提出问题，如何记录回答等。

3. 进行模拟调查或访问实习。可以以成立小组的方式，让每个调查员都按照正式调查的要求和步骤，对小组成员从头到尾操作一遍访问的过程。然后相互总结模拟调查或访问中存在的问题，并解决这些问题。

4. 建立调查员相互联系、监督和管理的规定。这包括组织管理措施、监督措施、复核检查措施、总结交流制度等。

（三）联系被调查者

调查员在调查开始时需要同样本中的每一位被调查者都建立起暂时的联系。能够顺利地使调查员为调查对象所接受，每一份问卷调查能否顺利开展的前提，可以用以下几种方式建立联系：

1. 通过正式机构。研究者如果能够获得某些政府机构的正式介绍，并得到各省、市的相关部门的配合，将会很容易地接触到被调查者，方便调查工作的开展。

2. 通过当地部门。尽可能取得当地某些部门的许可和帮助。一方面便于接触和了解被调查者，另一方面，也容易获得被调查者的信任。

3. 通过私人关系。正式机构和当地部门虽然都有很便利的条件，但是由于一些调查主题和调查目的的敏感性，研究者可以设法去找各种熟人、朋友、同学、亲戚，甚至通过熟人的熟人、朋友的朋友，建立与调查对象联系的途径。

4. 直接与被调查者联系。这是在其他方法都行不通时所采用的方式。在这种情况下，要注意以下几个方面：①调查员需要携带所在大学或研究所的证件和介绍信，以让被调查者了解调查员的身份和单位性质；②调查员在态度上要自然、平和、礼貌、友善；③要注意联系的合适时间，尽量不影响被调查者的日常农事活动和生活。

二、问卷调查的实施

（一）调查过程的管理与质量监控

在调查的实施阶段，为了保证调查结果符合研究者的要求，研究者必须对调查过程的各个阶段中各个方面的工作进行全面的、及时的监督和管理。其主要任务包括以下几个方面：

1. 建立监督和管理的办法及规定。要制定好并向调查员宣布调查工作的各种程序规定和管理制度。这种程序规定和管理制度包括调查进度控制措施、调查小组管理办法、调查指导和监督措施、资料复核与检查措施、调查小结与交流制度等。各种规定要明确而具体。比如，可以规定每人每天的调查数量（主要是规定每天的最多调查人数），规定每天撰写调查小结并定期进行调查总结和情况交流等。

2. 实地抽样的管理和监控。实地进行抽样是一件十分复杂的工作。由于获得的样本信息可能有错误或者疏漏。要保证实地抽样的质量，除了在进入实地前的调查员培训中使每个调查员明白具体的抽样规则和方法外，还要加强在实地的具体指导。

3. 实地访问的管理和监控。研究者应从各个方面了解调查员的工作情况，及时与他们沟通并解决他们所遇到的各种问题。在调查的开始阶段，研究者可以与调查员一起发送问卷或进行结构访谈，这样可以了解和体验实际调查中可能出现和遇到的问题。特别是了解和体验普通调查员容易犯的毛病和容易出现的遗漏、偏差等，便于及时进行指导和提醒。

4. 问卷回收和实地审核。无论是自填问卷调查还是结构访问调查，最好在调查问卷收回的当天就进行问卷资料的审核。为了保证问卷调查质量，可以要求每个调查员在完成一份问卷后，及时浏览和检查问卷填答情况，发现问题，及时回访核实，并在检查合格的问卷上面签上调查员的姓名和时间。研究者本人也应随时抽查收回的问卷，及时发现填答或访谈中存在的问题，并及时进行回访补救。

（二）问卷的整理和分析

调查问卷回收之后，要对这些原始资料进行检查、分类和简化。接下来，根据调查的目的，进行资料的整理、信息录入和资料分析。具体分析过程参见第十六章。

小　　结

本章首先介绍了问卷调查研究的概念，是指系统地、直接地从取自某种社会群体的样本那里以问卷的方式收集资料，并通过对资料的统计分析来认识社会现象及其规律的社会研究方式。结合问卷调查研究方法的基本特征，指出问卷调查方法在农村发展研究中的应用领域，包括农村社会生活状况调查、农村社会问题调查、市场调查、民意调查、学术性调查和农村发展需求调查。问卷调查研究方法的题材很广泛，可以选择针对某一人群的社会背景、某一人群的社会行为和活动和某一人群的意见和态度进行。问卷设计结构一般包含封面信、指导语、问题、答案、编码等几个部分。同时，介绍了问卷调查研究中包括自填问卷法和结构访问法在内的资料收集方法，问卷的设计过程和问卷调查的实施过程等。指出问卷设计要以被调查者为出发点，问卷中问题的数量要适中，问题要清楚、简短、避免倾向性和敏感性。问卷调查的实施过程要严格科学。

思　考　题

1. 查阅几篇有关“三农”问题的调查报告，自己拟定一个调查主题。
2. 结合拟定的主题设计一份问卷的封面信。
3. 结合拟定的主题设计一份调查问卷。
4. 结合你要调查的主题，说明你要采用的资料收集方法，并说明采用该方法的原因。
5. 结合调查主题，说明你要挑选的调查员的标准和条件。

第七章　案例研究方法

案例研究方法又称个案研究法，由哈佛大学于 1980 年开发完成，后被哈佛商学院用于培养高级经理和管理精英的教育实践，逐渐发展为今天的“案例研究法”，案例研究法现已成为社会学、管理学、教育学等研究领域的一种重要研究方法。

第一节　案例研究方法概述

一、案例研究方法的提出及其演化

（一）案例研究方法的起源和发展

案例法乃由美国哈佛大学法学院创始。1870 年，兰德尔出任哈佛大学法学院院长时，法律教育正面临巨大的压力：其一是传统的教学法受到全面反对；其二是法律文献急剧增长，这种增长首先是因为法律本身具有发展性，其次是在承认判例为法律的渊源之一的美国表现尤为明显。兰德尔认为，“法律条文的意义在几个世纪以来的案例中得以扩展。这种发展大体上可以通过一系列的案例来追寻。”由此揭开了案例法的序幕。

案例法在法律和医学教育领域中的成功激励了商业教育领域。哈佛大学洛厄尔教授在哈佛创建商学院时建议，向最成功的职业学院法学院学习案例法。1908 年案例法在哈佛商学院开始被引入商业教育领域。由于商业领域严重缺乏可用的案例，哈佛商学院最初仅借鉴了法律教育中的案例法，在商业法课程中使用案例法。由此，人们开始有针对性地研究和收集商业案例。特别是 20 世纪 80 年代以来，案例研究进入兴盛时期，成为社会科学研究中广泛使用的一种研究方法。

案例研究方法在现代中国同样具有深远的影响。中国共产党的领袖毛泽东在谈到调查研究的方法时，曾经形象地将案例研究法称为“解剖麻雀”，即通过对一个单一个体深入、全面的研究，来取得对一般性状况或普遍经验的认识。毛泽东通过对湖南农民运动的考察，通过江西寻乌调查等案例研究，得出了对 20 世纪初期中国农村状况的一般认识，这对于他形成关于中国革命道路与战略的理论具有很大的影响。我国著名社会学家费孝通的《江村经济：中国农民的生活》等，被认为是案例研究的典范。

（二）案例研究方法在农村社会发展中的的重要作用

1. 案例研究是认识客观世界的必要环节。人们对客观世界的认识总是从感性到理性，从局部到整体，从个别到一般。通过案例研究，人们可以对某些现象事物进行描述和探索。案例研究还使人们能建立新的理论，或者对现存的理论进行检验、发展或修改。案例研究还是找到对现存问题解决方法的一个重要途径。当然，这个过程不是单向的，而是双向的。例如，认识到了一般规律，就可以进一步地深入研究个别现象，掌握了整体也可以接下去深入认识局部。

2. 案例研究是处理复杂问题的有力工具。复杂性科学是国外20世纪80年代中期发展起来的，由一批诺贝尔奖获得者如物理学家Murray Gell-Mann、Philip Anderson和经济学家Kenneth Arrow等人提出。他们认为，现代科学应该通过对多个学科的综合研究来求得发展，单纯地研究数学或者物理学等某一个学科的理论已远远不够。复杂性科学是通过自然科学和社会科学的交叉和融合来解决复杂问题的科学。应该指出，虽然目前对复杂性科学的研究还处在初级阶段，但已有一些科学家认为复杂性科学是21世纪的科学。简单地说，复杂性科学包括三个层次：一是无生命的物理层次，或称机械层次，主要研究气象、语言、图形、结构等方面的复杂性问题；二是有生命的生物层次，主要研究生命起源、物种进化、生态平衡等方面的复杂性问题；三是有人参加的社会层次，主要研究经济、管理、政府、战争等方面的复杂性问题。对中国农村来讲，社会层次上的复杂性研究主要是针对中国农村改革与发展中的一些问题，如农村社会保障体系、农村消费市场、农村企业管理改革等许多方面。这些研究既要有理论探索，又要有对实际情况的大量调查分析，甚至还有心理学方面的研究。在这些研究中，案例研究方法都得到了广泛的应用。

二、案例研究方法的概念和内涵

（一）案例研究方法的概念

案例研究方法的基础是案例，“案例”源于英语“case”一词，在汉语中通常被译作“个案”“个例”“事例”等，一般认为，案例是对现实生活中某一个体现象的客观描述，关于案例含义的基本观点：

1. 所有的案例都是事件，但并不是所有的事件都可以成为案例。首先，这个事件必须是真实的，是在现实生活或者说是在自然情境中真实发生的，决不能为了所谓的研究而胡编乱造、无中生有；其次，这个事件必须包含有一个或多个疑难问题，最好还包含有解决这些问题的方法；第三个基本条件就是这个事件应该具有一定的典型性，可以给人带来许多思考，思考一下如果自己遇到同样或类似的事件将会如何应对。

2. 所有的案例都是故事，但并不是所有的故事都可以成为案例。首先，还是要强调故事的真实性；其次要交代清楚故事发生的背景；第三，要有鲜明的主题；第四，要有完整的情节。

3. 所有的案例都是对事件的描述，但并不是所有对事件的描述都可以成为案例。一要揭示出一定的矛盾冲突；二要揭示出人物的内心世界；三要有具体、生动的情境描写。

长期以来，不同领域的研究者们对案例研究持有不尽相同的认识。但随着案例研究方法的不断深入，人们开始逐步就案例研究的性质、研究对象及其作用这类问题形成大体一致的判断。目前，对案例研究方法最普遍的定义为：案例研究方法是研究者以某个人或某一组织为对象，以科学的态度从掌握的文献中摄取资料，帮助了解事物真相，并发现事物之间内在联系的方法。案例研究其目的是考察特定事件或事物的发生和变化，如农村推广组织、农户行为分析等，回答的是“为什么”和“怎么样”的问题。

（二）案例研究方法的内涵

案例研究方法的内涵可以概括为四点：

1. 案例研究是一种经验性的研究，而不是一种纯理论性的研究。案例研究的意义在于回答是“为什么”和“怎么样”的问题，而不是回答“应该是什么”的问题。

2. 案例研究的研究对象是现实社会经济现象中的事例证据及变量之间的相互关系。案例研究的研究对象决定了它属于现象学的研究范畴。正是这一点，使案例研究显著区别于经验性研究中的其他属于实证主义范畴的研究方法。

3. 案例研究对整体性的要求。案例研究的研究对象是社会经济现象中不同变量之间的相互关系，这决定了案例研究应该是一个整体性的体系，也许它的各个部分并不运转得那么良好，也许它的目的是非理性的，但它始终成为一个整体（整体性的）。要通过案例（单一事例或有限事例）来得出归纳性的结论或预测未来时，研究者必须对这一事件所涉及的各部分的互相依赖关系及这些关系发生的方式进行深入的研究。也只有在保证案例研究整体性这一前提下，案例研究的结论——案例本身作为一个完全的、被准确界定的个体样本所揭示出来的规律及相关研究结论，才有可能被推广应用到更广泛的、具有相似性的群体中。

4. 案例研究的作用。在被研究的现象本身难以从其背景中抽象、分离出来的研究情境中，案例研究是一种行之有效的研究方法。它可以获得其他研究手段所不能获得的数据、经验知识，并以此为基础来分析不同变量之间的逻辑关系，进而检验和发展已有的理论体系。案例研究不仅可以用于分析受多种因素影响的复杂现象，它还可以满足那些开创性的研究，尤其是以构建新理论或精炼已有理论中的特定概念为目的的研究的需要。此外，案例研究作为一种教学方法，它有助于提高人们的判断力、沟通能力、独立分析能力和创造性地解决问题的能力。

三、案例研究方法的特点和适用范围

（一）案例研究方法的特点

1. 注重个体的研究。案例研究常以个人为研究对象，对个体的身心特质做深入剖析，但有时以某特殊团体作为案例研究的对象。

2. 以多元方法搜集案例资料。案例资料的搜集方法相当多元，包括观察、晤谈、心理测验、问卷调查、家庭访问等。

3. 注重分析工作。每一案例有其独特的背景，案例的问题是长期形成的。因此，分析案例问题需考虑许多变项，不只探讨目前存在的问题，也要探讨目前问题的来龙去脉。其资料搜集范围甚广，包括过去的及目前的，数据显得很繁杂琐碎，因此必须精细分析，方能找到真正问题所在。

4. 注重诊断补救。案例研究常以反常特殊的个体为对象，其目的即在诊断个体的问题，并提出矫治措施，因此案例研究是注重诊断补救的。

（二）案例研究方法与实验、问卷调研的比较

案例研究方法具有以上的特点，使得它与实验、问卷调研等其他的社会科学研究方法有一些不同，这样就决定了在某些情景之下，面临某些问题的时候，我们必须选择适当的研究方法。

实验法的基本原理是控制环境条件，通过引起自变量的变化来观察因变量的变化，从而

建立变量间的关系。

问卷研究方法是让被调查者就某些有限定的问题做出回答，主要反映的是被调查者的看法。问卷研究法偏重对事件发生的频率、程度的测量，或在某一时间截面构建变量间的量化关系。问卷法的逻辑是所调查的样本对总体的代表性。

案例研究方法是对现实中某一复杂的和具体的现象进行深入和全面的实地考察，是一种经验性的研究方法。案例研究法与实验法的最大区别是对所研究现象的背景不予控制，也不干预现象的变化进程。另外，案例研究法通过所选择的一个或几个案例来说明问题，用收集到的资料分析事件间的逻辑关系。因此，案例研究法所得出的结论不依赖于抽样原理。

（三）案例研究方法适用的范围

案例研究作为经验性的研究，通过搜集事物的客观资料，并用归纳或解释的方式得到知识，研究的结果很大程度上依赖于研究者本身的能力。

在决定采用某种研究方法之前，首先考虑三个条件：①研究要回答的问题是什么类型；②研究者对研究对象及事件的控制程度如何；③研究的问题是什么时候发生的。案例研究适合回答“怎么样”和“为什么”的问题。将案例研究法与其他研究方法进行比较，可以得出以下的结论，如表 7 - 1 所示：

表 7 - 1 不同研究方法的适用条件

研究方法	研究问题的类型	是否需要对研究过程进行控制	研究焦点是否集中在当前问题
实验法	怎么样、为什么	需要	是
调查法	什么人、什么事、在哪里、有多少	不需要	是
档案分析法	什么人、什么事、在哪里、有多少	不需要	是/否
历史分析法	怎么样、为什么	不需要	否
案例研究法	怎么样、为什么	不需要	是

资料来源：Robert K. Ym. 2005. 案例研究：设计与方法 . 周海涛等译 . 重庆：重庆大学出版社：第 7 页 .

可见，案例研究方法适合研究的问题类型是“怎么样”和“为什么”，研究对象是目前正在发生的事情，研究者对于当前正在发生的事件不能控制或极少能控制。需要说明的是，有些情况，可以使用的研究方法不止一种，在一定程度上，各种研究方法并不互相排斥；同时，有些情况，某一特定的研究方法明显优于其他方法。

四、案例研究方法的分类及其适用条件

（一）案例研究的类型

根据不同的划分标准，可以区分出不同的案例研究类型。服务于不同案例研究类型的方法是不同的，有一些案例研究方法只适用于特定的案例研究类型。也有一些案例研究可以同时综合应用多种案例研究方法。根据研究中使用案例的数量，可以分为单一案例研究和多案例研究；根据研究中案例引入的不同功能，可以分为探索性案例研究、描述性案例研究和解释性案例研究。如果将这两种分类结合起来，建立一个 2×3 的矩阵模式，则可以形成 6 种不同的案例研究类型，具体结果如表 7 - 2 所示。

表 7-2 案例研究类型

	探索性	描述性	解释性
单一案例研究	探索性单一案例研究	描述性单一案例研究	解释性单一案例研究
多案例研究	探索性多案例研究	描述性多案例研究	解释性多案例研究

1. 根据研究任务的不同来区分的案例研究类型。根据研究任务的不同,案例研究方法可以被区分为三种类型即探索型(exploratory)、描述型(descriptive)和解释型(explanatory)的案例研究。

(1) 探索性案例研究。探索性案例研究是在未确定研究问题和研究假设之前，凭借研究者的直觉线索到现场了解情况、收集资料形成案例，然后再根据这样的案例来确定研究问题和理论假设。探索性案例研究适合在不能确定研究问题和理论假设的情况下，为形成明确的研究问题和理论假设而使用。

(2) 描述性案例研究。描述性案例研究是通过对一个人物、团体组织、社区的生命历程、焦点事件以及过程进行深度描述，以坚实的经验事实为支撑，形成主要的理论观点或者检验理论假设。描述性案例研究适用于对个人、团体组织和社区等研究对象的研究。例如在《案例研究方法的应用》一书中，应国瑞列举了对一个社区组织 LVL 公司的案例研究，通过对该组织的创立和结构、社区重建活动及其支持、自愿合作与网络关系、LVL 公司与市政府的关系、结果几个主要方面，深入细致地描述了 JVL 的组织发展过程，最后形成了对社区的条件、居民感受、种族与社会公平三个主要问题的结论。

(3) 解释性案例研究。解释性案例研究旨在通过特定的案例，对事物背后的因果关系进行分析和解释。在解释性案例研究中，案例中所包含的一些事实被作为自变量，另外一些事实被作为因变量，通过对案例背景的研究，寻找不同变量之间的相关性或因果关系。解释性案例研究一般适用于研究“为什么”、“怎么样”之类有关因果关系的问题。如中国农村在实行村民自治制度以后，为什么会出现农村党支部书记同村民委员会主任之间的矛盾（即所谓“两委矛盾”）。有研究者通过 6 个不同类型案例，从不同角度解释了所谓“两委矛盾”产生的深层次原因，并且从理论上和方法上指出了“两委矛盾”这个概念存在的理论缺陷。

总之，探索型案例研究往往会超越已有的理论体系，运用新的视角、假设、观点和方法来解析社会经济现象，这类研究以为新理论的形成作铺垫为己任，其特点是缺乏系统的理论体系的支撑，相关研究成果非常不完善。在已有理论框架下，当研究者希望对企业实践活动做出详尽的描述时，可以采用描述型案例研究方法；当研究者希望阐述农村组织的创造性实践活动或企业实践的新趋势时，可以采用例证型案例研究方法；当研究者希望检验一个企业中新实践、新流程、新技术的执行情况并评价其收益时，可以采用实验型案例研究方法。解释性案例研究则适用于运用已有的理论假设来理解和解释现实中企业实践活动的研究任务。

2. 根据研究中使用案例的数量划分研究类型。根据研究中使用案例的数量可以分为单一案例研究和多案例研究。

单一案例研究是指运用一个案例（个案）进行研究，如研究丰田公司的“看板管理”，或者研究 GE 公司的多元化成功之道等，单个案例分析方法主要在以下的场合应用：

（1）如果我们研究企业或组织在一个极端的环境或者稀有环境中特殊的运作特征，我们可以使用单个案例分析，因为我们也不能找到其他类似的案例；

（2）如果我们要研究一个以前极少被注意的环境或组织，而且这组织在本质上是独一无二的，我们希望从其中找到有价值的和有启发性的内容，我们可以用单个案例分析；

（3）如果我们已有一个理论，而且又找到一个在各方面都符合这理论的应用条件的典型案例（例如公司、个人、组织等），我们可以使用单一案例分析方法来检验这套理论与现实环境的符合性。

我们还能将单个案例分析方法应用于全新领域的开拓，从一个案例中得出几个结论，作为今后繁复的科学研究的第一步。

多案例研究是指应用两个以上的案例进行研究。多案例研究有时又称作“对比性”的案例研究（Comparative Case Study），例如我们事先设定一系列研究变量，研究多个组织中的同类问题，将它们重复比较，最后得出具有一定普遍性的结论。

多案例分析方法主要应用在那些有众多类似的研究对象可以选择，研究的问题比较成熟而不是创新性的研究中。我们可以从众多候选对象中找出合适的多个案例，其中每一个案例都能为研究的特定的目的服务，也就是说我们要选择正确的案例，要能说明或证明研究命题的案例，而不是“放在篮里都是菜”；而且我们在多个案例中特别注意数据和信息收集的一致性，避免由于数据问题导致结论的不可靠甚至无法得出正确的结论。在多个案例分析研究过程中，我们还根据研究的进展和研究主题适当调整案例的数量，更换具体的案例，目的就是要得出更可靠、更有指导意义的结论。

需要注意的是：在这两种大类的案例研究中，又各自包括探索性案例研究、描述性案例研究和解释性案例研究；或者，反过来说，如果将案例研究从功能上划分为探索性案例研究、描述性案例研究和解释性案例研究三种大的类型，那么，也可以说它们分别包含单一案例研究和多案例研究。

3. 其他案例研究类型。根据案例研究过程中不同程序、步骤和应用方法的不同，可以区分出多种不同的案例研究类型。以下分别以数据收集中应用的不同方法和案例分析中应用的不同方法为例进行说明：

（1）根据数据收集方法的不同来区分的案例研究类型。常见的数据收集方法有文件法、档案记录法、访谈法、观察法等。这些方法还可以被进一步细分为各种类型的子方法。根据案例研究过程中所采用的数据收集方法的不同，人们可以划分出不同的案例研究类型。

以观察法为例，观察法可以分为直接观察法和间接观察法；也可以根据研究者本身是否参与，分为参与式和非参与式的观察法；或根据观察情境的不同，分为自然情境观察法和人工情境观察法；或者根据观察方法的不同，分为结构式和非结构式的观察法。假定选取观察法中的两类变量作为考察因素，一类变量是观察情境；另一类变量是观察方法。那么，就可以区分出四种类型的案例研究：基于非结构式的参与式自然观察的案例研究；基于结构式的非参与式观察的案例研究；基于人工情境中对单个个体的非参与式观察的案例研究；基于人工情境中对单个个体的参与式观察的案例研究。

（2）根据案例分析方法的不同来区分的案例研究类型。案例分析是对与案例相关的有价值的信息进行检验和考证的系统过程。案例分析过程通常涉及三个步骤：首先，将案例中所有的信息聚拢在一起，并将与案例分析相关的信息分离出来，接着，再试着描绘一个整体性的情景状态；其次，估计、推测和识别社会经济活动中出现的问题，并且详细描述这些问题；最后，为解释或解决问题，提供一个答案（这个答案可以是一个分析模型，也可以是一个解决方案），并提供充足的证据和必要的数据，以证明其合理性、有效性和可行性。

对应于上述各种方法的不同，就形成了多种多样的案例研究类型。一般情况下，研究者可以在同一个案例研究中同时运用两种以上的分析方法。

（二）案例研究方法的分类

根据案例研究的不同类型，案例研究方法主要有内容分析、现存统计资料分析和历史比较分析三类。

1. 内容分析。此方法可以用在对任何信息形式的研究上。如书籍、杂志、调查报告、工作总结、典型经验汇报等。

内容分析的基本做法是编录，即根据特定的概念框架对信息（无论是口头的、文字的还是其他形式的）作分类记录，如优良作物品种的介绍，可能被记录为宣传性或非宣传性的。

由于研究者所掌握的文献资料是分散的、零碎的，只有对所掌握的文献资料进行分类整理，使之条理化、系统化，才能获得能够反映某种理论框架特征和内在规律的综合性资料。整理文献资料，应注意摘要及关键词，即把研究的精华部分摘录出来。在整理的同时，将文献资料进行分类，并根据研究目的，把性质不同的专题分成若干组，如农、林、牧、渔等，这些往往是进行编录时的首要工作。若编录信息中有的内容十分明显，这样则易于记录。如从典型经验汇报上了解农民对新技术的渴求程度，可以用听技术课、订报刊、写信求知、参加技术座谈会等词语作为典型经验中渴求程度的指标。

内容分析的最大优点在于节省时间、金钱，不需要大量的研究人员和特别设备。另一优点是保险系数大，例如调查法和实验法，假如在调查和实验中结果不理想，重做要耗费双倍的时间、资金；在实地实验中重做也许根本不可能，因为你所研究的事件已不存在了。而在内容分析法中，弥补过失就容易得多，另外，内容分析可以研究在长期内发生的过程，还可以在研究过程中不打扰研究对象，不对它们发生影响，这是内容分析特有的特点。

2. 现存统计资料分析。利用统计资料进行农业研究十分必要，现存统计资料不仅是研究数据的补充来源，也可以为研究者提供历史背景材料。

现存统计资料分析的单位往往不是个人，例如，研究农民对新技术的采用率，是从农民的农业经营规模、农业新技术本身的特性、农民的自身素质、社会服务体系、政府作用及人际关系等方面入手的。多数现存统计资料是描述群体的。这一性质就带来一个问题，群体层次上的行为模式可能不反映个人层次上的行为模式。如平原地区农民对新技术的需求少于山区农民，说明山区农民的渴求新技术的程度高于平原地区，但实际情况是平原地区农民新技术采用率却高于山区农民，这反映了平原地区农民见识广，增强对新技术的选择性，同时由于经济状况改观，采用新技术所需要的投资能力增强。而山区农民虽然对新技术要求迫切，但由于信息不灵，文化素质低，投入能力差等原因，造成了动机与效果上的差距。解决这一问题有两个方法：①所做的结论不仅建立在事实基础上，而且要建立在严密的逻辑基础上。②通过不同途径深入反复地检验其结论。逻辑推理和重复验证这两个科学原则对保证现存统计资料分析的准确性是极其重要的。

3. 历史资料统计分析。如现存统计资料一样，供历史研究的资料是非常丰富的。例如，有些研究者用旧时的日记分析关于农民经济的研究，可用家庭收支流水账的记录进行分析；山区农民经济环境的改变，可参照不同年度的生产总结；研究经济收入与技术推广的关系，可在一定历史时期进行长期的对比研究；政府文件、不同年代领导的讲话、报纸宣传都可作为历史对比分析的资料。

历史比较研究属于定性的研究方法，很难将数据分析步骤列出，这就需要研究者必须理解研究对象的环境、观点和感觉，以便正确地解释他们的行为。研究者必须从大量的细节中发现模式，即理论模型。

第二节　案例研究方法的实施

一、案例研究方法实施的原则

在开展案例研究的过程中，要遵循以下原则：

1. 合乎科学原则。案例研究的对象，有时虽仅针对单一个体，但探求的变项及情境包罗万象，案例研究分析需采取纯粹客观的态度，是应合乎科学原理的。

2. 详尽深入原则。案例研究不仅要有表面的观察，而且还要有深度的探讨。

3. 准确描写原则。案例研究的技术，如会谈控制技巧及记录方式一致等技术，现均有长足的进步，透过问卷法及访问法，运用一致的记录格式而将所得予以记载，可以说是准确描写的研究。

4. 非正式手续原则。案例研究可不拘时地，要时时注意，留心观察，对研究对象做深入研究。此外，对案例研究的结果要深入分析，合理评估，并根据有关反馈及时做出相应的调整。

二、案例研究方法对研究者的素质要求

由于案例研究方法是定性研究方法中的一种，因此案例研究不同于定量研究。定量研究一般是通过演绎或推理的方式获得知识，因此定量研究显得相对的客观和容易控制；而定性研究则一般是通过归纳或解释的方式获得知识，研究的结果很大程度上依赖于研究者本身。从数据的搜集、整理和分析，到最后得到发现并作出总结，定性研究者都参与其中，成为传递和提炼信息的主要工具。因此，研究者自身的特质将深刻地影响案例研究所产生的结果。Merriam 认为在案例研究中，研究者要求具备的特质包括：

（1）对不确定事物的容忍能力。进行案例研究的过程中，会有许多难以预见的事件不断出现，随着研究的深入发展，新的发现也会不断地出现。在这些情况下，研究者也许需要不断地调整原来的假设或主张，研究设计也许会因此而改变。案例研究者在研究中总是面临着不确定性的存在，研究者必须能忍受这种不确定性，并在新的事物或新的发现出现的时候，适时地调整研究设计和各种策略。

（2）对研究事物所处的环境和获得的数据的敏感性。事物或环境细微的变化也许会导致

研究者最终作出不同的结论，研究者必须能察觉到这些细微的变化和差异。同时，由于信息是通过研究参与者的观点过滤而逐渐被传递和处理并最终产生结论的，因此研究者必须能敏感地察觉到研究参与者（包括自己）的观点和偏见将如何影响研究的过程以及最终的结果。

（3）良好的沟通能力。良好的沟通技巧有助于与受访者建立良好的人际关系，获取大量丰富的信息。良好的沟通技巧也包括对行为、言语、神态等一系列表达方式的理解能力，研究参与者在数据收集的过程中通过个人的理解能即时地筛选出有价值和有意义的信息。其次，访谈记录、工作日志的填写要求研究者具有良好的写作能力。

三、案例研究方法实施的步骤

案例研究方法的实施的步骤一般包括案例研究设计、选择案例、与研究对象建立良好的信任关系、收集数据、分析资料、撰写报告等几个阶段。案例研究方法的步骤如图 7-1 所示。

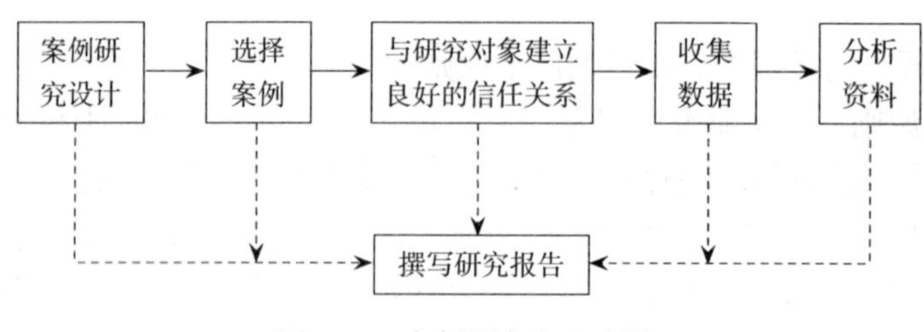

图 7-1　案例研究方法步骤

（一）案例研究设计

案例研究设计为案例研究的进行提供了一个指导性的框架，共包含六个组成部分。

1. 研究的问题。所进行的研究要回答的问题反映了案例研究的目的。研究者通过搜集整理数据能得到指向这些问题的证据，并最终为案例研究做出结论。因此，确认案例研究要回答的问题是非常重要的。确认案例研究中要回答的问题必须明确：要研究什么、研究目的、什么已经知道和什么还不知道。通常研究者还会对以前曾经进行过相关研究的资料进行审查，从而提炼出更有意义和更具洞察力的问题。

2. 研究者的主张。如果说研究要回答的问题为案例研究确定了方向的话，研究者的主张则是引导研究进行的线索。研究者的主张可以来自现存的理论或假设，比如："这次研究将要考察为什么建立信息技术系统要进行组织的重构"就是一个主张。无论是建立新的理论还是对现存的理论进行检验，主张的提出都是必不可少的。但这并不意味着研究者在研究开始提出的主张就是客观正确的，随着研究的进行，原来的主张也许会被修改以便更好地指导研究的开展。但是无论主张怎样改变，案例研究本身的理论倾向和研究的目的都必须保持不变。另外，要注意的是探索性研究中一般是不存在研究者的主张的。

在实证性案例研究中，一种提出主张的方法是理论发展（theory development）。理论发展是在提出一个正面的主张时，提出一个对立的主张。两种主张在案例研究中要求用数据和证据进行论证，这将有助于提高案例研究的有效性。

3. 分析单位。分析单位可以是个人，或是事件或一个实体，如非正式组织、企业、班组等。有时候，可以有主要的分析单位和嵌入的分析单位。

4. 连接数据及命题的逻辑。为了把数据与理论假设联系起来，在设计研究阶段时就必须对理论主张进行明确的表述。

5. 解释研究发现的准则。对于分析的结果，研究者就可以针对研究的命题提出一个解释，来响应原来的理论命题。

6. 研究案例数量的选择（单个还是多个）**。**在以下情况下可以采用单个案例研究：①成熟理论的关键性案例；②极端或是独特的案例；③揭露式案例。

（二）选择案例

在案例研究中，选择所研究的案例是最关键的步骤之一，案例选择的好坏直接关系到案例研究的效用和价值。选择案例应遵循以下原则：

1. 目的性原则。在案例研究中，很重要的一点就是合理地决定调查的目标对象，这些对象包括公司、个人、组织或者部门。挑选案例最重要的决定因素就是研究主题和研究目的，例如我们要研究一个特别复杂的问题，应该选择那些大规模的公司，因为它们经历过这些复杂问题，并在内部有这方面的专家，可以就研究中感兴趣的方面提供宝贵的信息；又如我们要开展农产品购买者行为活动的研究，我们就应该选择那些从事农产品销售和采购的贸易公司，我们选择贸易公司中的掌管销售和采购的经理（而不是那些公共关系经理或者财务经理），他们可以根据自己的亲身经历提供我们大量感兴趣的宝贵的第一手资料。

2. 自然性原则。案例研究把自然情境作为资料的直接源泉，研究课题产生于研究工作者的实际工作，需要在真实、自然的情境中展开研究；主要使用实地体验、开放型访谈、参与型观察方法对问题或情境进行深入细致的研究。案例研究把每一个所研究的现象，当作一个整体来详细加以描述、理解与诠释。

3. 创新性原则。所谓创新性原则是指所选择的研究案例及由此展开的研究应当具有新颖性、先进性和独特性。农村发展是一个动态过程，发展问题也处在不断变化之中，因此只有不断更新观念才会有新思路，才能提出具有新颖性、先进性课题。

4. 代表性原则。是指所选案例应是那些在农村发展中带有普遍性、典型性、多发性、前瞻性的特点，即应当是有一定代表性的案例。

案例选择的标准与研究的对象和研究要回答的问题有关，它确定了什么样的属性能为案例研究带来有意义的数据。研究者在案例选择的过程中必须不断地问自己在哪里寻找案例才可以满足研究的目的和回答研究的问题，以便找到最适合的案例。

案例研究可以使用一个案例或包含多个案例。应认为单个案例研究可以用作确认或挑战一个理论，也可以用作提出一个独特的或极端的案例。多案例研究的特点在于它包括了两个分析阶段——案例内分析和交叉案例分析。前者是把每一个案例看成独立的整体进行全面的分析，后者是在前者的基础上对所有的案例进行统一的抽象和归纳，进而得出更精辟的描述和更有力的解释。

（三）与研究对象建立良好的信任关系

案例研究不仅受到研究者个人因素的影响，而且在很大程度上受到研究者与被研究者之间关系的影响。个案研究的过程，实际上是研究者与被研究者之间关系的建立、改善和维持的过程。因此，当案例确定后，要取得被研究者的信任，尽快与他们建立良好的信任关系。

（四）收集数据

1. 数据收集方法。常用的数据搜集方法包括文件法、档案记录法、访谈法、直接观察法、参与观察法和人工制品法。

（1）文件。一般而言，信函、备忘录、其他公报、会议的议程及其纪录报告、行政管理文件，如提案、进度报告及其他内部文件、正式的研究或对同样“场所”的评鉴、剪报及其他大众媒体上出现的文章等皆能为案例研究者提供具有应用价值的信息。事实上，使用文件必须要小心，而且不应该把文件当作是发生过的事件的原样记录。文件的最重要用途，在于为其他的数据来源提供佐证，或增加数据之用。

（2）档案纪录。包括：服务记录，如显示在一段特定时间内，所服务顾客的数目；组织的纪录，如组织图以及一个时期的预算；记录一个地方地理特征的地图和路线图；名称和其他相关商品的列表；调查报告数据，如人口普查纪录，或是先前对一个“场所”所收集的资料；个人记录，如日记、行事历和电话通讯簿。

档案记录可以和案例研究的其他信息来源连接，然而跟个案研究的其他信息来源连接，然而跟文件证据不同，这些档案纪录的有用性将会因不同的案例研究而有所差异。对某些研究而言，这些记录相当重要，因此可能成为广泛检索和分析的对象；但在其他研究中，他们却只有粗略的相关性。当档案的证据是相关且重要的，调查者必须小心地确认档案数据产生时的状况以及其正确性。

（3）访谈。访谈是案例研究最重要的基本信息来源之一。访谈可以采取数种形式：

开放式访谈：可以问关键回答者有关的事实，或是问回答者对于事件的看法。在一些情境中，甚至可以要求回答者提出他或她自己对于某些事件的深入看法，并利用这些命题作为进一步探究的基础；

焦点式访谈：一种在一段短时间中访谈一位回答者的方法，例如一小时。在这种情况下，访谈可能仍旧维持开放式并以谈话的方式进行，但是很可能会遵循一组由案例研究的计划书所衍生的特定问题来访问；

延伸自正式的问卷调查的访谈：限定于更为结构化的问题，这种问卷可以设计为案例研究的一部分。这类型的调查应该包含抽样的程序以及一般调查中所用的工具。

（4）直接观察。当实地拜访案例研究的对象时，就创造了直接观察的机会。假设想要研究的现象并不全然是历史性的，透过观察，就可以取得一些相关行为以及环境条件的信息，这种观察可以作为案例研究另一种证据的来源。

这种观察包括了正式的和非正式的资料收集活动。对最正式的观察来说，观察计划会成为案例研究计划书的一部分，计划中可能要求研究者观察一段时间内某种类型行为发生的次数，这可能包括观察会议、街头活动、工厂作业、教室和其他类似的场所；比较不正式的观察中，直接观察可能是在实地拜访的过程中进行的，包括了在收集如访谈等其他证据期间的机会。

（5）参与观察，此时研究者不只是一位被动的观察者，而且是真正参与正在研究的事件之中。最常被用在不同文化或次文化群体的组织行为学研究中，这个技术也可以用在属于日常生活的环境中，如组织或是其他小群体。

参与观察提供了收集案例研究资料某些特殊的机会，不过也有一些重要的问题。其中最特殊的机会是我们能够接触某些透过其他的科学调查方法所无法触及的事件或团体。换句话说，对某些研究主题，除了参与观察之外可能没有其他收集证据的方法。

（6）实体的人造物。实体的或是文化的人造物是最后一种证据来源。包括技术装置、工具或机器、艺术作品或其他有形证据等。

这些人造物可以在实地拜访时收集或观察，而且也已经广泛地应用在人类学的研究中。实体的人造物可能跟最典型的案例研究关系比较少，然而在有关系的时候，人造物可以是整个案例中一个重要的要素，可以建立一个在短时间内直接观察的范围之外更为广泛的观点。

2. 案例研究中资料收集有三个要点：第一个要点是使用多证据来源。虽然使用多证据已成为各种研究提高研究效度的追求，案例研究法较实验法、问卷法有更多的使用多证据来源的机会。案例研究可以包括对关键人物的访谈、对任务完成过程的观察和记录，甚至在某个研究阶段让人们回答问卷。使用多证据收集资料包括多资料来源、多收集形式以及多学科和多理论视角。因为案例研究法是在现实的情景中对事件进行比较直接的研究，这种方法收集资料的形式比实验法和单纯的问卷法更灵活多样，这是案例研究的一个强项。第二个要点是对资料的记录和整理，建立案例研究的资料库。案例研究资料库包括案例研究的笔记，研究中访谈、观察或文件分析的结果；与案例研究相关的收集到的文件；由调查问卷、观察记录、统计等途经形成的量化的表格；以及对研究问题的调研生成的文字叙述和描述材料等。案例研究收集到的资料要精心地分类和编码，便于研究者及有关人员对资料的提取和分析。第三个要点是用案例资料建立证据链。案例研究是用确凿的证据对研究的问题进行考证、得出结论。有的案例研究者把案例研究的证据比照刑法证据是非常有道理的。与刑法证据一样，案例的证据也要强调现场性、原始性。案例研究者在引用证据时要清楚地说明证据的来源和程序，证据收集的场景和时间。案例的资料要把研究的问题和结论逻辑地连接起来。

（五）分析资料

案例资料分析是案例研究中一项相当复杂而且难度较大的工作。对于研究者而言，要想从纷繁众多的研究资料中提取最有价值的资料，形成完美的研究案例，不仅需要花费大量时间和精力，而且需要掌握合理恰当的分析技术。

资料分析包含检视、分类、列表，或是用其他方法重组证据，以探寻研究初始的命题。在分析资料之前，研究者需要确定自己的分析策略，也就是要先了解要分析什么以及为什么要分析的这个优先级。具体所使用的分析策略有两种情况：其一，依赖理论的命题。案例研究一开始可能就以所确定的命题为基础，而命题则反应了一组研究问题、新的观点和文献回顾的结果。由于资料的收集计划应该是根据命题所拟定的，因此命题可能已经指出了相关分析策略的优先级。其二，发展个案的描述。发展一个描述架构来组织案例研究。这种策略没有理论命题的策略好，但是当理论的命题不存在时，是可以采用的替代方法。

案例资料的分析有五种基本的方法：

1. 类型匹配分析。可以分三步：一是在案例资料分析前建立一个对变量间关系的理论预测模型或类型；二是由资料的分析建立一个经验性或实证性的类型；三是将经验性的类型与理论预测类型进行比较。理论预测类型可以有一个也可以有两个或多个竞争性类型，某个预测类型得到资料的支持，其他得不到资料支持的类型就要放弃。理论预测类型可以是关于几个事件结果或因变量的假设，也可以是几个不同的自变量引起某个因变量或结果的假设。这些假设构成了竞争性和排他性。

2. 时间序列分析。是对一段时间内的相关事件进行跟踪，描述事件是如何发生的，分析事件变化的原因。时间序列分析的关键是确定具体的历时追踪的指标、时间跨度，得到资料收集和分析的框架。时间序列的模式可以是单维单调的，即一个自变量的变化引起一个因变量相应的单一方向的变化，也可以是多维的、复杂的变化模式，即多个自变量与多个因变量的关系，出于自变量的先后出现引起因变量变化趋势的改变。时间序列分析要特别注意区分随机波动和有因果性的波动，一个解决的方案是保证足够的时间跨度，沿着时间维度对事件的变化模式进行多次重复观察。

3. 解释性分析。是通过对数据的深入考察，找出其中的构造、主题和模式。由于解释性分析要求案例研究的结果能尽量地客观，因此一般要使用计算机对数据进行处理。首先，研究者对数据库中的数据进行细分，比如，一个问题和一个回答都可以成为一个数据细分。然后设计出一系列的类目对数据进行合并，每一个数据类目都代表一种现象。比如，领导者的特点就可以成为数据类目中的一类，而他们性格特点和行为特点就可以成为该类下的子类。接着，研究者把细分好的数据分配到不同的子类进行比较，研究者能明晰每一个类目的意义，划清不同类目间的界线，并决定哪些类目是研究的重点。当再没有新的数据能进入现存的类目，也没有必要增加新的类目来说明研究的现象，类目就确定了。

4. 结构性分析。是通过对数据的考察，确认隐含在文件、事件或其他现象背后的模式。结构性分析不同于解释性分析，它不需要理解每一个数据的意思并作出推断。作为一种常规的分析，结构性分析只需要考察文字或叙述上的数据。

5. 反射性分析。是一种主观的分析方法，它依赖于研究者的直觉和判断对数据进行描述。当研究者需要重视一种现象，并需要对此作出大量的描述时，反射性分析是最理想的分析方法。与在解释性分析中建立的数据类目不同，在反射性分析中研究者对现象的解释和评价是完全不受约束的，因此反射性分析最好能让经验丰富的研究者进行。反射性分析比较适合于探索性研究。

（六）撰写报告

研究报告是案例研究的成果。案例报告要实现研究的目的，反映研究的贡献。案例研究成果的表述形式具有很大程度的灵活性，并不存在标准或统一的报告格式。但在社会科学研究领域，常常会使用与案例研究过程相匹配的格式，总的来说，案例报告的撰写多有两种格式：论文式结构和叙事式取向。前者如同论文格式，分为五部分：①案例背景，即对问题的界定、以往存在的弊病、研究的方向及价值、研究的理论依据及文献综述；②方法与过程，即研究的主要方法及事实、数据分析，前后行为的变化及效果对比；③主要结论，即研究的新发现及主要结论；④问题与讨论，即研究的运用范围、局限，需要进一步研究和思考的问题；⑤文献索引、说明。而叙事式取向的案例研究报告一般是分为三个部分：条件和背景；对故事关键环节、发展变化的详尽描述；透过故事的理论诠释或反思。这里也要注意，案例报告的样式也应随有关阅读者的需要而变化。如针对同领域的人提交的报告，多侧重研究主题的方法论以及学理上的问题；针对非专家提交的报告宜以描述某种边际的生活情境，以及行动上的启示为主。

总之，个案研究可以获得第一手的直观资料，可以帮助研究者从现实社会中获取思想灵感，可以根据调查结果有针对性地提出解决问题的方案。通过个案研究本身的内在解释力，可以伸展个案的典型性，以个案研究的材料为基础来构建具有个案材料解释力度的理论框架，超越既有理论。

三、案例研究实施过程中需注意的问题

1. 控制研究进程。几乎没有一个案例分析是严格按照事先制定的计划时间表和实施步骤开展到底的，研究人员必须能够根据研究中遇到的客观情况灵活控制研究的进程，经常有这样的情况，随着研究工作的不断深入，研究所需的时间不断加大，研究案例的范围需要不断扩展，甚至有时研究的主题会发生修正。每次改变，研究人员都必须重新收集新的合适的资料，重新根据掌握的信息开展分析、推理和演绎，重新得出新的结论，有时又会再次发生修改，只能再重新开展新的一轮修订工作。研究人员必须控制研究的进程，不能因为时间或资源的问题就让一个没有成熟甚至是错误的研究报告出炉，同时也要避免盲目追求精益求精，甚至钻牛角尖，在一些细节问题上牵涉大量精力，使宝贵的资源白白浪费了。研究人员必须在弹性和精确性之间创造平衡。

2. 研究人员间保持沟通。当有多位人员从事同一项目的工作时，相互的沟通工作十分重要。

在需要集体的力量的团队工作中，缺乏交流的后果是灾难性的。我们建议最好是研究团队的成员共同参与所有的研究阶段工作，共同参与就能保持过程的透明性和理解的一致性。如果无法做到这点，希望至少在项目的策划阶段能让全部人员参与，大家一起确定研究的命题，一起讨论研究的目的，一起讨论研究应该如何设计，如何解决可能出现的问题，策划阶段群策群力，可以在成员之间建立良好的沟通渠道，使研究的过程变得更为顺畅，还能在研究进展中遇到问题和困难时团队成员之间更容易达成一致。

如果研究团队不断有新成员的加入，无法保证所有成员都参加策划阶段的话，那些参加过项目全过程并在策划过程中起到重要作用的团队成员应对其他新成员进行培训，将研究的初衷、进展的情况、存在的问题和解决的方法等有关问题一一交代清楚，必须使新成员理解项目的相关要素，让他们尽可能地理解，这样才可能在今后研究过程中，有效担任自己的角色，不会由于理解的问题形成偏差，给项目带来不利的影响。

3. 在案例研究中，同样需要考虑研究的道德问题。案例研究中需要遵守的道德原则主要包括：

自愿参与原则。社会研究总是不可避免地要介入他人的生活，或者影响他人的工作，例如访谈、问卷调查、座谈等。因此，在选取案例资料时，必须征得相关人员的同意，使他们知晓研究的意图、意义和作用，乐意提供支持与配合。在案例研究中，不能通过强制手段迫使他人参与研究，接受研究者的访谈或填写问卷。任何非自愿的方式都可能影响案例资料的可信度和研究质量。

保护隐私原则。由于案例研究需要详细对研究对象进行深入细致的描述，广泛展示研究问题的背景，有可能公开案例所涉及地点、人物的隐私，因此，为了保护案例涉及人员或地点的隐私以及实际利益，避免造成不必要的伤害或社会负面影响，必须尽量采用学术化名处理相关地名、人名，除非当事人或当地人不介意研究者使用他们的真实名称。

平等尊重原则。研究者应当从人格上真诚对待被研究者，平等对待参与研究的人，在访谈、对话和讨论中尊重他们的意见与看法，将自己与访问对象和参与讨论的人置于平等的地位，不居高临下、盛气凌人。研究者在实地考察中要尊重当地的风俗习惯与民情，理解和接受基本的人际交往规则甚至禁忌。

合理回报原则。由于案例研究需要花比较长时间在一个地方对特定人群进行深入访谈、问卷调查、文献收集，需要占用别人许多私人时间，因此，研究者必须对参与研究的人给予适当的回报，包括金钱、物质等方面的回报。但是，这种回报必须是合理的，不能造成利诱，如果回报太多，有对参与者实行贿赂的嫌疑，而且容易引起其他人的竞争与攀比，对研究工作造成干扰。如果不给参与者适当的回报，对他们也是不公平的。因此，对参与者的回报应当恰如其分。

第三节　案例研究方法评价

一、案例研究方法质量评价指标

在案例研究中，案例分析的有效性（效度）和可靠性（信度）是常常受到广泛质疑的两个技术性问题，从单个或者多个特定的案例材料中能否得出具有普遍意义的理论结论，也常常是引起激烈争论的话题。那么，怎样评价案例研究的有效性和可靠性？研究者如何提高案例研究的有效性和可靠性？这是案例研究必须面对的问题。对于一项具体的案例研究，可以用信度（reliability）、内在效度（internal validity）、外在效度（external validity）这些指标来评价案例研究质量，称之为案例研究测试策略。见表 7 - 3 所示。

表 7 - 3　案例研究测试策略

测　试	案例研究策略	策略运用的阶段
构建的有效性	——使用证据的多方来源 ——建立证据链 ——让关键信息的提供者阅读案例研究报告初稿	资料收集 资料收集 写作
内在有效性	——做类型匹配 ——做解释构建 ——做时间序列分析	资料分析 资料分析 资料分析
外部有效性	——在多案例研究中使用重复	研究设计
可靠性	——用案例研究计划 ——发展案例研究资料库	资料收集 资料收集

（资料来源：应国瑞：2003. 案例学习研究：设计与方法 . 张梦中译 . 广州：中山大学出版社：38.）

1. 信度。案例研究的质量首先同案例研究资料的质量有关。因此，评价案例分析的质量，特别要关注案例资料的信度。我们可以根据案例研究资料的收集原则，从三个方面来检验案例研究资料的信度：案例资料的来源是否具有多样性？是否建立了案例研究资料库？是否形成了紧密联系的证据链？通过这三个方面的原则，我们可以评价案例研究资料的信度。

2. 内在效度（internal validity）。仅用于解释性或因果性案例研究，不能用于描述性、探索性研究。从各中纷乱的假象中找出因果联系，即证明某一特定的条件将引起另一特定的结果。案例研究策略为进行模式匹配；尝试进行某种解释；分析与之相对立的竞争性解释；使用力多逻辑模型。策略所使用的阶段是证据分析。

3. 外在效度（external validity）。建立一个范畴，把研究结果归纳于该类项下。案例研究策略为用理论指导单案例研究，通过重复、复制的方法进行多案例研究。该策略用于研究设计阶段。

当然，从整体上来看，评价一个案例研究的质量，主要应当考虑是否提出好的问题，是否有好的理论假设，是否有丰富多样的研究资料，是否建立了严密的逻辑框架，是否达到理论观点同案例素材相一致，是否考虑了所有竞争性解释或观点，是否提出了有价值和有启发的结论与发现。此外，根据美国著名政治学家亚当·普沃尔斯基的观点，从一个特定经验事实出发形成的理论观点还要经得起“反事实推论”，即从反例来寻求证实或证伪，只有排除了“选择性偏差”以后，才能形成贴近事实的合理解释或结论。因此，无论进行单一案例研究还是多案例研究，都要注意进行“反事实推论”，消除选择性偏差，只有这样，才能提高案例研究的质量。

二、案例研究方法的优点和局限性

（一）案例研究方法的优点

相对于其他定性研究方法，案例研究有如下优点：

1. 案例研究方法的长处首先在于其深度。在对案例进行详细描述的基础上，揭示了现象之后隐藏的深层原因，它既回答“怎么样”和“为什么”的问题，也有助于研究者把握事件的来龙去脉和本质。

2. 研究的目标与范围比较容易确定。因此在时间与精力相同的情况下，案例研究使人们对研究对象做更加集中的研究。

3. 有助于创建出新理论。在案例研究过程中，研究者可能会以更开放的（unfreeze）心态看待研究中获得的大量材料与数据，以及案例材料与现有文献的矛盾等。而且，案例研究包含真实情境中的各种要素及特殊现象、突发现象，研究者在进行案例研究的过程中可能会发现一些前人没有觉察到的原因、现象或者结果等变量，这有利于研究者突破惯性思维，产生新的视角和范式，从而更有可能产生新理论。

4. 案例研究能够使读者更加清楚的把握特定事件的细节与重要的因素。同时，案例研究也能有助于读者对相似的案例进行相应的分析与判断。

5. 案例研究能够弥补现有理论体系的不足。在现有理论无法解释某些事件的情况下，通过特定的案例来为人们提供新的观点与启发。

（二）案例研究的局限性

澄清案例研究的局限并加以克服是提高案例研究质量的重要途径。案例研究的局限性通常包括以下几点：

（1）对发现进行归纳的困难性。案例研究方法的一个重要局限是难以对发现进行归纳，研究结论并不具备普遍适用性，这一点尤其要注意。

（2）技术上的局限和研究者的偏见。案例研究没有一种标准化的数据分析方法，证据的提出和数据的解释带有可选择性，研究者或数据搜集者进行数据的筛选和整理的方法也许并不规范，数据搜集者对事物的观察和观察后的记录也许会不一致。研究者经验和资历的不同，多个研究者在意见上的分歧以及研究者的其他偏见都会影响数据分析的结果。

（3）大量的时间和人力耗费。从研究者的角度来看，密集的劳动力和大量的时间耗费是案例研究中一个非常现实的问题。一般认为进行一次案例研究最少需要一年的时间。但是，通过认真的计划、准确的研究设计可以减少研究过程中不必要的耗费，增加研究的效率。

（4）过于冗长繁琐的研究报告。过于的冗长和详尽的研究报告也是案例研究中的经常为人诟病的一个问题。研究者可以根据报告的最终读者对报告中的描述、分析和总结进行适当的处理以便于阅读。另外，研究报告的摘要说明研究的问题及主要发现，切忌空谈，引言要说明研究的背景和意义，以吸引更广泛的读者。

三、案例研究实例
——转龙村农民收入变化与农业产业结构调整

（一）转龙村所处的地理位置和自然条件

转龙村位于成都市东郊，距成都市 20km，离龙泉驿区商业中心 5km。交通运输方便，市场信息通畅，较易于建立商品集散网络，具备发展农业商品经济的有利条件。

转龙村地处龙泉驿区浅丘陵地带，土壤类型属于黄泥土型。黄泥土种植水稻和小麦其产量达不到高产，但却很适合种植经济作物——水果。

转龙村降水量年均1 000～1 400mm，并有 50%以上集中在夏季，因此，转龙村修建水塘 37 座以灌溉 50%的耕地面积，剩余的 50%的耕地由都江堰支渠——东风渠水源灌溉。转龙村年均气温 16～18℃，这也正是适合种植果树的温度。可见，转龙村气候适宜、土壤以及水利灌溉的便利为农业种植结构调整提供了基本条件。

（二）转龙村农民个人收入变化

1992 年以前，转龙村以种植粮食作物水稻、小麦为主，耕地面积为2 540亩[①]，人均耕地 0.8 亩，人均粮食产量 398kg，在完成国家征收任务后，基本上能满足自给自足的需求。当地农民在以种植粮食为主的基础上，种植一些蔬菜、果树来增加其现金收入，农民每年人均收入在 700 元左右。从 1992 年开始进行农业种植结构调整以来，由种植水稻、小麦为主的粮食作物结构逐步调整为以种植水果为主的经济作物结构，1995 年完成调整，至此，转龙村农民的收入发生了很大变化，见表 7-4 所示。

① 亩为非法定计量单位，15 亩＝1 公顷，下同。

表 7-4　农民人均收入比较表

（元/人）

年份＼人均收入＼地区	全国农民人均收入	四川省农民人均收入	转龙村农民人均收入	四川省城镇居民人均收入
1990	686.3			
1992		634	700	1 989
1996	1 926.1	1 158	2 500	4 003
1997	2 090.1	1 681	3 000	4 763
1998	2 162.0		3 100	
1999	2 210.3	1 843	3 300	5 478
2000	2 253.4	1 904	3 580	5 894
2001	2 366.4	1 987	3 860	6 360
2002		2 108	4 140	6 611

根据表 7-4 资料可以从三个不同的角度来比较分析转龙村农民收入的情况。

1. 转龙村农民增收的纵向比较。转龙村自进行粮食生产到水果生产的农作物种植结构调整以来，农民人均收入的变化经历了三个阶段。

第一阶段：1992 年以前，转龙村人均收入为 700 元，从表 7-4 的资料可以看出，四川省农民的人均收入当时是低于全国农民平均收入的，而转龙村也刚刚超过全国平均数。当时转龙村农民的人均收入在四川省农村中也只有中等偏高水平。

第二阶段：1992—1996 年，这是转龙村完成了由单一的粮食生产到水果生产的种植结构调整实现经济迅速发展时期，农民人均收入由 700 元增至2 500元。4 年共增长1 800元，平均每年增长 450 元。

第三阶段：1997 年至今，转龙村处于稳定发展阶段。1997 年以后，转龙村水果产量趋于稳定。1997—1999 年，转龙村平均每年人均收入在上年的基础上增长 200 元，2000 年以后，转龙村又加大了培育优质水果的力度，由此，转龙村每年人均收入增长又由 200 元提高到280 元。

2. 转龙村农民收入与全国和四川省农民平均收入的横向比较。1992—2004 年，转龙村农民的人均收入远远高于全国和四川省农民的人均收入。1992 年，转龙村人均收入只有 700 元，比全国农民人均收入 686.3 元仅多 13.7 元，比四川省农民人均收入 634 元也只多了 66 元。然而，由于转龙村完成了种植结构的调整，1996 年，农民人均收入就达2 500元，比同期全国农民人均收入1 926.1元多出 573.9 元，达 30%；比同期四川省农民人均收入1 158元多出1 342元，达 116%。2001 年，转龙村农民人均收入增至3 860元，比同期全国农民人均收入多增收1 493.6元，达 63%，比同期四川省农民人均收入多增收 1873 元，达 94%。显然，转龙村农民已进入富裕行列。

从转龙村农民收入增长的变化可以看出，种植业结构调整本身就能给农民带来巨大的经济效益。

3. 转龙村农民人均收入与四川城镇居民人均收入相比较。转龙村实现种植业结构调整后，虽然农民人均收入均高于全国和四川省农民的人均收入，但与城镇居民相比仍有很大差异。

1996 年，四川省城镇居民人均收入4 003元，比转龙村农民人均收入2 500元多出1 503元，达 36%；2001 年，四川省城镇居民人均收入6 360元，比转龙村人均收入3 860元多出2 500元，达 39%。通过比较可以看出：即使是经营经济作物的收入与城市工资收入之间仍存在较大的差异，这也就是农业经济发展存在的艰巨性，但同时，也可以看出农业经济发展的潜力，农民想赶上城镇居民的收入，他们会在政策的允许的框架内，自主和有效地利用手中的土地资源促进农业经济的发展，提高自己的收入。正是这种农民想与城镇居民收入达到相同水平的愿望，使我们看到了农业发展的希望。

（三）转龙村实现种植结构调整的前提

1. 市场因素。水果产品是时令性很强的产品，并依赖于方便、快捷的交通环境。转龙村靠近成都市区，距离成渝高速公路仅 3km，这也是转龙村由种植粮食作物调整为种植经济作物——水果的一个潜在的市场优势。同时，由于我国人均消费水平已从温饱向小康水平转变，食物消费也从以谷物为主向蔬菜、水果和动物蛋白制品转换。因此，水果的市场需求将会迅速增长。

2. 政策因素。1992 年，党的十四大做出关于建立社会主义市场经济的决定，农业也同样面临市场化的问题，为了适应农村商品经济发展的新形势，中央和地方政府把有计划地调整农业产业结构、优化农业生产要素作为在市场经济条件下振兴农业经济的一项重要任务。随着市场经济的纵深发展，中央和地方政府的政策开始允许农民调整单一的粮食作物种植结构，由此，农业种植业结构的调整日益以市场为导向。

3. 科技因素。该村所处的龙泉驿区一贯注重发挥科技在农业生产中的先导作用，并在各个村都设立了农技站。转龙村农技站每年都会定期对村民进行推行优良品种和先进实用技术的培训，这就为转龙村实现农业种植业结构调整提供了技术条件。

（四）研究成果

1. 水果生产须向纵深发展。即培育优质水果并形成规模化生产，在此基础上塑造自己的优质水果品牌，让自己的品牌进入全国市场，并逐渐进入国际市场，同时，尽快促使水果销售方式转变为合同农业和“订单”农业。

2. 横向转移。即建立水果公园，发展第三产业——旅游业。由于第三产业的收入高于第一产业的收入，把水果产业作为供游客观赏的副业，即建立以经营农家乐为主导的水果公园为转龙村的主业，以促进转龙村的发展。

小　结

案例研究方法是研究者以某个人或某一组织为对象，以科学的态度从掌握的文献中摄取资料，帮助了解事物真相，并发现事物之间内在联系的方法。具有区别于其他研究方法的内涵和特征。是农村发展研究中最为常用的研究方法之一。与其他研究方法相比，案例研究方法在研究深度、创建新理论等方面有其独特的优势，但也要注意案例研究方法也有明显的局限性，如难以对发现进行归纳、研究结论并不具有普遍适用性等，所以在使用案例研究方法时要注意发挥其优势，尽量避免其局限性。案例研究方法类型多样，并都有自己明确的适用范围。在案例研究方法实施过程中有明确的实施原则和实施步骤，并对研究者有着特殊的素质要求，尤其要注重对案例数据的收集、整理和分析。在对案例研究方法进行评价时，选择并分析质量评价指标尤其重要。

思　考　题

1. 简述案例研究方法的概念和内涵。
2. 简述案例研究方法的分类和适用范围。
3. 简述案例研究方法的实施原则。
4. 论述案例研究方法的实施步骤和应注意的问题。

第八章　实验研究法

实验研究法作为一种科学认知实践活动的方法，虽然早已成为自然科学研究最基本的手段，但也被广泛应用于心理学、管理学和经济学研究领域。然而，由于发展学起步较晚以及科学发展具有系统性、复杂性等特征，真正意义上的发展实验研究法尚未形成。考虑到当前社会发展范畴在发展研究中的重要性，因此本章将侧重介绍社会科学实验研究法的基本原理、应用程序和实验设计等问题。

第一节　实验研究法及其在社会学研究中的运用

一、什么是实验研究法

真实世界中各种事物之间的关系是复杂的，诸多因素之间的相互关联有时是思维难以穷尽的。为此，人们往往采用简约的方法，简化问题与简化事物的影响因素，利用仪器、设备等人为的方式控制或干预研究对象，以期获得科学性事实，进而研究客观事物规律。因此作为实验研究法，就要严格地控制那些影响因素，要将无关因子严格地排除在外，从而保证实验的结果是调控有限影响因素的后果。选择了实验研究法，就必须选择可操作的实验方法，因为实验是用手做出来的。采用了实验研究法，就要考虑设计的方法是否能够重复，因为重复实验往往是检验实验研究结果的有效方法，如果严格地用设计的方法重复实验，而不能够得出相同的结论的话，那么就说明结论还有待进一步的验证。在实验之前要有明确的实验假设，然后通过实验来检验假设是否成立。

社会科学实验研究法，也称实验调查法，是实验者有目的、有意识地通过改变某些社会环境的实践活动来认识实验对象的本质及其发展规律的方法。它同时是一种旨在揭示自变量与因变量之间因果关系的可控制的研究方法。根据场所的不同，社会科学实验研究法又可以分为在室内进行的可控实验和在室外进行的实地实验（即自然实验研究法）两种。

在一个比较理想的实验中，实验者应该可以控制实验环境，保持它的稳定性并控制任何一个可能影响实验的外部因素。在一个严格的实验中，实验者应该对自变量有所控制，这就是我们通常说的实验刺激。最后，实验者可通过在实施自变量之前和之后来测量因变量的数值，进而发现自变量作用的结果，探求出事物发展变化的因果规律。

二、实验研究法的特征

（一）随机化

所谓随机化（randomization）就是在一个界定的研究群体中，每一个分子都有相同的机会被抽取作为研究的对象。

一般而言，最常用的实验研究中的随机化有两个步骤：一个是随机抽样（random sampling）；另一个是随机分配（random assignment）。

上述两个随机化的步骤，主要目的在控制所有可能影响实验结果的非供试（无关）变量，使两组除实验者所操纵的实验变量不同外，其余各方面都达到近乎完全相等或相似的程度。

（二）控制变量

控制变量（control variable）的主要目的在于经由适当的实验设计以控制实验变量、无关变量，以及误差变量。

1. 增加实验变异使之达到最大。即实验者必须尽可能使几个实验处理间彼此有很大的不同。

2. 排除无关变量。无关变量是那些实验者应该控制好而没有控制好的非处理因素。这些无关变量常常干扰实验的效果，而使实验结果的解释产生困难。因此，研究者必须设法控制实验变量以外的所有无关变量。

3. 减低误差变异量到最小。在实验过程中，造成误差的来源主要有两种：一种是无法认定和控制的随机因素；另一种是测量误差。

实验的总变异简单地说由两部分构成，即处理间变异（组间变异）和误差变异。误差变异越大，处理间（组间）变异就越小；反之，误差变异越小，组间变异量就越大。所以，误差越小，组间平均数的差异就越有可能达到统计上的显著水准。

三、实验研究法在社会学研究中的运用

说到“实验”，人们很自然会想到物理实验、化学实验等属于自然科学领域的实验活动。所谓实验是指为了检验某种科学理论或假设而进行某种操作或从事某种活动，是把客观世界的场景浓缩到一个特定的实验室中，运用实验的结果反映现实世界的真实情况。实验目的包含了两个部分的内容：其一是把客观世界的逻辑复制到特定的实验场景中来；其二是把实验结果推及到客观世界当中去。

自然科学是一门实验科学。因为自然科学的研究对象一般是没有思想、没有意识的，它们发生、发展以及变化的规律在相同的条件下可以无数次地重复。只要条件相同，从实验室里得到的结果与客观实际会是一致的。正是因为如此，实验研究法在自然科学领域得到了广泛的应用。

然而，社会科学却不同，社会科学是以“人”或者由“人”组成的“群体”和“社会”为研究对象的，人是有意识的。同样一个人，在不同的场合下，其行为方式可能相同也不相同。人是有感情、有思想、有意识的高等动物，人的行为具有对象性、场景性、随机性等特征，因此其行为方式也必然受情绪的影响，即其行为缺乏恒常性。

正是因为以上原因，实验研究法在社会学中的运用遇到了很大的障碍，主要原因在于：一是难以把真实的社会场景浓缩到实验中来；二是在实验室中得到的结果，获得的认识很难具有推及到真实社会场景中的普遍性。

因此，社会科实验和自然科学实验往往不会采用相同的模式，并且许多的实验室实验对

于社会学实验来说存在着很大的局限。尽管许多社会科学实验都是在实验室中进行的，而且在那里几乎所有的环境都可以得到良好的控制，但是类似的实验只是在心理学研究中的使用最为经常。

社会心理学中经常使用的态度测量，就是用针对某一态度对象而设计的态度测量表，对人们的态度做出定量的分析。还有关于人们的遵从的实验研究，就说明了在群体当中人们的判断力或判断标准是怎样受群体的制约和影响的。著名的社会心理学家所罗门·阿希 1951 年设计了一个被认为是有关遵从研究的经典实验，即“线段实验”。实验大体情况如下：在第一张卡片上有一条直线“X”，另外在一张卡片上有“A”、“B”、“C”三条线段，其中一条明显地与第一张卡片上的标准线段“X”一样长，要求被试者找出第二张卡片上与第一张卡片上标准线段一样长的线段。

实验的最初两次进行得颇为顺利，被试者依次说出了他们的判断，大家的意见是一致的。选择了那条与“X”等长的线段“B”。但是在第三次出示卡片时，坐在倒数第二位置的真被试者却发现自己与别人的判断大相径庭。在这种明知道自己判断正确但是处于少数一方的情况下，被试者会有什么反应呢?结果发现在三所大学123名被试者中有32%的被试者遵从了群体的压力，做出了错误的判断。实验证明了“遵从”这种客观的社会心理现象。

社会学的实验不同于心理学实验，实验地点一般从实验室中移到了实地——学校、医院或街道等。因为社会学家要控制实验几乎是不可能的，有时往往从严格控制的实验中获得错误的结论。因此，他们也经常采用实地实验，即实验是在真实的环境中进行的，实验不设控制组。

与实地实验相比，实验室实验可以更好地控制变量。但是它毕竟是一个人工环境，这有可能使实验结果被扭曲。但它能更好地理解现实生活中社会行为的动态过程。

由此可见，鉴于社会学研究的特殊性，实验室实验与真实环境实验其各有利弊，在具体的实验研究中，我们可以根据研究的需要和不同的实验内容进行选样。不论采用实验室实验还是真实环境实验，其基本的实验逻辑是相同的。本章所阐述的是在理想的条件下的实验室实验的逻辑。

第二节　实验研究法的基本原理和程序

一、实验研究法基本原理

社会学的研究对象是众多的社会现象，社会现象的存在和发生受到其他很多客观因素的影响并与这些客观因素之间存在一定的因果关系。实验研究的目的就是验证和把握这些因果关系。在实验之前人们一般会有对于社会现象中因果关系的初步认识或者假设，实验研究法的功能在于通过实验操作来对这些认识或假设进行检验。

实验研究法的基本原理就是对社会现象的发生条件进行控制，然后分析引起这种社会现象的原因，阐明现象之间的因果关系。

以一个关于人的行为结果实验为例，研究者的假设是：人们对他人的行为的期望可导致他人向期望的方向改变。由此他们提出的具体实验假设是：在学校里，那些被教师认为成绩应该好的学生，其成绩会由于教师的这种期望而在实际上变得比其他学生提高得更快。研究者选择一所学校为实验室，让几百名学生参加智力测验，然后从中随机抽取了 20%的学生，并且告诉教师说，这些学生的智力是最高的，是最有培养前途的。一年以后，他们又对这几百名学生进行了测验。统计分析表明，上述20%的学生平均成绩明显高于其余的学生。实验结果证明了实验假没，即教师的期望和学生的学习成绩提高是相关的。

首先以一个理论假设为起点，这个假设是一个关于因果关系的陈述，它假定某些自变量（如教师的期望）会导致某些因变量（如学习成绩的改变）的变化：然后进行如下操作：在实验开始时对因变量进行测试（即前测）；接着引入自变量（X），让它发挥作用或者影响；然后在实验结束前再测量因变量（即后测）；最后比较前测与后测的差异值就可以检验假设。如果没有差异，就说明自变量对因变量没有影响，从而推翻原假设。如果有差异，则可以证实原假设，即自变量对因变量有影响。

一般的，实验结束时测得的因变量不仅仅受到自变量的影响，而且可能受到其他因素的影响，因此单纯的一个实验组很可能会导致对自变量和因变量关系的错误描述。通常解决的办法是将受试者分为两组：实验组与控制组。这两个组是用随机法确定的，他们的所有特征和条件可以假定相同，只不过在实验中，对实验组施加处理影响，对控制组则不施加这种影响。如果两组都有差异，且差异相同，则说明这种处理对因变量没有影响；如果两组都有差异，且差异不同，则说明处理和实验条件本身都对因变量产生了影响；如果两组都没有差异，说明实验本身和处理对因变量都没有影响；如果处理组有差异，未处理组没有差异，则可以说明是处理导致了因变量（后侧结果）的变化。

科学研究的目的是反映客观实际的真实状况，发现事物或现象的规律性。实验研究法的原理正是为了体现这种研究目的而进行的逻辑设置。对于实验研究法而言，总体的原理是一定的，而具体的实验方法可以千差万别，不同方法的运用目的就在于真实、全面地反应一个具体研究的特性，进而对因果关系做出一个客观的说明和解释。

二、实验研究法的要素

实验的主要目的是阐释自变量和因变量之间的因果关系，找出因变量变化的主要原因，证明是自变量而非其他变量引起了因变量的变化。因此多数传统形式的实验包括三对要素：自变量与因变量；实验组与控制组；事前测验与事后测验。

（一）自变量与因变量

实验的基本目的是检验自变量（处理、刺激）对因变量的影响。自变量是实验中的刺激因素，它可以是具有两种属性的“二分变量”，而因变量是由自变量引起的变量。例如在一个关于测量种族歧视的实验中，以对黑人的偏见为因变量，而“对黑人历史的了解与否”则是自变量。研究者的假设为：偏见在一定程度上依赖于人们对黑人历史的了解，实验的目的在于检验这个假设的真实性。可用于实验的自变量和因变量非常多，有时在不同的实验中自变量和因变量可以相互转化。例如在上例中偏见是因变量，在研究偏见对人们投票行为的影响中，它就成了自变量。

（二）实验组与控制组（对照组）

在实验研究中，为了验证因变量的变化确实是由自变量引起的，我们通常把实验对象分为两组，其中一组给予实验刺激，另外一组则不给予实验刺激。前者称为实验组，后者称为控制组（即对照组）。

例如，20世纪20～30年代早期美国学者做了一系列关于员工工作满意度的研究，即“霍桑实验”。这项实验想验证的是工作条件的改善可以改善员工的满意度并提高产量。起初，结果令研究人员非常满意，他们发现，随着工作条件的改善，工人的满足感和生产量都提高了。例如，通过改善车间照明条件，生产量得以提高，照明条件进一步改善，生产量又随之提高。为了进一步证明实验的科学性，研究人员把灯光转暗，但是出乎意料的是生产量还是跟着提高。

显而易见的是，与其说配线机房工人因为工作条件的改善而工作得更好，不如说是研究者对他们的注意引起了他们的反应。这一现象被称为“霍桑效应”。

“霍桑效应”表明，社会科学的实验与自然科学的实验既有相同点，也有不同之处。由于实验本身成为影响实验结果的一个因素，所以导致了需要测量的因变量（生产量）仿佛不仅仅受自变量（照明条件）的影响。这个实验促使研究者对于实验本身的影响更加敏感和小心了。因此研究者在配线机房的研究里，采用一个合适的控制组（除了工作条件不变之外，也接受集中的研究），就可以发现这种效应的存在。

在这个例子当中我们体会到了实验本身对实验结果的影响。在社会科学的研究中，这种影响是相当普遍的，因为被实验者知道自己参与了实验，这种“认知”改变了他们惯常的行为方式，从而导致即使在没有“刺激”介入的情况下，因变量仍然发生了变化。为了克服这个弊端，在实验过程中引入“控制组”。控制组不进行实验刺激，只进行必要的前测和后测，以此与实验组在得到了实验刺激后的后测结果比较，二者之间的相对变化可以反映出自变量对因变量的作用，从而说明二者之间的因果关系。基本的实验设计如图 8-1 所示。

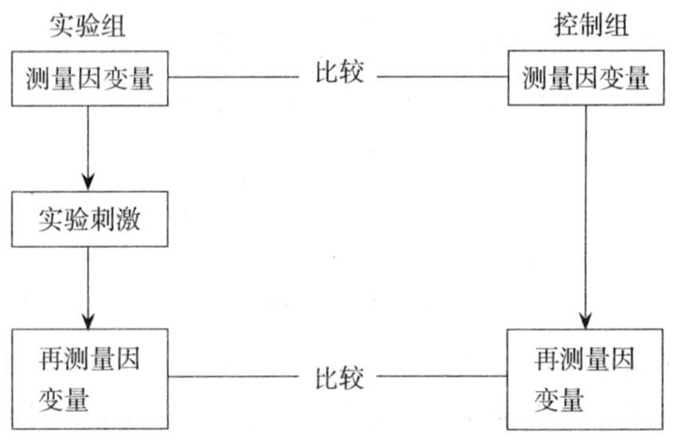

图 8-1　最基本的实验设计

（三）前测与后测

按照一般的实验逻辑，要确定两个变量之间的因果关系，我们应该首先对研究指标（研究对象的某一属性——因变量）进行测量，然后导入自变量，之后再对因变量进行测量，因变量在前后两次测量中的区别被归因于自变量的影响，由此对因果关系做出阐释。前者对因变量的测量称为“事前测量”，后者对因变量的测量则称为“事后测量”。

以前述的员工满意度的研究为例。研究者最初的研究目的是为了搞清灯光等工作条件对员工工作积极性的影响，也就是说在外在条件发生变化之后员工的满意度是否发生了变化。因此，研究者最为关注的是在导入自变量（灯光）之后因变量（员工满意度）的变化。要想知道这种变化，就必须在实验之前对员工的满意度进行测量（前测），在员工接受到实验条件的刺激后再对其进行测量（后测），前后两次测量的差别就是满意度的变化。

前测和后测的方法有多种，其中比较常用的是问卷调查，主要侧重于对实验对象主观因素的测量。但是并非所有的测量都局限于问卷调查，例如在一个测量教师与学生的融洽程度对学生学习成绩的影响的实验中，因变量是学生的学习成绩，事前测量可以采用直接根据最近的考试成绩计算的方法。或者采用一个小测验的方法，事后测量可以采用一个统一测验的方法。

可见，前测与后测的方法很多，应当根据不同的实验内容采用合适的方法。

三、实验研究法的程序

实验的目的是为了发现社会现象之间的因果关系，并且对这种因果关系做出解释。实验不同于一般的观察，它是在特定的条件下按照严格的程序进行的，所以实验需要进行精心的准备，然后才能实施。实验研究的程序可以分为准备、实施和整理总结三个阶段以及若干步骤。

（一）准备阶段

准备阶段一般需要完成以下几个方面的工作：

1. 确定研究问题和研究目的。这需要查阅有关的理论文献，确定研究课题的价值及其可行性。

2. 提出研究假设。假设的因果关系是实验设计的依据，也是实验证明或检验的目标，所以提出研究的假设或者问题是进行实验研究的主要步骤。这需要选择和分析各个有关的变量，将变量分类并建立变量间的因果模型。

3. 实验设计。包括选择实验场所，配备各种实验设备，准备测量用的工具，制定实验的日程表，安排控制方式和观察方法。

（二）实施阶段

实施阶段是实验的操作阶段，即进行实验测量的阶段，操作阶段包括选取实验对象和进行实验两个部分。选择受试者是实验研究中的抽样过程，对实验结果有重要的影响的，一般采用随机、指派等方法进行实验分组（将单独介绍）。有的受试者是在实验实施前就确定好的，有的是在实验的过程当中进行选择分配的。实验实施是根据实验设计的方案进行实验，控制实验环境，引入自变量，然后仔细观察，做好测量记录。实验所要求的观察记录应当是定量化的数据，因为自变量对因变量的影响只能通过定量化的指标才能加以评定。测量工具一般有问卷、量表和仪器等工具，测量工具的选择首先要保证它们的准确性和可靠性。

（三）资料整理总结阶段

资料整理阶段是对前面两个阶段的总结，也是对实验结果的陈述，同时也是实验目的的体现。它一般分为两个部分的内容。

（1）整理汇总实验材料、对观测记录进行统计、分析，得出实验结果，以此检验假设，提出理论解释和推论。

（2）撰写研究报告。根据实验的结果和前期的文献资料撰写研究报告。研究报告是实验的最终成果。

四、选择研究对象

所选择的对象一定要能够代表所要研究对象的整体（总体）。实际情况是，实验室内的实验招聘的受试者往往有局限性，例如报酬的问题，是否愿意参加的问题等。因此，实验的受试者大多是那些“易得”的群体，像大学生志愿者等，这些受试者并不能完全地代表实验所要研究对象的整体，反映出社会学研究中一种潜在的缺陷。第二个是“相似”的原则，即研究的实验组和控制组应当尽可能地做到相同或者相似。因为实验的一个很重要的原则是实验组与对照组应该有可比性，这种可比性是以实验前的相似性为基础的，因此理想的状态是对照组应当等同于经过实验刺激的实验组。选择受试者过程中的各种方法都应该体现这种原则。

为了体现代表性或相似性原则，就需要采用概率抽样。应该先把所有的研究对象作为抽样框，在从中抽取两组样本，如果两组样本都各自与总体相似，那么二者也彼此相似。然而，这种抽样方法在实际当中是很难贯彻的，很难使实验样本具有代表性。在社会科学研究中样本的数量太少是没有代表性的，而实验研究法不同于大规模的抽样问卷调查，无论是实验组还是对照组，都很少包括足够多的受试者。因此，即便对于比较大的人群，实验研究法也很少采用概率抽样。但是，为了保证实验的代表性，随机选择的逻辑仍然被应用于一些经过改进的方式当中。以下几种方法是分别在不同程度上为体现“相似”而采用的方法：

（一）随机法

在所有的受试者已经确定之后，实验的主持人以随机的方式把受试者分派到实验组和对照组或者各个不同的实验组。随机法是最常用的分组方法，在理论上也是最有效地控制影响变量的方法。因为按照随机的原则，各个组的成员在构成、条件方面不受人为因素的影响，可以说机会都是均等的。为了做到随机分派，可以把所有的受试者编号，然后利用随机数表来选取号码，或者由主持人把奇数与偶数的受试者分别分配给实验组和对照组。在这里，随机法和概率抽样是不一样的。例如，实验者选择了 30 名受试者，但他们不能保证这 30 名受试者一定会代表我们将要研究的总体。不过他们可以做到，通过随机法分派到实验组和控制组的各 15 名受试者是相似的。

在这个例子中，我们可以把这 30 名受试者作为一个总体，从这个总体中可以抽取两组概率样本，每组由总体的半数组成，因为每一组样本都有均等的机会反映总体的特征，所以两组样本可以相互印证。但是，在样本很少的情况下，比如每组只有一个受试者，那么随机法就失去了作用。因此，随机法应用在有许多受试者的情况下才是合理的。

（二）配对法

为了实现实验组与对照组的可比性，有时候可以通过配对的方法来实现。配对法是找出两个各种条件都完全相同的人，将其中的一人分派到实验组，一人分派到对照组。这样一对一地分派所形成的两个组在理论上是完全相同的，但是在实践中却很难做到，因为世界上很难找到两个完全相同的人。例如，两个人的文化程度、年龄和性别都相同，但是他们的家庭出身、性格、习惯等方面可能存在很大的差异。社会学中的实验研究法在检验因果关系假设的过程中往往关注自变量的影响，实际上除了自变量以外，其他未知的因素对因变量同样具有影响。所以，如果要做到实验结果的高度准确，就必须保证配对样本各个方面的同质性。但是在现实生活中，要想寻找两个或多个各种条件都相同的样本几乎是不可能的。为了克服这种困难，一般采用不太严格的配对法，也就是使两个组在各种特征上大致相同，或者在已知的某一主要变量的分布和方差上大致相同。尽管如此，配对法也不能排除其他未控制因素的影响，因此常常结合随机法一起使用，而很少单独使用。另外，如果制作一个由所有最相关特征组成的配额矩阵，全部配对工作可望高效地完成。理想的状况是，这样的配额矩阵中应该让每一格受试者都为偶数，这样每一格受试者的一半进入实验组，另一半进入控制组。

（三）其他方法

除了以上主要的选择研究对象的方法之外，还有一些其他的方法。首先是排除法，这种方法是在实验之前把其他影响因素排除在外。例如，测量不同年龄的学生的智力水平时，性别、家庭背景等也可能对智力水平有影响，为排除这些影响，可以只对出身于知识分子家庭的男学生进行实验。不过，这种实验结果不能推论到女学生和其他家庭出身的学生。因此，排除法在实验中不常使用。其次是纳入法，这种方法是把其他主要的影响变量也当作自变量引入实验中，同时对几个自变量进行操作、测量和检验。这需要比较复杂的实验设计，并运用统计分析的方法考察各个自变量的影响和它们的相互作用。

以上几种选择研究对象的方法的运用要根据具体实验的性质和目的而定。一般的原则是，就与因变量相关的变量来说，两组应该具有可比性。例如，在研究种族偏见的实验中，对于教育、种族以及年龄诸如此类的变量而言，两组应该相似。另外，还可以在对因变量做过初步的测量之后，再把受试者分派到实验组和控制组。因此，就上例来说，可以首先发放问卷测量受试者的偏见，然后把实验组和控制组配对，确保两组整体的偏见程度相同。

在大多数的实验中，以上方法并不是独立使用的，而是经常混合使用，或者说在选择研究对象不同的阶段，需要综合运用不同的方法。例如，概率抽样法在从总体中选择研究对象的时候运用；而随机法、配对法和其他方法是在研究对象已定，在实验组和控制组之间分派研究对象的方法。在后面几种方法中，有时候可以把配对法与随机法混合使用。比较典型的是分层随机抽样方法的运用。例如在研究青少年的教育问题时，为了确保各组学生之间的可比性，研究者首先根据大约 15 个变量分出学生的层次，然后把每一个层次的学生随机分派到实验组和控制组，如此一来，研究者实际上同时运用了配对法和随机法，或者说用分层抽样改进了传统的随机方法。

第三节　实验研究的类型与实验设计

一、实验研究的类型

实验研究根据标准的不同分为不同的类型。例如根据实验设计的不同，分为标准实验和非标准实验；根据实验研究场所的不同，分为实验室实验和实地实验；根据社会学的特殊研究需要而创造的双盲实验等。

（一）标准实验和非标准实验

标准实验和非标准实验是针对实验的规范程度以及对实验条件的控制能力而做的区分。一个完备的标准实验应当具备以下要素：两个或多个相同的组；前测和后测；封闭的实验环境，实验刺激的控制和操纵等。一般来讲，具备这些因素的实验称作为标准实验。

然而，社会科学的实验不同于自然科学的实验，也不同于心理学的实验，而是具有自身的特点。这些特点往往使得设计一个标准的社会科学实验比较困难，社会学研究的性质、对象和内容往往在许多方面限制了严格的实验设计在现实社会中的应用。

顾名思义，非标准实验指的是并不具备标准实验所要求的所有条件，为了研究的需要而进行的必要的省略或者特殊设计的实验。例如在社会科学实验设计中常用的单次研究设计(one - shot case study)、单组前后测设计（one - group pretest - posttest design）、静态组间比较（static - group comparison）等实验方法都属于非标准实验，但是这些实验方法对于不同性质的实验却能够发挥各自不同的作用。

标准实验和非标准实验代表着实验规范程度的两个极端，在实际的实验研究中，完全的标准与非标准都是很难做到的。标准实验往往体现出某种弹性（尤其在社会科学实验中）；非标准实验必然以标准实验为依据，在设计和操作上向标准实验靠拢，因而有时也将其称为“准实验”，指类似于或接近于标准实验的意思。在具体的实验中是倾向于标准实验还是倾向于非标准实验，完全取决于研究的性质、研究的目的和研究的精度要求。

（二）实验室实验与实地实验

人们一般认为，实验是在实验室中进行的，这是自然科学实验的一种重要方式。由于自然物自身的特点，实验并不受场所变化的影响，在实验室中对于物质活动规律的认识完全反映了物质的本质属性，可以应用到实践当中去。由于实验室中可以进行比较好的条件控制，可以集中配置所需要的实验设备，所以科学实验可以在实验室中有效地进行的。社会科学却不同，社会科学研究的对象是人，由于人是具有能动性的主体，所以场所的变化以及所研究的人对于事件的认识和感知都会影响到他们的行为。有鉴于此，实验室内的实验对于社会科学研究来说就有许多甚至是致命的局限性，需要引进一种能够排除实验设置对研究对象的影响的实地实验场所。

实验室实验和实地实验都各有其优点和缺点。在实验室实验中，实验背景的变量都相对容易控制，实验环境比较封闭，受外界因素的干扰较少，实验者能够比较方便地观察到自变量对因变量的影响，这是其主要的优点。但是在实验室中可以进行的实验内容有局限性，许多社会科学研究者需要研究的内容无法在一个小小的实验室中复制出来。另外，实验室实验的结果在推广性、普遍性和概括性上往往较差。在实地实验中，研究者可以在一个很自然的环境中观测人们的真实反应，其优点是真实自然，效度较高。缺点是实地实验难以对众多的有可能影响因变量的实验背景条件进行控制，难以孤立出自变量的独立影响。它所做的主要工作是观察发生了什么事情。对于各种影响因素，必须依靠研究者的分析、观察和调查。例如，在一个研究文化程度与人们的文明礼貌行为的关系的实验中，实验室实验几乎无法做到，可以采用实地实验的方法。比如研究者在公交车中进行观察，见到那些主动起身给老弱病残让座的乘客，要知道他们的文化程度就比较困难，此时他们可以采用观察分析的方法或者直接访问的方法（难度较大），这必然夹杂着研究者的主观认知成分。

（三）双盲实验

所谓双盲实验（double-blind experiments），是指在一项实验中，实验刺激对于实验对象和参与实验的观察人员来说都是未知的。即究竟是实验组还是控制组被给予了实验刺激，参与实验的双方都不知道，实验刺激是由实验人员和实验对象以外的第三者任意分派和给定的。

双盲实验的根源是“主试效应”和“被试效应”。所谓“主试效应”，是指“由于实验者对研究结果的期望而产生的实验偏差”。主试效应常常被称做为“皮格马利翁效应”，又被称做为“罗森塔尔效应”。所谓“被试效应”，是指“由于实验对象对其被试身份的认知及态度而产生的实验偏差”。被试效应又被称为“霍桑效应”。

例如在一个教育实验中，研究者需要研究社会的认同与学生的表现之间的关系。在实验当中必须排除“被试效应”，指那些针对“被试身份”而并不是针对实验处理的“心理作用”。诸如“实验班”的孩子因为不断地有人来观摩油然而生的自豪感及亢进的表现，就是典型的“被试效应”，因为被试的如此反应主要是由“实验场面”造成的，与实验处理之间并没有什么因果的联系。

另一方面，在教育实验中主试与被试不可避免地会发生有意识的“心理互动”，甚至有时“教师对儿童的期望”本身就是一种实验处理。在如上所述的教育评价实验中，孩子们对不同的实验处理（老师对自己的评价方式）当然会有不同的心理感受，进而还会影响到孩子的行为。

因此，“双盲控制”的目的，对于被试者而言，就是要尽可能地保证他们在反应变量上的变化确实能够反映实验变量的作用，而不是他们对自己实验身份（实验组成员还是对照组成员）意识的心理作用；对于主试者而言，就是要尽可能地排除其主观意愿对客观地评价实验结果的干扰。

二、实验设计的基本原则

实验设计是根据实验研究对象和研究的目的，在实验前就实验的各个方面和全部过程所作通盘地考虑和适当地计划、安排。实验研究的根本目的是对自变量和因变量之间的关系做出客观、准确的反映。由此决定了设计的中心任务在于通过实验设计能够确证实验研究的精准性，必须了解和严格控制导致实验失真的原因和环节，尽量控制和减少实验的内在无效度（internal invalidity）和外在无效度（external invalidity）。

（一）内在无效度

所谓内在无效度是指实验的结论没有正确地反映实验本身。在任何时候，只要实验以外的因素影响了因变量，就会造成内在无效度。实验效度可界定为控制非处理因素的程度。换言之，内在效度务必在实验情境中，处理因素（自变量）确定对觉察的结果（因变量——实验指标）造成有意义的差异。

内在无效度的主要影响因素有：

1. 历史事件。在实验过程中发生的历史事件将导致实验结果的模糊。

2. 人们的成熟。人是不断变化的，这些变化会影响到实验结果，尤其是在持续时间很长的实验中。例如实验开始和以后的观察之间，受试者变得更聪明而影响到观察的结果。为了消除其影响力，采用控制组与处理组并行，不失为一项有效的方法。

3. 实验本身的影响。实验过程本身会影响人们的行为，从而影响实验结果。

4. 不同的度量尺度。如果事件的前测和后测度量的尺度不一致，就会影响实验结果。如利用统计回归法即高分组的学生在后测的得分，易倾向于平均数，而得到比前测为低的分数；低分组则倾向于平均数，而获得比前测为高的分数。亦即在前测—后测的情境中，前测得分极端者在后测时，有向平均数的常态回归现象。因最初得最高分与最低分的受试者，不见得是最高及最低的成就者，他们可能仅在特别前测场合上，得分是最高和最低的，为了避免这种现象的发生，在实验处理时，不宜采用得分极端者为对象。

5. 极端值的影响。如果因变量是一个极端值，即不可能再低或者再高了，那么无论自变量是否发挥作用，结果都将变化，即变高或者变低，因而会导致研究的错误结论。这称之为向平均值的回归。

6. 选择的偏好。分组时产生的偏差，导致组与组之间缺乏可比性。研究者对于参与实验的受试者，在接受实验处理以前，已有相当程度的认识时，这种对于受试者地位的认知，可能引起实验者传授试者若干足以影响成果的反应，或可能影响实验者作客观的判断。

7. 多种交互作用。有时多种原因的交互作用会影响实验结果。

8. 实验处理中的传播与模仿。假如实验组和控制组可以相互沟通，实验受试者就可能把一些实验刺激的因素传递给对照组受试者，影响实验结果。

9. 补偿心理。在现实生活中所做的实验，有时会给对照组和控制组的对象带来利益或者损失，于是产生了补偿心理的问题，在这种情况下，控制组就不是真正的控制组了。

10. 受试者的心理因素。实验的进行使受试者更为敏感，使受试者了解研究者所隐藏的目标，而表现的异于常态，以上现象可用两个例子来说明：一个是霍桑效应；另外一个是强亨利效应。

霍桑效应（Hawthorne effect）：在20世纪30年代，哈佛大学教授Mayo分析照明与工人生产效率的关系。令研究者感到惊讶的是，灯光强度虽按阶段顺序减弱，但工人的产出量并不会随之减少。研究者下结论：工人的注意力及其对参与实验的觉察，显然是引发动机的重要因素。

强亨利效应（John Henry effect）：此种效应常在教育研究的情境中发现，系指实验组采用新法取代控制的方法或步骤时，控制组的受试者为了不甘示弱，力图与实验组一较长短，从而造成此控制组的表现，在一般的平均水准之上，此一现象，在教育研究中屡见不鲜。

11. 受试者流失。在参与长期实验中，受试者因死亡或退出而影响效度。即使实验组与控制组的样本系经随机选择而得；但是仍继续接受实验的样本，与开始实验时的不偏差样本有所出入。又实验期间的生存者比起那些经常缺席者或辍学者，可能显得较健康，聪颖，或具有较强的动机。

（二）外在无效度

内在无效度指的是可能导致实验内部失真的因素，除此之外，实验者还会遇到外部失真的问题，即实验结果能否推广应用到现实生活当中去。我们把这些外部失真称作为外部无效度。

实验本身与实验刺激之间的相互作用是危害实验结果的原因之一。例如，我们设计一个关于看电影对于人们对精神病人的偏见的影响实验中，发现看电影的受试者对精神病人的偏见程度确实降低了。但是我们需要反思的是，如果在现实生活当中，例如人们在电影院看完这部影片之后，能够产生同样的效果吗？显然仅仅包括实验组和控制组在内的古典实验设计（也称简单实验设计）难以解决这一问题，于是采用多组实验设计（所罗门三组和四组设计）来解决这个问题。

其主要影响的因素如下：

（1）母体群效度。希望研究结果推论至未包含于实验组之母体群 。

（2）生态效度。完整描述研究运作与实验情境。

（3）多重处理的干扰。

（4）新奇性与破坏效应。对研究法感到好奇有趣，或无法接受。

（5）实验者效应。受试者无形之间受研究者影响。

（6）前测的敏感性。

以上谈到的内在无效度和外在无效度是社会科学实验设计需要解决的基本问题，其解决的方法以及需要注意的问题构成了实验设计的基本原则。所有的实验设计方法的分类都是以这些基本原则为依据的。

三、基本的实验设计分类

（一）简单实验设计

简单实验设计只考虑一个因变量与一个自变量的关系，所以操作比较容易，实验设计相对比较简单。简单实验设计又可以分为以下几种模式：

1. 单组后测设计。这是一种最简单的实验设计。在单组后测设计中只有一个实验组，没有控制组。在给予实验组实验刺激后，通过测量得到一个后测成绩。

设计的基本模式如表 8-1 所示。

表 8-1　单组后测设计

	实验刺激	后　测
实验组	X	Y

单组后测设计由于缺少前测，所以不易于阐述因变量在经过实验刺激之后所发生的变化。因此它多应用于因变量在实验刺激之前不言自明的情况中。例如，要测量罪犯对监狱管理的态度，就可以直接引进实验刺激因素，包括让罪犯看录像、听讲座等，然后测量他们的态度。在这个实验中需要研究的是哪种工作方法对于改善罪犯的态度更为有效。在认识到罪犯在此前肯定对监狱管理存在抵触态度的前提下，可以直接采用单组后测的方法。其缺点是缺乏对照组比较，易因其他因素影响而干扰结果。

2. 单组前测后测设计。单组前测后测设计是对中组后测设计的一种改进，它增加了在实验处理前的测验，但还是只有一个实验组。

设计的基本模式见表 8-2。

表 8-2 单组前测后测设计

	前测—实验刺激—后测
实验组	Y_1 X Y_2

单组前测后测设计实验模式的基本假定是：自变量的影响可以通过对因变量的前测 Y_1 和后测 Y_2 的差（$D=Y_2-Y_1$）来分析。尤其在分析自变量所引起的因变量的变化的实验中，这种方法被普遍采用。例如，如果在上例中我们主要想分析对罪犯的各种工作手段的成效，或者说想知道进行了一系列的工作之后罪犯的态度究竟有什么变化，那么我们就需要采用单组前测后测设计。即在实施实验刺激之前对罪犯的某些态度进行测量，然后采用各种教育方法，最后再对他们这方面的态度进行测量，如果有变化，则可以归结为实验刺激的影响。其优点是可比较前、后测成绩获得处理效应。缺点是难以有效鉴别处理是否为影响前后测的唯一或主要因素。

采用此设计主要包括三个步骤：

（1）给予受试者实施一项实验处理前的测验，以测量因变量（Y_1）；

（2）给予受试者实验处理（X）。

（3）试后再给受试者一次测验（Y_2）。

实验处理效果的确定定是比较前后测分数，通常是采用相关样本的成对法 t 检验，以检验前后测平均数差异的显著性。

3. 两组前后测的实验设计。这是简单实验设计的标准模式，也称为典型的或传统的实验设计。设计的基本模式见表 8-3。

表 8-3 两组前后测的实验设计

	前测—实验刺激—后测
实验组	Y_1 X Y_2
控制组	Y_3 Y_4

两组前后测的实验设计的主要目的首先是为了排除自变量以外的其他因素的影响，从而提高了实验的效度。其次，可以排除由于前测造成的某些干扰因素的影响。例如在有些实验中，由于实验对象在第二次问答问题（后测）时比第一次（前测）更加熟悉，所以，第二次的测验肯定要优于第一次。通过引进控制组，就排除了这种由前测造成的影响。因为这种影响可以通过对控制组的测量而表现出来，在分析自变量对因变量的影响时消去这种因素的影响，因而使实验更为精确。

这种实验设计的一般实施步骤为：

（1）随机指派实验对象到实验组和控制组；

（2）对两个组的对象同时进行第一次测量，即前测；

（3）对实验组给予实验刺激，但不对控制组实施这种刺激；

（4）对两个组的对象同时进行第二次测量，即后测；

（5）比较和分析两个组前后两次测量结果之间的差别，得出实验刺激的影响。

实验刺激的影响＝实验组的前后测结果之差－控制组前后测之差

$$=(Y_2-Y_1)-(Y_4-Y_3)$$

4. 两组无前测的实验刺激设计。由于在前面提到的前测时实验结果的影响，所以在有些实验中采用两组无前测的实验设计，可以克服前测对实验造成的负面影响，提高实验的外在效度。其基本的模式见表 8-4 。

表 8-4　两组无前测的实验刺激

	实验刺激—后测
实验组	X　　Y_1
控制组	Y_2

两组无前测的实验刺激设计有一个前提，即实验的对象是随机分配的。由于随机分配排除了人为设置的因素，所以，可以认为实验组和控制组的初始水平是相同的（虽然没有经过前测）。这样，对前测的省略实际上也排除了前测造成的交互作用效应，从而在更高的水平上体现出实验的效度。许多关于敏感问题的实验更适合于采用此种实验设计。因为对敏感问题的前测本身往往会导致后测的变化，而实验刺激本身变得并不重要了。

（二）多组实验设计

以上简单实验设计有两个主要的缺点：一是可能有某些交互作用效应对实验结果有影响；二是它只考虑一个自变量和一个因变量之间的关系。为了克服这两个缺点，也就是说为了排除交互作用效应的影响，提高外在效度，同时为了分析多个自变量对因变量的影响，就需要多组实验设计。

典型的代表是所罗门四组设计、重复测量设计和因子设计。

1. 所罗门四组设计（Solomon four—group design）。所罗门四组设计的核心思想是测量干扰因素和交互作用效应的影响，它综合了典型设计和无前测设计的优点。

所罗门四组设计涉及四组受试者，从一群人中随机分派，表 8-5 展示了这种研究的基本思路。

表 8-5　所罗门四组设计

组　别	前　测	实验处理	后　测
1. 实验组 1	√	√	√
2. 实验组 2		√	√
3. 控制组 1	√		√
4. 控制组 2			√

这种实验设计实际上是以最简单的形式把前面几种设计组合起来所得到的一种新的实验设计。该设计也是只有一种实验处理，随机选择被试和分组；一共 4 个组，两个实验组，两个控制组；两个实验组中，一个组有前测与后测，一个组只有后测；两个控制组中，也是一个组有前测与后测，另一个组只有后测。在上面的基本模式中第 1、2 组是实验组，第 3、4

组为控制组；第 1、3 组有前测与后测，第 2、4 组只有后测。

这种设计的优点在于：可以区分出外部因素和测量干扰的影响，克服了实验组、控制组仅施后测设计和实验组、控制组前后测设计两种设计的缺点；实验者可对四个组的实验数据进行多种比较；实验者还可以运用 2×2 方差分析来处理四个组的实验数据。

它的缺点是：设置四个组，必然会增加受试者人数，增加了实验的困难；所得结果需要经过复杂的统计检验，往往使简单的问题复杂化；它只能判断其他外部因素对因变量的影响，但无法确定哪些变量与因变量还存在因果关系。

2. 重复测量设计。在一些实验中，受试者要接受多次相同的测量。例如在学习实验中，受试者常常完成一系列任务，如解决一系列问题，以了解学习是否已经发生了。实验效果不是以不同组的观测值差异值来表示，而是通过每个组对不同刺激的差异来反映。

例如，要测量不同学生解答形象思维和逻辑思维智力测验题的差异做下列设计（表 8-6）：

表 8-6 重复测量设计

	形象思维测验	逻辑思维测验
第一次	男生（10 人）	女生（10 人）
第二次	女生（10 人）	男生（10 人）
比较	（总、男女）平均分	（总、男女）平均分

可以看出，重复测量是一种轮换的方法，即每个组都先后接受不同的测量，然后通过比较每一组不同测量的平均值就可以检验不同刺激造成的不同差异。它的优点是：①不用随机抽取实验组和控制组，而只需选取几组实验对象让他们参加各种项目的测验，因此，不用担心组间特征值随机误差的影响；②只需较少的受试者就可以达到目的；③它的实验假设可以有多个。重复测量设计的缺点在于多次重复测量容易使人们熟悉这一特定的特征。解决这一问题的途径是均衡设计，即打乱问题的排列顺序，对实验处理进行平衡。

3. 因子设计。因子设计是为了考察两个以上的自变量对因变量的影响以及自变量之间交互作用对因变量的影响。它假定外部因素的影响等于零。并且为了消除前测引起的影响和减少工作量，一般都运用无前测的设计。

例如，要测量企业的劳动纪律和福利待遇对劳动生产率的影响时，可以做出如下的设计（表 8-7）：

表 8-7 （2×2）因子设计

	前　测	引入自变量	后　测
实验组 1	无	X_1　X_2	Y_1
实验组 2	无	X_1	Y_2
实验组 3	无	X_2	Y_3
控制组	无		Y_4

上述例子中有两个自变量（X_1 和 X_2），每个自变量有两个值（有和无），因此可以分为四个组，称为 2×2 的因子设计。因子设计可以同时包括多个自变量，每个自变量可以有多

个取值。但是，随着自变量的增加，实验组的数目也要相应增加。

因子设计虽然可以阐明不同因素对于因变量的影响，但是它自身也有缺点。在分析多个因素的影响时，往往需要设置许多实验组，每增加一个变量，实验组的数目都要成倍增加，需要的受试者的数量也就越多，因此，在一般情况下是难以实施的。

第四节　实验研究法的特点及评价

1. 与观察法、调查法等方法相比，实验法既有明显的区别又有密切的联系。实验研究法是通过主动操控研究对象及其所处环境条件来发现与确认事物间的因果联系的一种科学研究方法。而调查、观察研究等方法都是在不干预研究对象的前提下去认识研究对象，描述或解释其中的问题。而实验研究法与之不同，它是在主动操纵或控制实验条件下，人为地改变研究对象的存在方式、变化过程，使它服从于科学认知的需要。科学的实验研究法要求根据研究的需要，借助各种方法技术，减少或消除各种可能影响科学的非试验因素的干扰，在简化、纯化的状态下认识研究对象。因此可以说，实验研究法是发现、确认事物之间的因果联系最有效的工具和必要途径。

实验研究不仅是了解“是什么”（what），“怎么样（how）”的问题，更主要的是探究其“为什么”（why）的问题。实验研究可以用来验证已有的规律性认识，也可用来探索和发现事物未知的规律性，进而揭示其事物发展变化的原理并建立起某种理论；试验研究不仅要验证与发现规律，建立和完善理论，还要用已有的规律性认识、理论去解决现实问题，在科学理论与社会实践之间建立起一座桥梁。“从感性认识而能动地发展到理性认识，又从理性认识而能动地指导革命实践，改造主观世界和客观世界”。

进行试验研究离不开对试验研究对象及其环境条件的调查与观测，通过这些观测调查，获取研究指标数据及试验环境条件及其变化，以便对事物间因果关系加以深刻理解与精准把握。搞好基础性调查、观察研究是搞好试验研究的前提和基础，同时调查研究又为试验研究提供获得试验数据的重要手段。从这个意义上说，试验研究与调查研究等非试验研究的关系是极其密切的。

2. 与自然科学实验相比，社会科学实验的实验设计相对比较简单，而实验实施难度高，风险大。社会学实验是近代自然科学研究的实验方法在社会科学领域渗透的必然产物。由于社会科学与自然科学的研究对象的性质截然不同，即前者是有主观能动性的“人”，后者是被动的“物”。因此，实验环境条件的可控性以及实验带来的风险性等方面都存在很大差异，所以，在自然科学研究中许多复杂的多因子现代设计方法难以有效地移植到社会科学研究之中。正因为如此，社会科学实验、经济学实验等更像是自然科学的实验室实验，尽量使实验风险在可控的范围之内。即通过在一个特定可控的环境中对部分实验对象的实验结果来反映客观世界的真实性。当然这种实验方法实际上是现实社会本身的一种“模拟”，能否使人们用有限的代价获得关于客观因果关系的正确认识是对其进行评价的基本标准。

3. 重视实验条件的代表性和实验结果的可靠性与可重复性。实验研究法的主要优点是能够把实验变量与其他变量带来的影响分离开来。就基本的实验理念而言，这个优点是显而易见的。实验开始时，研究者就可以发现受试者的某些特征，然后引进实验刺激，如果发现了他们在实验之后具有不同的特征，受试者在实验的过程中又没有受到其他的刺激或其他因素的干扰，那么，就可以认为，特征的改变归因于实验刺激，就在实验刺激和特征改变之间建立起了因果关系。相对于在自然的环境中所做的实验来说，这种实验结果在理论上更加明确。

与其他的社会科学的研究方法相比较，实验研究法对研究对象、研究环境、研究条件等具有相对的可控性，这对于资料的分析和假设的检验来说是非常重要的。如果实验在实验室内进行时，研究者可以通过对实验条件和实验对象的控制，减少或排除外部因素对实验结果的影响，减少各种误差的产生。另外，可控实验通过对自变量和实验环境的控制，使得实验结果的可信度显著提高。

由于实验有一定的范围限制，所需受试者可以不是很多，因此就可以采用几个不同的组进行重复实验。而其他方法，如调查研究方法，一般不具备这种可重复性。如对于失败的调查研究，要想重复的话需要花费大量的人力、物力和财力。显然实验研究的这种可重复性是其不可比拟的。另外，重复一项研究对于获得可靠的结论来说也具有十分重要的意义。这也是许多经典的实验经常被重复的原因。这种对经典实验的重复，有时是在稍微不同的环境中进行的，以保证其结果不是某种特定环境的产物。

4. 易受样本缺陷与主观因素的影响。实验研究法所需要的样本的数量比较少，但是也造成了样本的代表性存在很大的缺陷。这是因为实验研究的目的也是把取得的研究成果推广到更大的总体当中去，为认识群体和社会作出贡献，这一点与调查研究是相同的。但是实验研究中所选择的数量较少的受试者往往缺乏这种广泛的代表性。这就容易造成在实验室中得到的研究结论应用到现实中时产生“失灵”。然而要想造就一个能够反应较大总体的研究样本往往是非常困难的，或者是根本不可能做到的。

实验研究法容易受主观因素的影响。在前面所列举的事例中，我们可以看到对受试者的期望可以导致受试者向别人所期望的方向改变。这一规律在社会生活中是普遍的。在实验研究中，由于研究人员会有意无意地给受试者以某种暗示，某些受试者因此会有意去迎合研究者的期望，因而就有可能出现实验对象的行为受到研究者影响的情况，造成一种虚假的因果关系。

5. 实例探讨。

我国台湾增进“国小”教师班级经营知识与实务改进之实验研究

一、研究目的

此研究主要在探讨下列三个问题：

1.《“国小”班级经营》一书的内容是否实用？如何修改？

2. 提供书面资料，办理研习是否能增进“国小”老师班级经营之知识？

3. 提供书面资料，办理研习，再到教室现场实地观察，和老师晤谈，每星期填写一份“检核表”，是否能改进“国小”老师班级经营之实务？

二、研究方法

1. 为探讨第一个问题，本文作者将多年来阅读文献及实征研究之所得，编撰成《“国小”班级经营》一书，给予老师讲解，并请老师阅读及试用书中提供之策略，最后希望老师口头或书面提出修订意见。

2. 为探讨第二个问题，用实验研究法，自变量是提供书面资料，再加以讲解，因变量是班级经营知识之增进。主要以“问卷调查”、“个别晤谈”及“检讨会”等方法搜集资料，以了解老师班级经营之知识是否增进。

3. 为探讨第三个问题，用实验研究法，采用单组前后测之实验设计。自变量是提供书面资料，办理研习，实地观察后和老师晤谈，每星期填写一份检核表。因变量是班级经营实务之改进，以“检核表”、“问卷调查”和“实地观察”等方法搜集资料，以了解改善之情形。

三、研究过程

（一）第一阶段——编印研习资料

（二）第二阶段——进行实验研究

利用三次星期三下午教师进修时间，办理研习，每次两个半小时。提供《“国小”班级经营》一书，给予全校教师（包括校长）讲习。

三月中到五月初，实验者一星期去实验“国小”两个早上，轮流到各班观察，利用下课和中午时间和老师个别晤谈。

五月初到六月下旬，实验者一星期去实验“国小”三个早上，轮流到各班观察，并和老师晤谈。每周的周末请老师填写一份“班级经营策略检核表”，以提醒老师哪些策略做到了？哪些没有做到？共填写八次检核表。

六月中，实验者将全校老师集合，做一次总检讨，以了解班级经营改善情形、班级经营的困难及提供研究上的建议。

（三）第三阶段——追踪

第三阶段是个新学年度，该校有三位老师调走，还有五位在原校。实验者再次到该校三次，以了解上学期的研究对该校及老师的影响是否持续。其他三位调走的老师，实验者以电话访问，以了解目前班级经营情形。

四、研究者的结论

1. 实验者所著之《“国小”班级经营》一书之内容详细、具体，对“国小”老师班级经营很有帮助。

2. 提供书面资料，再办理三次研习（每次 2.5 小时），能增进老师班级经营之知识，但嫌不够详细与深入。

3. 提供书面资料，办理研习，再到教室现场实地观察和讨论，每星期填写一份“班级经营策略检核表”，未能有效的改进班级经营之实务。

4. 每星期填写一份检核表，提醒老师哪些事项做了，哪些还没做到。从个别晤谈中，老师们表示“每星期填写一次检核表”，对于其自我反省与检讨很有帮助。所以“国小”可以自行发展一份“班级经营策略检核表”，并请老师每两星期自评一次，也即每两星期对自己的班级经营加以反省与检讨，相信对其班级经营之改善会有所帮助。

五、评论

1. 研究者以屏东县一所小型“国小”为研究对象，全校学生数 162 人，每年级一班，共 9 位老师。样本数不足，明显的不具代表性。

2. 对于无关变量没有做好控制，例如，老师的教学热忱或学习热忱。老师本身的学习热忱如果很高，则办理研习的效果自然较好；老师的学习意愿若不高，则效果自然不好。因此，如果老师本身的特质没有做好控制，那么我们无法因此下结论说提供书面资料或办研讨会对增进老师班级经营知识是否有相关。

3. 在第三阶段有三位老师调走，即使研究者仍然与调走的三位老师保持联络追踪，但基本上，外部环境不一样，追踪所得出的结论自然无法当做推论的依据。

小 结

本章主要是阐述了实验研究法在社会学研究中的运用，归纳实验研究法的概念、特征，以及在利用实验研究法研究时应该遵循的基本原理、包括的实验要素、具备的实验程序；同时详细地分析了实验研究法中实验设计的类型和影响实验正确性的有关因素以及实验研究法的特点。通过本章的学习，使学生了解实验研究法的概念，重点掌握实验研究法的基本原理和程序，掌握基本实验设计和影响实验研究法的相关因素。难点是实验设计的分类。

思 考 题

1. 简述实验研究法的三对要素。
2. 阐述标准实验与非标准实验之间的差别。
3. 在社会学、心理学、社会心理学等杂志上，找两篇实验研究报告，分析它们的自变量和因变量是什么，同时分析研究者是如何将实验刺激引入实验的，分析实验对象是如何选取的，又是如何分配到实验组和控制组的。
4. 举例说明为什么要采取“双盲实验”的方法。
5. 分析说明实验研究法的优缺点。
6. 将实验研究方式的基本逻辑与调查研究方式的基本逻辑进行对比，分析二者在社会研究中的地位和作用。

第三篇　农村发展研究的参与性方法

第九章　参与性发展研究与工作方法

“为了一切人的发展和人的全面发展”，参与性的理念和相应的工作方法显得尤为重要。农村发展的主体是农民，农民自己有发展的需求。同样，农民也更清楚自己面临的困难和机遇。研究人员、学者、商人、政府工作人员等外来者是农村发展的整个进程中的协助者和催化剂。农村发展的原动力来自农民对更好生活的向往和追求。参与性的研究方法在文献法、观察法、访谈法、问卷法、案例法和实验法等多样的研究方法之后，又将为农村发展研究提供一个新的理念和视角。

第一节　对传统发展理念和实践的反思

一、发达与不发达之间

第二次世界大战以后，众多发展中国家都面临着严峻的社会经济问题：生产停滞，物资匮乏，科技落后。发展中国家此时最需要的就是快速发展经济，人们都相信科学和技术可以解决这一问题，掌握更多技术的发达国家只要把相应的技术传授给发展中国家就能推动其经济与社会发展。在此背景下，将经济增长作为衡量国家发展的唯一指标是可以理解的。但是，不断增加的国民生产总值并没有让大众摆脱贫穷和落后，随之而来的却是意想不到的社会两极分化、自然环境污染、社会动荡不安等一系列问题。

案例 9-1

不丹的启示——用国民幸福总值替代 GDP

近年来虽然中国的 GDP 获得了高速增长，但是很少听到中国人说自己的幸福也高速增长了。金融危机来临之后，中国出台了一系列保 GDP 增长的政策，却没有听说出台“保幸福增长”的措施。GDP 增长一直是中国发展的核心目标，也一直是 20 世纪西方主流发展模式的中心。在金融海啸的摧毁之下，这个中心受到了震撼，虽然西方抗海啸的主旋律仍然以 GDP 为主调，但是一股另类的潜流却在呼唤“超越 GDP”。

2008 年 11 月，当世界在金融海啸的深渊中迷茫挣扎的时候，几十位西方国家的经济学家和政府官员到喜马拉雅崇山峻岭中的小国不丹去寻求“另类”答案。

不丹提供的另类方法是什么呢？不丹方法的核心是：社会发展的目标是提高国民幸福总值 GNH（gross national happiness），而不是提高国民生产总值（GNP）。它之所以提出这样的另类发展思路，是因为不丹看到了追求国民生产总值的发展模式中的一个悖论结果：物质丰富了，收入提高了，人却没有感到更加幸福。伴随 GNP 高增长而来的环境污染、工作压力、犯罪增多、失业威胁、社会冲突、人际疏离……使许多 GNP 很高的国家的人民深感痛苦。30 多年前，不丹的决策者就看到了这个悖论，GNP 不等于幸福，而幸福才应该是社会发展的真正目标。

不丹是如何衡量幸福的呢？它把国民幸福总值具体化为四大支柱：①环境和资源的保护；②公平和可持续的经济发展；③传统文化的保留；④优良的治理制度。

30 年来，不丹的确取得了令人惊羡的结果。为了追求公平的发展，不丹为全民提供了免费医疗福利和教育福利。为了保护环境，它不进行急功近利的开发。譬如，它有丰富的森林资源，但它自觉地不把开采森林作为推动 GNP 增长的亮点。它的经济发展亮点是选在再生性能源——水力发电的建设上，而在修建水力发电站的时候，它也充分考虑环境保护。它的水电站都是修在地下的，没有对地面上的生态造成破坏。修地下水电站要比修地上水电站费时费钱，如果急功近利追求 GNP 增长，肯定会选择修地上水电站。但是，在追求国民幸福总值的发展战略指导下，为了保护环境，为了可持续性，不丹选择了地下水电站。当然，这样的选择结果，前期 GNP 的增长肯定会慢一些，但是后期的、长远的“幸福”则能让全社会受惠。目前，地下水电站已经给社会带来了幸福，水电是不丹的主要出口，也是政府的主要收入，这些收入使政府可以向全民提供免费的医疗福利和教育福利。美国的人均 GDP 是不丹的 30 多倍，但美国却不能给公民提供免费的医疗福利，连半免费的全民医疗福利也没有。

近年来世界银行在研究贫困问题的时候，增加了一个新的贫困概念：“时间贫困”。以前讨论贫困的时候只注重“经济贫困”，以收入多少、消费多少来衡量。后来看到“经济贫困”和“时间贫困”常常连在一起，许多穷人收入低，为了温饱要加长工作时间，他们的痛苦不仅仅是缺少物质消费，也是缺少休闲时间。在美国，保障较短的工作时间曾经是争取员工福利的一项重要内容。

所谓学习不丹的经验，并不是说应该去照搬不丹具体的四大支柱。不丹的四大支柱，是不丹人认为能使他们幸福的支柱，其他国家的人也许会有不同的感觉和想法。譬如，不丹的四大支柱之一是“保留传统文化”，有些国家的人也许会觉得“改革传统文化”才是幸福。

金融海啸引发了全球的经济衰退，也引发了人们的反思。美国发展模式的神话在金融海啸中破灭，“后美国”时代的反省和探索很可能催生一次社会发展模式的思想革命，这很可能是一次“范式转移”（paradigm shift），是基本理论的结构性变革，就像从中世纪的地心说转移到哥白尼的日心说。地球不是宇宙的中心，GDP 也不是发展的中心。

二、农村发展的主体是谁

在发展工作领域有一个人人皆知的故事，内容是这样的：政府为了帮助村民尽快脱贫致富，投资买了山羊，并派人将山羊直接送到农户家中，希望农户能够通过喂养山羊、产仔、挤奶提高收入。一段时间后，政府相关部门工作人员接到农户抱怨的电话说："你们的山羊病了，快来领回去。"没有农民作为主体参与的决定会带来"你们的水管"、"你们的果树"、"你们的公路"和"你们的发展"。农村发展的主体是农民，农民自己有发展的需求。同样，农民也更清楚自己面临的困难和机遇。研究人员、学者、商人、政府工作人员等外来者在农村发展的整个进程中是协助者和催化剂。农村发展的源动力来自农民对更好生活的向往和追求。

20 年前，法国学者弗朗索瓦·佩鲁受联合国教科文组织的委托，撰写了《新发展观》一书，并在 1987 年，由华夏出版社出版了中文版。作者通过对传统发展观念、理论和实践的分析与反思指出："那些和土地保持着最密切联系的传统农村公社和群体具有来源于祖传的各种能力，而这些能力是不能完全被外部作用所毁灭的。"

承认发展的主体和在发展过程中将其主体地位体现出来是不一样的。参与可以有多种形式，项目成功的关键不仅取决于参与数量的多少，更重要的取决于参与的主体和参与方式。参与性发展认为，外部的支持固然重要，但当地人在一般情况下有能力认识和解决自己的问题，发展的一个重要过程是强化和提高当地人自我发展的能力。

案例 9-2

一样的公路修建，不一样的村民评价

A 村是四川马边县最早开展贫困农村社区发展项目(Poverty Rural Community Development Program,以下简称(PRCDP)的试点贫困村。距马边县政府所在地 50km，从县城到村乘车需要 1.5 小时。全村共辖 9 个村民小组，总户数约 280 户，总人口约1 200人。村里居住着汉、彝、苗多个民族。以汉族为主，彝族 2 人，苗族 7 人，都是从外村嫁来的妇女。该村自然条件差，山高坡陡，海拔高度在 650～1 300m。主要农作物有玉米、水稻，经济作物以茶叶为主。牲畜有猪、牛、羊、鸡等，养猪较多。大田村的人口受教育水平普遍比较低，50%的成年人具有小学文化，读到高中的村民仅 10 余人。该村种植的水稻基本自用，大米够吃，玉米用于养殖牲畜，粮食不出售，也不购买。可以用于种植茶叶、木材和竹子的土地比较多。

PRCDP 项目在该村进行公路修建工作，项目投资 24 万，修建约 12km 的从乡政府到村内的公路，基本解决 9 个村民组交通困难。公路修建过程中以社区为主导，农户讨论决定项目，由执行小组代表村民对外承包修建，招标选择施工队，执行小组有专人负责工程质量监测和验收，同时，农户也自愿参与质量监督。执行小组可以控制资金使用，按进度给施工队拨付工程款。资金由乡项目办代管，最终向村民公布开支情况。村民无偿提供占用土地并投工投劳。农户讨论了具体的后续管理办法，并执行管护办法。

B 村是马边县距县政府所在地 30km 的一个村，从县城到村乘车需要 1 小时。全村共辖

14 个村民小组，农户 386 户，约1 450人。彝族有 3 个组，146 户，360 多人，其余为汉族。珍珠村彝族多居住在更高的地区，基本上都是 10～20 年前，购买当地外迁汉族的房屋和土地后，才定居到该村的。彝族妇女受教育程度低，多数妇女不识字。全村地貌类型多样，沟谷区和缓坡多为水田，坡地为旱地、林地和茶园。种植的作物包括水稻、包谷等，粮食能够自给，包谷主要用于喂猪，少量出售。

同样，公路修建是为 PRCDP 项目在该村的重要活动，项目执行方决定整合不同部门资金实施，涉及扶贫办、国土局、项目办等。社区老百姓不清楚谁具体负责实施，没有参与选择实施工程队。除了开挖路基投劳外，没有参与决策和监测。虽然有一个后续管理办法，也不具体，村民不清楚由谁具体负责。村民同意对修建好的公路进行管护，但事实上没有组织村民实施，公路修成后缺乏管理。

村民对公路修建项目的不同评价

项目活动 \ 打分		对项目的了解（资金使用，施工安排等）	项目质量和作用	项目获益公平和公正性	项目服务的持续性	社区投入负担（含后续维护）
A 村公路修建	村干部	10	10	10	10	7
	男	9	10	10	10	10
	女	9	10	10	10	9
	贫困户	9	10	10	10	10
B 村公路修建	村干部	5	5	10	9	6
	男	5	5	7	6	5
	女	6	8	10	8	7
	贫困户	/	/	/	/	/

在 2009 年 4 月，由第三方对项目影响进行了评估。评估专家请不同组别的村民针对 5 个方面对两个村子的公路修建项目进行打分。评估发现从公路修建项目一开始就有村民参与的 A 村，村干部、男女村民和贫困农户非常了解项目，十分肯定公路的质量并起到的积极作用。村里从村干部到贫困户都觉得从公路修建项目中获益，并且积极拥护本村担负起对公路的后继管理维护工作。对 B 村的评估显现出缺乏当地村民参与的公路修建项目在获益公平性、项目可持续性等方面被村民接受的程度就低，带来的直接后果是村民对公路没有拥有感，更谈不上对它的后继管理和维护。

三、女性在农村发展中的角色和贡献

传统的中国农村和农村家庭，长期沿袭着男耕女织、“男主外、女主内”的社会生活经营模式，广大农村妇女一向被排斥在主要农业活动或农业主要角色之外，较男子更少地参与农事活动尤其是极少参与农事决策活动。

有学者认为，“现代中国的劳动性别分工已经打破了传统的内外格局，呈现出男女共同参加社会生产劳动这一不可逆转的现实。中国农村劳动性别分工在转型过程中发生了复杂的变化，两性劳动发生了多元的变化，女性在成为农业重要劳动力的同时，也加入到工业化的进程中，对其家庭经济和社会发展作出了重大贡献。”任何事物的发展，除了看其对大局的贡献，也必须看主流对其的影响。“农业的女性化或女性的农业化”以及“男工女耕”的性别角色模式的形成，实质上是“男主外、女主内”在新形势下的表现形态，仍然是“女人蹲在家里，男人走向世界”的传统两性分工，虽然劳动内容和劳动方式发生了变迁，然而这并不意味着农村妇女地位的提高。

案例 9-3

世行 PRCDP 项目村级小组执行副组长

小李，女，汉族，1963 年生，小学毕业，是云南省昌宁县某村民小组世行 PRCDP 项目执行小组副组长。她有一个幸福的五口之家，丈夫性格内向，但也关心体贴，三个孩子都聪明懂事。小李是一个思想开放、聪明能干、敢想敢闯的妇女，丈夫性格内向，对生活打算也少些，认为老老实实种地就行。小李考虑到自己有三个孩子，觉得不能与别人家相比，为了孩子也需要多打算，付出更多，所以多年来她积极开茶地、种核桃，还外出经营核桃、茶叶买卖等生意。虽然辛苦，但她把家庭生活搞得红红火火，也由于这些特点，在 PRCDP 项目村级执行小组的选举中，小李脱颖而出，成为执行小组的副组长。

小李主要负责改厕、改圈项目，要做的工作包括组织村民讨论、研究、决定项目的实施方法和操作程序，组织妇女开展活动和进行项目实施，组织妇女对项目实施情况进行监督、检查等。

小李首先召集执行小组成员召开了改圈动员会，把自己学到的关于卫生圈的好处向其他妇女进行了介绍，并且把妇女成员们进行了分工，每个人负责落实几户，逐家逐户进行介绍、访谈和收集信息。

妇女们每进入一户，都详细说明卫生圈的饲养好处，早晚各打扫一次就行了，能节省很多劳动力。妇女们认真收集信息，确认村民是否愿意参加改圈活动。

收集信息的过程中，妇女们发现村民可以分为四类：第一类是进行村级需求评估的时候随大流选择了改圈，但是现在又改变了主意，不愿意参加的人家；第二类是由于家庭产业发展方向、生产生活条件等原因不适宜参加改圈的人家；第三类是之前已经完成了改圈，但是想在项目活动中获取好处又再次报名的人家；还有第四类就是家庭有条件，但还是犹豫的人家。针对四种不同的情况，妇女们认为不能随随便便应付了事，应该坚持公平公正。一定要把条件不适合的人家剔除出去，动员真正想干的人家来参加。最后，她们确定了愿意参加改圈的有 26 户，不愿意参加的大多是已经完成改造或经济实在困难的农户。

但是，社区村民在村级规划的需求评估中，报名愿意参与改圈的是 23 户，现在共有 26 户人家报名。怎么办呢？

小李又把 26 户人家召集起来讨论，大家又纷纷认为“改圈是非常喜欢的，即使没有补助也还是要改，现在又有补助，更要改”，最后大家一致同意每家少分一点钱，把愿意参与的 26 户人家都进行改造。

小李认为她参与 PRCDP 项目收获最多的是有机会与项目执行小组成员一起学习，并能够为村民干些实事。

四、乡土知识的价值

传统发展理论认为任何发展项目能否成功，取决于项目是否有受过高等教育的，受过严格专业培训的专家的技术支持，是否有精明能干的政府官员的帮助。

农民不是完全愚昧无知的，只有农民最了解农民自己；专家学者不是万能的，他们懂得自己、懂得科学，并不等于懂得农民和农民的“乡土知识”；社区是千差万别的，不同的群体和人员之间有着巨大的思想差异。

经验丰富的世界银行项目评估专家在对不成功的农村发展项目进行回顾和总结时就指出：农村发展项目官员们会勉强承认村民们为项目设计和实施提供有用的社会经济方面的信息，但仍不愿意主动请农民参与项目技术部分的讨论，他们认为没有受过多少正规教育的人不会对技术领域有贡献。然而，在坝址的选择和施工方法的选择等技术性很强的问题上，村民们仍可能提出有价值的见解。尼泊尔、菲律宾、墨西哥等地小水坝被冲垮的教训说明在项目设计最初就应当说服技术人员征询和听取当地村民的意见。村民有可能不够专业，工程师和农学家同样也会犯错。

案例 9 - 4

福贡的苹果种植项目

云南省福贡县珠明林村是一个傈僳族的山区贫困村，1990 年被作为云南省省级山区开发的试点村，开展综合扶贫项目。省里派了一批专家帮助该村开展项目规划，其中一位林业专家对该村土地资源考察后，发现海拔在1 800m 左右的许多荒地适宜种植苹果,也看到零星的长势很好的苹果树,于是提出种植苹果的计划,计划一经提出，马上得到省项目办批准。

但在落实种植面积到户时，农户们却不大乐意种植，经过项目工作人员一番苦口婆心地说服后，农户们勉强同意少量种植。收获季节到了，专家们到项目现场一看，傻眼了。他们发现苹果树虽然长势良好，接出的苹果品质也好，但果实却极少。

这可急坏了省里的专家,经过一番仔细调查,结果发现问题出在“精英知识”和“乡土知识”的对接上。原来,当地农户都讲傈僳语,农户们非常清楚苹果开花时,当地正是小雨季节,多数苹果花都会被雨水打落,最后能结出的果实并不多。当初专家在提出种植苹果的计划时,由于语言不通,没有能全面地了解当地的“乡土知识”,最后只能是“好心不一定办好事”。

第二节　参与性与农村发展

一、以人为本的参与性

“以人为本”是中华文化的基本精神之一。《论语》中记载过一个小故事。一天孔子听说马厩失火，他没有急着问马厩损失，而是首先便问“伤人乎?”。这足以看出孔子凡事先关心“人”的态度。弟子请教如何事鬼神，孔子答：“未能事人，焉能事鬼?”弟子又问人死后的情况，孔子说："未知生，焉知死?"足见孔子是将人的生存、人的现实生活放在"本"的位置。《康诰》是周公告诫康叔如何治理卫国的诰词，阐述了"敬天保民"的思想。周公告诫康叔"敬哉！天威棐忱，民情大可见"，强调"用康保民，宏于天，若德裕乃身，不废在王命"。周公还说"若保赤子，唯民其康"，即主张君主要像保护孩子一样保护臣民，使民众安居乐业。孟子有"民为贵，君为轻"的理念，他说过"民为邦本"，即老百姓是国家的根本。唐太宗更有名言"水可载舟，亦可覆舟"，这"水"便是民，是众人。

"以人为本"的思想一直都指导着中国发展的进程。胡锦涛总书记明确指出："坚持以人为本，就是要以实现人的全面发展为目标，从人民群众的根本利益出发谋发展、促发展，不断满足人民群众日益增长的物质文化需要，切实保障人民群众的经济、政治和文化权益，让发展的成果惠及全体人民。""推动我国经济社会又快又好发展，必须坚持以人为本，坚持发展为了人民、发展依靠人民、发展成果由人民共享，不断实现好、维护好、发展好最广大人民的根本利益。"党的十六届三中全会提出了科学发展观的概念，是指"坚持以人为本，树立全面、协调、可持续的发展观，促进经济社会和人的全面发展"，按照"统筹城乡发展、统筹区域发展、统筹经济社会发展、统筹人与自然和谐发展、统筹国内发展和对外开放"的要求推进各项事业的改革和发展的一种方法论。

党的十七大报告提出：科学发展观核心是以人为本。以人为本是十六大以来党中央突出强调的一个重要思想和基本要求。它之所以是科学发展观的核心，主要有以下三方面原因：

（1）以人为本是历史唯物主义的一项基本原则。

（2）以人为本是党的根本宗旨和执政理念的集中体现。

（3）以人为本全面回答了科学发展观的一系列基本问题。

"以人为本"的英文是 people - oriented，"orient"的意思是指"使熟悉；使适应；指出方向；给以指导"，拉丁语"oriens"则指太阳升起的方向。以"人"为中心思考和行事，在思考和行事中有"人"的参与。各个国际机构在经过了长时间的发展工作后，总结经验也提出："人们越来越认识到参与的重要性，这不仅需要加大发展主体在项目决策中的影响力，而且保证项目的基础设施和服务能满足原有的意图。村级社区真正参与投资项目计划和决策会继续受到限制。然而，为了加强受益人在项目规划和实施过程中的参与，农村综合开发方案包括了各种特殊的方案。农村综合开发方案项目人员越来越担心，若不能保证在项目各个阶段的真正的参与，项目投资得到正常运作和维护的潜力将会大大地减小。农村综合开发方案与多数其他项目不同，近年来从方法上入手，注重提高投资计划和实施过程中真正参与的程度。这一重点的转移，是农村综合开发方案洗去了起初的教训而改进的结果。"

二、参与性研究方法的理论基础

佩鲁在其著作《新发展观》中对"发展"提出了全新的阐释，即"为了一切人的发展和人的全面发展"。这种新发展观是"整体的"、"综合的"和"内生的"。佩鲁指出："对发展问题的注意预示着经济学及其所用的分析工具领域中的各种根本变革。其要点在于，发展同作为主体和行为者的人有关，同人类社会及其目标和显然正在不断演变的目的有关。一旦接受了发展的观念，就可望出现一系列新的发展，与之相应的是人类价值观念方面的相继变革，在历史上，这些价值观念正是以这种方式转化为行为和活动的。"

(一)“参与”的概念

“参与”的英文是 participation，译为“参加；参与；分享”。这与“身显神缺”的“出席”或者“到场”有本质的不同。“参与”概念中的“分享”，意味着对所有利益相关方观点和意见的接纳，参与者不仅有在对话沟通和活动过程中的信息交流，还意味着其对权利和责任的划分。

关于“参与”的定义，在国际发展文献中可见许多，而且有一定的差别，中国的学者把这些观点归纳为以下几种：

(1) 参与是在对产生利益的活动进行选择及努力的行动之前的介入（Uphoff，Esman，1990）。

(2) 参与可被定义为在决策过程中人们自愿的民主的介入，包括：①确立总目标、确定发展政策、计划、实施及评价经济及发展计划；②为发展努力作贡献；③分享发展利益（Poppe，1992）。

(3) 参与可被定义为农村贫困人口组织自己、组织他们自己的组织来确定他们真正的需求、介入行动的设计、实施及评价的过程。这种行动是自我产生的，并且是基于对生产资源及服务的可使用基础上，而不仅仅是劳动的介入。同时，也基于在原始阶段的援助及支持以促进并维持发展活动计划（Oakley，Peteret al.，1991）。

(4) Oakly 及 Marsclen（1984）回顾并总结了众多在发展项目中应用的“参与”的理解及解释，并把它们归纳成以下四个方面：

①参与是人们对国家发展的一些公众项目的自愿的贡献，但他们不参加项目的总体设计或者不应该批评项目本身的内容（拉美经济委员会，1993）。

②对于农村发展来说，参与包括人们在决策过程中，在项目实施中，在发展项目的利益分享中，以及在对这些发展项目的评价中的介入（Cohen，Uphoff，1977）。

③参与涉及人们在给定的社会背景下为了增加对资源及管理部门的控制而进行的有计划、有组织的努力，这些人在过去是被排除在对资源及管理部门的控制之外的（Pearse，Stiefel，1979）。

④社区参与是受益人影响发展项目的实施及方向的一种积极主动的过程。这种影响主要是为了改善和加强他们自己的生活条件，如收入、自立能力以及他们在其他方面追求的价值（Poul，1987）。

(二)“参与”的重要因素

无论是宏观层面的参与发展，还是微观层面的参与项目，各路学者和专家指出“参与”应该包括以下重要因素：

1. 发展主体在决策及选择过程中的介入。这与传统发展思路不同，强调受益人在发展项目整个过程中参与决策并自己做出选择。

2. 发展主体在整个项目周期中的介入。所有努力都是为了使发展主体真正地发展。比如说，农村发展项目是为了让农民实现自己所选择的更好的生活条件、生活方式和生活受益。只有保证农民有权并且在实际操作上能够参与发展项目整个周期过程，包括项目确定、可行性研究、项目设计、项目实施、项目监评以及项目的后继管理等环节，才能使得发展主体的需求得到考虑和满足。

3. 发展主体的承诺及责任。从发展项目角度看，项目成功与否实际上与项目是否表达和实现发展主体的利益和意志有很大关系。如果项目表达了发展主体的愿望，项目也就有了发展主体的承诺，与之对应的责任、付出也会在项目实施过程当中得到体现。

4. 发展主体的贡献和努力。发展中的参与还指发展主体尽可能地对发展项目付出的贡献和努力，比如一个参与性村级道路修建项目中，村民劳动力的投入；一个参与性村级饮水工程建设项目中，妇女向水务技术人员提供从水源到各取水点的水管铺设路线。

5. 乡土知识及其创新。参与性发展理论的一个重要方面是使当地群众在他们熟悉的环境中充分地把他们自己的知识及技能用到发展活动中去。比如说，在一个社区里，农民比任何一个外来者可能更加熟悉他们自己的发展限制、发展潜力及发展机会，同时通过长时间的实践磨炼，农民已经总结出并掌握处理他们自己所面临问题的一些特有的知识与技能。因此，任何社区发展项目或其他支持只能起到一种协助作用，即协助农民来增加基本技能，充分利用并根据他们自己的乡土知识去理解他们面临的新问题、新情况，同时充分利用他们的创新潜力和能力去发展自己的社区。

6. 资源的利用和控制。对资源的利用和控制是鼓励农民积极参与发展活动的另一重要条件。比如说，如果农民对林业资源拥有使用权和控制权，农民就可能更积极地参与社区林业发展。从另一个角度看，参与也是人们不断地寻求对资源使用权和控制权的过程。

7. 能力建设。参与性项目的重要目标之一就是协助农村群众在参与项目过程中实现自我教育、自我培训，使之能够更好地衡量评价自己和所处社区的情况，进行自我组织，推进社区积极的发展变化。

8. 发展中的利益分享。参与决不只意味着地方群众的参与投入和付出。参与包括了对社区发展后的利益分享。如果利益分享没有在项目总体设计思路中得以体现，农村较为贫困的人群参与发展项目活动的积极性也不可能被调动起来。利益不只是直接利益，还包括间接利益。

9. 发展主体的自我组织及自立意识。参与性项目实施过程中也会产生出各种形式的自助小组。这些组织是人们为了满足特定的社会及经济发展需求而建立的团体。有些参与性发展项目在促进农民自立方面取得了很好的成果。在这种情况下，外部干预只起到催化剂的作用。外来力量促进并协助集体行动，做到使当地群众独立于外部支持，增加当地人的自组、自助、自立意识。

10. 发展主体权力及民主的保障。完善政治及法制制度，确保农民在经济发展过程中参与决策和实施选择的可能性。

11. 促进机制形成。有一系列的正式和非正式的机制和手段能够促进人们参与发展活动。机制不仅包括经济方面的机制和手段，还包括文化、政治和法制方面的机制。在项目的计划及实施过程中，建立这样的正式或非正式的机制尤为重要，只有这样，才能实现大众参与发展的最终目标。

三、参与性研究和工作实践的原则

在实践过程中，发展工作者通常会面临一个难题：鼓励村民参与决策的愿望与当地村民更尊重外来者意见之间的冲突。在这种状况下，发展工作者应该以“你不是我的过去，我不是你的未来”的心态，更耐心、更多地向当地人学习，和他们一起发现当地的发展之道。

参与性发展的基本原则是建立“伙伴”关系；特定社区有特定的原则；尊重乡土知识、群众技术和执行者的主人翁地位；重视项目过程，而不仅仅只看重结果。参与性发展思想的核心在于强调发展的焦点应是人的发展。人不是一个被动和消极的客体，是发展过程的主体。只有人的发展在项目过程中得到强化，这种发展才是可持续的。

展开来讲，在参与性发展研究与实践中，工作人员和研究者只有遵守一定的行为原则才能保证工作和研究目的达成和正常运作：

1. 拥有建立在平等基础上的态度和行为。在参与性发展项目和研究操作过程中，协助者的态度和行为比其方法和工具更重要。不仅操作者需要转变态度和行为，同样那些应用参与性方法进行工作的机构也应该转变态度和行为，并促使相关的工作人员发生转变。

2. 勇于自我批评。在参与性方法应用过程中，应允许犯错误，但个人和小组内也同样要求不断开展自我批评，共同提高，努力做得更好。协助者应不断回顾、提醒检查自己行为和态度；同时工作小组内部也应经常反省，不断完善。这包括从分析错误中学习，如何做得更好，也就是认识到自己的职责是重要的。

3. 注重灵活的学习过程。由于情况的不断变化，应把每次实践看作一个学习过程，工作地的任何事物都可以为我们的工作提供有用的信息。在进行参与性研究和发展项目时，应及时捕捉重要信息，修订工作计划。运用参与性工具时，不能墨守成规，应充分发挥村民的创造力和想象力。持续探索限制条件和可能性，对项目实施具有挑战性和机会性的因素不断进行思考、选择并展开相应的行动。因此要求协助者保持高度的自我清醒意识，并且应把来自参与性发展工作伙伴和社区的批评看做是建设性的意见或学习的机会。

4. 强调信息和利益的分享。信息的传递不是单向的，它不仅是当地人向外来者传递信息，更重要的还有当地人对外来信息的分享，这是一个双向互动的过程。协助者要达到使当地人能进行自身分析、实现当地人潜力发挥的目标，在这个社区内，个体与个体之间、群体与群体之间以及个体与群体之间相互交换信息和看法的分享就是必不可少的。另外，在协助者中分享和相互支持也很重要。而更为重要的则是参与各方最终利益的分享。

5. 寻求多样化，尊重差异性。参与性发展着重寻求不同地区人民的经验（即年龄、智力、贫富、伤残等的不同），而不是寻求一大群人的一般经验。参与性发展工作者有义务考虑少数人的知识、经验和观点。因此，对来自社区不同成员的知识、经验和观点，在项目的各个阶段，都应该考虑他们的区别，尤其是在确定优先问题和行动计划时，一定要考虑不同群体，包括弱势群体的声音。

6. 注意协助。在参与性发展实践和研究中，仅仅寻求多种观点还不够，当个体和群体相互影响时，协助者应该鼓励人们表述他们的真实情况，而不被协助者的观点所左右。协助农村居民自己调查、分析、做出报告和学习，这样他们既能提供信息又拥有调查结果，并且研究它。这种被称为“移交指挥棒”的方式常常要外来者开个头，然后坐回去或走开，而不要进行访谈或打断。当协助者具有一些专门知识（如农业技术人员或医生等）时，这点显得尤为重要。当然，协助者没有必要了解某人的每个生活细节，最重要的是注意了解与项目行动有关的信息。

7. 进行交叉检验。在参与性发展项目灵活和实用的操作过程中，如何才能知道信息是可靠的呢？获得可靠的信息的方法应该包括：使用不同来源的信息（如与不同的人讨论同样的主题，或用不同的问题或方法对同样的主题进行讨论），向社区反馈参与性发展项目过程中的发现。鼓励他们讨论、评价、增添、修改、确认或反驳，与协助者分享信息，揭示不同和共同的发现。

在任何一个推动参与的过程都需要：向当地人学习；多角度看问题；跨学科、行业思考；参与整个过程；有效利用并适应社区的时间。实际上，很多人将态度、行为和知识分享看做是参与性的三大支柱，这是值得重视的。

四、农村发展研究和实践工作中的参与类型

（一）“参与式”和“参与性”

在研究和实践参与性工作方法的过程中，发展工作者发现就“参与”而言，有两层含义。一是将“参与”理解为一种工作方式和手段，即“参与式”；二是把“参与”看做是发展工作的价值、态度、工作目的，即“参与性”。在此，参与式中的“式”，给人更多的主要是“方法”和“工具”等外在的东西，强调的是“形式”；而参与性中的“性”，则主要强调工作方法背后的“性质”和“理念”。这种理念指导和决定着其理论建设、方法设计和工具选择，因此发展工作者首先坚持的应该是“参与性”。同时，要为参与性思想和理论的实践准备必要的方法和工具，这是使参与性发展真正落实到并作用于具体社区与人群的不可或缺的桥梁和载体。

（二）“真参与”和“假参与”

也有学者直接把“参与”划分为“真参与”和“假参与”。“真参与”的目标是对当地社区的“赋权”；是当地人有责任和权利去参与会影响他们生活的决策。“假参与”则暗示其方法的应用是为了达到预先设定的目的和目标。换言之，参与是利用农民已有的自然、经济和社会资源来达到发展项目的目的。

（三）其他重要观点

Pretty（1995）在对 Arnstein（1969）的参与分类研究后，提出的七级参与类型：

类　型	每种类型的特点
操纵式参与	参与只是一种伪装，公众的代表出席官方会议，但他们不被选举，也没有任何权利。
被动式参与	人们得到参与是被告知已决定和已发生的事情，包括由行政部门或项目管理层发出的单向公告，并不听取人们的反映，提供的信息只属于外部的专业人士。
咨询式参与	人们通过接受咨询或回答提问来进行参与，外部机构确定问题合并控制信息收集过程，所以也因此而控制分析。该过程没有任何决策分享，专业人士也没有承担任何义务去采用人们的意见。
物质激励式参与	人们通过贡献资源来参与，如劳力，作为回报，可以得到食物、现金或其他物质刺激。
功能性参与	人们的参与只被外部机构视为实现项目目标的一种手段，尤其在减少开支方面。人们可以形成群体来满足预设的目标。这种参与可能是交互式的，也可能参与决策分享，但是，这只能是主要决策已经被外部机构做出以后才有可能发生。
交互式参与	人们共同参与分析、信息的收集、行动计划的确定或当地制度的加强等。参与被视为一种权利，而不仅仅是一种实现项目目标的手段。过程包括跨学科的方法，寻求多样性的观点，采用结构化的、系统化的学习过程。由于当地群众接过了控制当地决策、确定当地资源利用的权力，所以他们愿意继续建立的框架和已采取的行动。

（续）

类　型	每种类型的特点
自我动员	人们采取主动行动去改变体系，而不是依赖外部组织，他们与外部机构建立联系，获得他们需要的资源和技术服务，但仍然掌握如何利用资源的权利。

Cullen（1996）总结了前人的研究，也提出了他的社会参与四种类型。与其他分类方法相比，Cullen 的类型更有利于弘扬合作精神，更适合于合作伙伴发展模式中的参与。

参与类型	参与特点
学习型参与	认识到如果没有首先获得行动的技术（知识与技能）、取得行动的能力（自信和集体精神），弱势群体就不可能完全参与。
最终用户/消费者参与	这种参与形式出现与那些直接受益人存在的地方，他们有机会参与到决定目标、目的、政策和工作方法中去。
结构性参与	这种方法倡导构建新的社区组织体系，来协调外部机构和社区的关系。

第三节　农村发展的参与性实践

一、参与性农村发展项目

参与性发展起源于对传统发展模式的反思，成长于对发展中国家援助的国际发展实践。据不完全统计，第二次世界大战后至 20 世纪 90 年代，国际多边和双边机构对发展中国家发展援助的总额达到了3 000亿美元。然而到 20 世纪 90 年代早期，南北在发展上的差距仍在不断地拉大。那么就提出了疑问“为什么”。技术和资金本身是没有问题的，因此人们对项目设计的哲学，对项目操作程序，对项目执行合作伙伴产生了怀疑，认为贫困人口和被领导者能够而且应该分析他们所处的真实状况。应当促使村民分享、更新、分析其生活知识和条件，制订计划和采取相应行动。认识到鼓励和倡导人民大众参与国家或区域的发展项目是至关重要的。需要促进人们自主地组织起来，分担不同的责任，朝着一致的发展目标努力，发展项目的制定者、计划者及执行者之间形成一种有效的平等的“合伙人关系”等。这些都发展和丰富了参与性发展理论。

项目，简单地说就是做一件事。它也可以完整地归纳为在一定时间内，一群人合作，通过一系列的投入和活动，完成任务，达到目标的过程。国际发展项目专家一针见血地指出：“（农村发展）项目最高管理层应该代表农民的利益，在信贷和农业改造活动中应该有农民团体的参与。”与其他事物一样，按照不同的角度，运用不同的方法，可以对项目进行多种分类。如按建设规模，可分为大型项目、中型项目和小型项目；按项目内容，可分为农业项目、林业项目、环保项目、生殖健康项目、社区综合发展项目和工程建设项目；按农业项目的用途，可分为农业生产项目、改善农业生产条件的项目、农产品加工项目、农业公益项目和农业综合开发项目；按项目经济体制划分，可分为农户项目、企业项目、事业项目、双层经营项目、农业综合开发项目和合资项目；按资金的来源，可分为国内项目和国际项目；按国际项目按援助机构的性质，又可分为多边合作项目、双边合作项目和非政府组织项目；按援助内容及性质，可分为技术合作项目和财政合作项目；按项目运作理念和运作方式，可分为参与性发展项目和非参与性发展项目，等等。

如今，在国际项目中，无论是多边合作、双边合作还是非政府组织的项目，也无论是技术合作还是财政合作，其操作过程基本上是相似的。参与是其中非常重要的因素，项目过程的每一步，都体现了很强的参与性。参与性农村发展项目，就是以农村社区成员为主体，在外界的技术、信息、政策以及经济的服务和支持下，制定社区自身发展计划的过程，包括发展目标、问题和对策以及具体行动的组织和实施，同时社区本身在这个过程中扩大与不同利益相关者的交流和理解，进行社区能力建设并直接受益于项目的实施。参与性社区发展项目不仅注重项目的结果，同时注重项目的学习过程，也特别注重对妇女和其他边缘群体的关注。因此，参与性社区发展项目不只关注社区经济发展，更关注社区的社会发展，尤其是人的发展。

二、参与性农村评估

参与性农村评估，英文为 participatory rural appraisal，即 PRA。与快速农村评估相比有以下特点：

1. 自发行动。强调当地农民自己发起行动，外来者的角色是协助者，由当地农民自己进行调查、分析、撰写报告。

2. 拥有信息。当地农民不仅为外来者提供信息，而且自己拥有信息，他们可以决定如何处理自己的信息。

3. 不断反省。调查人员要不断反省，从分析错误中学习，不断改进和提高自己的工作。

4. 交流信息。强调一种学习的态度，不论是农民之间、外来者之间，还是外来者与农民之间，都要有一种学习的精神，互相交流信息和看法。

表 9-1　快速农村评估与参与性农村评估比较

过程的性质	快速农村评估	参与性农村评估
主要发展时期	20 世纪 70 年代末至 80 年代	20 世纪 80 年代末至 90 年代
主要开拓者	大学	非政府组织
主要使用者	援助机构、大学	非政府组织、政府实地工作机构
主要利用的资源	当地人知识	当地人的分析能力
主要的创新	方法	行为
主要工作方式	诱导、汲取	协助、参与
理想的目标	外来者学习	当地人赋权
长远效果	计划、项目、出版	当地社区的可持续发展
工作方式	诱导、汲取	分享、赋权
外来者的角色	调查者	协助者
信息的拥有、分享和使用	外来者	当地人
使用的方法	以快速农村评估方法为主	以参与性农村评估方法为主

三、农村参与性研究面临的挑战

纵然，参与性的农村发展和农村研究方法已经被各个层次、不同类别的机构和群体接受并成为工作的指导理念。但是，参与性的观念和相应的方法工具在贯彻过程中，还是不断地遇到新问题，这些挑战刺激着信仰参与性的实践者不断地思考和革命。

James Blackburn 和 Jeremy Holland (1998) 在其著作《Who Changes》中提出在运用农村参与性评估进行研究和发展工作时，有几个主要的挑战：制度、知识、文化差异、时间和资金等。

1. 制度。参与性的研究和工作方法更多的是试图在机构、社区、政府等组织内改变工作者的态度和行为，以改变权力关系。而现有的制度体系和决策程序是很难在短时间内就能改变的。

2. 知识。纵然参与性强调当地人本土知识的重要性，但在实际操作过程中，专业人员的知识在决策过程中还是占主导地位。很少有证据显示通过参与性研究和工作，当地人的专业知识、技能和自信能有大幅度的提升。

3. 文化差异。参与性鼓励个体创新和草根行动，但是，个体和草根对同一事物的不同认识会导致所要传达的信息的彻底不同。开发跨文化的沟通技能是开展农村参与性研究和工作的重中之重。

4. 时间和资金。不可否认，参与性的理念和工具运用是一个非常消耗时间的活动，特别对贫困和妇女群体来说，他们可用于非生产劳动的闲暇时间就更少。这样的参与性活动会导致原本期待针对的人群因为没有可支配的时间而不能参与决策的整个过程而获益更少，使之更加边缘化。另外，虽然有针对参与性方法的长期经济收益的研究，但是尚缺乏对参与性方法在项目周期中的成本—收益方面的研究。

面对这些挑战，实践者们始终相信：心里只要有参与性的理念，身边随手拿起的几个土豆、几颗大豆、几包玉米、几根树枝都是可以协助村民充分表达思想和愿望的有力工具。

小　　结

农民是农村发展的主体，农村发展首先是农民的发展，最终也是农民的发展；传统观念认为农村发展就只是单纯的经济发展，本章从发展主体、女性角色和乡土知识方面对传统发展观念进行了反思，归纳了“参与”的概念和重要因素；对不同类型的参与性研究工作进行了总结。明确指出参与性发展是“以农民为中心的农村发展”的极其重要的途径。虽然，目前参与性研究还面临着诸如制度、知识、文化差异、时间和资金方面的挑战，但不可否认的是运用参与性农村发展研究方法有利于研究者理解真实的农村发展情况；有利于和当地社区信息的双向交流；有利于当地社区的可持续发展。

思　考　题

1. 在进行农村发展研究的时候，已经有不少研究方法了，为什么还要强调参与性呢？

2. 在进行参与性农村发展研究时，如何理解“你不是我的过去，我不是你的未来”的心态？

3. 情景模拟：几个研究小组分别进入各自确定的农村社区进行调查，临行前，小组开会讨论调查的注意事项。要求分组讨论后产出一个农村参与性研究行动注意事项的报告，并与其他研究小组分享报告内容。

第十章　参与式发展研究的具体方法

本章介绍各种适于由农村发展工作者和当地群众共同做的实用参与式研究方法。首先要懂得为什么要强调参与性并运用参与式研究方法、哪些场合需要参与性、参与性研究可以解决哪些问题、做参与性调查研究要注意的问题，以及参与性研究的优点和适用范围。然后要掌握本章介绍的六大类参与式研究方法。即展示法、分析法、排序法、记录法、图示法和研讨会议法。每类方法中都介绍了多种具体方法。对于每种具体方法，要掌握其方法描述及做法、目的及功用、优点，及其使用指南和使用注意事项。

第一节　参与式研究方法的优点和适用范围

一、为什么要强调参与性并运用参与式研究方法

我们为什么要利用参与式研究方法呢？参与式研究方法是联合国粮农组织在农村发展中大力提倡和推行的方法。它是一种由地方群众积极参与对当地自然资源和社会经济条件的分析与诊断，在对自身条件分析的基础上制订发展规划和项目，并参与实施、监测与效果评估的现代研究方法。在发展研究方法的设计上，所采用的是并不复杂的，群众容易掌握和积极参与的，且喜闻乐见而又很有效的方法。参与性研究的英文名称是 Participatory Research，其研究的目的是了解农村社区的基本状况以及在群众的参与下制订社区发展规划和寻求解决存在的社区问题的最佳方案。

为什么要强调参与性呢？参与式研究方法在农村发展研究和在新农村规划与建设中有如下优点：

（1）参与性可以是一个社区发展项目的日标，也可以是项目达到目标的手段。作为目标，参与性培养群众的技能和提高群众改善生产、生活的能力；作为手段，参与性帮助产生更好的项目规划和实现更好的项目实施。

（2）让地方群众感到自己是决定发展的主人和动力。

（3）培养社区群众的自我发展的能力。

（4）使项目目标能真正针对地方群众的需要。

（5）使项目的大小和地方群众和地方组织的能力相适应。

（6）通过取得项目实施人员与乡村群众意见一致性、实现项目实施者与群众的亲密合作，提高项目实施的效率，促进群众和项目实施组织机构的交流，实现共同努力。

（7）群众参与提供社区发展项目所需要的智力和人力资源。

参与式研究方法的适用范围如下：

（1）了解农村社区的自然资源状况（地理、气候、土壤、动物、植物、生态、交通等）。

（2）了解农村社区的社会经济状况（人口：人口数量、人口密度、性别、年龄结构、受

教育状况；经济：技术水平、生产单位、农林作物种类、收入水平、劳动分工、交换方式、生活水平等)。

(3) 决定一个社区发展项目是否在社会、文化上被项目地区所接受并且能否给当地带来好的社会、经济和生态效益。

(4) 让村民共同参与社区发展规划的制订。

二、需要参与性的场合

(1) 当需要弄清社区的自然状况和社会经济状况。

(2) 当需要群众积极地参与社区现状评估和制订发展规划。

(3) 当需要找到新的方法和手段。

(4) 当需要通过实际操作来学习。

(5) 当项目的成功取决于社区群众对项目的了解和认识、长期的努力和责任心。

(6) 当需要培养地方群众的能力并使他们能将项目在外援结束后仍继续下去。

从具体方法上讲，参与性研究提倡把农村社区内部和社区外部两种透视角度结合起来调查、分析和解决问题。它把村社和村民作为调查研究工作的主体，而外来者在调查工作中是起协助和协调的作用，用这样一种工作方法能帮助社区人民走上自主和自我依靠地进行经济发展和建立良好生态环境的轨道。

参与性研究是一种农村发展工作者直接与群众见面，促使每个参与群众积极发言，直接提供他们的社会、经济状况、共同分析现状、共同制定和执行发展规划的一种研究方法。在具体实施中，常采用各种能激起群众兴趣、使他们踊跃发表意见的讨论形式。本章将介绍其中的一些主要方法。

三、参与性研究中要解决的问题

参与性研究中要收集的资料和评估的问题包括社会经济状况评估、社会文化状况分析、项目受益者分析和参与性项目规划的制订和项目实施中的参与式监测与评估等几个方面：

1. 社会经济状况评估。这个方面要调查的问题有：

(1) 群众的需要及这些需要所表现的经济价值水平。

(2) 社区中人口成分及其经济水平。

(3) 生活水平和生产状况。

(4) 社区中存在什么组织形式?

(5) 社区组织的工作能力。

(6) 社会政治背景。

(7) 经济和生活水平：主要为生手段、收入来源及其稳定性、劳动分工、市场及交换情况。

2. 社会文化和人口状况分析。这个方面要回答一个发展项目是否从社会文化角度可以被接受的问题。需要调查的有：

（1）社区类型：行政区划、行政机构、定居位置（本地人或从外地迁来）、地理位置。

（2）人口状况：人口数量、增长率、分布、密度、民族成分、家庭构成、性别、年龄结构、迁移状况、受教育程度。

（3）土地使用状况和自然资源分配状况：土地权属、其他自然资源分配、继承方式、社会习惯上对资源和权力的控制、法规、习惯。

（4）社会组织状况：传统的社会组织、决策系统、资源分配系统。

（5）其他影响权利和资源分配的因素：历史、文化程度、性别等。

（6）冲突解决方式：正式或非正式的规则、法律等。

（7）宗教及传统习惯。

3. 受益者分析。

（1）从受益者的角度来制订项目要解决的问题和解决问题的途径。

（2）让受益者参与项目准备工作。

（3）让受益者监测项目的实施和参与评估。

（4）从受益者得到贫困程度的量化状况。

（5）从受益者了解到造成贫困的原因和可以激励改变旧有生产模式的因素。

4. 设计参与性社区发展项目。这个方面包括：

（1）制订项目目标。

（2）认识参与群众的需求。

（3）培养社区群众的自我发展能力。

（4）项目的规划过程同时也是让群众学习的过程。

四、参与性研究实施的具体步骤

1. 确定要调查的问题。带着要调查的问题，确定目标群众并走到他们中间。造成一种使他们愿意发表他们的看法，说出他们所知道的轻松和谐的气氛。可以按照他们的实际情况划分小组和定义要说明的问题。

2. 选择参与性研究工具。以所划分的小组为单位，选择最合适的参与性研究工具。选择什么工具和方法取决于所调查的问题，当时的具体情况和调查需要达到的精度。例如，调查农产品比例可用圆形统计图，调查群众对树种、农作物或其他具体项目内容选择的偏爱和先后次序可用矩阵排序法，调查土地利用和村舍平面状况可用参与性绘地图法等。

3. 选择地点。参与性调查可在农户家中，户外的空地、集会场所等地方进行。地点的选择决定于所讨论问题的敏感性、参与群众的多少、调查者与被调查者之间的相互信赖程度等。

4. 就地取材。现场可利用的各种材料都能用于调查，例如，纸张、笔、粉笔等。在地上画图可以用棍子、石子、粉笔等。

5. 促进和协调。要以鼓励和帮助的态度促使群众发表自己的意见，而不是以领导者的姿态出现。要认识到群众的知识也像自己的知识一样重要。和群众在一起要耐心，要仔细观察、倾听和向他们学习。

6. 主持好讨论。要注意关键发言人，听取他们的情况介绍和所发表的看法，并鼓励沉默者发言，注意发言者在向谁说。注意不要把外来者的见解加到群众头上。

7. 探索问题。要注意向群众询问与调查内容相关的各方面的情况，提醒他们说明什么事物、什么时间、什么地点、什么人、如何做和为什么这样做。

8. 记录工作。进行参与性调查研究时的群众访谈和讨论过程要有记录员做随时记录，以免访谈后因没有文字记录而失去访谈工作的成果。记录中要写明发言人、日期、地点、所讨论的问题及发言人所说的内容。

9. 所讨论的内容和结果的信息共享。在讨论中可以把所讨论的内容以一种大家都能看到的，书写或者图、表的形式表现出来。这一过程通常要在一个足以容纳全部小组成员并有利于他们积极参与的公共场所进行。在进行过程中可在记录本上抄下大家在共同参与下写出的大的图、表和文字。也可请别人帮忙来抄写。但所得结果和信息资料应是公开的，并且是为参加群众所共同拥有的。

10. 要有热情和兴趣。在向群众了解情况和帮助他们分析问题的过程中，要有为群众工作的热情，并能激起群众积极参加讨论发言的兴趣。

五、做参与性调查研究要注意的问题

（1）做参与性调查研究时不要离开小组。

（2）在调查的过程中要具灵活性，不要有时间压力。

（3）不要做得太多、太快。

（4）要对当地群众所知道的情况感兴趣。

（5）保证小组中每个人都有发言机会。

（6）话题要清楚、简单。

（7）就地取材。

（8）使用当地语言及问候方式。

（9）不要对人指手画脚。

（10）不要使用昂贵材料。

（11）不要充当手执教鞭的先生，不要主导群众的对话，应给予他们平等的机会。

第二节　展 示 法

一、概念和种类

展示法是在参与式研究中，在群众参与讨论时，利用各种群众喜闻乐见、易于理解的方式把社区的资源状况、社会经济状况、生产状况、生态状况、人力资源状况、优势和劣势、机遇和限制条件等简单明了地展示给群众，使群众明了自己所处状况和所具有的条件，并在此基础上做出发展生产和经济的正确决策。展示法的种类有：绘简图与讨论、列表、表演、墙画与招贴画、历史连环画、不连贯故事、历史年表、拼贴板、示意地图、航空摄影图片和模型地图等。下面对各种方法作介绍。

二、绘图与讨论

1. 方法描述。这是一种用直观的图像促进讨论的方法。把社区群众聚到一起，把所讨论的事物及其相互关系绘到图上，用绘简图的方法来直观明了地表达和讨论社区的各方面实际状况和寻求社区发展的具体方法和措施。在一些社会文化中，形象比文字、概念更易于被用来交流信息，能更直观地被人们理解和接受。绘图可以吸引更多人的兴趣和参与。用绘制的草图、示意图、象形图能很好地确认村社存在的问题。绘图还可以用来收集和分析信息。所以绘图与讨论是一种灵活的、动态的、开放式的信息收集方法，可以使讨论气氛更加活跃。绘图可以由社区群众一起进行，每个人都可以把自己掌握的情况绘到图上，而讨论就围绕着所绘的图来展开。当人们把图绘出时，讨论可以关注于每一个新加到图上的内容的相对重要性。当其中一些人把图绘出后，也可以拿到小组中来讨论。该方法可以用在村社问题分析、村社开发基础信息收集及参与性评价等步骤中。由于所讨论的问题和具体情况多种多样，所以这样的绘图讨论也就不拘泥于固定的格式。

2. 目的及功用。此方法可用来：

（1）识别社区中存在的问题或所关心的事情；

（2）引起群众对现存状况的关注并为今后的对比和评估记录下信息；

（3）促进集体分析和集体智慧的发挥；

（4）加强思考策划与实际行动之间的联系；

（5）当需要沟通、策划和关注某些问题时能促进交流与讨论；

（6）提供形象化的发展目标描述。

3. 方法的优点。

（1）在有语言障碍的少数民族地区，群众通过绘图来表达他们的思想和意见会更容易和自然；

（2）利用自己绘出的草图，人们更能够共同地看到和分析问题，加强了集体识别和分析问题的能力；

（3）成本很低，只要一些大的纸张和笔，且所得结果可留用于后来的对比分析；

（4）此方法可用于较大范围的社区计划，也可用于较小范围的农田计划，还可用于评估绘图和参与性绘图之间的比较。

4. 使用指南。可以先由项目人员、调查研究人员绘制草图以便在群众集会上引发讨论，也可在集会上由与会者根据自己的观点和想象绘制草图，以引发讨论。绘图的内容应反映关键的问题。研究人员必须注意如下要点：

（1）准备绘图用的纸张和笔。

（2）向小组说明绘图的目的和想要讨论的问题，做到使大家都明白。

（3）解释清楚绘图的目的是为了表明所要讨论的问题，而不是为了画出一件艺术品。

（4）让组员积极参与，给予每个人笔和画的机会。

（5）小组讨论中画于图上的物体的位置和大小常常表明事物的相对重要性。

（6）可以分别在不同人群的小组中进行讨论。例如：男性和女性、富有者和贫困者等。然后在大组中对比和讨论不同结果。

(7) 让每一个组员画出自己的图，然后用来组合成小组的图，不失为一种有用的启动讨论的好方法。

(8) 图画最好是经过充分讨论后完成的。小组可对绘成的图进行分析。它对所讨论的问题说明了什么？有没有发现过去没意识到的问题？是否从另一个角度认识了问题？小组讨论的结果应被记录下来以供今后应用。

5. 使用此工具的注意点： 对外来者来说，常常难以解释图的含义。所以要记录好小组讨论中大家所做的解释。人们在开始时可能会有顾虑，生怕自己画不好。一定要解释清楚，画图的目的是为了表明所要讨论的问题，而不是为了画出一件艺术品。

图 10-1 是对绘图和讨论方法的形象描述。

图 10-1 绘图与讨论

(资料来源：Food and Agricultural Organization of United Nation. 1990. The Communities Tool Box：The Idea，Methods，and Tools for Participatory Assessment，Monitoring and Evaluation in Community Forestry. Rome：Food and Agricultural Organization of the United Nations.)

三、墙画与招贴画

1. 方法描述： 墙画与招贴画是由社区设计的、由擅长绘画者画出的半永久性的大幅画面。它用来表达社区的主要关注问题和发展目标，时时提醒村民对自身发展的关注。通常置于社区群众频繁通过而常常能看到的地方。

2. 目的和功用： 可以广泛宣传项目和社区发展的目标及远景，展示关键问题和解决方案，表述项目内容，引发讨论和分析问题，揭示奋斗目标，激发热情。这是一种生动活泼、群众乐于接受的信息传输手段。当群众自己也参与这项艺术创造活动时，它具更有广泛的动员力量。该方法适合于有较强的形象创作传统的村社，特别是有群众性绘画活动如壁画、年画、版画传统和基础的村社。有些虽没有绘画传统，但具有较强装饰传统或工艺传统的村社也容易接受这种信息传输方式。该方法在项目开展后的问题分析、建立村社开发基线、进展评价和中期、最终评价步骤中都可使用。

3. 使用指南：墙画与招贴画的内容应该由村社集体讨论决定，告诉作画者要画什么内容。这一点使这一方法具有绘图与讨论方法的特点。社区群众应对墙画与招贴画的内容、表现方式和放置的位置做出选择。放置的位置应该在村社活动中心和人们经常路过的地方，如水井附近、村口、学校、商店等处。绘画者应能很好地理解群众的意图和目标，并在绘画过程中始终受到群众的指导。为了准确地表达思想，第一幅草图可以由群众作出，然后给予绘画者作为开始的模本。

4. 方法的优点。

（1）社区群众在参与设计画面中意识到自己的发展目标；

（2）墙画与招贴画是一种能长期起作用的，激励行动和改变观念的手段；

（3）位置选择恰当的墙画与招贴画能起到长期的监测和评估的作用；

（4）村庄中若有擅长绘画者，其工作常可用以激励社区群众的兴趣和积极性；

（5）注意点：社区群众应对画面的内容和放置地点有一致意见。所用的颜料和所依附的表面应有长期的耐久性。对于文化传统中不习惯使用大型视觉画面的社区，此法不适用。

图 10-2 是对墙画与招贴画方法的形象描述。

图 10　2　墙画与招贴画

（资料来源：Food and Agricultural Organization of the United Nations. 1990. The Communities Tool Box：The Idea，Methods，and Tools for Participatory Assessment，Monitoring and Evaluation in Community forestry. Rome：Food and Agricultural Organization of the United Nations.）

四、不连贯历史连环画、不连贯故事及历史年表法

1. 方法描述。该方法利用一组事先做好的描述地方历史事件的连环画或历史年表，它通常覆盖较长的历史时间。这些连环画或历史年表被讨论小组按照历史事件发生的先后顺序排列起来，以供对历史的分析和讨论。连环画或历史年表可以包括历史上的事件、问题、生产实践和价值观念变化等。

2. 目的和功用。连环画或历史年表的展示是为了促进讨论，为了形象地帮助回忆村庄的历史。许多问题是历史上形成的，问题的分析和解决还需找到历史根源。不连贯的历史连环画及不连贯故事是给出部分揭示性的历史片段，而留下一些空白，往往是该村社的重要历史事件，以引发群众参与讨论。前者适用于形象思维传统较强的社会，后者适用于有较强的口传历史的社会。该工具有利于挖掘历史纵深的资料，包括村社历史，生产方式演化史；自然资源管理和利用的历史；环境逐年恶化的原因；村民们的信仰、价值观、生活方式的变迁等。

3. 使用指南。使用该方法应该首先对村社历史有一定了解，根据重要的历史事实和因果关系，如传统的森林被国家管理森林所取代；滥伐森林与目前的农业生态条件恶化等，形象地把历史过程展示出来。在群众集会时，按时间顺序展示一部分历史片断而收起另一部分重要历史片断，以引起群众讨论和回忆隐去的历史，然后再把隐去的那些片断展示出来，加以补充，进一步引导深入讨论历史原因。该方法还可以再加上将来的两种发展结果，一种是生态和社会经济进一步恶化，一种是生态和社会经济进一步改善。以引起对目前存在问题的关注和讨论。

历史年表与上述方法类似，它是用图表、文字或其他象征符号把当地的历史事件按时间顺序一一列出。其目的也是引发群众性的对历史原因的讨论。使用该方法可以按 5 年或 10 年为一阶段，尽可能地追溯，通过回忆和讨论把与某一主题相关的重要事件填充进去。如村社发展史、村社自然资源管理史、环境变迁史回顾等。还可以把现存的历史文献和文物展示出来以引起历史回顾。历史年表不仅可以提供大量基本历史资料，用于建立村社开发基本情况和村社问题的分析，而且可以激发大多数人参与讨论，特别是老年人，更可能参与对相关历史的讨论。

4. 方法的优点。

（1）连环画顺序排列起来可促进小组讨论；

（2）此工具可与社区中不同的人群分别使用，然后对比他们做出的不同排列和分析；

（3）对于文化习惯中善用形象表达思想的社区来说，此方法特别有用。

5. 注意事项。事先做好的连环画或历史年表可能缺失某些重要历史事件，可以准备空白的画板来描述和插入缺失的历史事件。

图 10-3 是对不连贯历史连环画方法的形象描述。

五、发展趋向图

1. 工具描述。发展趋向图是用形象的图块面积的大小来表示实际事物的各部分所占总

图 10-3 不连贯历史连环画

（资料来源：Food and Agricultural Organization of the United Nations. 1990. The Communities Tool Box：The Idea，Methods，and Tools for Participatory Assessment，Monitoring and Evaluation in Community forestry. Rome：Food and Agricultural Organization of the United Nations.）

体的大小，并用这样的面积大小的变化来说明事物的历史变化。对于文化程度不高且习惯用视觉形象来表达思想的社区来说，它可以很容易地带动起村民对事物的历史变化进行讨论的积极性。

2. 工具的特点。发展趋向图可以用来调查和说明事物在经过一段时间后的发展变化，例如，燃料用量的变化、土壤肥力的变化、农作物产量的变化等。发展趋向可以用一系列的条形图，或线形图，或者圆形统计图来做。

3. 使用指南。现以一个例子来说明和村民一起做发展趋向图的过程：假设我们想知道近些年来群众食物构成的变化，我们可以让群众用条形图条块的大小来表示某种食物的多少。如果群众记不清具体的年份，我们可以用他们所记得的曾经发生过的对他们来说重要的事件。例如，群众可能曾经从保护区内移居到保护区外。接下来我们可以问他们喜欢用什么方式来表示自从迁移后食物构成的变化。再如，用矩形的大小来表示过去和现在的状况。让他们画方块会比让他们说出具体的百分数要容易得多。在画的过程中让所有参加群众都看得见并且能发表他们的意见。最后完成的图或许会看起来如图 10-4 所示：

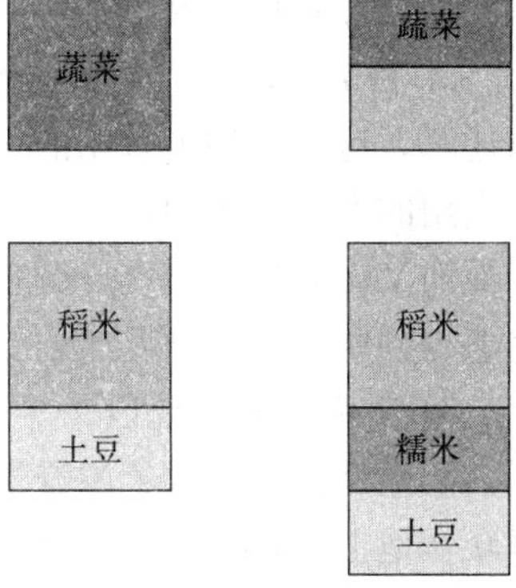

图 10-4 村民食物构成的历史变化（1）

这样的图可以用很多方式来画。也可以提出好多问题，例如，是不是现在蔬菜吃得比过去少了，稻米的品种也有了改变？为什么会有这些变化？等等。也可以对蔬菜种类作进一步的详细了解。同样的问题可以向各种类型的群众提出（男子、妇女、年轻人、老人、贫困者、富有者等）。注意在这样的参与性评估调查要适应当地的环境条件。例如，有的图可以被画在地上，有的可以被画在小学校的黑板上，有的可以被画在纸上。图的大小也可以随情况而变。

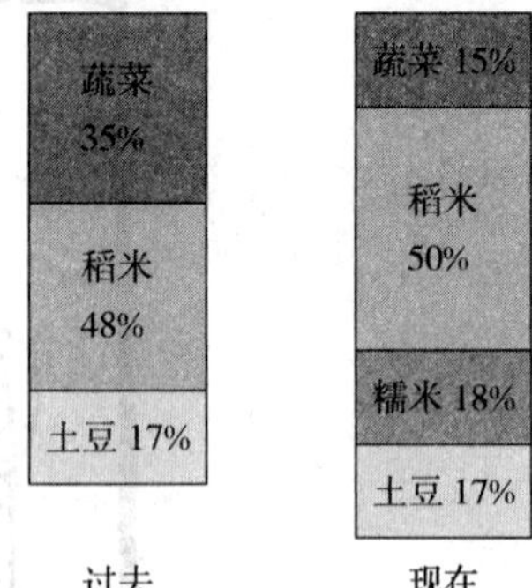

图 10 - 5　村民食物构成的历史变化（2）

我们也可以用多种方式来解释这些统计资料。例如，我们可把图给别的研究者看，和他们一起讨论。我们也可以用尺子来量度图中每一个部分的大小，以便对比不同的图。来自多个不同来源的图可以被对比、归纳、总结，最后形成较清晰的资料。还可以依据村民所画图块的大小和比例加上百分数，形成更清晰的概念。如图 10 - 5 所示。

4. 使用总结。

（1）与参与群众讨论值得研究的变化趋向，或者你想了解的变化趋向，或者你想了解的情况。

（2）找到一些知道过去和现在情况，并乐于提供情况的群众。

（3）和他们讨论所对比的前后时间的长度，并请他们说出一些可以作为时间分界限的重要事件。

（4）问他们愿意以何种方式来表示这些趋向变化。

（5）记录参与群众的姓名，调查的时间、地点以及讨论的前后情况。

六、圆形统计图

1. 工具描述。圆形统计图可以用来与参与群众一起决定一组事物的相对数量或相对重要性。这是一个很简单的圆形，被划分为多个扇形部分。每个部分的大小表示它所代表的那个事物在总体中的相对数量或在总体中的相对重要性。其形状像一个被切成几块的饼。在具体的参与性农村研究中每一部分的相对大小可以让参与群众自己来画。

2. 目的和功用。当不需要高精度的结果，而只需要对所调查的问题做出一个概括性的描述时，这是一种很有用的、形象的、简单易懂、群众乐于应用的方法。例如，当需要某些人口构成或产品构成等特征而又无大量时间逐户调查时，这是一种合适而有效的迅速得到所需信息的方法。

3. 使用指南。现以一个例子来说明圆形统计图的应用：下面是在一个村子调查主要农产品种类及构成比例时群众在地上画的一个圆形统计图，图 10 - 6 中表示了主要农作物种类水稻、旱稻、玉米、小麦、蚕豆、油菜子及其在总产量中所占的比例。百分数是按群众所画分块的大小及询问哪一部分应更大，哪一部分应更小后加上去的。

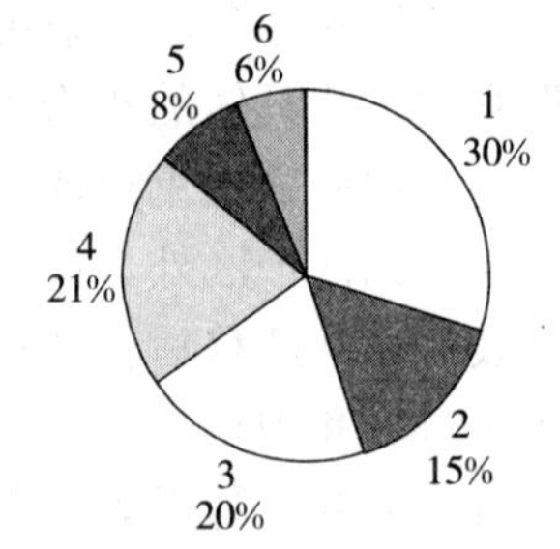

图 10 - 6　上甸村 1998 年主要农作物种类及其比例构成

图例：1 水稻；2 小麦；3 旱稻；4 玉米；5 油菜；6 蚕豆

4. 注意事项。

（1）应注意所考察的问题适合用圆形统计图来做。它必须是可以量化的事物，并且这些事物可以分为构成一个整体的各个部分。例如，上面的例子若变成列出农作物的种类及其各自的产量是多少，就难以画成圆形统计图，因为这样列出的内容不能构成一个可分的构成100％的一个整体。

（2）与参与群众共同讨论用什么计量单位和怎样划分总体中的各部分。例如，庄稼的产量可以用体积、重量或可供农户消费多长时间等来计量。

（3）建议参与群众把圆画得尽可能大些，这样每个人都可以看见和参与，并可提高精度。当他们划分各部分时，提醒大家都弄清楚这个部分代表的是什么。例如，可以这样提问：如果你把这一块画那么大，那么，水稻产量要比旱稻产量高得多吗？不要忘记把群众所画的内容抄写到记录本上并写上参与者们的姓名及时间、地点、记录过程进行情况。

七、拼贴板法

1. 工具描述。拼贴板可用来在其表面按任何先后顺序排列画面。被用来排列的画面是社区群众共同关心的问题，诸如，能源、贫困、水土流失、干旱、人口压力等，以及解决这些问题的可行的办法。拼图中所表现的内容和它们在拼图板上的先后顺序均可得到讨论。

2. 目的和功用。与绘图等方法一样，也是用形象刺激群众参与讨论和分析问题的方法，它可以用来提出关键问题、按重要性给问题和需求排序，建议适宜的解决方案等。该方法在村社问题分析、村社开发基线、参与评价中都可使用。在一些社会分层明显，贫富差异较大的村社中，公开讨论敏感问题不方便时，该方法特别有用。

3. 使用指南。可用法兰绒、吹塑纸、塑料片等剪贴制作拼板，使其有一定的坚固性，可重复使用。这是一种常在教学和农业推广、培训中使用的方法。所以大家对它及其使用方法并不陌生。剪贴的形象、内容应该是村民共同关心的关键性问题。如，有关贫困、水土流失、人口增长、森林覆盖率下降、能源缺乏等问题和原因，以及不同的解决措施。该工具主要用于引发讨论、分析问题和决策，适宜在群众集会和分组讨论会上使用。可以按不同类别的人群如贫困户小组、妇女小组、营林重点户小组等完成拼贴“作业”。这样可以了解不同社会、经济状况的群体的不同需求，优先考虑的问题以及面临的困难。组员应能积极地参与排列拼图的位置和发表意见。可以有多种不同的解决方案，其中有好的，也有不太好的。通过集体讨论以找到拼贴的最佳的“位置”——即最适当的、达成共识的解决方案。

4. 工具的优点。

（1）由于此方法可以于事先识别出一些需要讨论的话题并做成所需的拼图素材，对于一些社区中公开讨论起来较敏感或不太好公开讨论的话题，它很有用；

（2）对于文化习惯上喜欢用图像表达意思的社区来说，此法很好；

（3）事先识别出一些需要讨论的话题可以较容易地启动小组讨论；

（4）如果常常使用这一工具，可以检测社区的需求，可以观察同一问题随时间变化是否还存在或仍排列在同一位置。

5. 注意事项。要让小组成员自由地做出自己的选择，否则拼贴板法中事先设计好的拼图有可能限制自发讨论和双向交流。最后的结果应该用照相或绘图的方法记录下来以便保留结果以后应用。

图 10－7 是对拼贴板法方法的形象描述。

图 10－7　拼贴板法

（资料来源：Food and Agricultural Organization of the United Nations. 1990. The Communities Tool Box：The Idea，Methods，and Tools for Participatory Assessment，Monitoring and Evaluation in Community forestry. Rome：Food and Agricultural Organization of the United Nations.）

八、大众戏剧和木偶剧

1. 工具描述。利用社区喜闻乐见的舞蹈、歌唱、话剧、模仿戏、木偶戏等来激发社区群众对当前问题的认知和思考，寻求解决问题的办法。这里所指的大众戏剧和木偶剧不同于传统的大众戏剧和木偶剧。它是对现实状况的反映和模仿，表达存在的问题和引起群众对解决问题方法的思考。剧情的设计必须有当地群众的参与。

2. 目的和功用。大众戏剧和木偶剧是很好的群众参与评估的工具，在一些农村开发项目中被用来确认问题、分析问题和评价发展状况。其主要功用是：刺激村民们和受益者的高度参与；表达村民们对社会问题的不同看法以及共同的忧虑和愿望；提供一种方式让村民讲他们自己的故事；让处于不同社会经济地位的人通过群体活动相互了解彼此的处境、感情和态度、克服彼此间的鸿沟和缩短彼此间的距离，建立信任感；使更多的人了解村社共同面临的现实问题。木偶剧还能借道具之口揭示敏感问题。在一种活跃的群众参与的气氛中讨论了严肃的问题，或引起对严肃问题的思考。

3. 使用指南。这两种方法适用于已有戏剧表演或类似的群众娱乐传统的社区。演员应是本村的村民们。该方法的目的是激发群众参与讨论，而不是纯粹娱乐，所以需要较严密的活动组织方式和做细致的工作。首先需要对村社的社会、自然条件有一定的了解。通过分析和鉴别，选取典型事例和关键问题编入戏剧情节中去，编排戏剧本身也是一种参与，是群众集体的创作。为了激发群众的参与，演出时可以出现即兴提问和插话，造成台上台下的双向交流。如演员可以走下台到观众中去寻找答案，或把观众请上台参与演出。另外，戏剧毕竟要求艺术形式，应该较好地处理情节和高潮，使群众喜闻乐见。

4. 方法的优点。

（1）这是一种多用途的方法。可以用在情况的说明、项目的评估和检测等方面。可用来阐述项目进行过程中产生的故事，表达结果与分析，并使结果与分析得到大众的认可。它还可以通过录像、幻灯和照片表现给其他的社区、决策者或有兴趣的机构。

（2）此工具能大大调动社区群众，特别是项目受益者的参与，共同找出大家关心的问题和寻求解决的方法。

（3）可以克服胆怯心理和增强自信。

5. 注意事项。当有很多观众参与并做出反应时，可能会不容易记录过程和结果。此时可用照相机和录像机来帮助。演员应能根据观众的反应做快捷的现场创作。娱乐的成分不应超过学习的目的。

图 10 - 8 是对大众戏剧和木偶剧方法的形象描述。

图 10 - 8　大众戏剧和木偶剧

（资料来源：Food and Agricultural Organization of the United Nations. 1990. The Communities Tool Box：The Idea，Methods，and Tools for Participatory Assessment，Monitoring and Evaluation in Community forestry. Rome：Food and Agricultural Organization of the United Nations.）

案例 10 - 1

在云南的一个村庄，使用了戏剧表演，其中一个情节是表现夫妻“吵嘴”。“妻子”每天花大量时间外出找柴火，而“丈夫”干完农活回家没有现成的饭菜，因而吵了嘴，双方各自下台找观众“评理”。通过观众讨论，结论是早就应该在村社附近建立薪炭林，还应该在房前屋后多种树。演出效果很好。不久就开始了村社林业项目。另一个实例是在津巴布韦的一个社会林业项目中使用大众戏剧。剧中一些村民拟人化地扮演村旁的树林，另一些村民扮演各种各样的毁林人。“树林”不断受到危害濒于毁灭，愤愤不平地请观众上台评理，并列数它们对该村落的种种好处。最后也引起了热烈讨论，并在演出后提出了不少改善森林管理的意见。

九、地图、航空摄影图片和模型地图

1. 工具描述。这是一种利用各种示意地图、航空摄影图片和模型地貌来展示社区的土地、农作物、森林和其他自然资源以及村社建筑、生产生活设施等的分布状况，以帮助社区群众根据资源状况做出生产生活决策的方法。

2. 目的和功用。这是一种能很好地揭示有关村社自然资源空间分布和开发利用信息的工具。它可一目了然地展示目前村社的环境、土地利用、农作物种类和分布、森林管理等方面的信息。它既可被用来引发群众参与讨论和分析问题，也是村社项目规划不可缺少的工具。作为一目了然的展示方法，它非常有助于村社问题分析、建立村社开发基线、参与性评价以及项目规划等过程。

3. 使用指南。航空摄影图片及模型地貌（沙盘）尽管有很大用途，但通常需要较高的花费。一般的地图可以购买，或请地方绘图部门协助。可以根据标准地图为底本绘制区域轮廓图，复制多份，再根据需要把不同的资料和信息表示在地图上，以此法制成土地利用示意简图、森林资源分布图、人口和民族分布图、农林牧渔区域规划图等。此外，村社——自然生态环境剖面图能很好地反映社会生态关系，与平面示意图配合起来能发挥很好的作用。总之，该方法可以用来讨论和分析村社环境条件、社会生态关系、土地分配情况和权属现状；可以用在农村发展规划和土地利用管理中；还可用于今后村社发展过程中的环境监测和评价。

十、摄影与录像

1. 工具描述。利用现代化的摄影与录像设备拍摄与社区发展相关的社会经济状况的实景，用以向村民展示和说明现状，表现发展规划，说明存在问题和可能的解决办法等。所展示的是群众生产生活中的实际情况，很自然地就引起村民的共鸣和参与。既然现代社会已有如此多的现代化摄影录像设备且这些设备目前已相当普及，我们就应该充分地利用这一有利条件来为社区发展服务。

2. 目的和功用。在不少开发项目中这两种工具已被有效地使用。这些工具都可以很好地适合下列目的：信息收集、村社问题分析、监测和评价以及最后成果展示。

3. 使用指南。照相机，尤其是小型自动照相机在农村已逐渐进入普通人家，一些家庭也开始有了小型摄录机。对于收集社会经济状况的基本情况，如农林业发展和生活状况，可在对当地情况很熟悉的村民的指导下拍摄。若是记录社区发展项目的进行的过程，则要记录那些能说明进展和变化的事件……摄影与录像及其展示可用在社区发展过程的方方面面。思想上要注意的是，这是群众参与评价的工具，因此应该是在他们的参与下进行拍摄。拍摄什么内容，内容如何整理编辑以及解说都应采纳村民的意见。村社群众可集体讨论拍摄哪些关键的内容，何时拍、怎样拍，并与拍摄人员商量决定各个拍摄场景及需要配合各个场景的村民，一起制定拍摄大纲。最好在项目的设计和实施的不同阶段都有这种记录，这样在项目结束时可以展示整个活动和成就。但需注意，这两种工具在这里的目的不是作为宣传报道（尽管可以宣传报道），主要是为了让村民参与讨论，监测及评价。因此，所有摄录内容都要真实记录，不能有虚假。优点和缺点、困难与顺利、落后及进步在这里都是同样需要表现和研究的。

图 10-9　是对摄影与录像方法的形象描述。

图 10-9　摄影与录像

（资料来源：Food and Agricultural Organization of the United Nations. 1990. The Communities Tool Box：The Idea，Methods，and Tools for Participatory Assessment，Monitoring and Evaluation in Community forestry. Rome：Food and Agricultural Organization of the United Nations.）

第三节　分 析 法

一、SWOT 分析法

1. 工具描述。 SWOT 分析法是指对项目的优势（Strengths）、劣势（Weaknesses）、机遇（Opportunities）和限制条件（Threats）的分析。一个简单的如表 10-1 的分类框架使小组讨论能够得到思路的启发和对问题进行分类，并在分类的基础上综合起来看到现状的全貌，以此为基础全面分析和评估具体情况。

表 10-1　SWOT 分析表

情况分类	情 况 描 述
优势	社区自身具有的有利于发展的条件或项目自身具有的有利于实施的条件。那些效果好的项目组成部分，那些说起来令人感到骄傲的项目活动和有关情况。
劣势	社区自身具有的不利于发展的条件或项目自身具有的不利于实施的条件。那些效果不太好的项目组成部分，事情本来可以做得更好的那些情况。

（续）

情况分类	情 况 描 述
机遇	外部环境条件对社区发展或项目实施有利的方面。关于外部不利条件可能如何被克服而发挥出优势的建议。
限制条件	外部环境条件对社区发展或项目实施不利的方面。所存在的使机遇减少的外部限制条件。

上述四类情况的描述共同构成 SWOT 分析。对于每类情况，集体共同定义问题：共同讨论，并记录下尽可能多的各种因素。

2. 主要用途。该方法的主要用途是：

（1）对特定情形提供一种分析的框架；

（2）鼓励广泛的来自许多人的意见输入；

（3）头脑风暴法分析潜在的解决方案；

（4）收集有用的情况评估数据。

3. 主要优点该工具的主要优点和好处是：

（1）外出研究者均体验到它是一种容易解释清楚和容易使用的工具，很容易被社区群众理解；

（2）这个工具可以用于：问题分析、监测和评估；

（3）这个工具提供一种在特定情形中可以平衡地讨论其优势和劣势的分析框架；

（4）它促进开放的、深入的、有着重点的和坦诚的讨论；

（5）这个方法使对一个特定议题的所有意见和想法都能被考虑和讨论到；

（6）如果讨论有针对性，方法有一致性，这个工具能记录人们在态度和感觉方面的变化。

4. 必需的资源。

时间：大约需要 2 个小时对参加者作方法说明和让他们做练习。同时也需要时间对讨论结果作综合和分析。

费用：费用很低。只需一些大的纸张或新闻用纸和大的彩笔或黑板和粉笔即可。

训练：最低要求是：讨论主持者必须能理解和利用方法并能用简练的文字综合讨论结果。须确保把所讨论过的思想准确记录下来。

5. 工具运用。

（1）制作工作表。列出要讨论问题的种类并留出填入所讨论的主要论点的空间。

（2）决定所要讨论的议题和在小组会议中表达这些议题的方法。

（3）在更大的组内讨论使用该方法的工具及其好处。

（5）最好是先讨论完所有的优势，然后所有的劣势，如此一类类向后进行。

（6）一些要点可能在达成一致之前须进行详细讨论，只在达成一致之后，才记录下每个要点。

6. 在使用此工具中须注意的问题。

讨论中敏感问题可能会出现。讨论协调者可能须转换话题而稍后再回到敏感问题。这样可避免可能出现的尴尬局面。

一部分人可能会在讨论中起支配地位，讨论协调者可征求某些特殊人员的意见来弥补，或者让持有不同看法的人分组讨论。

将讨论结果综合为几句话可能会很不容易。讨论协调者应该总是征求讨论者的意见，看他们是否同意总结报告的内容。

案例10-2

SWOT在一次研讨会中被介绍给云南的一个混农林业项目，他们很喜欢这种方法，把它作为社区中评价项目推广措施是否恰当的基础方法。他们选择了SWOT分析而不是问卷表，因为SWOT更加具有非正式性和参与性。这使得社区群众能很自然地参与，并出现了活跃讨论的局面。项目人员得到了对他们的工作的很有建设性的意见并由此得以改进他们的工作和方法。

二、问题树分析法

（一）问题树分析法（Ⅰ）

1. 工具描述。问题树分析法（Ⅰ）是用框图的形式来直观明了地表现各种因素及其他们之间的相互关系，使分析者能直观地看到基本情况的全貌，有利于正确、容易地分析问题。整体情况中所包含的每一个因素都用一个方框来表示，每个因素之间以箭线相连来说明它们之间的原因与结果，输入与输出等逻辑关系。由于在图面上看时，这样的一种逻辑关系的表示表现出每个原因引出一些连接其结果的箭线的分支，看起来就像树的分支，所以称为问题树。问题树的进一步发展可成为一个网状结构的问题分析图，用来分析更复杂的原因与结果。下面将有例子介绍。利用问题树分析，能沿着问题树的各个分支顺序追踪各因素之间的因果关系，找出问题的原因而针对原因去有针对性地解决问题。这样就能使工作达到最高效率和最高准确性。

2. 目的和功用。通过村民大会、农林业生产情况考察、参与式制图、半结构访谈等参与式研究方法的使用，社区发展工作者收集到了大量的信息和意识到有很多需要解决的问题。此时，为了能抓住社区农林业生产的主线，找出社区内社会经济发展的内在关系以及造成社区自然资源（森林、土壤等）退化和贫穷等的原因，初步分析出解决问题的可能的途径、对策和方法，就可以应用问题树的方法进行分析。分析结果将成为社区发展项目设计、实施、监测和评估的重要依据。

3. 使用指南。问题树分析法的目的是分析问题间的相互因果关系，产生问题的原因和导致的结果。其关键是按照社区发展项目的宗旨和社区可持续发展的方向确定社区的核心问题，围绕这个核心问题，沿着问题树的分支逐层找出其产生的原因和导致的结果，并提出可能的解决问题的策略和措施，为社区发展项目活动的设计、实施和评估服务。问题树分析法实际应用时采用参与式的方法进行，通过与村民共同讨论，确定社区发展面临的主要问题和发展机遇。其基本步骤如下：①确定主要问题；②采用分析方式，找出问题的层层原因；③从最后一层原因中分析出社区发展的制约因子，然后找出克服制约因子和各种解决问题的方法和策略，并以此为依据设立相应的项目活动。图10-10是问题树分析法的一个实例。

从图10-10中可一目了然地看出由于水土流失造成土壤贫瘠，由于土壤贫瘠而使得社

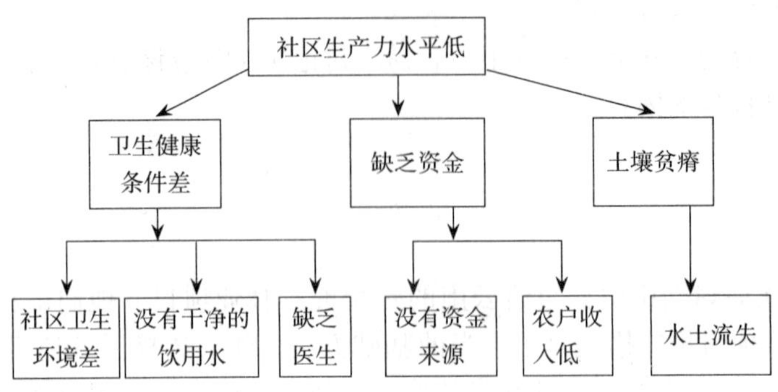

图 10-10　问题树分析图（Ⅰ）

区生产力水平低下等因果关系。所以根据问题树能够容易地找到问题的根源和因素之间的联系，有的放矢地制定解决问题的方案。此处只是一棵很简单的用来说明方法的问题树，实际应用中的问题树可以表达更多的因素和因果关系。

图 10-11 是问题树分析法的又一个实例：

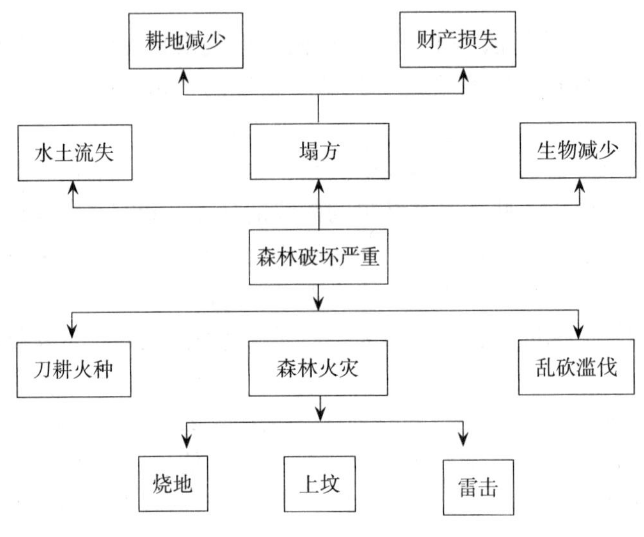

图 10-11　问题树分析图（Ⅱ）

在问题树分析法的第二个实例（图 10-11）中，核心问题是森林破坏严重。森林破坏严重的各种原因在树的下方展开，形似树根；森林破坏严重的各种结果在树的上方展开，形似一棵树地上部分的枝叶。整个分析图犹如一棵树的外形能形象地帮我们记住这种方法及其方法名称的来源。

4. 工具的优点。村民们在参与进行用问题树分析现状和原因后，对自己所面对的情况和解决的办法都很清楚。同时由于参与了发展决策，能够积极地探讨解决问题的办法和积极实施发展方案。村民们自我分析问题和解决问题的能力也得以提高，这是持续性发展的重要智力基础。问题树分析法经延伸还可以扩展为网状分析图，用以分析社区发展中更复杂的既有多因素，又存在多个原因导致一个结果和一个原因导致多个结果的社区发展问题。如图 10-12 所示。

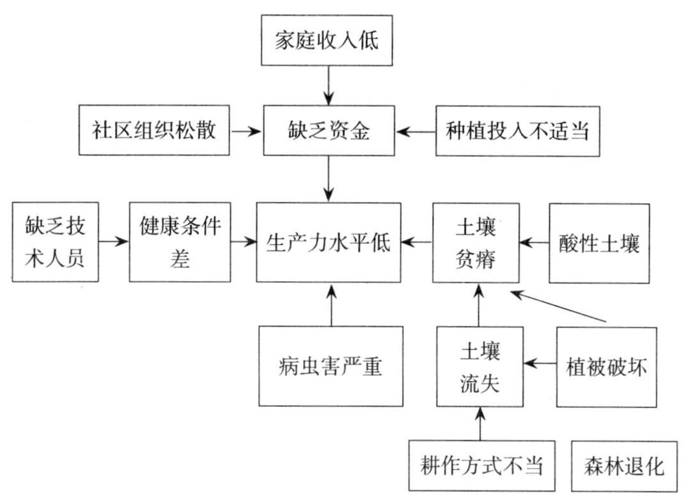

图 10－12　网状问题分析图

(二) 问题树分析法 (Ⅱ)

1. 工具描述： 这是另外一种问题树分析法。它是用网络图中的“树”来模拟决策问题，它是决策过程中的有序图示。群众通过决策树不但能全局性地统观分析问题和制定决策的过程，而且能系统地对决策过程进行全面分析，求得最优决策。这种方法简单直观，便于群众共同分析和集体讨论研究，尤其对复杂的多级决策，更为方便有效。问题树的模型如图 10－13。

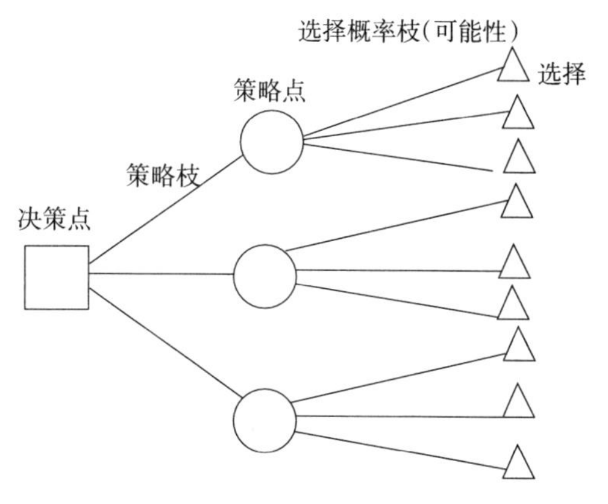

图 10－13　问题树决策图 (1)

图中，用“□”符号表示的节点称之为决策点。从它引出的分支称之为策略枝。策略枝的数目即是可能采取的策略的数目。

用“○”符号表示的节点称之为策略点。从它引出的分支称之为概率枝。对群众讲则可解释说概率是以百分数表示的一件事发生的可能性的大小。

概率枝的数目即是可能出现的状态数目，每个枝上注明该状态出现的概率。

用“△”符号表示的具体内容称之为事件。对群众讲则可解释说是生产、生活和项目中可以提供的各种选择。事件旁要注明每个策略在相应状态下的收益值。

在决策点上，群众可根据从问题树梢部算过来的各策略枝的收益值的大小选择效益最佳的一种策略。故决策点又称为主观决策点。在策略点上出现的状态是随机的，不是决策人能选择的。故策略点又称为客观随机点。计算时要在各策略点上计算各策略的收益值，然后在决策点上比较各个策略的收益值进行择优。

上述的问题分析树也称为决策树。如果在决策树的根部只有一个决策点，称之为单级决策，是比较简单的决策。如果一棵决策树不仅在根部有决策点，而且在树中部也有决策点，则称为多级决策，是比较复杂的决策。

决策树的计算是从树的梢部（即各种可能性）到根部依次进行。在树的根部通过比较各个策略的收益值进行最后的决策。

2. 方法的应用。下面以一个例子来说明决策树方法的应用。

某社区对一块土地的使用有三种选择方案可供选择：种梨、种苹果或种桃。经过市场调查和测算，三种方案的年收益值见表 10-2。

表 10-2　三种土地利用方案的年收益值

市场状态 \ 方案	种　梨	种苹果	种　桃
需求量高（可能性 30%）	2 000	2 500	1 800
需求量中（可能性 50%）	1 200	1 500	1 600
需求量低（可能性 20%）	−500	−1 000	800

按照表 10-2 中数据，可以构成如图 10-14 的决策树。

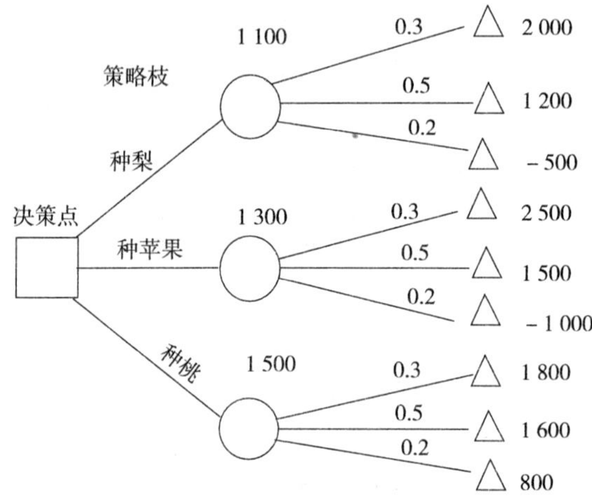

图 10-14　问题树决策图（2）

将决策图中的各种可能性从梢部向基部计算，可以得出每个策略枝期望值。

种梨的年期望收益值为

$$0.3\times2\,000+0.5\times1\,200+0.2\times(-500)=1\,100\text{（元）}$$

种苹果的年期望收益值为

$$0.3\times2\,500+0.5\times1\,500+0.2\times(-1\,000)=1\,300\text{（元）}$$

种桃的年期望收益值为

$$0.3\times1\,800+0.5\times1\,600+0.2\times800=1\,500\text{（元）}$$

所以年期望收益值最高的一个策略枝，即1 500元的种桃方案最后被作为最优方案选中。

3. 工具的优点：工具应用中的计算只包括简单的加减乘除，群众容易学会。虽然上面所举的例子是做生产决策，但实际上此工具可广泛应用于项目内容选择，解决困难的多种方案的选择等诸多方面。正确的决策能使项目和生产的安排提高效率，收到事半功倍的效果，甚至往往成为成功与失败，赢利与亏本的分水岭。

4. 注意事项：在应用此工具时，计算中所需的基础数据，即对市场需求状况及各种市场状况发生的可能性的分析，须经过认真的市场调查和广泛征求群众意见而得。只有准确掌握情况，才能得出正确结果。若当地群众对准确调查这些基础数据有困难，则需要专业人员先做好这方面的工作。除自己做调查以外，还可利用国家每年发表的统计数字。

第四节　排 序 法

一、排序法的种类和特点

排序法是利用一些群众容易理解和掌握的分级、打分和分类的方法来得到这样一些信息和结果：为什么人们做出某种选择？或者有某种看法？社区中有多少人做出某种选择？或者持有某种观点？他们的选择是什么？例如：农民为什么选择种植某种树木或庄稼而不选择别的？或者林业工作者为什么决定推广某种树种而不是别的树种？这些结果和理由可以被记录下来并作对比。当群众面对多种选择难以做出决定时，则这些工具可以帮助群众做出正确的选择。

这些工具为群众和个人对事物和活动的选择识别决策所用的评判标准。当将工具由于不同的群体或个人时，通过对比，它可以表明不同的群体或个人对事物的不同角度的看法。例如：有林者和无林者、多地者和少地者、社区内群众和外来者等。

使用这类方法的目的是：识别需求和需求的先后顺序；监测需求顺序的变化；收集数量和质量方面的数据；对比不同人群对需求排序和喜好项目的不同（例如，有林者和无林者、林业工作者与农民、外来者与地方群众）；以及促进讨论和分析。

这些方法很具灵活性，可以在很多情况下应用，且用起来很有乐趣。选择过程中可利用卡片或其他用具来进行排序和分类，群众会形成积极的参与和感到对自身发展的责任。排序的过程既给出排序结果，也给出如此排序的理由。分类表明社区群众对问题的看法。排序也是一种使群众意见数量化的方法。

二、简单排序

1. 工具描述。简单排序是和村民一起对社区发展中的各种决策中所面临的需要决定其优先顺序的多种可供选择通过分析对比其优缺点做出优先顺序排列。所做排列将成为项目决策的依据。被排列对比的事物可以被画在卡片上，以便在研究分析中容易地调换它们之间的位置。也可用替代物代替这些事物进行排列。

2. 方法的应用。在带社区群众一起做排序练习之前，应先收集所需信息，准备排序所需的方法，例如，卡片、图表等。各种用于排序的可供选择可画在卡片上，每张卡片画一种选择。

排序时可由当地群众对画有各种选择的卡片进行先后排列。在简单排序中，建议每次被用来排列的选择不要超过 6 项。例如，6 张卡片上可以画有 6 种不同的庄稼，然后由参与群众来排列它们的先后顺序。在每一次排列或调整之后，征询群众的意见，你们为什么做这样的排列？理由是什么？当不容易一下子将一系列事物排序时，可通过两两对比其中最相似、最不容易决定其先后顺序的两个事物来进行。例如，水稻的两个品种。此时一些最有用的问题可以是：如果你只能选择其中一种，你会选哪一个？在做出选择后则是：你能告诉我你为什么这样选择吗？继续做这样的选择，其中要允许有时间来让参与者对比他们的选择和做出排序。

以上所说的将各种可供选择的事物画在卡片上是一种很好的办法。但在实际中，还可用许多实物本身或代表实物的方法。例如，水稻就用稻穗，小麦就用麦穗，或者用石子、树叶等代替实物。

3. 工具的优点。简单排序法方法简单灵活，村民不用怎么学习就能掌握；容易激起村民的兴趣和积极参与；所用材料简单廉价，成本低；工作效率高，不用太长时间就能得出所需结果。

图 10-15 是对简单排序方法的形象描述。

图 10-15 简单排序

（资料来源：Food and Agricultural Organization of the United Nations. 1990. The Communities Tool Box：The Idea，Methods，and Tools for Participatory Assessment，Monitoring and Evaluation in Community forestry. Rome：Food and Agricultural Organization of the United Nations.）

三、矩阵排序（Ⅰ）

1. 工具描述。矩阵排序法适用于决定多个事物优先的先后次序。也容易激起群众的兴趣共同来完成排序。排序通过一个矩形打分表来完成，简单而又有趣。矩阵排序法把面临多个选择而不易一下子看出它们的优先秩序的情况化解为一系列的很容易回答的两个事物之间对比的问题，于是不需要同时在心中对比多个事物，只需通过回答一系列的简单问题，最后综合这些回答而得出事物的排序。

2. 工具的应用。让我们通过一个实例来说明这种方法。

若要在一块地上造林，你要选择薪炭林、用材林、防护林，还是经济林？

我们先把这四种选择写在一个方形表格的第一行和第一列。然后再在右边添上两列空格，第一列空格用来记得分，第二列空格用来记排序。如表 10-3 所示。

表 10-3 林种选择矩阵打分排序设计表

可供选择 / 所定选择 / 可供选择	薪炭林	用材林	经济林	防护林	得 分	排 序
薪炭林						

（续）

可供选择＼所定选择＼可供选择	薪炭林	用材林	经济林	防护林	得　分	排　序
用材林						
经济林						
防护林						

在这样的表格画好后，表体中的每个空格都会对应有其所在行的最左边一格的那种选择和其所在列的最上边一格的那种选择。然后对于每一个表格，都在其所对应的这两种选择中作对比，在该格中填上两种对比后哪一种被选中。在每两种选择之间作对比时，总是询问参与村民的意见。如果这两种之间选一个，你愿意要哪一个？若很多人一起做，意见有分歧时则填入大多数人的选择。注意，此时对角线上的表格是同种选择对比，所以不用填。而对角线下的表格则是重复对角线上已经做了的对比，所以也不用填。

填完后再看每种选择得了几分。每被选中一次得 1 分。例如：表中薪炭林被选中了两次（两个格子中有薪炭林），得 2 分。故在第一行薪炭林对应的横行得分格中写 2，经济林被选中了三次，故在第三行的经济林得 3 分，照样写入第三行的得分格中，防护林没有一次被选中，故其对应的得分格中是 0 分。在排序栏中，则得分高者排在最前，即第一，得分次之者排在第二，以此类推。得 0 分者排在最末。比例中是第四。最后完成的打分如表 10 - 4 所示。

表 10 - 4　林种选择矩阵打分排序结果表

可供选择＼所定选择＼可供选择	薪炭林	用材林	经济林	防护林	得　分	排　序
薪炭林	……	薪炭林	经济林	薪炭林	2	2
用材林		……	经济林	用材林	1	3
经济林			……	经济林	3	1
防护林				……	0	4

应用总结：

（1）把可供选择写在第一行和第一列，形成一个方形表格。然后再在表格右边加上得分和排序两列空格。

（2）划去对角线上相同选择对比的空格，再留下对角线下重复对角线上的对比的表格不用。

（3）对于剩余的表格，对每个表格所对应的第一行和第一列中的两种选择作对比，把选中的选择填在该表格中。表示两两对比中被选中的这个选择得了一分，未被选中的选择不得分。

（4）把每个选择被选中的次数作为分数填在它所对应的行的得分栏中。在所供选择很多时，有可能出现某两个选择得分相同的情况。这时应根据这两个选择对比时是哪一个得分来决定哪一个排在前。

（5）把得分最高者作为第一选择，第二高者作为第二选择，以此类推。并把选择秩序填在最后一栏中，得出选择排序。

3. 工具的优点。此方法既简单，又能在排序中收到比简单排序更准确的定量排序效果；容易向村民解释清楚和让他们学会；容易激起村民的兴趣；把很多事物之间的选择简化为一步步的两个事物之间的对比，作起来又容易，又愉快。

四、矩阵排序（Ⅱ）

1. 工具描述。矩阵排序（2）是根据一定的要求对面临须从中做出选择或需要决定其重要性顺序的一组事物进行排比评分。经过分析对比后把一组中的各个事物按重要性的顺序或优先的顺序排列在一张矩形表中，同时列出问题产生的原因或与其他事物间的因果关系、试过的解决办法及其效果，以及所建议的今后的解决方案。在做项目或社会经济发展工作中，常常会遇到不同组别的人对一些事物的判断（如树种的选择、树木功能的确定、农作物品种社区发展战略等）持有不同的看法和判断标准，而矩阵排序方法的运用能够更形象、更直观，较概括性和较全面地反映出不同组别的人对某一事物的看法，且能够充分地激发和体现群众的参与性。特别在村民文化水平很低的地方，用当地能够理解的符号表达出矩阵排序的内容，既能激发村民的感性认识，又能达到调查和得出分析结论的目的。这种方法对开放式采访是一个极好的补充，特别是在社区大会上收集村民对某一事物的看法和意见时特别有用。

2. 工具的优点。

（1）方法对问题的针对性强，如在了解村民对树种的选择、树种在当地社区的作用时，这种方法非常直观、形象，便于村民准确理解，从而准确收集村民的意见。

（2）对敏感性的问题或信息（如收入、纠纷、突出问题等）或难以定量收集的信息十分有用。

（3）矩阵排序的评分值比测量绝对值更容易，且能准确反映问题的趋势和程度。

（4）矩阵排序能体现社区内不同年龄组、不同性别、不同家庭状况的人对某种事物的偏好和选择标准。

3. 使用指南。

（1）认真阅读社区基础资料，充分了解所调查社区的文化水平、传统习惯和有无禁忌。

（2）寻找关键信息人，讨论矩阵排序采访地点。通常选择一个较为平坦宽阔的地方作为讨论地点。在地上或在大纸上画出矩阵表，用适当的计量单位和地方术语，列出要调查的事物。

（3）召集各种不同类型的被调查者（社区干部、青年、老人、妇女、儿童等），向他们讲解调查的目的和他们能理解的、判断评价事物的标准。

（4）逐一（或分组）请被调查者把自己对某一事物的想法或观点用文字（或某种符号或实物）填（放）入矩阵内，并请求给予解释或说明其原因，记下每个人的回答结果。

（5）在进行纠纷排序时，应根据村民的反映随时向村民提问。如自然资源发生纠纷的原因是什么？解决纠纷的可能办法有哪些？如果某种纠纷发生的频率高，则应询问是否存在总是导致纠纷产生的某种客观原因。

(6) 综合矩阵排序结果，整理出所调查事物的矩阵排序图及优先顺序，并列出相应的原因。

(7) 在村民大会上复核矩阵排序结果，并根据村民的反馈意见修改矩阵排序表。

4. 矩阵排序的一个实例。如表 10-5 所示。

表 10-5 问题/解决办法矩阵表

问　　题	试过的解决办法	成功或失败的原因	建议的解决办法
医疗卫生	和乡政府讨论过，但没有结果	缺乏医生，没有药品，没有经费，没有卫生所	• 在社区筹集资金建立卫生所 • 得到县、乡政府的支持 • 让村民了解基本的医疗卫生知识
学　　校	利用希望工程建立学校	由希望工程资助建成的小学已适宜当地需求（成功的项目），但中学还没有计划及意见	使用助学金送最好的孩子上中学
较差的农业	从保护区得到资金买地膜	只得到够用一年的地膜，没有资金使所有人每年都得到地膜	农林复合经营
收入较低	试图种植板栗，但苗木都枯死了	缺乏技术，树种不适宜当地的条件	• 寻找其他非木材性林业生产项目 • 生态旅游 • 减免税费
缺乏薪材	没有	需要量太大	• 节柴灶 • 更好地管理薪炭林 • 农林复合经营

第五节 记 录 法

一、记录法的种类和特点

记录法是指把生产、生活和经济发展的实际状况记录下来，以供统计分析，并用统计分析的结果监测、评估、指导、计划和改进社区的生产和经济发展的方法。应用的种类主要有项目人员在社区所做的各种调查研究、参与式研究、参与式社区评估、生产和经济发展规划的记录以及农民自己的记录。本节主要介绍农民自己的记录，包括农民记录本和农民记账本。它有下列特点：农民自己的记录能真实、详细、连续地反映实际生产和经济发展状况；真正做到了农民的实际参与、关心、掌握和规划自己的生产和经济发展；给项目人员和社区提供了大量的能对社区实际情况进行评估和基于实际情况对生产和经济发展做出规划和安排的基本资料，同时也节约了项目人员的大量调查时间和大大提高了工作效率。

一本农户的或社区的记录本包括一些基本的生产和经济发展状况的原始记录。农民和项目人员可以共同来设计记录本应包括的项目和采用的格式以适应当地的实际情况。大多数的检测和计量指标可以由群众自己来定。对于农民记录本和农民记账本来说，所记录的信息对农户自己很有用，而经综合归纳后则对别的农户和整个社区以至农村发展工作者都会很有价值。

二、农民记录本

1. 目的和功用。可以用于监测和分析所提供的农业技术、林业技术和传统技术的效果，判断项目提供的技术（农业新品种、新树种、新的种植方法和管理措施）是否可以获得更好的效益。农民可以在实践中自己积累信息和经验。这一工具很类似效益手册，可以记录生产活动，如庄稼新品种、新的种植技术、混农林业技术、薪炭林、经济林、水土保持措施、林牧、林渔结合技术、资金投入、劳动时间和物质投入，以及各项产出和环境效果等。农户们通过记录监测各项技术的实施情况，对比原来的技术和新技术之间的差异，决定以后应做什么研究和怎样改进技术，以便总结经验和推广。同时也可以对当地尚未应用过的技术在实施中发生的问题及时发现和予以纠正。项目人员还可以综合归纳很多农户记录的资料，进行求均估计、方差分析、回归分析和发展倾向估计等，使综合资料发挥更大的作用。

2. 使用指南。该方法应以农民自觉自愿使用和简便易行为原则。生产记录的主要目的之一是为了让农民们自己掌握和监测生产过程，总结经验教训。这种方法不以项目寿命为限，可以长期坚持使用而必有益处。不能把它看成是项目额外加给农户的任务，项目人员应积极引导，耐心示范和教会农民使用这种方法，而不能强行安排任务。项目人员应与村民商量和确定所要记录的内容、关键指标和记录方式。例如，记录哪些指标，如何计量？记袋数还是千克数，劳力投入以人天为单位等，都应事先设计好，并设计统一格式的记录本和记录表格。记录表应适应实际需要，包括应记录的项目，并且简洁明了。如果村民文化程度低，记录的内容应尽量用形象示意，记录方式最好是记数字或打钩划圈等简便易行的方式，以使文化程度低的人也能使用，通过简单说明和示范就能掌握。项目人员应定期与农户见面，了解和指导记录情况，以保证记录的持续性和资料的完整性。对记录内容要进行定期的综合、归纳、对比和结果分析。也可几个农户一组分析比较和综合所记录的资料。

另外，对于村社农业生产记录、林业生产记录、小型林产品加工企业生产和财务记录等，则应使之更加专业化、规范化。目的是要改善农林业和村社企业的经营管理及保存有价值的技术资料。

3. 工具的优点。农民可以通过自己记录的资料自己判断各种生产措施和实践的优缺点；此工具经过稍做修改就可以应用于各种不同的生产方面。例如，作物种植、混农林业、复合种植、社区林业、村社企业等；记录可以监测投入（种子、肥料、方法、劳力……）和产出（庄稼产量、林产品、饲料产出、土壤改良、生态环境改善等）；可以了解农民认为哪些是重要的投入和重要的产出；记录也提供了不同农户和不同地块、不同社区之间生产措施和产出的对比，这有助于今后的研究和改进；记录的持续能提供特定农户或地块、社区的长期生产活动资料。

4. 注意事项。如果记录是用来检测和评估一种技术或生产方法的实际效果，指标应是明确的，以避免记录太一般化，不具体而不能很好说明问题；记录表应留有备注拦或旁边的空白以便记录事先没有料到的情况；记录表的设计和记录结果的分析应有地方村民的参与。

图 10－16 是对农民记录本方法的形象描述。

SAMPLE OF
FARMERS OWN RECORDS

1989 FARM RECORD	CONTROL PLOT	TEST PLOT
PREPARING GROUND	卌 正	卌 II
PLANTING	II	III
WEEDING	卌 II	卌
HARVESTING	II	III

图 10-16　农民记录本

（资料来源：Food and Agricultural Organization of the United Nations. 1990. The Communities Tool Box：The Idea，Methods，and Tools for Participatory Assessment，Monitoring and Evaluation in Community forestry. Rome：Food and Agricultural Organization of the United Nations.）

三、农民记账本

1. 工具描述。利用基本的记账表和记账本来记录农户生产生活中的收入、支出、投入、产出以及相应项目的来源和去处以及余额等经济收支情况。经济的和物质生产生活资料的收支状况均可用农民记账本记录。

2. 目的和功用。使农户和项目人员掌握生产的经济效益状况、生活开支状况及生活水平，以便规划生产和计划生活。它也可用于评价农户或乡村企业投入与产出的效益。使用此工具可以使农民更关心和掌握自己和社区的发展和命运，增强主人翁责任感。

3. 使用指南。与当地村民讨论决定他们需要哪些信息以及社区发展需要哪些信息，弄清有哪些收入、支出和投入、产出项目、原始信息来源以及由谁来记录这些原始信息。然后设计能够简单明了地记录这些项目的表格。记录过程中要常常协助和检查农户的记录，并综合归纳收支情况，将必要让群众知道的结果告诉他们并利用所得结果指导农户和社区的生产和生活。

4. 工具的优点。能迅速帮助群众认识到他们的经济状况和存在的问题；使群众得到自己生产生活中经济决策所需要的信息；训练和加强了群众的记账技能和习惯。

5. 注意事项。记账表格应简明有效，不要太复杂，以免群众有畏难感觉或不能正确记录。

图 10－17 是对农民记账本方法的形象描述。

图 10－17　农民记账本

（资料来源：Food and Agricultural Organization of the United Nations. 1990. The Communities Tool Box：The Idea，Methods，and Tools for Participatory Assessment，Monitoring and Evaluation in Community forestry. Rome：Food and Agricultural Organization of the United Nations.）

第六节　图 示 法

一、图示法的种类和特点

图示法以形象地表达问题、使人容易理解和记忆为特点。对于一些文化程度较低的社区或在习惯用视觉形象表达思想的文化背景中，此法更具优越性。社区的历史演变、资源状况、生产安排、生活情况、发展计划、土地规划、庄稼和森林的分布等，均可用图来表达。绘图可以清楚准确地表达内容，使信息得到快速的传递，使文字报告生动活泼和容易理解，并且大大地激起群众讨论问题的兴趣。可由群众集体或个人根据他们对情况的了解和对事物的看法绘图，也可由项目人员和群众共同绘图，还可由项目人员根据已调查了解的情况绘好图后和群众一起讨论。处于不同社会经济状况的群众对事物的看法会有差异，例如男子和女子、富有者和贫穷者等，他们绘成的不同的图有助于对问题的对比和分析。

常用的图类有社区地图、社区剖面图、历史演变图、机构关系图、季节历和活动图等。

二、社区地图

1. 工具描述。社区地图又称社区资源分布图，也就是将社区边界范围、各类土地利用与分布格局、村落及其中房屋的位置、学校以及河流、农田、林地、道路等现状清楚地表示在图面上的一种绘图方式。其目的是为了表明资源的空间位置和现状，为进一步收集信息、分析问题、规划项目等提供清晰、直观的图面依据。

社区地图给出社区土地及主要资源的分布及其利用状况，是规划和利用社区农田、林地和其他资源的依据。它还是一个多用途的方法，不仅用于规划和社区基线的记录，也用于项目的推广、检测和评估。社区群众可以用它分析土地和资源利用的概貌和其中存在的各种关系，绘制社区地图并不需要花很多的时间。群众在参与绘图中可以提供很多信息。

社区资源分布图只要求把社区所拥有的资源及大概位置表述出来即可，对其大小、质量等并不作过高的要求。下面就绘制社区资源图的有关内容和步骤作一介绍：

2. 社区资源图包括的内容。

（1）地理位置、社区名称。

（2）地形地貌：包括山脉（山峰、山脊、山坡、山谷）及走向、海拔、坡度、河流等。

（3）地物信息：道路（乡间道路、公路）、村落房屋及分布、学校和医疗点等。

（4）土地利用：林业用地——表示出林业用地的地域范围和主要类型；农业用地——各类作物用地及分布；牧业用地——放牧地；其他用地——如村办加工厂、学校等。

（5）森林资源：有林地块——主要标志出权属、境界、林种等；“四旁”绿化——沟、路、水、宅旁树木；散生木资源——农地或非农地上的散生树木等。

（6）水资源：人畜饮用水源、生产用水源等水资源的分布状况。

（7）特殊资源：如矿产、野生经济动植物资源等。

（8）自然灾害：发生自然灾害及水土流失等的区域。

3. 绘制社区资源分布图的具体步骤。

（1）在进入社区前，应首先认真阅读分析已收集的大批关于社区的信息（可通过基础资料或知情人），列出要观察和询问的主要清单。对特殊的、重要的和有争议的区域、问题或现象要做好充分准备。调查小组成员应明确分工，协调配合。如一人专门观察记录林木，一人专门观察记录水源情况及土壤流失等。

（2）在社区内确定一名熟悉当地情况（特别是边界）的村民作为向导，参与草图的制作和帮助提供边界、社组及村落的分布、机构位置、资源及土地利用等详细情况。开始工作时，请向导先介绍村、社的边界简况，利用基础资料（如地形图或航片）选择一至多个能看清社区全貌及边界的控制点作为起点，或徒步沿边界行走来确定正确的界限。

（3）边界确定后，步行巡视整个村庄，充分发挥直接观察力，准确记录和绘制资源的种类、分布范围、作物种类和土地利用格局等各类信息的详细内容。

（4）在行进与观察过程中，及时吸收向导提供的各种背景信息，对不清楚和有疑问的地方或观察到特殊的现象时要仔细询问，了解其原因。应随时与所遇村民进行简短的交谈，尽量通过村民及向导的介绍分析判断出一些有价值的重要信息。

（5）野外工作初步完成后，及时汇报调查资料，对照工作计划中主题清单，检查调查内容是否完整，分析判断所得信息的可靠程度，然后整理文字观察记录和绘图记录，以记录为基础绘制出初步的平面草图。绘图时一个很好的方法就是参考利用我国对全部国土已全面完成的大比例地形图和航空照片来绘制。

（6）绘制前向群众介绍地图、比例、航空照片等基本概念，选择5～7个对这些概念理解较好、对社区资源状况又熟悉的群众代表村民们参与绘图。这几个人可以是来自不同社会经济状况和具有不同兴趣利益的群体的代表。村民们也可以画出自己的地图后再拿来汇总，这样可以对比不同兴趣利益的群体对土地及其资源的利用的不同意见。同时也要避免当整个小组在一起绘制时出现以其中一人为主而其他人的意见没有很好表达的现象。

（7）信息验证与修正。在社区大会上向村民详细介绍草图，请他们核实草图上的信息，指出遗漏和错误之处，根据村民们的反馈信息，调查组及时修正并补充遗漏的信息内容。对错误、遗漏的地方应返回社区进行现地补充修正。也可以采取让社区的群众直接参与修改草图，通过上述修改补充后再通过内业整理为正式图。最后的成图要尽量准确反映社区的基本情况和问题，又要让群众易于看懂和理解。正式图要根据图面内容的繁简和图的大小确定合适的比例。社区地图应绘在质量较好的纸上，以便长期保存利用。

图 10 - 18 是对社区地图方法的形象描述。

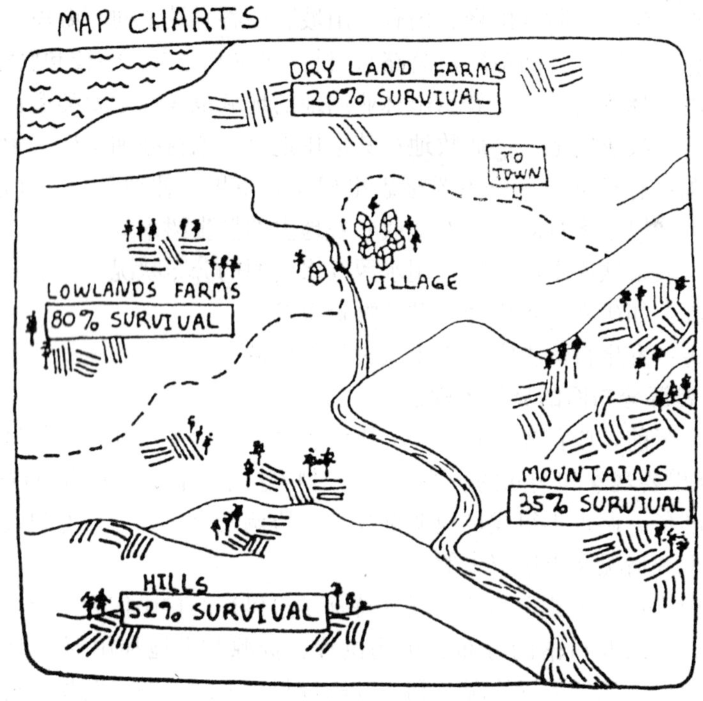

图 10 - 18　社区地图

（资料来源：Food and Agricultural Organization of the United Nations. 1990. The Communities Tool Box：The Idea，Methods，and Tools for Participatory Assessment，Monitoring and Evaluation in Community forestry. Rome：Food and Agricultural Organization of the United Nations.）

三、社区剖面图

1. 工具描述。社区资源分布图反映了资源的水平分布和利用状况，社区剖面图则是用来反映资源的垂直分布和利用状况。社区剖面图是一张能够反映社区以森林为主体的最大生态系统的面貌、土地类型及其利用现状等的断面图或垂直截面图。使用横断面图的目的在于把平面图未能反映或表述不清的一些具体特征（如坡度、排水系统、树木与植被、土地类型等）通过直观的横截面图表示出来。它把直接观察到的空间资料组织起来，简要地反映出社区的基本情况和自然与人类活动的相互关系，还可反映出土地利用存在的问题并据此研究战略对策。

2. 横断面图应包括的内容。

（1）地形资料：海拔、坡度、土地类型、土壤类型、供水系统、土壤肥力、矿产资源等。

（2）植被覆盖：农作物、经济作物、饲料、林木（林种、树种）、草场地。

（3）土地利用类型：农地、荒山荒地、草山草坡、有林地、村庄居住地、放牧地、水域等。

（4）资源管理：各生态区域自然资源的管理状况。

（5）土地等自然资源的权属关系：各生态区域内土地及其资源的产权归属和社会、经济指标。

（6）村社基础设施状况：供排水设施、水塘、水库及农户居住区域等。

（7）土地利用存在的问题、拟采取的战略对策等。

3. 制作过程及方法。

剖面图的制作是一项非常细致的工作，要求小组人员按照实事求是的原则，在关键信息人的带领下沿村社变化区域进行实地勘察和记录。具体操作过程如下：

（1）小组成员要求由多学科组成，包括农学、林学、社会学、经济学等，以及包含1～2名对本村社会、经济、土壤、林木等情况比较了解的向导。

（2）与向导一起讨论绘制横断面图的路线，首先向向导介绍其目的和要求，并请向导简单描绘本村的地形轮廓，然后找出能跨越村内各种地形、土壤、作物、林木、水源等特征变化的有代表性的路线作为绘制横断面图的行进路线。选择一个合理的点（村内的制高点或某一边界点）作为绘图及绘图工作开始的起点。

（3）明确制图小组组员的职责，确定好谁观察、谁绘图、谁记录等。例如，一名组员主要负责绘图和记录土壤、作物类型及耕地信息；另一名组员负责记录水源、坡度、排水等；再一名组员则记录树木、土地产权等。

（4）在工作中应充分依靠直接观察和及时进行访问，重点注意：①各个生态小区土壤变化；②各个生态小区域内的土地利用情况及权属关系；③记下一些明显的土地边界；④记录下观察到的树木及其利用情况；⑤各生态区域的水源、水域以及有无其他社区的土地；⑥土地使用历史等。

应随时与所遇村民和向导就观察到的现象进行讨论，并记下讨论结果。

（5）初步完成实地观察、文字记录和图面记录后，综合回顾和分析小组成员的笔记，划分出社区的生态区域带和每一带的地形、土壤、土地利用等情况，整理出初步的横断面草图。

（6）召开村民小组会（或村民大会），将绘制的草图向村民展示，征求村民的意见和请他们指出错误和遗漏之处。在可能的条件下请村民解释土地为什么这样利用以及存在什么样的问题。

（7）根据村民的反馈意见，对草图进行修改和完善（有时需要到现场做修正）。最后整理出完整准确的横断面图。

图 10 - 19 是对社区剖面图方法的形象描述。

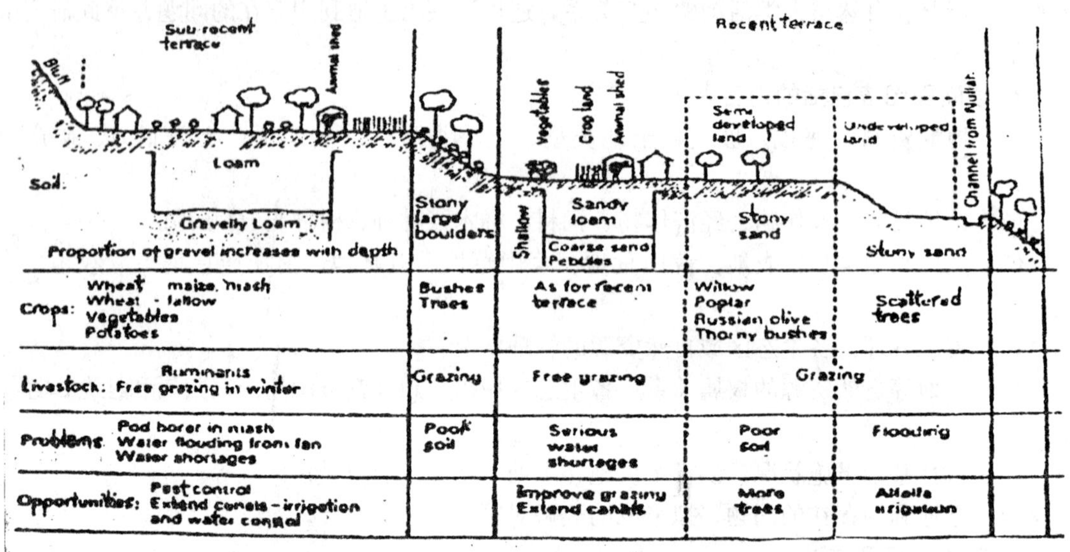

图 10 - 19 社区剖面图

（资料来源：Food and Agricultural Organization of the United Nations. 1990. The Communities Tool Box：The Idea，Methods，and Tools for Participatory Assessment，Monitoring and Evaluation in Community forestry. Rome：Food and Agricultural Organization of the United Nations.）

四、历史演变图

1. 工具描述。历史演变图是将社区历史上曾经发生的主要变化及事件经过资料收集和归纳整理后用图表简明地表示出来。制作历史演变图之前要按时间排序收集整理所调查社区的历史发展资料，了解历史上曾对社区发展最有影响的当地的、国家的或国际的事件、历史上村社自然资源管理和生产生活（特别是土地、农业和林业）的变化情况。综合这些情况制作的历史演变图能揭示社区自然资源管理变化、社区地域边界变化、农业耕作制度变化、人口变迁以及人与自然的关系等，可用以分析和总结当地社区在自然资源管理方面的成功经验和失败教训，在总结历史经验的基础上规划社区今后的发展方案，为社区农、林业项目的正确设计和实施提供重要的参考。

2. 调查对象和内容。

（1）调查对象。村社各级行政机构，如村委会、乡委会及他们的上级主管部门县政府的人员及其所存历史资料，对村、社历史情况比较清楚的老年人（也称信息提供人，应保证有男有女）、当地的教师、医生等。

（2）调查内容。主要包括社会经济状况、自然资源状况和人口状况等几个大的方面，具体内容有：社区的起源、民族构成演变与发展、重大方针政策的变化及影响、土地及林木等权属的演变、社区人口的变化及迁移、医疗教育的变革、社区名称变化、农作物种植史、农业技术革新、耕作制度变动、林业资源管理政策及其变动、村内所发生的重大自然灾害、社会变迁、冲突、疾病等。

3. 制作过程。

（1）搜集村委会、乡委会及他们的上级主管部门县政府所保存的该社区的历史资料。

（2）通过村、社领导，寻找社区内对社区历史比较了解且神志清醒的老年人数人（应包括一定数量的妇女），和社区领导一起组成信息提供小组。

（3）将调查小组成员及社区的信息提供人分成几个小组，每组3～5人为宜，应包括妇女。在多民族地区还要注意包括少数民族组员。

（4）将调查目的和要求用醒目的字写在一张大纸上，然后贴在墙上，以便使被采访者清楚并理解。如果有些老年人不识字，可用图画或实物向他们解释，以便使他们辨别什么是影响社区发展的重要事件（有些老年人，记不清事件发生的公历年代，可用民国或甲子，以后再根据万年历推算）。

（5）讨论开始后，可以用开放式的提问。如你们村从什么时候开始有人居住，他们是什么民族？在你的记忆中，你们村最重要的事件是什么？有没有严重的干旱、灾疫、饥荒、洪灾或其他自然灾害？有没有移民迁入和迁出？在你的一生中，村庄的地形和风景有无变化（如树多、树少、水资源的变化等）？你们村历史上最好的事情是什么？最好的年代是什么时候？你们村山林权属发生过哪些变化？结果怎样？

（6）讨论和搜集资料结束后，整理调查结果，按年代顺序予以排列，制成一张历史演变图或时间表。

（7）召开村民参加的讨论会，征求村民对历史演变图或时间序列表的看法，核实有没有遗漏的重大事件。根据村民的反馈意见，整理出完整的时间序列表。如表10-6所示。

图10-20是对历史演变图方法的形象描述。

图10-20　历史演变图

（资料来源：Food and Agricultural Organization of the United Nations. 1990. The Communities Tool Box：The Idea，Methods，and Tools for Participatory Assessment，Monitoring and Evaluation in Community forestry. Rome：Food and Agricultural Organization of the United Nations.）

表 10-6　时间排序表

日期			本地发生的重大事件及其结果	国家政策对本村发展的影响
年	月	日		

五、机构关系图

1. 工具描述。社区的官方和非官方组织机构在策划和组织群众的生产生活中取得重要的作用，了解这些组织机构的结构和功能行使方式才能使农业、林业等经济发展项目得到各组织机构的配合，使群众知道在经济发展和项目活动中怎样依靠和配合这些机构来进行工作，取得和谐的配合和快而好的工作效果。通过对社区组织机构的调查，认识各有关组织机构的组织结构，行使功能的过程、机构间的联系等，掌握各种社区组织机构在社会事务、经济活动、生产活动中所发挥的重要作用，揭示社区与外部的联系。通过对社区组织机构的调查分析，在开展社区发展活动时，还能为社区发展项目设计和建立健全有效的社区组织管理形式和组织管理体系提供依据。

2. 调查内容。

（1）行政区划及人口状况。如村、社（组）的数量、面积、户数、人口（性别、年龄结构、文化等）、劳力（性别）、民族、姓氏、宗教等。

（2）正式的组织机构及功能。如基层组织（村支部、村委会、社委会、妇联或妇女小组等）、学校、卫生站等。

（3）社区的非农业活动。如社区的农产品市场营销、手工业发展、小商店布局、社区小企业的发展运行及产值利润情况和以农产品为原料的加工业发展情况。

（4）社区已有服务推广组织和专业技术协会。农业（含林业）技术和良种等推广组织、农业教育协会、农具协会（含农机小组）、农产品运输协会、农村专业技术协会或种植协会等组织的运行情况和与农户的关系；也包括正式和非正式的信贷组织、农具物资供应情况等。

（5）社区纠纷解决。处理社区纠纷的组织机构（或人）。如土地纠纷、家庭纠纷、村民间的资源纠纷、本村与外村的资源纠纷等。

（6）村内各组织机构对自然资源的管理权限。如谁（指机构组织或管理者）有权对土地利用、水资源管理、林业资源等活动做出决定；谁来协调农户、农户家族、村委会等之间的关系；村内的自然资源威胁来自何方、情况如何。

（7）村级公共设施的利用和信息管理。包括道路维修和使用、渠道的管理利用、学校校舍建设、通信设施的管理维护、村级农业生产方法的购置和使用管理等。

（8）社区内其他非正式的或无形的在社区的社会经济活动中起作用的组织机构，如非政府组织。

（9）社区内土地（含林地）权属的演变历史及情况。

3. 调查分析方法。

（1）组织调查小组，明确小组成员的工作职责，根据各组员的专业特长确定其应负责调查的题目及问题。

（2）充分准备调查内容，事先收集和阅读村级行政管理机构现存的有关基础文字资料，对村、社进行实地观察，考察现有组织机构的布局和工作情况，然后选择采访对象。

（3）确定采访的关键信息人。其中应包括村、社领导和一般村民，对特殊小组和妇女组、青年组、老年组和有代表性的农户家庭进行调查。

（4）选择既有利调查小组的工作又不影响被采访人正常工作的时间进行采访。采访过程中，最好让关键信息人列出已有的组织机构，逐一询问其机构的构成、工作职责（功能）、主要负责人等。并用一些简单的符号连接各机构及其对内对外的相互联系简图。

（5）每天采访结束后应及时进行每日回顾，进行查漏补缺，确定出还需进一步收集和核实的信息。

（6）调查采访终结后，汇报整理调查资料。形成社区组织机构分析的初步报告。在有干部和村民参加的社区会上，向他们介绍调查分析结果，听取社区群众的反馈意见，最后通过修改形成社区的组织机构调查结果，以框图结构辅以文字报告来表达。此结果即可保留并提供给今后的社区发展活动利用。

六、季 节 历

1. 工具描述。季节历表是以列表的形式反映一个村庄的各种生产活动（如农业、林业、副业、畜牧业等）及其具体农事内容在12个月中随季节的周期性变化规律和类型。使用季节历表可以表示群众在一年中的生产活动、劳力安排、产品收获和经济收入的变化规律和社会活动随生产的变化，可形象说明各种活动随气候的变化周期。看季节历表就可知道社区内一年中可利用劳动力的变化、各种农产品和食物的丰歉时间、气候变化等重要信息，为社区发展项目的规划设计和实施提供安排各项活动的重要依据。

所以，季节历表是一种表现一地的生产、生活周期和发展趋向的良好方法。它生动地表现随一年中时间进程或季节变化而周期性地重复变化的活动情况。这些信息可以用一张简单的表来表示。例如，用季节历表表明随季节变化的生产活动。除了列表外，季节历表也可以用条形图来表示。

由于所有的参与者都可以提供情况并把它写入表中，所以季节历表作为一种调查工具很有利于群众的参与。一些容易就地取材的东西可以用来代表要说明的事物。例如，用石块表示盖房，用小树枝表示收集薪材，用树叶表示耕地等。

2. 季节历表可表达的内容。

（1）自然气候条件：年降雨量、平均气温和各月平均气温、可用水资源的变化等。

（2）社区主要农作物的生产周期：各种农作物和经济作物的农事活动安排及生产期（如整地、播种、施肥、除草、田间管理、收获等）。

（3）社区畜牧业生产周期：各种家禽畜的生长期、饲料来源、畜产品的销售等。

（4）全年社区劳动力的使用情况：包括各种农事活动和林业活动等对劳力（含男子、妇女、儿童、老人）的需求。

（5）社区非农业活动类型及其对劳动力的需求：包括社区手工业、小企业、运输业、服务业等。

（6）产品及生产周期：包括主要的水果生产周期、薪炭林收集时间、林下产品（如蘑菇、竹笋等）采集时间。

当一张季节历表不能包罗万象地包含上述所有内容时，可多做几张季节历表来表达。

3. 季节历表的制作过程。

（1）调查小组成员首先应进行分工，明确其职责（谁提问、谁记录等）。

（2）通过社区领导，选择调查访问的对象。将被调查者分成男人组、女人组、社区领导组、年轻组和老人组等。

（3）选择适当的表达方法（如大纸、墙壁、地面等），把月份写在上面，通常分栏表示月份。

（4）调查访问开始后，首先询问当地逐月的温度、降水及水资源变化情况，记在月历表上。

（5）逐一询问和记录当地的农作物及畜牧业的生产活动周期，在此过程中，应了解各种产品是用于家庭消费还是用于出售（或家庭消费与出售各占多大比例），以及农民确定某种农作物或者家禽的规模的理由。

（6）了解村民所列的每种农作物和家禽对劳动力的需求，以及具体的每项农活由谁来承担（男人、妇女、儿童或老人）。

（7）询问关于林业生产活动的种类及其周期。如用材树种、果树、药材以及育苗、造林、管理、收获等活动，特别是对采集工作要仔细询问。了解采集什么林产品？什么时间采集？谁去采集？采集量、采集所得的经济收益以及对林产品的采集有无特殊规定？

（8）了解社区内有无非农业活动，如果有，是哪些活动？哪些人参与？多大的数量？是季节性还是常年性？

（9）调查结束后，汇报整理所有的调查结果，用图表反映出来。在社区大会上将图表介绍给村民，征求他们的意见后再作修改，最后形成所调查社区的季节历图表。

季节历图表未采用的资料，也应认真整理，作为社会经济本底资料备用。

季节历表的例子：表 10-7 是佤族妇女在一年中的生产、生活活动。

表 10-7 佤族妇女在一年中的生产、生活活动

生产生活活动	1月	2月	3月	4月	5月	6月	7月	8月	9月	10月	11月	12月
稻生产				++	++			+	+++	+		
菜生产	+++	+++	++		+	+++	+++	+++	+++	+		
旱谷生产	+++	+++	++		+	+++	+	++	+++	+		
茶生产			+++	+++	++		+	+++	+++	+		
打柴	+++	+++	+++	+++	+				+	+++	+++	+++
喂养家畜	+++	+++	+++	+++	+++	+++	+++	+++	+++	+++	+++	+
家务	+++	+++	+++	+++	+++	+++	+++	+++	+++	+++	+++	+++

七、活 动 图

（一）活动图（Ⅰ）

1. 工具描述。活动图是将各项生产活动的安排时间形象地用图表示出来。图的横向表示时间的进程，标在图的第一行。图的左边第一列用来列出各项活动，在每个活动名称的右边，把该活动的时间用横杠或其他符号标在对应于第一行的时间进程的应该进行活动的时间范围内。活动图可以灵活应用。在时间跨度上，可以是一天中的活动、一周中的活动、一个月中的活动、一个季度中的活动、一年中的活动等。在项目开始前，它可以用来计划项目活动；项目进行过程中，它可以用来监测活动完成情况与计划是否相符，如有差异则找出原因并根据实际情况进行修正；在项目结束之后，则可用以对完成情况进行评估。

2. 活动图的制作。把参与讨论的村民召集到一起，在大家把所需要做的生产活动或项目活动的内容定下来以后，就可以用活动图来计划各项活动的进行时间。例如，如果生产活动是在一年完成，就在图的第一行标上从1～12月份的时间，如果有必要，每个月还可以再进一步分为上、中、下旬，乃至细分到日（当日期跨度不是太长时可细分到日）。然后在图的第一列写上各项活动的名称。向村民们讲清楚表的结构和在表中表示活动时间计划的方法。在他们理解以后就可以共同把各个农事活动或项目活动的时间用横杠或其他符号填到表中。还可以用横杠的不同颜色或用不同的符号表示不同的活动。如图10-21所示。

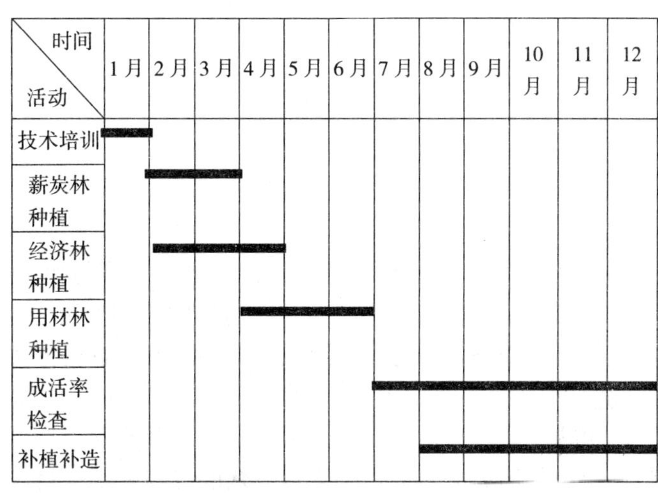

图10-21　××村造林项目活动图

（二）活动图（Ⅱ）

1. 工具描述。此工具以逻辑框图的形式表现社区村民生产生活中有哪些活动以及各项活动之间的关系。每个框表示一项活动，活动之间的相互关系用箭线相连，表明它们之间的因果或前后关系。它可以用来表明社区活动的现状，生产、生活和经济的结构。并通过它来改进活动的种类及其相互之间的依存关系，以促进社区的发展。它的直观形式有利于村民参与共同描绘活动图。

2. 活动图的制作。把参与讨论的村民召集到一起，把大家平时所做的生产活动都写下来。每一项活动用方框括起来，再用箭线依村民所说的活动间关系把它们连接起来。为了大家参与、讨论和修改的方便，可以每个活动写在一张纸上，以便于在研究它们之间的关系时可以任意移动和排列它们之间的相互位置。在经过参与者的反复讨论和修改后，就可以把活动图定下来。它是表明社区活动现状和今后加以改进的基础。

3. 活动图（Ⅱ）的一个实例：图 10-22 是活动图（Ⅱ）的一个实例。

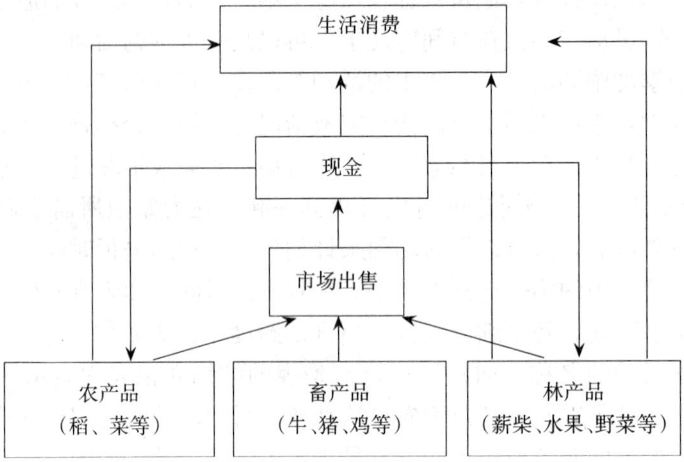

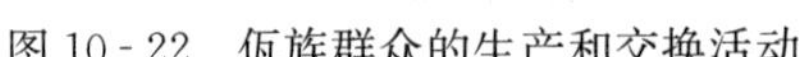

图 10-22 佤族群众的生产和交换活动

第七节 研讨会议法

一、集思广益法

1. 工具描述。在社会经济发展和项目活动中，特别是在召开村民会议时，广泛发动群众参与，人多主意多、人多智慧多、集思广益，共同商讨解决问题的办法和规划发展方案，得到集中群众智慧的最佳社会经济发展方案或对某一问题的最优解决方案。

2. 工具的特点。收集和传播信息量大、速度快，反馈快；可集体确认问题，提出解决方案，计划分配工作；可协商解决矛盾冲突；经常性集会和共同商讨发展计划能培养合作精神；可以增强当地村社组织的领导能力，增强当地群众的参与意识；村民对自己社区的情况最了解，因而往往能提出符合实际的问题解决方案。群众参与商议和决定的事他们更能理解和明白，更愿意积极去实施。因而这也是激发群众积极性的一个很好的方式。集思广益法可以用在几乎所有的调查研究和社区发展方案制订的过程中。

3. 使用指南。使用集思广益法常常需要召开群众集会。开会需要较严密的组织，包括动员、通知到会、会前准备和决定会议内容和议程。会议开始时先介绍会议主旨，然后要协调好讨论，按程序逐一讨论问题。偏题时及时引导，制造热烈、和谐的气氛。鼓励不同意见的发表，通过充分协商和讨论解决不同意见之间存在的矛盾，使大家认识到什么是最好的办法。会议所讨论的问题和决定应有概括和总结。也允许留下问题进行再思考，安排下次会议再继续讨论。会议过程中应有记录。会议结束后应综合归纳讨论结果并留有记录以供日后应用。集思广益法往往可用来配合其他方法的使用，以达到方法使用的最佳效果。

二、头脑风暴法

1. 工具描述。头脑风暴法是指在寻求问题的解决方法时，竭尽所想，放开思想去想象任何可能的解决办法，甚至是奇思妙想。在所有想得到的方法都想出来后，再从其中挑选最好的方案。一个人可以用头脑风暴法想象解决问题，一群人就有更多的智慧用头脑风暴法想象解决问题。当有很多群众参与时，想法会非常丰富，会有多种多样的办法提出来，从而使我们能从其中去筛选出可行的好方案。

2. 使用指南。以一个例子来说明。例如，面对群众薪柴缺乏的问题，当我们想象解决的办法时，应用头脑风暴法可以想象出很多很多：种植薪炭林、农林复合经营、建设沼气池、利用太阳能、改灶节能、买柴、找煤矿、找地热、用电、搬家到有煤有柴的地方、烧秸梗、烧油、建小水电、烧干牛粪等。想法可以很多很多，其中有的想法可能不太符合当地实际情况。而有的想法可能很好，能又快又好又经济地解决问题，则我们就选用这样的方法。例如，本例中的建小水电这一主意，也许过去许多人在薪柴不足时不会想到去建小电站。而这主意提出后人们想到距村子不远的一条落差和流量均不小的小河还真是一个可利用的好资源。既能提供方便、干净、现代化的能源，又能促使群众今后更加注意保护小河流域的森林资源及在流域内多造林，以保证河水的长流和清澈。这样做的结果是既解决了燃料问题，又同时使生产生活所依赖的生态环境得到改善，有利于社会经济的持续性发展，获得经济、生态和社会三方面的良好效益。而不是继续走将森林烧光，生活和生产所依赖的生态环境不断恶化的老路。

3. 注意事项。应用头脑风暴法时，在村民会议的开始，主要是向大家说明存在的要解决的问题，说明头脑风暴法就是让大家竭尽全力思考任何解决问题的办法，而不要先给出自己的一些解决办法，以免在一开始就限制了群众的思路。当种种办法被提出，村民们通过充分讨论，对比各种方法的利弊后决定了某一解决方案时，要做好记录。包括会议要解决的问题、最终大家同意的解决方案以及选择该方案的理由都应做好记录。

第八节 参与式发展研究方法案例

一、农户参与项目计划

福特云南扶贫项目正是在国际农村发展及扶贫实践提出参与性理论和实践后不久的背景下开始的。当在云南全省的范围内选定了四个项目点之后，无论是福特的项目官员，或是地方政府项目办的工作人员，并不是在昆明的办公室里为各个项目想好一些开发项目，然后让农民去做，而是强调农户的参与，强调外来者与当地农户共同确定项目，共同实施项目，共同对项目进行监测与评估。

1990 年 1 月，美国加利福尼亚大学的南希·佩鲁索博士（Nancy Peluso）应邀来昆明对项目工作人员举办了农户参与性农村调查方法培训班。这是国际参与性理论与方法第一次引进中国的尝试。南希博士在谈到项目时特别强调，要把发展对象作为主要的信息来源，要从发展对象中选择关键信息人，要组成一个多学科的小组来全面地收集有关发展对象的信息，要成立一些关键问题识别小组来对有关发展对象的信息和关键问题进行讨论。这一方法论完全区别于我们过去的仅仅坐在办公室里看统计资料计划的方法。

1990 年 5 月，来自云南省有关管理部门和科研机构及高等院校的，具有多学科知识的专业技术人员和管理人员组成了综合调查组，经过培训以后，分赴四个项目点进行了详细的综合调查研究。调查人员基于培训学习期间获得的知识，结合自己的专业和实践经验，在认真听取当地负责人的介绍，仔细分析二手资料的基础上，灵活地运用各种参与式方法，深入村寨和广大农户，虚心地向群众学习，采用"问卷调查"和"半结构式访谈"的方式，分别对不同的对象，如村干部、老人、妇女、生产能手"龙把头"（农户牵头人）等进行了调查。同时，采用参与观察、断面分析等方法，对当地农户的生产以及自然资源的利用情况作了深入的了解，取得了大量可靠的第一手项目资料。在综合分析所获得资料的基础上，提出了该项目点的综合开发发展方向和制定了实施的试验示范项目计划，然后再与当地群众和干部进一步讨论，将开发项目进行优选排序，形成了四个项目点分别的综合开发项目可行性研究报告及发展规划。显然，以项目组织中的科研人员为主，充分吸收当地农户参与的项目计划，与传统的中国项目仅由外来者自上而下地制订计划相比较，福特云南扶贫项目计划体现了农户的参与，因而受到农户的欢迎。

为了定量分析农户参与程度，项目随机抽样了200个农户，按照预先设计的问题进行问卷调查，结果见表10-8和表10-9。

表10-8　样本农户参与项目设计情况

参与情况	镇雄县老包寨（户）	江城县明子山（户）	广南县安王（户）	福贡县珠明林（户）	合计（户）	百分率（%）
样本农户	50	50	50	50	200	100
参与过	33	14	6	16	69	34.5
否	16	27	29	23	95	47.5
无信息	1	9	15	11	36	18

注：问题为：你参加过福特项目的设计吗？

从表10-8可以看出，在200个样本农户中，参与过项目设计的69户，占34.5%，相对于中国传统的项目设计基本不吸收农户参与来看，这无疑是一个很大的进步。

就参与性理论来看，传统的项目设计都是以我们（专家、政府工作人员、资助者、项目工作人员、村里有权势的人）的思考和设计为主来计划和实施的，"我们"是主体，而项目的主要执行者——农户，则是基于首先必须能够满足"我们"设计的要求而被挑选出来的。尽管"我们"也问农户"你想做什么?"之类的问题，但是事实上只能是："我们是什么，你愿意参加吗?"甚至最后所谓的"我们"也被简化为1～2名从省里或县里来的、项目的具体负责人。农户仍然是处于被动的地位。而真正的农户参与性则强调要把农户作为主体。农户先审视自己能做什么，然后提出想做什么，最后再看"我们"能提供什么帮助。通过"我们"的加入，使双方合成一个比任何单独一方都更强大的发展力量。这样一来，农户是作为主体来设计、申请和实施项目，"我们"是被邀请进来的。

二、农户参与项目实施

福特云南扶贫项目在实施时是以项目为核心，建立了一个包括政府部门、科研机构、技术部门及农户在内的集指导、扶持及实施为一体的项目体系。以广南县安王点为例，项目的实施可用图10-23表示如下：

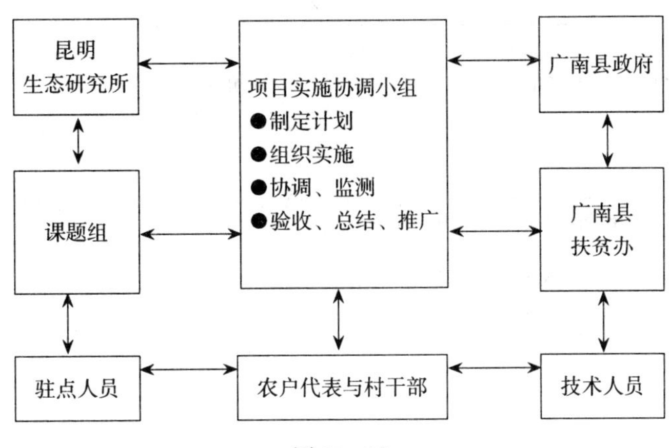

图 10-23

项目实施过程中，各项目点详细规定了对管理工作人员的奖励办法。项目办又与农户签订了实施合同，规定了项目管理人员、技术人员的职责以及参与项目农户的责任和权利。而且，还建立了农户联络员制度。农户联络员是项目实施农户同驻点员和项目实施协调小组及其办公室之间的经常联系人，联络员经常了解实施项目的农户的情况，并对农户实施项目进行指导。

农户参与项目的实施一般来说是依据项目计划的安排，农户可以提出自己的意愿与要求，但要看项目计划所提供的机会。项目实施的初期，农户参与程度低，加上对项目了解不多，因而提出项目要求的少。随着项目的实施，农户亲眼看到和体会到项目是真心实意扶持他们的，而且是无偿扶持的，因而要求参与项目的便逐年增多。但是，能够积极参与项目管理的则是少数（表 10-9 和表 10-10）。

表 10-9　样本农户参与项目管理情况表

参与情况	镇雄县 老包寨（户）	江城县 明子山（户）	广南县 安工（户）	福贡县 珠明林（户）	合计（户）	百分率 （%）
样本农户	50	50	50	50	200	100
参与过	17	0	1	1	19	9.5
否	33	40	34	26	133	66.5
无信息	0	10	15	23	48	24

注：问题为：你参加过福特项目的管理工作吗？

从表 10-9 中可以看出，200 个样本农户中有 19 个参加过项目管理。虽然比例仅占 9.5%，但相对于中国传统的开发项目农户基本不参加管理来看，这显然是一个巨大的进步。

表 10-10　样本农户参与项目资金、物资分配情况及了解程度表

参与情况	镇雄县 老包寨（户）	江城县 明子山（户）	广南县 安王（户）	福贡县 珠明林（户）	合计（户）	百分率 （%）
样本农户	50	50	50	50	200	100
知　　道	8	3	1	1	13	6.5

（续）

参与情况	镇雄县 老包寨（户）	江城县 明子山（户）	广南县 安王（户）	福贡县 珠明林（户）	合计（户）	百分率 （%）
不知道	42	39	29	26	136	68.0
无信息	0	8	20	23	51	25.5

注：问题为：你知道项目里如何分配使用资金物资吗？

表 10 - 10 中，200 个样本农户中仅有 13 个知道项目对资金和物资的分配情况，比例为 6.5%。这是因为，项目资金是由云南省项目领导小组批准的，从银行划拨到县再到项目点，一般是由村干部和驻点员共同掌握，直接分配给参与具体项目的各个农户使用，其他未参与该具体项目的农户一般是不知道的。不过，这也提示我们，项目点有必要将项目计划、资金使用等予以公布，以便于广大农户监督。应该指出的是，农户参与实施不是简单地要求农户来参加或加入项目，更不是说“如果你来参加，我就给你报酬”。或者说“因为你不懂，所以我来帮助你。”相反，当地参与性这一理论的一个重要支柱是：作为发展的主体——农户（或者说是当地人），比任何外来者都更清楚自己的痛苦、困难和需要。因为他们是用忍饥挨饿和艰苦劳动来认识和体验他们的困难，而外来者只是用“专家”的眼光来观察和推测的。另外，身处困境的穷人，他们任何时候都渴望改变自己的贫穷命运。而且随着时代的前进和发展，穷人已越来越有能力来实现自身的发展。所以，在当今的世界，应该说，扶贫、助贫、脱贫已经成为各国政府和人民共同的目标和努力方向。

三、农户参与项目监测与评估

在项目进行监测与评估时，传统项目的监测与评估活动，往往是由上级或长官来执行的，它代表着一种检查和监督，其目的在于总结经验、改进不足和评比先进。福特云南扶贫项目的监测与评估过程，则被理解为一种管理手段，其目的在于发现问题和解决问题。农户作为监测与评估的参与者，主要通过自我评估、参与项目组织的经常性监测与评估和参与由外国专家领导的集中评估三种形式，参与项目全过程的监测与评估。

农户自我评估，是在一个具体项目实施结束之后，在访谈时农户和外来者共同进行的。农户是最讲究实效的，他们是以项目对自己家庭收益有无帮助和帮助的大小来评估项目的（表 10 - 11）。

农户参与项目组织的经常性监测与评估，是项目从尊重农户的意愿出发规定的农户权利之一，并作为项目的基本制度固定下来。农户对项目评价，可以通过口头、书面等形式反映给联络员、村社干部、驻点员、县项目办和省项目办。我们 1995 年 7～9 月在四个项目点调查时，曾设计了农户对项目的评估问题，结果见表 9 - 11，表 9 - 12 和表 9 - 13。

表 10 - 11 中，农户自我评价项目对自家很有帮助、有帮助和有一点帮助的农户，合计占样本农户的 55.5%，即说明项目取得了成功，也说明有一半以上的农户曾经参与过项目的参与性监测与评估。

表 10 - 12 中，仅有 15.5%的农户对福特已经实施的项目表现出了喜欢和兴趣。

表 10 - 13 中，80%的样本农户表示如果今后有机会，还愿意参加类似的项目。

表 10-11　样本农户对项目实施的总体评价表

评　　价	镇雄县 老包寨（户）	江城县 明子山（户）	广南县 安王（户）	福贡县 珠明林（户）	合计（户）	百分率 （%）
样本农户	50	50	50	50	200	100
很有帮助	10	6	4	1	21	10.5
有帮助	27	19	16	0	62	31
有一点帮助	4	11	12	1	28	14
没有帮助	2	1	0	1	4	2
说不清	0	2	0	0	2	1
无信息	7	11	18	47	83	41.5

注：问题为：你对福特项目总的评价是什么？

表 10-12　样本农户对项目的兴趣

兴趣情况	镇雄县 老包寨（户）	江城县 明子山（户）	广南县 安王（户）	福贡县 珠明林（户）	合计（户）	百分率 （%）
样本农户	50	50	50	50	200	100
是	20	7	1	2	30	15.5
否	30	36	26	25	121	60.0
无信息	0	7	19	23	49	24.5

注：问题为：项目实施以来，你喜欢项目所做的决定吗？

表 10-13　样本农户对未来项目的态度

态　　度	镇雄县 老包寨（户）	江城县 明子山（户）	广南县 安王（户）	福贡县 珠明林（户）	合计（户）	百分率 （%）
样本农户	50	50	50	50	200	100
是	45	46	40	29	160	80
否	1	0	1	2	4	2
无信息	4	4	9	19	36	18

注：问题为：若有机会，你还愿意参加此类项目吗？

农户参与外国专家组织的集中评估，主要是参与澳大利亚迪亭大学（Deakin University）乔·雷梅尼（Joe Remenyi）教授领导的一个由科研人员、政府工作人员、技术人员及农户组成的评估小组的评估。评估之前，乔·雷梅尼教授曾对中方人员与农户进行了关于监测与评估的理论及方法的培训。然后分别组成几个监测及评估小组，到各个点进行监测与评估活动。在监测与评估的过程中，当地政府工作人员、技术员及农户是一种重要的力量。他们的作用并不是简单地带路、找人和回答问题。相反，他们除了参与监测与评估的方法培训之外，还积极参与了评估内容的设置、评估方法的选定、评估问卷的设计、评估资料的分析及评估报告的写作。

四、不同人群的参与

这里的不同人群参与，是指在社区中相对处于弱势的最贫困农户和妇女等特殊群体，所表现出的对项目的参与。

（一）最贫困农户的参与

在传统的社区发展模式下，正如我们前面所指出的那样。任何发展项目都是通过政府的渠道逐级下达到村干部的手里。这样，村干部以及与村干部有密切关系的农户往往是“近水楼台先得月”，理所当然地优先得到了项目。另外，传统的执行项目的一个重要目的就是要干出成绩，做出榜样，甚至项目能否成功还与官员的政绩挂钩。这样，村干部往往乐意把发展项目交给村里的一些能干的、富裕的农户去做，因为他们既有承担风险的能力，又有足够的投资来配合。而那些社区中的贫困农户，他们既没有同村干部的良好关系，又没有能力去承担风险，因此，他们常常是被排除在利用各种资源的发展过程之外，我们称他们为“边际农户”。虽然项目一开始就强调“帮贫、助贫”和“扶持那些无人帮助的人”，但事实上在项目的执行过程中，项目的主要受益者还是前面所提到的村里面的那些人。最贫困的农户参与项目的机会相对要少得多。只是到了项目执行的后期，由于项目代表董恒秋的提议，项目管理人员才开始越来越注意到穷人的参与。

（二）妇女的参与

另外一个特殊的人群是妇女。在云南，我们可以这样认为，妇女在决策和社区管理中处于从属于男人的地位。但妇女在田间劳动过程中却与男人一道承担各类劳动。妇女还要承担主要的家务劳动，如养猪、做饭、洗衣等。妇女与男人相比受到更少的培训及教育。比如在广南县王村，只有1名女医生、2名女教师。管理干部中全部为男性。多数社区事务发言权都归男性。民族节日、村寨集会、村寨纠纷解决时一般以男性为主。在镇雄县的老包寨，妇女对自己的婚姻不能自主，无财产继承权，甚至被禁止参加社会活动。当一个外来的人访问农户家庭时，如果男主人不在，女主人往往会回答说：“当家的不在，我自己不会说。”在农业生产活动上，男女之间基本上不存在明显的分工。比如在镇雄县的老包寨，甚至连下煤洞背煤这种超重体力劳动，女人也要参加。只不过一个强男劳动力，一天能背2～2.5车，而女劳动力一天只能背1.5车。而农业生产活动之外的劳动，则主要由妇女来承担。比如在广南县安王，妇女在完成了田间劳动之外，另一个任务就是要找一筐植物叶子。夜晚在昏暗的灯下砍细煮熟，作为第二天的猪饲料。煮饭、带孩子和家庭卫生更是主要由妇女来完成。在受教育方面，以镇雄县的老包寨为例，适龄女童的失学率大大高于男孩，女孩子占80%以上。甚至还有“女儿是外姓人”的思想。“让女儿读书上学实际上是为别人花钱，趁着没被别人娶去，赶快让她多为家里干点活，读书没什么用，反正以后是嫁人”。

项目强调妇女的参与，不仅是从道义上和表面上来倡导妇女解放，而恰恰是想强化发展的主体——妇女的作用。所以在江城县明子山项目点，主要针对妇女的项目有：①妇女卫生保健知识培训，参加培训160人。②对全村妇女妇科病普查，并提供部分妇女病防治药品。③妇女缝纫技术培训10人。④妇女照相技术培训15人。⑤妇女养猪、养鸡、养鱼技术培训151人。在广南县安王，针对妇女文盲率高的特点，项目管理人员开办了扫盲夜校。这一系列项目都是想给妇女一个机会，通过提高妇女劳动技能来提高妇女地位和实现社区发展的目的。

小 结

本章首先分析了为什么要强调参与性并运用参与式研究方法：参与式研究方法是联合国粮农组织在农村发展中大力提倡和推行的方法。它是一种由地方群众积极参与对当地自然资源和社会经济条件的分析与诊断，在对自身条件分析的基础上制订发展规划和项目，并参与实施、监测与效果评估的现代研究方法。在发展研究方法的设计上，所采用的是并不复杂的，群众容易掌握和积极参与，且喜闻乐见而又很有效的方法。参与式研究方法可用于了解农村社区的自然资源状况、社会经济状况、决定一个社区发展项目是否在社会、文化上被项目地区所接受并且能给当地带来好的社会、经济和生态效益，并让村民共同参与社区发展规划的制订。在社会经济状况评估、社会文化和人口状况分析、受益者分析、参与性社区发展项目的制定和实施以及农村发展规划的制定和实施中都能获得良好的效果。本章介绍了六大类参与式研究方法。即展示法、分析法、排序法、记录法、图示法和研讨会议法。对于每种具体参与式研究方法，要掌握其方法描述及做法、方法的目的及功用、方法的优点及其使用指南和使用注意事项。

思 考 题

1. 为什么要强调参与性并运用参与式研究方法、哪些场合需要参与性、参与性研究可以解决哪些问题？
2. 做参与性调查研究要注意哪些问题，以及参与性研究的优点和适用范围是哪些？
3. 你知道的展示法有哪几种？它们能适用于哪些情况？解决什么问题？
4. 你知道的分析法有哪几种？它们能适用于哪些情况？解决什么问题？
5. 你知道的排序法有哪几种？它们能适用于哪些情况？解决什么问题？
6. 你知道的记录法有哪几种？它们能适用于哪些情况？解决什么问题？
7. 你知道的图示法有哪几种？它们能适用于哪些情况？解决什么问题？
8. 你知道的研讨会议法有哪几种？它们能适用于哪些情况？解决什么问题？

第四篇　农村发展研究的系统分析与评价方法

第十一章　农村生态系统分析方法

农村区域是具有特定地理空间的，每一个特定空间都是一个特定的农村生态系统。农村区域发展管理，不同于一般的管理，是基于其上的农村生态系统管理，需要运用生态系统分析的观点和方法去了解农村，观察农村，研究农村，才能更进一步实现农村人与自然的和谐，建设美好的社会主义新农村，实现农村的可持续发展。学习农村生态系统分析方法，目的是培养学生运用生态学、系统学原理分析农村区域发展现状，掌握基本的农村生态系统分析方法，提高发展管理能力。

第一节　农村生态系统的概念及特征

一、农村生态系统的概念

农村生态系统是指在一定的农村地域内，占据支配地位的人与各种生物（包括自然生物和农业生物）和环境（包括自然环境和人工环境）相互联系、相互作用、相互影响、相互制约的一个有机整体。

农村生态系统的突出特点是其由特定人群占据的地域空间特性。与之相近的概念有农业生态系统和乡村景观系统。农业生态系统强调农业生物之间、农业生物与环境之间的有机结合，虽然离不开人，或也是以人为中心，但是在研究中，往往突出的是这点。乡村景观系统注重的是特定地域各种空间地物的几何形态与组合特征。农村生态系统包括了各种农业生态系统，乡村景观系统等，但它突出的是人与特定空间的有机结合，即强调农村人文发展与自然地理、农村社会经济之间的相互影响和作用。研究农村生态系统，可以从更全面、更系统的层次上观察和认识农村区域的特点，深刻认识实施农村生态系统管理含义和意义，找准切入点，推动农村可持续发展。

二、农村生态系统的结构与功能

1. 农村生态系统的组成。和其他生态系统一样，农村生态系统也由生物组分和环境组分构成。生物组分中，人是最重要的成分，也是最活跃的成分；其次是各种自然（野生）生物和农业生物。农业生物包括涉及农、林、牧、鱼、虫和菌六个大类的人工驯化（或半人工驯化）生物种类。环境组分包括人工环境和自然环境。自然环境与一般生态系统一样。人工环境包括人工设施，如住房、道路、水渠、圈舍、水库等硬环境部分，还包括农村发展的政策、法律支撑体系、当地历史文化和人文精神等。

2. 农村生态系统的结构。农村生态系统属于组织空间管理层次上的系统，它包含自然生态系统、农业生态系统、农户生态系统和村镇生态系统等各个子系统。

自然生态子系统是自然界选择适应过程的产物。系统中的生物物种拥有环境所允许的最大限度的多样性。复杂的相互作用关系可以有效地调控生物种群水平，使系统具有能够抵御外界变化的缓冲能力和较高的综合生产力。系统在动态中维持最大的复杂性和最高的生物量是自然生态系统的基本功能指向。可以说自然生态子系统的能量流动是一个由绿色植物自我启动的自持续过程。能量转化为生物物质在系统中积累、流动，其中一部分在流动的过程中散失于环境。各种生物营养元素随着地质循环和生物循环过程在生物体和土壤中富集。因此自然生态子系统基本上受自然规律的制约，其运行主要由太阳能与生物能支配，表现出较为强烈的自然节律性。它与纯自然生态系统具有一定的相似性。

村镇生态子系统的属性则与城市生态系统相接近，由乡镇及农村非农活动所组成，系统的演变与发展主要受人类社会的经济规律所主宰，化石能是系统运行的主要能源。在这里，原有的自然生态系统的结构与功能发生了根本的变化，人类的社会经济活动及人类自身的再生产成为影响生态系统的决定性因素，因此村镇生态子系统具有人工系统的典型特征。

农业生态子系统则是自然与人类交互作用的结合区，它既受自然规律的制约，又受到经济规律的支配。在农业生态子系统中，生产者和消费者在空间上是分离的，大量能量、养分随产品输出到系统之外，具有明显的开放性。每次作物收获或畜禽出栏就意味着能量流动的结束，系统的继续需要人类的投入来重新启动。能量流动出现间断，造成能量浪费，影响了系统的能量转化效率和生产力。农业生态子系统中的持久性生物量降低，循环养分数量减少，自然维持系统养分平衡的能力减小。由于地面覆盖下降，还有相当数量的养分随淋溶、侵蚀而散失。对于人工选择的农业生物物种来说，尤其在产出水平较高的情况下，自然系统的资源条件与农业生物生长发育的资源需求不相适应。此外，自然循环过程也不能恢复转移或流失的能量和养分。

在农村生态系统中，自然生态子系统是基础，农业生态子系统是主体，村镇生态子系统则是不可缺少的重要组成。

3. 农村生态系统的功能。农村生态系统具有能量转化、物质循环、信息传递和价值转换等基本功能。这四项基本功能也分别看做是能流、物流、信息流和价值流。

农村生态系统能流是农业生态系统物质生产的基础，是农村生态系统不断发展的客观动因，包括对太阳能的转化（光能利用率）和对辅助能投入的利用效率。进入农村生态系统的太阳能首先通过生产者被固定在植物有机体内，进而进入食物链，可被各级生物多级利用而不参与循环，即沿着食物链流动的能量是逐级衰减的，一部分继续以生物化学能的形式从上个营养级的生物进入下个营养级的生物，另一部分则衰变成无用能散失在系统的环境之中，增加整个系统正熵（系统的无序性）。有效的农村生态系统管理就是要尽量减少正熵以增加系统的有序结构，维护和提高系统的稳定性和可持续发展的能力。只有光能利用率高，辅助能利用率高的农村生态系统才是高产高效的生产系统。

农村生态系统物流是指生态系统中的各种元素，通过生物有机体的生命活动进入生物体，进而在食物链上进行传递。其中一部分会进入生物体组织，形成产量；另一部分则随着排泄进入环境，再被分解吸收，循环利用。与能流不同，物流是可以循环的。在农村生态系统中，物流是能流的载体。物流循环周期和循环效率关系到整个系统的效益和稳定持续性，是农村生态系统管理的主要目标。

农村生态系统的信息流是人与人之间、各种生物之间、环境组分之间以及彼此之间的信息沟通和传递，反映着系统内各组分数量信息和需求信息。信息流是农村生态系统的和谐通道，它是客观存在的。农村生态系统管理就必须通过信息技术来收集和处理，建立农村信息通道和网络，开展信息服务，促进系统的协调和谐。

农村生态系统的价值流使系统的各种投入都具有一定的价值形态，经过系统转化以后，就会形成更高级价值形态的产品，满足人们消费需求，进而使系统获得经济效益。价值流是基于能流、物流以及信息流综合而成的。价值流是农村生态系统管理的根本目标。没有高效的价值流的农村生态系统是不可持续发展的系统。

三、农村生态系统的特征

1. 以土地为中心。“土地是农民的命根”，在农村的所有活动中都是围绕土地进行的，人们的生产、生活无不体现出土地的魅力。没有土地的作用也就无所谓农村生态系统的产生。

2. 目的性强。农村生态系统是在自然生态系统的基础上，经过人类的改造而形成的适合人类生存的高级生态系统。人类经济活动贯穿在整个系统的运行过程之中，利益是该系统的核心目标。在这里不仅系统的形态结构要受人工建筑物及其布局、道路与物质输送系统、土地利用状况等人为因素的影响，而且系统的营养结构以及各种物质能量与信息流并非是按原始自然生态系统内各组成要素之间协同进化的自然规律所形成的。农村生态系统内部由于人类的定向干预，一方面加速了系统的演替过程，物质能量与信息的总量已大大超过了自然生态系统，从而提高了系统的生产力；但另一方面如果人类某些不正常或超强度的干预，则会造成生态环境的破坏，进而影响到整个系统整体功能的发挥。

3. 非自律性。所谓自律性是指系统的行为独立于系统外部的流入或压力的程度。系统越封闭则自律性越高。纯自然生态系统当处于良性循环状态时，系统的形态结构与营养结构比较协调，只要输入太阳能，依靠系统内部的物质循环、能量交换和信息传递，便可以维持生态系统的持续发展。农村生态系统不像纯自然生态系统那样形态结构与营养结构协调，它是一种复杂的生态——经济结构，除了依靠自然能（太阳能、生物能）已无法满足系统的正常运转，而必须从其他生态系统如城市生态系统等输入能量，并且系统的产出也以一定的形式（如农产品）向其他系统输出。特别是随着农村商品经济的发展，这种输入与输出可以说是农村生态系统维持生存的基本保障。

4. 自然节律性。农村是以农业生产为基础的社会经济实体，农业生态子系统是农村生态系统的主体结构，在农村更多的是以农、林、牧、渔为主导产业。农业生产是以动植物的再生产为基础，以开发利用光、热、水、土、气和各种营养元素为起点，其每个环节都包含着大量的自然过程，再加上农业生产布局具有大面积、分散的特点，深受自然界各因素的影响，表现出明显的自然节律性（如季节性）。而且这种自然节律性不仅使农村地区与农业有关的产前、产中、产后行业发生相应的变化，而且还会使农村地区人们生活、娱乐乃至社会活动深受影响。

5. 地域差异性。我国疆域辽阔，地形地势复杂，又地处温、热两带，自然条件具有明显的地域差异。同是农村，不仅有南方与北方、湿润区与干旱区的不同，而且还有平原、山地、草原、高原等的区别。再加上我国农村各地区社会经济发展历史与水平的显著差异，在自然生态与社会经济规律综合作用下，农村生态系统在不同的地区便出现了不同的结构特点与功能属性。地域差异性的特点说明，要促使农村生态系统的正常运转，寻求经济的持续发展，必须遵循因地制宜的原则。

四、农村生态系统数据的收集

农村生态系统作为农村社会—经济—自然复合生态系统，在对其进行研究和分析时，必须注重该系统的复杂性与复合性。从复合生态系统的结构来看，由生态核、生态基、生态库三个圈层集合组成。居于中心位置的是生态核，是整个系统的控制机构，是由人组成，包括人的组织、技术和文化；居于第二圈层的是生态基，是人类活动的直接环境，包括物理环境、人工环境和生态环境；第三圈层是生态库，是整个系统的外部支持系统。因此，我们在对农村生态系统进行数据收集时，也应从复合生态系统的结构出发，无论是以农户为单元进行分析的农户生态系统，还是以乡村为单元进行分析的乡村生态系统，都应建立在复合生态系统的生态核、生态基和生态库理论的基础上，收集包括自然、经济和社会在内的各类数据，其收集方法以农户调查为主，包括农户问卷调查法、访谈法和文献资料收集法。具体来讲，可从以下几方面进行数据资料的调查与收集。

（一）农村资源数据的收集

1. 自然资源数据。

（1）土地资源。收集内容包括土地利用开发程度，土地利用构成及分布（农、林、牧、渔土地面积及其生产状况，主要农作物、水果、蔬菜种植面积，单产及耕作制度，城镇、村庄、工矿、交通用地面积），土壤类型、数量及分布，成土因素及成因，土壤有机质、氮磷钾及微量元素含量，土壤性状，土壤环境背景值，水土流失，土壤污染源（工业与农业），土壤污染物（有机毒物——有机氯，有机磷农药，酚，石油类，苯并芘等；重金属——Cd、Hg、Cr、Pb、Cu、Zn 等；非金属毒物——砷、氟、硒、硼等；放射性元素——铯、锶、钍等；有害微生物——肠细菌、炭疽杆菌、破伤风菌等）。

（2）气候资源。收集内容包括：气候类型，四季特点，年均温度，最热月平均温度，最冷月平均温度，降水量及时间分布，日照天数，日照时数，有效辐射总量，积温，主次导风向及频率，风向风速时间分布，大风天数，无霜期天数，灾害天气（如台风、旱、涝等）。

（3）生物资源。收集内容包括陆生生物与水生生物的数量、种类与分布。陆生生物包括植被、动物、农作物、果树、家禽及微生物的数量、种类、分布及受害情况等；水生生物包括浮游植物、浮游动物、底栖动物、鱼类等的数量、种类及分布。

2. 社会经济资源数。农村社会经济资源指直接或间接对农业生产发生作用的社会经济因素。主要包括：人口资源（主要有户数、人口数量、人口结构、人口增长变化、人口密度及其分布）、劳动力资源（主要有劳动力数量和劳动力质量）、物质技术装备状况（主要有农机具设施的数量、水利和农田水利基本建设情况、排灌设施和有效灌溉面积、旱涝保收高产稳产农田的比重、施用化肥的种类、数量及其结构和化肥、农药等的施用水平，等等）、交通运输条件、信息资源和管理资源，等等。

（二）农村社会经济数据的收集

1. 农村生产。

（1）农业生产结构。农业生产结构是指农业内部各生产部门及其各生产项目的组成和比值。农业生产结构是由多部门和多种类别组成的一个多层次复合体。从部门来看，一般可分为农、林、牧、渔各业，通常称为一级生产结构。在一级生产结构各业的内部，又可根据产品和生产过程的不同，再划分为若干小的生产部门，如种植业内部可划分为粮食生产部门、经济作物生产部门和饲料作物生产部门；畜牧业内部也可划分为养猪业、养牛业、养羊业、养禽业等，通常称为二级生产结构。在二级生产结构内部，又可根据品种和经济用途不同，再划分为若干种类，如粮食作物可分为禾谷类作物、薯类作物和豆类作物等，通常把这些称为三级生产结构。

以上这些生产结构之间的数量关系，一般用农业总产值构成、收入构成、农业用地构成等指标来反映。

（2）农村商品生产。主要有两方面内容：一是反应农村商品生产状况，主要有农村商品量、商品率和商品生产的经济效果；二是影响商品生产的因素，主要有农业生产专业化程度、农业劳动生产率、农村交通运输状况、农村商品流通渠道、开发新资源发展加工业和贮存情况、农村通讯情况，等等。

（3）农村经济政策。主要包括党和国家各级政府关于发展农村经济的各项指导方针、政策、法令、法规，以及农村经济发展战略、保护措施和具体的实施方案。

（4）农业生产经营效果。农业生产经营效果的数据，一般是借助一系列统计指标，反映农业生产单位的生产成果和生产经济效益。具体的指标有：生产成果指标（主要有各类农产品的单产、总产量、总产值、利润等）、资源利用程度指标（主要有土地生产率、劳动生产率和资金利用率等）、生产经济效益指标（主要有单位耕地生产成本、单位农产品生产成本、农机具作业成本等）。

2. 农村经济结构数据。农村经济结构是指农业中各种经济要素的组成情况。其内容主要有：

（1）经济组织结构。主要包括不同所有制形式的经济组织的构成情况，同一所有制形式中不同的经济组织的构成情况，以及规模不同的经济组织的组成情况等。

（2）产业结构。主要是农村各个产业部门的构成情况以及同一产业部门内部各类生产的构成情况。

（3）技术结构。主要是农村中各行各业各生产部门中各种技术的构成情况。

（4）流通结构。主要是农村中不同所有制流通小道的组成情况和不同流通方式的构成情况。

（5）分配结构。主要是农产品和其他形式的收入在社会和生产单位之间以及生产单位内部各成员之间的分配情况。

（6）消费结构。主要是农民生活消费中衣、食、住、行、文化、教育、卫生等支出的构成情况，消费品中自给性部分与商品性消费的结构比例以及生产消费与生活消费的比例关系等。

（三）农村生态系统数据收集的方法

目前，对农村生态系统数据收集的方法主要采用农户调查、实地调研与专家咨询等方法，其中农户调查为主要收集方法。

农户调查是针对农户开展的社会调查，是社会学研究方法的一种，它强调调查的主体是农户。农村经济体制改革后，农户，即农民家庭，成为农村地区各项经济活动的经营主体。1954年，国内便开始应用农户调查的方法进行农民生计的普查工作，近几年，农户调查还被广泛应用于农户行为研究，农村土地利用变化的研究等，对农村生态系统尤其是农户生态系统的研究上主要采用此方法进行资料的收集。

农户调查应用的调查方法主要有参与式农村评估（PRA，Participatory Rural Appraisal）及问卷调查两种。所谓参与式农村评估（PRA），就是一种向社区群众学习，并与社区群众一道调查、分析和评估社区的发展问题，在享有完全信息的条件下，制定符合实际的相关发展和研究计划的一种方法。而问卷调查中应用较普遍的是随机入户问卷调查。

应用农户调查方法的优点：一是直接入户，数据获取直接，干扰较少。大多数的农户调查为调查者直接入户，以访谈的方式与农户进行直接对话，从沟通方式上讲，避免了很多其他研究方法中存在的沟通不畅、数据干扰较多等弊病，从农户的角度直接反映问题。二是时效性强。农户调查大多在年末进行，调查的数据直接反映当年情况，具有很强的时效性。三是较全面地反映问题。应用农户调查方法，可以反映出许多其他研究方法无法反映的问题。此外，将几年的调查数据整合，形成农户调查数据库，从中可明显看到各项指标的变化趋势，预测其变化方向，为相关部门及时有效地做出回应，提供有力参考。四是直观地记录环境的变化。调查者的直接入户，使直观记录农户的生存、生产环境成为可能。应用3S技术，将调查者记录的情况与通过其他途径获取的环境数据相叠加，可直接反映出各年份间农户生存生产环境的变化。

第二节　农户生态系统分析方法

一、能流分析法

（一）生态系统中的能源与能流

1. 什么是能量。能量是物理学中的一个概念，指的是物体具有做功的能力，在生态系统中，能主要指的是系统内以有机物质形式存在的化学潜能。能有两种存在形式，即潜能和动能。潜能是存在于物体内部的化学能量，是一种静态的能量。在农村生态系统中，潜能是通过食物链的关系在生产者、消费者、分解者等有机体之间进行流动和传递的。动能是物体本身具有的能量，以热量和辐射能形式存在。

2. 生态系统中能量的主要来源。生态系统中能源主要有两种：一是太阳能，是农村生态系统的主要来源。二是辅助能，除太阳辐射能外，对生态系统补加的一切其他形式的能量统称为辅助能。根据辅助能来源的不同可以分为：自然辅助能和人工辅助能。来自自然辅助能的有：沿海和河口弯的潮汐作用、风力作用、降水和蒸发作用等。人工辅助能主要指人们从事农业生产活动所投入的辅助能，可作用于土壤的耕作、施肥、灌溉、排水、农田基本建设等；也可作用于农业生物的育种、田间管理等；还可以作用于产品的收获、储藏、运输等。

3. 生态系统中的能流。所谓能流指的是系统内以有机物质存在的化学潜能在生物体之间的传递和转化情况。农户生态系统能流分析就是对一特定农户生态系统中的能量流加以确定和计算，并对多种能量流之间的相互关系进行分析，进而从能量角度对该系统的基本特征做出评价。

（二）能流分析的类型

根据生态系统中能量的来源不同，可把参与到农户生态系统中的能量流分成两种类型：一是由太阳能经作物光合作用形成的生物质能的流动；另一类是对系统进行管理而投入的各种以消耗工业能（特别是石油能源）为基础的多种辅助能量投入，也包括系统内人力和畜力对系统经营管理的能量投入。

1. 生物质能量流的分析。

（1）生物质能在系统中的流动。就一般生态系统而言，系统的能量流动，主要是指生物质的能量流动，即以绿色植物转化太阳能为贮存在其生物质内的化学能，此生物质能在各种类型的食物链中流动的过程中，生物质内的化学能被进一步转化，一部分被转化为另外生物质的化学能，一部分在转化过程中以热能的形式散失到周围环境中。对农户生态系统来讲，其生物质能的流动主要有如下一些路径：一是系统中绿色植物（主要是农作物）通过光合作用转化太阳能为生物质能，即系统的初级生产。二是初级生产形成的生物质能的流动，主要有如下一些方向：一部分生物质能以产品的形式被输出到系统外；一部分生物质能以食物的形式供系统内居民食用；一部分生物质能以饲料形式供给畜禽食用；一部分生物质能以原料的形式进一步加工利用（其中包括各种微生物发酵加工）；一部分生物质能被直接在农田中烧掉或被系统内居民用作生活燃料而烧掉；还有一部分保留在农田中作为土壤有机质的来源。三是在养殖和加工环节中的生物质能的流动，其中主要是每一养殖加工环节都涉及投入的生物质能，作为产品（或中间产品）的生物质能，该环节未被利用的残渣生物质能，在加工和养殖过程中以热的形式散失掉的生物质能，以及所有各加工养殖环节未被利用的残渣生物质能被返回农田或未被充分利用而损失浪费掉。对一个特定的农户生态系统，根据其实际运行情况的各种相关统计或测定参数，求得所有这些路径上生物质能量流的流量，即可对其进一步分析。

（2）对生物质能量流的分析。

①初级生产的太阳能转化率。一个农户生态系统中在一定时间（一般以一年计）内初级生产（主要是农作物生产）的净初级生产力（以能量计）与该时间到达初级生产的土地（主

要是农田）表面的太阳辐射能之比即为初级生产的太阳能转化率。该指标是一个系统的自然资源环境条件、管理水平、作物种类和品种共同起作用的一个综合反映。在自然条件相似的地区，太阳能转化率的高低更多受人对系统的经营管理水平所制约。针对一个具体的系统，还可以按不同的作物，分别计算其太阳能转化率。有时不用一年作单位计算，而是用一个特定的生长时期（如某一种作物的生育期内）或就一个特定地区的生长季为基础进行计算。

②初级生产的生物质能流向分析。主要是求出一个系统的各种初级生产形成的生物质能流向不同路径的量占该初级生产总的生物质能的比例，这些不同的比例关系，可表明不同的含义。如生物质能被直接移出系统的比例表明该系统的开放程度；初级生物质能被系统内居民直接食用的比例，表明系统初级生产从能量角度被最有效利用的程度；初级生物质能被直接燃烧部分所占比例，表明该系统内生物质能被损失浪费或低效利用的程度；初级生物质能被用于进一步加工和作饲料部分的比例，表明初级生物质能被再利用的程度；未被移出农田的生物质能占初级生产的生物质能比例，表明系统对土壤肥力（特别是土壤有机质）的自我维持水平。

③养殖和加工环节的生物质能分析。一个农户生态系统可能包含有许多养殖加工环节，不管有多少个环节，对每一个环节都应进行如下的基本分析：一是该环节的产出能量占投入原料（或饲料）能量的比例，表明该加工或养殖环节的生物质能有效利用（或转化）的水平；二是该环节未被利用和转化的生物质能占投入原料（或饲料）能量的比例，表明该环节能量未被利用的程度；三是该环节能量损失（热散失）量占投入原料（饲料）能量的比例，表明该环节的能量损耗率。

④系统生物质能总特征的分析。上述分析是分别针对某种作物或某一加工或养殖环节。一个较复杂的农户生态系统将包括多种类型的初级生产和加工、养殖等环节，可以依据这些环节的分析结果，进一步得到系统生物质能总的特征分析。主要包括：将系统所有初级生产的平均单位面积生物质能与到达系统的初级生产单位土地表面的太阳能总量之比，求得整个系统平均的初级生产太阳能转化率；将所有各种输出到系统外的种植、养殖和加工产品的生物质能与总的初级生产的生物质能之比，得出系统总的生物质能输出的比例；将加工和养殖各环节生物质能的损耗（热损失）的总量与参与生物质能加工、养殖和农业废弃物再利用的初级生产的生物质能总量相比，得出初级生物质能在加工和养殖各环节总的损耗率；将所有最后留在或返回农田的生物质能与初级生产的生物质能相比，得到生物质能的回田率；将所有被直接烧掉的生物质能与初级生产的总生物质能相比，得到生物质能被燃烧掉的比例。

2. 辅助能流的分析。

（1）工业能投入的分析。在农户生态系统中从绿色植物光合作用的初级生产开始乃至初级产品进一步加工、养殖、转化和废弃物再利用的每一环节中，都有相当数量的工业能投入，以保证该环节按人们既定目标运行。伴随着生物质能流动的各环节，都分别有相应的工业辅助能投入。如前所述，这些形式的工业能投入，更多的是意味着一种能量资源的投入和消耗，意味着一种能量投入的“成本”。因此在分析中更注重对这些能量资源或成本投入的效益和效率的分析。即通过求得系统内生物质流的每一环节各种工业辅助能量投入量，进而求得该环节总的工业辅助能量投入量。

在此基础上，可对总的工业辅助能投入中各种形式的工业辅助能投入量所占比例进行分析，继而可了解该环节中哪些辅助投入消耗的工业能或石油能源最多，往往那些消耗工业能最多的投入，将是改善系统管理、节约能源和资源方面应予以特别关注的地方。同时，还可进一步分析某一环节的生物质能形成或转化量与该环节工业辅助能投入量的关系，即通常所说的“产投比”，即投入单位数量的工业辅助能会对生物质能的形成或转化产生什么样的效果。

（2）人力和畜力能量投入分析。人直接对农户生态系统进行管理，这也意味着能量的投入。在传统农户生态系统以及当前某些边远地区的农户生态系统中，畜力在系统的管理和调控中占有相当重要的地位。人畜劳动能量来自于生物质能，是人畜体内的化学能转化为劳动的机械能。在能量分析中，人力和畜力能量投入亦属辅助能量投入，投入的能量值不仅仅是在人畜劳动中所直接转化的生物质能，也应包含能量成本的概念，即为了维持人畜具有进行农业劳动的能量而消耗的能量，在计算该类能量时通常直接用人力、畜力投入的工作时间来计算。

（三）能量流的分析方法

能流分析方法大致可分为三种：一是统计分析法，依据生产统计资料确定单位产值输出的能量需要量，据此将经济统计资料变换成能量资料而进行能量分析。如 1973 年我国国民经济总产值和总能源消耗之间的关系为每元人民币产值消耗能量 19 319J，因而可依据当时的生产资料价格以及产值等资料对一些生产活动进行能量分析。二是输入—输出分析法，通常在一些国民经济统计资料中有关某一产品所需原材料的消耗，从而可追溯出基本能量的消耗。三是过程分析法，首先确定为制造某一最终产品所需要的过程，再对其中的某一过程进行分析以确定该过程的能量输入值，将所有各过程的能量输入值相加即为该产品的能量需要量。这些方法中输入—输出分析法和过程分析法应用较普遍，有时三种或两种方法结合使用，对于以国家或较大行政区域范围为基础的分析多采用输入—输出分析法，而对一些特定的过程则采用过程分析法较适宜。对农户生态系统来讲，通常采用输入—输出分析法，该方法的分析程序如下：

1. 确定研究对象和对象的边界。根据研究目的和要求，确定要研究的特定生态系统，并确定所研究生态系统的规模和时间、空间尺度的边界。

2. 明确系统的组成成分及相互关系，绘出能流路径。首先，要分别确定各亚系统的输入和输出项目。如粮食作物亚系统的输入项目包括太阳辐射能和油料、电力、农业机械、化肥、农药、除草剂等工业能量，以及人力、畜力、人畜粪尿和作物秸秆等可再生的生物能源；系统的输出则包括粮食和秸秆。对于畜牧业亚系统，输入包括饲料、饲草、畜牧机械、管理牲畜的人工、畜舍和棚圈等；输出则为肉、乳、蛋、皮、毛等畜产品及畜力和粪便。

其次，要搞清各亚系统之间的关系。如作物亚系统的粮食和秸秆输出，通常可作为牲畜的饲料而输入到畜牧业亚系统中，而畜力和牲畜粪便又分别作为动力、肥料而输入到作物亚系统中。系统中的居民通过人力输出而实现对系统的管理，同时，人粪尿亦作为作物的肥料而输入到作物亚系统中，而作物亚系统输出的粮食和畜牧业亚系统输出的畜产品又为当地居民所利用。

3. 实测或搜集资料，确定各组分的各种实物流量或输入输出量。为确定各能流量，必须先确定各组分的实际计量的输入输出量，如以 kg 或 t 计的粮食、秸秆、畜产品、人畜粪便的产出量，以及化肥、农药、燃油、机械、电力的实际输入量。这些实际的物质流量可以通过实际调查或测量，或从有关的统计资料中获得，有些流量还可通过间接估算或推算获得。例如可以根据粮食产量推算初级生产的生物产量。也可以根据畜禽头（只）数，推算粪便排出量。

4. 按照各种实物的折能系数，将不同质的实物流量转换为能流量。生物质的能值（热值）：最简单的办法是通过查阅食品营养成分手册和饲料营养成分手册获得。对一些难以从手册中查到的生物质热值，亦可采用氧氮式热量计直接测得其热值。

工业辅助能投入的能量折算：由于这些能量投入带有能量成本性质，其能量折算取决于该投入的生产过程中以石油为基础的能源消耗，而这在不同国家不同时期是不同的。

5. 按能流量绘出能流图，并进行下述各方面的归纳分析。

（1）确定该系统总能量输入水平及各种输入能量占总输入能量的比例。所谓总能量输入，是指从所研究的系统或亚系统外输入到该系统或亚系统中的各能量流的总和，通常为太阳能以外的各种辅助能的总量。各种能量输入占总能量输入的比例，说明一个农户生态系统的能量输入结构。

（2）确定总能量输出及各种能量输出所占的比例。所谓总能量输出，是指输出到所研究的系统或亚系统以外的各种产物所含的能量总和。总能量输出的大小表示系统的生产水平和开放程度。各种能量输出占总能量输出的比例，是指各亚系统输出能量占总输出能量的比例以及各种主产品、副产品所含能量占总输出能量的比例。

（3）确定各种形式的能量输出与输入比。该指标用来说明一个农户生态系统的能量转换效率和特征。作物亚系统常用的几个输出与输入比值是：总生物能量输出与太阳辐射能输入之比，表示太阳能转化效率；总生物能量输出与总能量输入之比，表示该系统的能量转化效率，若此比值小于1，说明该系统所消耗的能量超过了所产生的生物能量；总产出能与总工业能量输入之比，表示该系统对工业能量的利用效率，此比值越大，说明工业能源的使用效果越好，反之则利用效果差；总产出能量与总劳力输入之比，说明该系统的劳动生产率。对于畜牧亚系统来说，畜产品总能量输出与饲料总能量输入之比，表示饲料的转化效率。

（4）与其他系统的能量分析结果进行比较。在绘制能流图时，通常采用 H. T. Odum（1972）所设计的能流图示符号进行（图 11-1）。

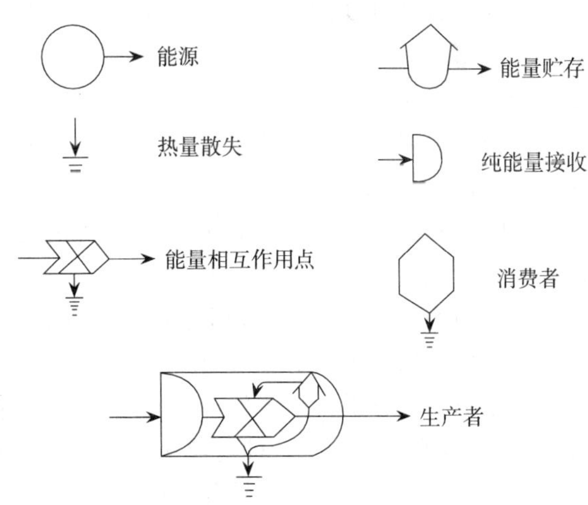

图 11-1　H. T. Odum 设计的能流图示法的主要符号

（资料来源：H. T. ODUM. 1983. Systems ecology. Jhon Wiley & Sons.）

6. 从能量的角度对所研究的系统进行综合评价。通过以上分析结果，说出所研究的系统的基本特征、主要优缺点，以及该系统存在的问题和问题的症结所在，从而为按照一定的目标改善系统的结构和建立新的农户生态系统提供依据。

(四) 能值分析

能量分析是生态系统定量研究的一种基本手段，但不同类别的能量存在质与价值的根本差异，不可进行简单的加减和比较，至于自然环境与经济的本质关系，用一般的能量单位不能衡量和表达，人们开始寻求一种可以衡量和分析自然环境与人类经济关系的共同尺度。对此，20 世纪 80 年代美国著名生态学家 E. T. Odum 创立了能值（Energy）概念和能值分析方法，从全新角度分析资源环境在农业生态系统中的作用，为准确评价资源环境价值提供了科学依据。

所谓能值是指任何物质（或能量）所包含的另一种能量的数量。任何资源、商品或劳务在形成过程中均直接或间接利用太阳能量，即其具有的太阳能值。能值单位为太阳能焦耳(sej)。为了具体求得某种能量的能值，需首先求得该物质单位能量所具有的能值，即能值转换率，通常是求出某物质的太阳能值转换率，即单位能量（或物质）所含的太阳能量，单位为 sej/J（或 sej/g），能值转换率越高，表明该种能量（或物质）的能值越高，在能量系统中的等级阶层也越高。如太阳光能值转换率最低为 1，风能为 663，雨水势能为 8888 等，逐级递进。

能值分析是在能流分析基础上，将生态系统中的资源、商品、燃料、产品、服务等各种直接或间接的能量统一使用同一单位（太阳能焦耳 sej）进行分析的方法。其主要步骤如下：

第一，基本资料收集。客观全面地收集要分析的生态系统的自然环境、地理和社会经济各种资料数据（包括地图及统计资料），包括能物流、知识信息流及货币流资料，主要通过官方现有统计资料和实际调查得到。

第二，能量系统图和能值系统图的绘制。分析所得资料，确定所研究生态系统边界，列出系统主要组分及其间的相互关系。并对能流量超过系统总能流量 5%的各能值流进行区分归并。应用 E. T. Odum 在 20 世纪 80 年代初所提出的能量符号及生态系统图解方法绘制系统能值图解，系统各组分及能源由左至右按能值转换率依次增高顺序排列。从构建能值分析系统图中我们可以得到以下信息：整个系统的概貌、系统的组成以及各组分之间的关系、系统存在问题、对系统贡献的主要因子、可供选择的管理措施等。首先可根据资料项目，给出详尽的图解；然后，再进行综合简化，分门别类加以排列，形成一个结构层次分明的系统图解。

能值图的编制步骤和方法如下：①确定被研究系统范围的边界，把系统内的各组分及作用过程与系统外的有关成分及作用，用方框线作为边界划分开；②确定系统的主要能量来源，这些能源一部分来自系统外，因而绘在系统边界的外部（外界的原因、因子和一些强制函数），这些能值源中的每一种对整个系统的影响都超过 5%；③列出在边界内的系统的主要成分和单位，以各种能量符号和图例来描绘；④列出系统各组分的过程和关系（流动、贮存、生产、消费、转换等相互作用），这些过程也包括货币及其与其他流之间的作用；⑤画出系统全图：先绘出方框线外面的能源部分，再绘系统内部的各部分图例；边界内外各图例的排列顺序均按其所代表成分的能值转换率高低，从低到高由左向右排列；越靠左边，能值源的能值越小；最后用特征符号连接和表示系统内的各组和回路。

能值图上的数字，待分析计算后再填写上去。

第三，能值分析表的编制。项目表中的大多数项目是从能值分析系统图中的能值流的线路中得到。该表显示各种生态流由原始数据量导出能值流的过程，标准能值分析表包括6项内容，即编号、项目（资源类别）、原始数据（多以J、g为单位，即资源流动量）、太阳能值转换率、太阳能值（单位为：sej）及宏观经济价值（相应能值量与当年地区能值/货币的商）。表11-1为我国农业系统部分能量与能值的换算系统。

某能量的太阳能值＝所测算的能量原始数据（J）×太阳能值转换率（sej/J）

第四，估算每种流、产品、关键项目的太阳能值和能值美元的大小，进一步对系统进行定量化。然后进行能值系统图的量化、简化。

表11-1 中国农业生态系统的能流能值

项目	能量（J/年）	能值转换率（sej/J）	太阳能值（×sej/年）	项目	能量（J/年）	能值转换率（sej/J）	太阳能值（×sej/年）
日光	3.8×10^{21}	1	0.39	水稻	2.88×10^{18}	3.59×10^{4}	10.10
降雨	1.49×10^{18}	18 199	2.71	小麦	1.59×10^{18}	6.8×10^{4}	10.20
流失表土	3.39×10^{18}	62 500	3.07	玉米	1.32×10^{18}	2.7×10^{4}	3.56
农机具	1.2×10^{16}	7.5×10^{7}	89.78	其他谷物	1.05×10^{16}	2.7×10^{4}	2.7
燃油	6.07×10^{17}	6.6×10^{4}	4.01	棉花	7.03×10^{16}	1.9×10^{6}	13.40
电力	2.37×10^{17}	1.59×10^{5}	3.77	油菜	2.46×10^{17}	6.9×10^{5}	17
化学氮肥	4.07×10^{16}	1.69×10^{6}	6.9	糖	1.04×10^{18}	8.4×10^{4}	8.87
化学磷肥	1.26×10^{15}	4.14×10^{7}	5.21	水果	2.79×10^{17}	5.3×10^{5}	14.76
化学钾肥	1.04×10^{15}	2.63×10^{6}	0.27	蔬菜	1.75×10^{18}	2.7×10^{4}	4.72
农药	4.93×10^{15}	1.97×10^{7}	9.71	其他作物	4.38×10^{18}	2.7×10^{4}	11.8
人力	7.78×10^{17}	3.8×10^{5}	29.55	肉	8.06×10^{16}	1.71×10^{6}	13.8
畜力	1.54×10^{17}	1.46×10^{5}	2.25	皮毛	6.17×10^{15}	3.84×10^{6}	2.37
有机肥	4.76×10^{18}	2.7×10^{4}	12.86	其他畜产	3.55×10^{16}	1.73×10^{6}	6.15
种子	1.37×10^{17}	2×10^{5}	3.46	水产品	3.84×10^{16}	2.00×10^{6}	7.7
总投入			192.07	总产出			127.17

（资料来源：蓝盛芳.1999.生态科学.）

第五，从能量分析项目表中抽提出一些有价值的指标体系。如净能值产出率、环境承载力、人类知识信息流能值输入占总能值流量比重、系统内各子系统间有效能值利用率等，对所研究的生态系统进行定量分析评价。通过指标体系的分析，对系统的经济发展和环境管理提出政策上的建议。

第六，以能值指标系统分析结果，运用动态系统建模原理和计算机技术，建立计算机模型对所研究生态系统进行动态模拟。

第七，系统的发展评价和策略分析。通过能值指标比较分析及系统动态模型模拟结果对该生态系统进行客观评价和展望分析，并提出对系统进行改进和完善的决策意见。为制定正确可行的系统管理措施和经济发展策略提供科学依据，指导生态经济系统良性循环和可持续发展。

二、物流分析法

生命的维持不但需要能量，而且也依赖于各种化学元素的供应。如果说生态系统中的能量主要来源于太阳，那么物质则是主要由地球供应。生态系统是由无机环境和生命有机体构成的一个物质实体，物质在有机体和生态系统的发生与演化过程中起着双重作用，它既是用以维持生命活动的物质基础，又是能量的载体。在生态系统中能量不断流动，而物质不断循环。能量流动和物质循环是生态系统中的两个基本过程，正是这两个过程使生态系统各个营养级之间和各种成分（非生物和生物）之间组成了一个完整的功能单位。农业的生产过程是一个能量的转化过程，也同时是物质的循环过程，两者都受到了反映社会、经济、市场、政治关系以及科技进步的信息流控制。

（一）农户生态系统养分循环的一般模型

生态系统的物质循环通常是在不同物质库之间通过物质流而进行的。对于自然生态系统而言，其物质通常由环境库（土壤库、大气库、水分库）和生物库（植物库、动物库和微生物库）两大部分组成。系统的物质输入和输出都是通过一些自然过程来实现的。

对于农户生态系统而言，其养分循环较复杂，具有明显的人工调控特色，是一个养分“大进大出”的系统。农户生态系统的养分循环通常是在土壤、植物、畜禽和人四个养分库之间进行的，同时，每个库都与外界系统保持多通道的输入与输出流，图 11－2 为某农户生态系统养分循环的一般模型。

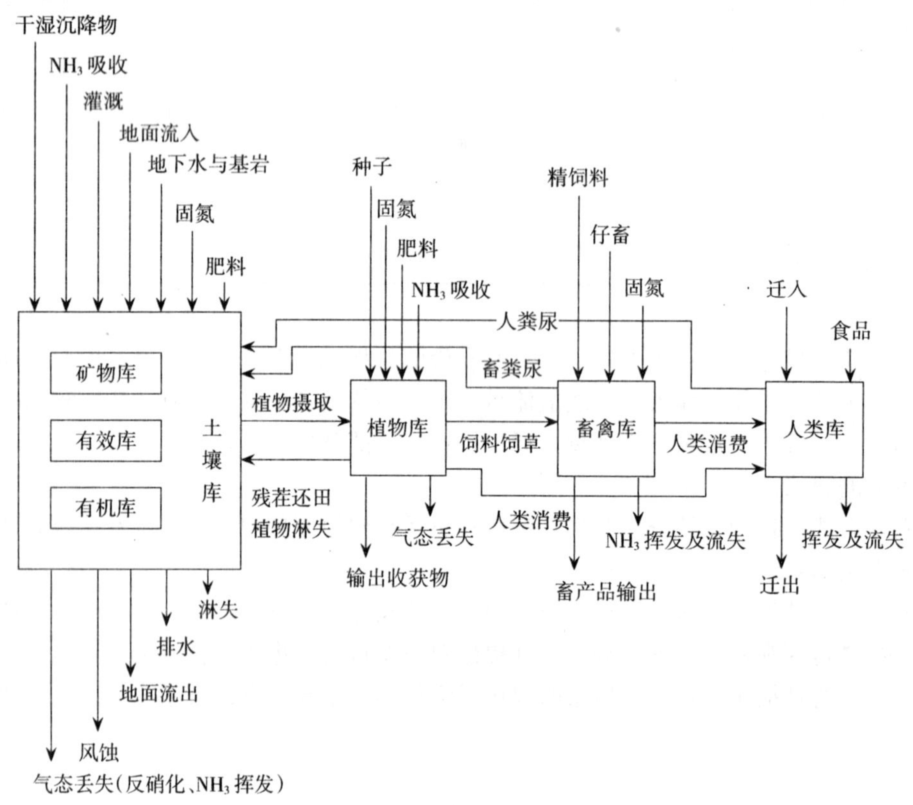

图 11－2 农户生态系统养分循环的一般模型

（二）农户生态系统物流模型的建立方法与步骤

农户生态系统物流模型的建立方法通常采用养分输入输出平衡法，其建立步骤如下：

（1）物流模型库的划分。一般的农户生态系统物流模型包括土壤库、作物库、畜禽库和人口库。

（2）确定生态系统的边界与研究对象，绘制生态系统库和物流关系图。物流模型的分析对象一般包括各种养分元素，如氮、磷、钾等。

（3）确定养分输入、输出项目，并调查和测定获得各项流量。养分输入项目包括：①外来养分——化肥、降水、灌溉水输入；②农副产品及人畜废弃物再利用——种子、粪便、秸秆（不包括留在田里的根茬）；③区域性富集；④生物固氮。

养分输出项目包括：①目标性输出——农畜产品；②非目标性输出——流失、淋失、燃烧、反硝化、挥发、人畜消耗。

（4）列出养分平衡表（表 11 - 2）。

表 11 - 2　农户生态系统中养分的主要输入项与输出项

输　入　项	输　出　项
生产性输入	生产性输出
种子种苗	经济产量
化　肥	秸　秆
厩　肥	皮、壳、糠、麸
人粪尿	
其他农家肥	
还田秸秆	
城镇杂肥	
生物固氮（共生固氮）	
灌水带入	
自然输入	非生产性输出（非人控输出）
	地面流失带走
干湿沉积物（降水带入）	排　水
地面流入	淋　溶
自生固氮	风　蚀
底层输入	反硝化
氨吸收	氨挥发

（5）绘出物流图。根据养分输入输出项目及养分平衡表绘出物流图（如图 11 - 3）。

三、投入产出分析法

（一）投入产出分析的基本概念

投入产出分析（Input - Output Analysis）是反映经济系统各部分（如各部门、行业、

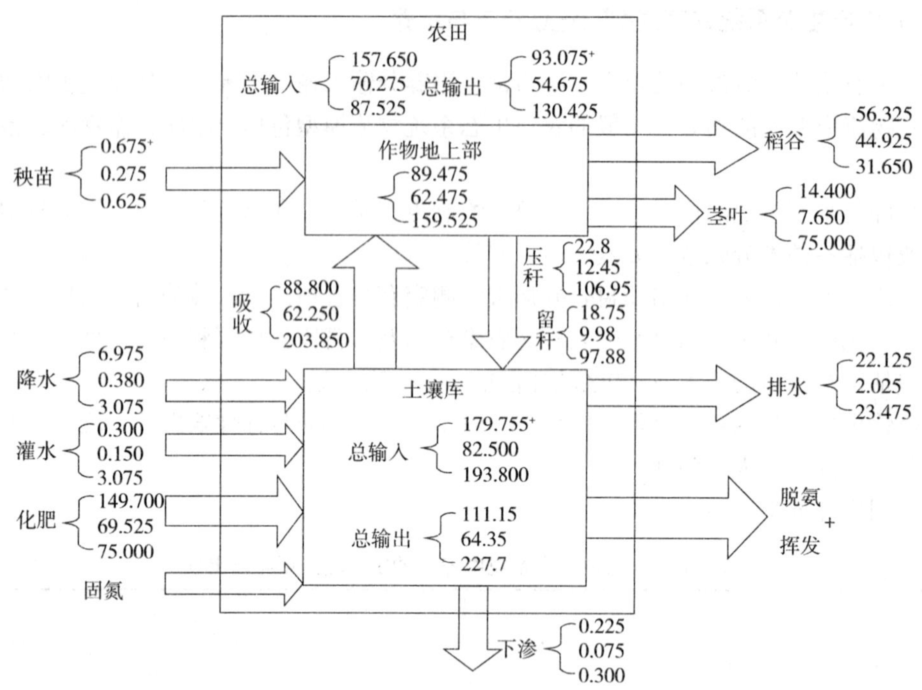

注：图中每组输入、输出数据从上到下分别为 N、P_2O_5、K_2O

图 11-3　1984 年早稻农田的养分三要素平衡示意图（单位：kg/hm^2）

产品）之间的投入与产出间的数量依存关系，并用于经济分析、政策模拟、经济预测、计划制定和经济控制等的数量分析方法。它是经济学与数学相结合的产物，属交叉学科。

投入产出分析中的投入，是指经济活动过程中的各种投入（消耗，包括中间投入和最初投入）及其来源。例如，国民经济各部门在产品生产和服务过程中的中间投入（又称中间消耗）包括各种原材料、燃料、动力及各种服务。最初投入是指增加值各要素的投入，包括固定资产折旧、劳动者报酬、生产税净额及营业盈余。中间投入是指生产性消耗，包括各种直接消耗和全部间接消耗。例如，生产钢要直接消耗电和生铁，而生产生铁又要直接消耗电，这是生产钢通过消耗生铁对电的间接消耗。广义而言，投入还包括经济活动过程中对固定资产、流动资产、自然资源和劳动力的占用。

投入产出分析中的产出，是指经济活动的成果（如得到一定数量的某种产品和劳务）及其使用去向（包括中间使用和最终使用）。中间使用是指经济系统各部分，如国民经济各部门所生产的产品被用于中间消耗的部分产品；最终使用是指被用于最终消费、资本形成和净出口的产品。

总体而言，投入产出分析是将各个生产部门的直接和间接的联系看作一张错综复杂的网络。通过平衡方程，借用数学的方法分析中间产品、最终产品、总产出以及中间投入、初始投入、总投入之间的关系。

投入产出法主要由两部分构成：投入产出表和投入产出数学模型。投入产出表是反映一个经济系统各部分之间的投入与产出间数量依存关系的表格（部门联系平衡表或产业关联表）。本书中所介绍的投入产出分析主要就是关于投入产出表的分析。

（二）投入产出表的分类

投入产出表有多种分类，主要分类如下：

（1）根据核算的口径范围不同分为物质产品投入产出表（MPS 体系）和物质产品、服务投入产出表（SNA 体系）。

（2）根据专门用途不同分为劳动力投入产出表、固定资产投入产出表、能源投入产出表、环境保护投入产出表、信息投入产出表、教育投入产出表等。

（3）根据计量形式不同分为实物型投入产出表和价值型投入产出表。

（4）根据统计的地域范围不同分为国家投入产出表、地区投入产出表、地区间投入产出表、部门投入产出表和企业投入产出表等。

（5）根据是否包括时间变化因素分为静态投入产出表和动态投入产出表。

（三）投入产出表的结构

价值型的静态投入产出表应用较为广泛，是其他类型投入产出表方法的基础，本文重点以价值型的静态投入产出表结构来揭示投入产出表的基本结构。为了介绍其基本结构，我们首先给出用字母表示的投入产出简化表，见表 11-3。

表 11-3　投入产出简化表

投入＼产出		中间使用		最终使用	总产出
		1　2　…　n	合计		
中间投入	1	x_{11}　x_{12}　…　x_{1n}	W_1	Y_1	X_1
	2	x_{21}　x_{22}　…　x_{2n}	W_2	Y_2	X_2
	…	…	…	…	…
	n	x_{n1}　x_{n2}　…　x_{nn}	W_n	Y_n	X_n
	合计	C_1　C_2　…　C_n	W	Y	X
增加值		N_1　N_2　…　N_n	N		
总投入		X_1　X_2　…　X_n	X		

从表 11-3 可以看出，投入产出表由三部分组成，按照左上、右上、左下的排列顺序，分别称为第Ⅰ、第Ⅱ、第Ⅲ象限。

第Ⅰ象限是由名称相同、排列顺序相同、数目一致的 n 个产品部门纵横交叉而成的，其主栏为中间投入、宾栏为中间使用。矩阵中每个数字 x_{ij} 都具有双重意义：沿行方向看表明某产品部门生产的货物或服务提供给各产品部门使用的价值量；沿列方向看，反映某产品部门在生产过程中消耗各产品部门生产的货物或服务的价值量。第Ⅰ象限充分揭示了国民经济各部门之间相互依存、相互制约的技术经济联系，反映了国民经济各部门之间相互依赖、相互提供劳动对象供生产和消耗的过程，是投入产出表的核心。

第Ⅱ象限是第Ⅰ象限在水平方向上的延伸，其主栏与第Ⅰ象限的主栏相同，也是 n 个产品部门；其宾栏由最终消费、资本形成总额、净出口等最终使用项目组成。这部分反映各产品部门生产的货物或服务用于各种最终使用的价值量及其构成。体现了国内生产总值经过分配和再分配后的最终使用。

第Ⅲ象限是第Ⅰ象限在垂直方向上的延伸，主栏是劳动者报酬、固定资产折旧、生产税净额、营业盈余等增加值项组成；宾栏与第Ⅰ象限的宾栏相同，它反映各产品部门增加值的构成情况。

第Ⅰ和第Ⅱ象限联结在一起组成的横表，反映国民经济各部门生产的货物和服务的使用去向。

第Ⅰ和第Ⅲ象限联结在一起组成的竖表，反映国民经济各部门在生产经营活动中的各种投入来源及产品价值构成，体现了国民经济各部门货物和服务的价值形成过程。

（四）投入产出表的基本模型

1. 投入产出表的行模型。投入产出表的行模型是根据投入产出表的横行关系而建立的经济数学模型，其经济含义是揭示国民经济各部门生产的货物和服务的使用去向，研究分配问题。

行模型为：

中间使用＋最终使用＝总产出

用式子表示就是：

$$\begin{cases} x_{11}+x_{12}+\cdots+x_{1n}+Y_1=X_1 \\ x_{21}+x_{22}+\cdots+x_{2n}+Y_2=X_2 \\ \cdots\cdots \\ x_{n1}+x_{n2}+\cdots+x_{nn}+Y_n=X_n \end{cases}$$

或写成：

$$\begin{cases} \sum_{j=1}^{n} x_{1j}+Y_1=X_1 \\ \sum_{j=1}^{n} x_{2j}+Y_2=X_2 \\ \cdots\cdots \\ \sum_{j=1}^{n} x_{nj}+Y_n=X_n \end{cases}$$

一般表达示为：

$$\sum_{j=1}^{n} x_{ij}+Y_i=X_i \quad (i=1,2,3,\cdots,n)$$

式中：i 表示横行部门；j 表示纵列部门；$\sum_{j=1}^{n} x_{ij}$ 从横行看，表示 i 部门提供给各个部门作生产消耗的产品数量之和即中间产品数量，从纵列看，表示各个部门在生产过程中消耗的 i 产品数量之和；Y_i 表示 i 部门的最终使用的合计；X_i 表示 i 部门的总产出。

2. 投入产出表的列模型。投入产出表的列模型是根据投入产出表的纵列关系而建立的经济数学模型，其经济含义是揭示国民经济各部门生产经营过程中发生的各种投入，研究国民经济各部门生产货物和服务的价值形成问题。

列模型为：

中间投入＋最初投入（增加值）＝总投入

用式子表示就是：

$$\begin{cases} x_{11}+x_{21}+\cdots+x_{n1}+D_1+V_1+T_1+M_1=X_1 \\ x_{12}+x_{22}+\cdots+x_{n2}+D_2+V_2+T_2+M_2=X_2 \\ \cdots\cdots \\ x_{1n}+x_{2n}+\cdots+x_{nn}+D_n+V_n+T_n+M_n=X_n \end{cases}$$

或写成：

$$\begin{cases} \sum_{i=1}^{n} x_{i1}+N_1=X_1 \\ \sum_{i=1}^{n} x_{i2}+N_2=X_2 \\ \cdots\cdots \\ \sum_{i=1}^{n} x_{in}+N_n=X_n \end{cases}$$

一般表达示为：

$$\sum_{i=1}^{n} x_{ij}+D_j+V_j+T_j+M_j=X_j \quad (j=1,2,3,\cdots,n)$$

式中：$\sum_{i=1}^{n} x_{ij}$ 从纵列看，表示 j 部门生产过程中消耗的各种产品数量之和，D_j、V_j、T_j、M_j、X_j 即中间投入合计；横行看，表示各个部门提供给 j 部门作生产消耗的产品数量之和，分别表示 j 部门的固定资产折旧、劳动者报酬、生产税净额、营业盈余和总投入。N_j 表示 j 部门的增加，它等于部门的固定资产折旧、劳动者报酬、生产税净额、营业盈余之和，即 $N_j=D_j+V_j+T_j+M_j$（$j=1$，2，3，…，n）。

（五）投入产出分析的主要系数

（1）直接消耗系数：也称为为投入系数，是指在生产经营过程中某一个产品部门单位总产出所直接消耗的另一部门的货物或服务的价值量，反映部门之间的直接相互依赖性。

（2）完全消耗系数：指某产品部门每提供一个单位最终使用时，对另一产品部门货物或服务的直接消耗和间接消耗之和，反映部门之间的全部联系。

（3）影响力系数：是指国民经济某一个产品部门增加一个单位最终产品时，对国民经济各部门所产生的生产需求波及程度。影响力系数越大，该部门对其他部门的拉动作用也越大。

（4）感应度系数：是指国民经济各产品部门均增加一个单位最终产品时，某一个产品部门由此而受到的需求感应程度，也就是需要该部门为其他部门的生产而提供的产出量。感应度系数越大，该部门所受到的需求压力越大。

（5）生产诱发系数：指某一个需求项目（如消费）每增加一个单位的社会需求，将诱发各产品部门增加多少单位的生产额。反映各产品部门的生产受各需求项目影响程度。

（6）需求依存度系数：是指各产品部门生产的最终产品依赖于各种需求项目的相对程度的统计指标。利用需求依存度系数可以判断各产品部门生产最终产品究竟是依赖于哪一种需求而存在，其程度如何，从而分析出市场潜力最大的产品部门是哪些。

（六）价值型投入产出表的特点

（1）既综合又具体地反映了国民经济中的各种经济问题。在价值表中，一方面能反映出国民经济中的各种综合指标和比例，如社会总产出、国内生产总值、初次分配和最终使用，以及增加值、最终使用及其构成等；可以用它们计算社会生产消耗率、社会增加值率、国家企业个人三者所得的比例、最终消费率、资本形成率等；可以对全社会作综合分析。另一方面，价值表又把整个国民经济分成若干部门，可以具体反映每一部门的各种总数指标和比例，如总产出、增加值等；可以计算各个部门对中间投入率、增加值率、三者所得的比例、最终消费率、资本形成率等；能够了解各个产品部门的生产、分配使用情况。这样，通过投入产出表，既能把综合经济问题的分析建立在具体经济情况的基础上，又能把具体部门置于整个国民经济中进行考察。同时也能把所要分析研究的问题置于国民经济的综合平衡之中。

（2）既可以从生产的角度（纵列），又可以从分配使用的角度（横行）来考察整个国民经济和各部门的经济活动；既可以反映各个部门的生产联系（第一象限），又可以反映各个部门的分配情况（第三象限）和为社会提供最终使用的情况（第二象限）。利用投入产出表来考察与分析经济问题，可以避免人为割裂再生产环节的现象。

（3）既可以从使用价值形态（横行），又可以从价值形态（纵列）来考察社会产品和每一种产品的运动。利用投入产出表可以同时掌握整个国民经济和各部门产品的实物运动与价值运动的情况，并了解两者之间的联系。

（4）既可以使用表格形式，又可以用数学模型来反映经济问题。一张投入产出表，同时就是一个投入产出数学模型。所以它一方面能通过数学运算来揭示国民经济各部门、再生产各环节之间的内在联系，另一方面可以通过表格直观反映国民经济和各个部门的发展水平及构成，便于学习与掌握。

第三节　村镇生态系统分析

村镇生态系统作为农村生态系统的一个子系统，在分析方法上除采用农户生态系统的能流分析法、物流分析法和投入产出分析法等分析方法对系统的结构与功能特征进行分析外，更重要的是结合特定村镇的区域特征进行区位分析和可持续发展度分析，为村镇功能定位、产业布局和可持续发展提供依据。

一、区位分析法

（一）区位的含义

区位（location）是地理学的重要概念，除解释作空间内的位置外，还有放置和为特定目的而标定的地区两重意思。所以，区位与位置不同，它既有位，也有区，还有被设计的内涵。具体来讲，区位就是指企业、产业、设施等在空间经济格局中的位置。

1. 区位几何要素。

居民点：具有几何上的确定位置，以地理坐标量度之，形成点区位。如山岭制高点、河川汇流点、工厂分布点、交通线衔接点等。

线：具有几何上的确定线段。以走向和长度量度之，形成线区位。如河川、海岸、地文界线、交通线等。

面：具有几何上的确定范围，以形态和面积量度之，形成面区位。如流域、地貌单元、吸引范围、城市圈等。

2. 区位地理实体。

网络：为点、线区位要素结合而成的实体，如构造体系、水系、交通网、城镇体系等。

地带：为线、面区位要素结合而成的实体，如气候带、植物带、作物带、林带、工矿带等。

地域类型：为面、点区位要素结合而成的实体，如土地类型、工业区、城乡土地利用类型、城市功能区等。

区域：为点、线、面区位要素结合而成的地理实体的组合，包括有地域类型、地带和网络的全部内容，如综合自然区（自然综合体）、综合经济区（经济综合体）和综合地理区（地理复合体）。

（二）区位理论

区位论（Location Theory），也称区位经济学、地理区位论，是研究工程布点的合理区位，特别是研究经济活动空间组织优化的科学。区位的理论研究开始于 1826 年杜能提出的农业区位论，以后逐渐形成了工业区位论等一系列的区位理论。在区位论的发展过程中，经历了三个阶段：①古典区位论：立足于单一的企业或中心，着眼于成本和运费最低；②近代区位论：立足于一定地区或城市，着眼于市场的扩大和优化；③当代区位论：开始立足于整体国民经济，着眼于地域经济活动的最优组织。形成了三个主要研究学派：①成本学派：理论核心是根据企业的生产成本最低，确定企业的最优区位；②市场学派：是在考虑成本和运费的同时，注意市场区划分和占领地域扩大化的半宏观区位理论和市场网合理结构的宏观区位论；③行为学派：是考虑人对环境感知和相应的行为对区位的影响而对工厂区位进行决策。

区位论的研究旨在为农业、工业和商业等经济活动选择最佳地点。目前发展比较完善的区位论主要有：杜能区位（农业区位论）、韦伯区位（工业区位论）和帕兰德区位。

1. 杜能区位论。杜能（Thunen，1826）把从引起土地利用和农业生产类型的地域差异的许多自然因素（土壤、地形、气候、水文、土地肥沃程度、耕作条件等）和社会经济因素（人口密度、居民劳动素养、经济文化水平、交通等）种种因素统统假定为到处一样的常数，孤立国中唯一的城市位于中央，它与周围农业地带组成一个孤立的地区。杜能发现，不同地区到市场的运输费用决定了该地区农产品的收益，由此他认为运输距离决定了农业耕种空间形态，并且表现为 6 个同心圆状的农业圈。杜能区位论认为地域是封闭的并且是连续的或是局部连续的，区域内只有市场、资源分布在整个空间，资源开发者承担运费和损失，他们是自由竞争并且力图获得最大利润。

2. 韦伯区位论。韦伯（Weber，1909）指出一个区域对于工业的吸引力不仅受运费影响，还受到劳动力费用和集聚因素的影响。集聚一方面表现为企业生产规模的扩大而带来的单位产品生产成本下降和利润增加；另一方面又表现为那些在生产或分配上有着密切联系或在分布上指向性相同的企业按一定比例规模集中分布在特定优势的区位上会产生比分散布局更大的效益。韦伯区位论突破了杜能区位的局限，他认为地域是连通的，市场与资源供应的是离散的，生产者承担资源和产品的运费和损失，并且试图获得最大利益。

3. 帕兰德区位论。随着经济的高速发展，市场空间形态和功能在区域内的作用越来越重要。区位研究者们发现最小生产成本并不能最终确定企业的最优区位。成本最低也不意味着利润最大化，为此他们创立了以利润最大化为原则、以市场为中心的区位理论。帕兰德（Palander，1935）在这样一个研究大环境，将市场竞争的概念引入区位研究，认为空间均为市场，设定设施以点的形式出现在一个连续的市场空间，研究设施点如何在竞争中分割市场，控制一个市场域使自己的利润最大。

（三）区位因子分析

区位论是从空间或地域方面定量地研究自然和社会现象，主要是其中的经济现象。在论述区位时，首先遇到一系列影响区位的因子，其中多为地理要素或同地理现象有关。这些因子可概括为以下六个方面：

1. 自然因子。自然因子包括自然条件和自然资源。对产业区位的影响，要具体分析：①遍在性的自然条件和资源，如土地、水、大气，一般建筑材料灰、砂、石、黏土等。这些条件和资源，在地表陆地上比比皆是，只有个别地段出现短缺，如水源、石材缺乏等。这种因素对工业区位没有影响或影响不大。②区域性自然条件和资源：这是由于地球表面地带性和非地带性长期以来造成的。如特定的气候和土壤区，造成作物种类和劳动生产率的巨大差异；森林资源，在自然环境和人类历史上砍伐破坏影响下，目前也已具有区域性；还有水力资源，同地貌、河流水量有密切关系。这种自然因素对工农业区位有相当的影响。③局限性的自然条件和资源。特殊的自然条件的组合，如橡胶生产的环境，玫瑰花生产的环境，要求很严格，在世界上只限于一些特定地区甚至地段。更重要的是作为工业原料和动力的自然资源，如煤、石油、铁矿石、有色金属矿等，由于是在地质历史时代形成的，具有一定赋存和产状条件，它们在国家甚至全世界分布不平衡，有些具有储量的限制，故成为局限性自然资源。它们的分布，往往对工业区应有决定影响。在区位论中，更多的是注意这种资源。

2. 运输因子。区位论讨论地理现象点、线、面的空间联系，居于不同位置的自然和经济因素的结合要通过运输来实现。作为生产过程在流通中的延续，运费的追加大小，同产业区位关系最为密切。早期的工业区位论，便是主要以原料和产品的运费来讨论的，使运输因素在区位论中居突出地位。随着交通新技术和生产率的提高，运费相对减低。但尽管如此，它仍为考虑区位问题的重要参数。

3. 劳力因子。一定劳力资源是社会生产发展的保证。劳动力的数量和质量（熟练程度）的地理分布是确定产业区位的重要考虑因素。愈是资本有机构成低的部门，其劳动力（工资）在成本中所占比例愈高。资本主义社会保持了大批的产业后备军，但不同地区，劳动力的价格还是有巨大差异的。许多西方国家工业中心在地区上的变化，同新地区劳力价格便宜有关。我国由于历史的原因，经济发达地区较经济落后地区不仅劳动力充裕，而且工人的技术文化素养也高。

4. 市场因子。区位论中的市场系泛指产品销售场所而言。这一因素对区位的影响有三方面：①市场与企业的相对位置；②市场的规模，即其商品或服务的容量；③市场的结构，即其商品或服务的种类。后两方面往往构成市场和城市的等级序列。我国实施社会主义市场经济，市场因子愈加重要。

5. 集聚因子。集中和分散是产业空间布置的两个方面，区位论中简称集聚因子。企业在区位上集中，具有以下优点：①减少相互利用的原料、半成品、成品的运输费用，从而降低成本；②利用原工业区或城镇的市政设施，从而减少总和社会费用支出；③便于相互交流科学技术成果和信息，提高产品质量，增加花色品种；④可以利用已有市场区位，扩大市场服务范围。这方面既满足了消费者挑选的行为，也增加了企业间竞争的行为；上述心理状态是人的知觉造成的，在一定程度上对买卖双方均有利。同集中相反的是分散，可以避开集中造成的恶果，如地价上升或场地拥挤，劳力供应紧张，居民生活条件恶化和三废污染等。集中分散问题，始终是经济地域结构中的重点问题，小至企业规模的大小，大至城市体系的构成和宏观产业的布局等均是。

6. 社会因子。社会因子包括政治、国防、文化等的要求，它们是超经济的，也是独立于地理环境的。其中最主要的是：①政府的干预：包括不同制度的政府机构实行的政策，如资本主义下的保护关税、国有化、以军工生产刺激经济发展，社会主义下的合理利用自然和劳动资源、开发边远地区、促进全国经济平衡发展等。②经济发展中决策者的行为：它既可符合客观规律、促进地域经济活动的良性循环，亦可能造成相反的效应，如私有制下的最大利润的追逐，公有制下的投资热等。

（四）区位分析的主要方法

因为不同部门的影响因素不同，同一部门（或特定地域）影响布局的因素又是变化的，不同地域影响布局的因素又不同等，不同地理事物又有不同的区位分布特点及规律，为此我们在某一乡村生态系统进行区位分析定位时，既要从分析影响某个部门的主导因素出发，又要对特定区域地理事物分布进行多要素分析，而且还要学会客观评价地分析各个要素的利与弊；影响区位的因素又是发展变化的，所以我们还必须从动态的角度及可持续发展的角度客观分析：不但要会定性分析影响区位的因素，而且还要学会定量计算，从而提高区位分析的综合评价能力。

1. 主导因素分析法。在影响区位选择的诸多因素中，常有一种或几种因素处于控制和支配地位，成为影响区位选择的主导因素。在区位分析与评价时要理清各区位因素间的主次关系，找出起主导作用的因素，抓住主要矛盾或矛盾的主要方面做重点分析。

2. 多要素综合分析法。与自然生态系统相比，乡村生态系统现象更加复杂多变，空间差异更大，地域性更强，综合性表现得更明显。因此在乡村生态系统区位分析与评价时，既要分析自然因素，又要分析经济、社会、人文因素，也要在人地关系的层次上加以综合，同时还要从区域特征出发，充分考虑到空间上的地域性，具体问题具体分析，重视因地制宜观念的形成。

3. 辩证评价法。根据区域环境特征，分析影响某一人类活动区位形成与发展的优势条件与限制性因素，并对其做出有利和不利的评价。即对空间联系角度对区位进行正确的评价。

4. 动态分析法。区位因素的变化对人类活动的区位选择产生影响，因此要用发展的眼光动态地分析区位选择问题，并抓住倾向性因素做预测性分析。它包括两种形式：某一特定地区的区位选择随时间的变化；同一部门在不同的阶段的区位变化。即从发展变化的角度分析区位变化的原因。

5. 从经济角度到可持续发展角度的分析方法。人与环境有着密切的关系。随着世界人口持续增长和经济迅速发展，人与环境之间的矛盾日益尖锐。因此，统筹人与自然和谐发展，处理好区位经济优势的同时，又要考虑人口增长与资源利用、生态环境保护的关系。在人类社会的发展中，只有经济持续发展，生态环境持续发展，才能促进社会持续发展。

6. 定性和定量相结合分析方法。任何一个乡村生态系统的总体空间规划和设施布置，各项区位因子都不可能全部进行定量分析，科学的定性与定量分析相结合，是决定一切人类活动区位选择的正确途径。

二、可持续发展度的分析

（一）可持续发展度的含义

牛文元在其《持续发展导论》中指出：现代国家可持续发展战略的整体构想，应该从经济增长、社会进步和环境安全的功利性目标出发，也应从哲学观念更新和人类文明进步的理性化目标出发，几乎应是全方位地涵盖“自然、经济、社会”复杂巨系统的运行规则和“人口、资源、环境、发展”四位一体的辩证关系。因此，可持续发展的理论，必须处于生态响应、经济响应和社会响应的三维作用下。发展过程的行为优劣、健康与否、功效大小和有序程度，均可以在三维共同响应的结果中甄别出来，其发展能力的大小可通过发展度来体现。根据牛文元的观点，可持续发展度的定义可以描述成：“一个特定系统在规定目标和预设阶段内可以成功地将其发展度、协调度、持续度稳定地约束在可持续发展阈值内的概率”，即“一个特定的系统成功地延伸至可持续发展目标的能力”。

发展度以社会财富的增长、理性需求的满足、生活质量的提高为其基本识别。它构成了可持续能力的“动力表征”，是可持续能力不断提高的发动机。它所具有的内涵是：①社会财富增长的度量。②发展质量提高的度量。③理性需求满足的度量。④创新能力培育的度量。⑤文化内涵进步的度量。

协调度以环境与发展之间的平衡、效率与公平之间的平衡、物质与精神之间的平衡为其基本识别。它构成了可持续能力的“公正表征”，是可持续能力不断优化的调节者。它所具有的内涵是：①人际（代际）区际之间的协调。②物质文明与精神文明之间的协调。③经济效率与社会公平之间的协调。④自由竞争与有序规范之间的协调。⑤开拓创新与有效继承之间的协调。

持续度以人均财富的世代非减、投资边际效益的世代非减、生态服务价值的世代非减为其基本识别。它构成了可持续能力的“稳定表征”，是可持续能力不断维系的促进剂，它所具有的内涵是：①逼近“三零状态”即生态赤字为零、环境胁迫为零、生态价值与生产价值之比率变化为零。②向自然的索取与对自然的回馈相平衡，充分建立人与自然的协同进化机制。③充分尊重自然遗产和历史文化遗产，同时担负起为后代扩大更多文明积累的责任。④逐步实现“自然—社会—经济”复杂巨系统的可持续发展目标。

（二）可持续发展度量方法分类

可持续发展问题所涉及的广度、宽度和深度，各种各样的可持续发展评估或测量体系已被提出。从不同的研究角度出发，可持续发展的指标体系、指标、指数可以分为不同的类型。依其不同的分类依据，可分为：

（1）从指标的功能分类，可持续发展指标可分为描述性指标和评价性指标。描述性指标只是在某个方面对现状的描述，如温室气体排放量、失业率等。而评价性指标则除了对现状做出描述之外，还要对指标值所反映的发展行为做出评判，如人文发展指数、真实进步指数等。

（2）按计量单位分类，可分为非货币化计量单位指标和货币化计量单位指标。货币化计量单位指标有绿色 GDP、可持续性收入（SI）等。非货币化计量单位指标典型的有三种，生态足迹指标采用面积单位，物质流指标体系采用重量单位，而能值指标用衡量太阳能的热量单位等。

（3）按信息集成度分类，可分为单一指标，如各类指标体系中的单个指标；分类指标，指针对某个专题而设计的指标，如气候变化指标、温室气体排放指标等；综合指标，指对可持续发展高度集成化的指标，如人文发展指数、生态足迹指数、环境可持续性指数等。

（4）按动、静态分类，可分为静态指标和动态指标，如国家财富是反映物质存量的指标，属静态指标；而真实储蓄率是反映流量变化的指标，属动态指标。

（5）按指标设计针对的范围分类可分为：国际指标，如人文发展指数、真实进步指数等；国家指标，如美国、英国、德国等国家的可持续发展指标体系；省或州指标，如一些国家各省或州设计的可持续发展指标；区域指标，如 Fraser 盆地指标体系、可持续的 Seattle 指标体系。

（6）按指标体系的框架模式分类，可分为压力—状态—响应模式，如 OECD PSR 框架、UNCSD DFSR 框架；三分量模式，如 Alberta 可持续发展指标体系；人类—生态系统福利模式，如可持续性晴雨表（Barometer of Sustainability）、加拿大 NRTEE 指标等；基于经济的模式，如真实进步指数、综合环境经济核算体系等。

（7）按学科属性分类，可分为社会指标，如人文发展指数；经济指数，如 UNCSD 中的经济指标；环境指标，如 OECD 关键环境指标体系；制度指标，如 UNCSD 核心指标体系中的制度指标。

（8）按可持续发展的涵盖范围分类，可分为系统性指标体系；部门或行业性指标体系；集成化指标体系。

（三）可持续发展度模型的建立与分析

1. 模型建立。设农村可持续发展系统 $D=\{D_e, D_f, D_g\}$，式中 $D_e=\{e_1,\ e_2,\ \cdots,\ e_n\}$，为经济子系统，$e_i$（$i=1,\ 2,\ \cdots,\ n$）为经济子系统序参量；$D_f=\{f_1,\ f_2,\ \cdots,\ f_m\}$，为社会子系统，$f_j$（$j=1,\ 2,\ \cdots,\ m$）为社会子系统序参量；$D_g=\{g_1,\ g_2,\ \cdots,\ g_p\}$，为环境子系统，$g_q$（$q=1,\ 2,\ \cdots,\ p$）为环境子系统序参量。各子系统的序参量 e_i，f_j，g_q 对系统有序的效用值 x_h 用下式计算：

$$X_h=(\theta_h-\alpha_h)/(\beta_h-\theta_h) \tag{11.1}$$

$$X_h=(\beta_h-\theta_h)/(\beta_h-\alpha_h) \tag{11.2}$$

式中：θ_h 为系统中序参量 h 的值；β_h，α_h 分别表示序参量 h 的上边界和下边界。式（11.1）用于序参量对系统具有正功效的情况，即序参量越大，系统向有序发展的趋势越强；式（11.2）用于序参量对系统具有负功效的情况，即序参量越大，系统向有序方发展的趋势越弱。那么农村可持续发展度ADI可用以下式表示：

$$ADI=\theta DI_t+\lambda CI_t+\omega AI_t \tag{11.3}$$

式中：θ，λ，ω分别为发展度、协调度、持续度的权重，权重的赋值通常采用熵值法和韦伯（Weiber）定律三标度层次分析法（IAHP）来进行。

$$DI_t=\sum_{i=1}^{k}D_i^t\times\theta_i \tag{11.4}$$

DI_t表示系统在t时刻的发展度，反映了农村社会—经济—环境复合系统的发展水平；D_i^t表示子系统在t时刻的系统有序度，θ_i表示D_i^t的权重，k表示子系统数；$D_i^t=\sum x_{ij}\times\theta_{ij}$，其中$x_{ij}$是子系统$i$中指标$j$的评价值，由（11.1）或（11.2）确定，$\theta_{ij}$指标的权值。

$$CI_t=\mu[\prod_{i=1}^{k}(D_i^t-D_i^{t-1})\div\max(D_i^t-D_i^{t-1})]^{1/k} \tag{11.5}$$

式中：CI_t表示从$t-1$时刻到t时刻这一时间段系统发展的协调程度，D_i^{t-1}表示子系统在$t-1$时刻的有序度，μ为系数，取1或−1，只有所有的$D_i^t-D_i^{t-1}$为正数时才取1，否则取−1。

$$AI_t=\frac{0.45I_t+0.3I_{t-1}+0.25I_{t-2}}{\sum_{i=0}^{2}|I_{t-1}|} \tag{11.6}$$

式中：AI_t表示持续度，I_t表示农村发展度的增长率，计算公式为，

$$I_t=(DI_t-DI_{t-1})\div DI_{t-1} \tag{11.7}$$

也就是说，某村镇的农村持续度由该村镇前三年发展度的增长率按不同的权值综合计算。值得说明的是，前三年的权重根据实际情况进行确定。

2. 可持续发展程度分析。

（1）ADI取值在［0，1］之间，ADI的值越大，表示系统的可持续程度越高。由公式（11.5）和公式（11.6）可知，AI_t与CI_t可能为负，也就是说，ADI的计算值可能为负，此时表示农村系统崩溃，可持续发展度取0；当ADI取1，表示农村系统完全进入可持续发展状态，然而这种情况为理想状态，是农村发展所追求的目标，农村发展在较长时期内只会是越来越接近这一理想状态。

（2）当$AI_t<0$时，表示农村系统向着不可持续发展方向演变，尽管如此，ADI还是可能为正值，这种情况表示系统有较高的发展水平，能保证农村系统不崩溃，但发展是不持续的。

（3）当$ADI>\theta\times DI_t$时，表示系统是可持续发展的，CI_t与AI_t的整合结果一定大于零，系统的发展是协调的，持续的，即可持续发展状态。其中当$\theta\times DI_t<ADI<\theta\times DI_t+(\lambda+\theta)/2$时，系统表现为弱可持续发展；当$ADI>\theta\times DI_t+(\lambda+\theta)/2$时，系统表现为强可持续发展。

第四节　农户生态系统分析实例

一、农户基本情况

该农户位于沈阳市桃仙镇荒山子村，地处北温带，属湿润半湿润大陆性气候。全年太阳

辐射量为 5.033×10^5kJ·cm^{-2}，年日照时数为2 600～2 800小时，年平均气温 8.5℃，无霜期≥160 天，年降水量约 700mm。该农户家有劳动力 2 人，有庭院面积 0.1hm^2，塑料大棚（以下简称大棚）0.042～0.072hm^2，开荒地 0.4hm^2。

二、对农户生态系统的能流分析

（一）生态系统能流分析

1. 农田子系统能流分析。该农户生态系统中农田投能结构简单（表 11-4），人工辅助能主要来自系统外，占总投能的 54%，说明该农田是一个比较开放的系统。化肥与根茬分别占总投能的 38.54%～40.58%和 43.63%～45.32%；与传统农业相比，该农田子系统没有有机肥的投入，机械能取代了畜力能。有机能与无机能比值小于 1，显示该农田已不是一个有机的生态系统，但农田子系统中根茬占有机能投入的 90%以上，说明这是由于有机能投入不足的缘故。1998 年农田投入人工 567 小时·hm^{-2}·a^{-1}，与美国机械化农业 12 小时·hm^{-2}·a 相距甚远，显示出传统农业的性质。1996—1998 年该农田能量产出略呈下降趋势，光能利用率远低于达到良性循环的北京留民营生态系统（1.54）；能量产投比高于留民营生态系统（1.51）。

表 11-4　农田能量投入产出情况

年份	种子	根茬	人力	化肥	农药	机械及燃油	总计	初级产品	有机/无机	光能利用率	产投比
	10^8J·hm^{-2}										
1996	8.682	164.1	4.253	152.625	22.509	23.918	376.095	2 547.878	0.89	0.51	6.76
1997	8.682	164.1	4.253	139.836	22.509	22.68	362.061	1 783.514	0.96	0.35	4.91
1998	8.682	164.1	4.253	139.836	22.509	23.433	362.813	2 293.089	0.95	0.45	6.30

2. 庭院子系统能流分析。庭院投能不但种类多，而且数量大，并主要投到大棚中（表 11-5）。总投能数量是农田的 25～32 倍。在投能结构上，人工辅助能主要来自系统外，有机肥的大量投入是一个显著特点，占总投能的 52.18%～58.69%，其中，有机肥能占有机能的 95%以上；人力能所占比例虽小，但仍是农田的 30 倍以上，有机能与无机能的比值在 1.17 以上。

表 11-5　庭院能量投入产出情况

地点	年份	秧苗	有机肥	人力	化肥	农药	基础设施	总计	初级产品	光能利用率	产投比
		10^8J·hm^{-2}									
大棚	1996	43.202	5 453.49	141.75	122.34	109.168	4 582.198	10 452.158	5 211.429	0.96	0.5
	1997	94.373	6 786.69	141.75	183.45	109.167	4 592.599	11 908.078	7 495.414	1.38	0.63
	1998	45.229	5 315.55	216.00	183.45	163.151	3 133.575	9 057.445	8 180.343	2.58	0.9
菜田	1996		218.869	10.8				229.669	486.716	0.24	2.12
	1997		218.869	10.8				226.669	298.309	0.15	1.3
	1998		218.869	10.8				226.669	331.786	0.16	1.44

（二）生态系统物流分析

1. 农田子系统物流分析。农田物质投入结构简单（表 11-6），化肥中的 N、P_2O_5、

K_2O 占总投入的绝大部分，这种物质投入结构对提高土壤肥力和农田生产力都是不利的。从物质盈亏上看，N 积累，P_2O_5、K_2O 亏损。N 在理论上积累，而实际并未积累，显然是通过其他的途径损失了。这也说明单一施用化肥的缺陷。因此农田应注意有机肥与无机肥合理配比投入。从物质产出来看，除 N 外，P_2O_5、K_2O 投入少但产投比高，反映出农田能流分析时存在的问题。

表 11-6　农田物质投入产出情况

年份		种子	化肥	根茬	总计	产出	盈亏	产投比
		kg·hm^{-2}						
1996	N	0.84	194.625	9.936	205.401	165	38.901	0.8
	P_2O_5	0.315	30.00	10.323	40.638	81	−31.587	1.99
	K_2O	0.21	56.25	4.136	60.596	174	−84	2.87
1997	N	0.84	188.625	9.936	199.401	115.5	83.901	0.58
	P_2O_5	0.315	22.25	10.323	40.638	56.7	−23.56	1.71
	K_2O	0.21	56.25	4.14	60.60	121.80	−61.20	2.01
1998	N	0.84	188.62	9.936	199.401	148.5	50.901	0.74
	P_2O_5	0.315	22.25	10.323	40.638	72.9	−39.762	2.2
	K_2O	0.21	56.25	4.136	60.596	144.6	−61.204	2.39

2. 庭院子系统物流分析。在庭院中，有机肥投入占主要部分，大棚 N、P_2O_5、K_2O 全部盈余。经测定，P_2O_5 大量积累；K_2O 在 0～20cm 亏缺，20～40cm 积累。但是，N 并未积累，显然 N 的损失更大。菜田土壤经测定发现 N、P_2O_5、K_2O 全部亏缺，说明菜田的投入严重不足。从物质的产投比来看，大棚逐年上升而菜田逐年下降；因此，菜田应加大投入而大棚应注意合理配比投入（表 11-7）。

表 11-7　庭院物质投入产出情况

年份		秧苗	大棚				产投比	菜田			产投比
			有机肥	化肥	产出	盈亏		有机肥	产出	盈亏	
			10^8J·hm^2					10^8J·hm^2			
1996	N	3.173	865.608	120	320.798	222.661	0.32	67.958	76.725	−8.768	1.13
	P_2O_5	0.992	841.462	150	193.059	799.395	0.2	66.449	18.225	48.224	0.27
	K_2O	5.142	833.373	150	566.636	421.879	0.57	72.285	30.6	33.628	0.48
1997	N	3.694	1080.144	180	454.952	808.887	0.36	67.958	45.525	22.432	0.67
	P_2O_5	1.219	1050.183	225	280.306	996.096	0.22	66.449	13.05	53.398	0.2
	K_2O	6.75	1039.384	225	789.138	484.336	0.62	72.285	23.478	40.752	0.37
1998	N	2.25	857.076	180	522.582	51.744	0.5	67.958	65.325	2.632	0.96
	P_2O_5	0.866	833.959	225	300.634	759.191	0.28	66.448	20.1	46.349	0.3
	K_2O	3.276	822.701	225	869.569	181.569	0.83	72.285	35.1	27.629	0.55

（资料来源：郭伟，肖兴伟．一个农户生态经济系统的分析．沈阳农业大学学报，2001，32（2）：94-98.）

小　结

本章从农村生态系统的概念入手，简要介绍了农村生态系统的结构、功能及特征；农村生态系统包含自然生态系统、农业生态系统、农户生态系统和村镇生态系统等子系统，具有能量转化、物质循环、信息传递和价值转换等基本功能；具有以土地为中心、目的性强、非自律性、自然节律性和地域差异性等五大特性。能流分析、物流分析、投入产出分析等分析方法农户生态系统分析的主要方法；能流分析包括生物质能量流的分析和辅助能量流的分析，分析方法通常采用输入—输出分析法；物流分析通常是在土壤、植物、畜禽和人四个养分库之间进行，其物流模型通常采用养分输入输出平衡法；投入产出分析有投入产出表和投入产出模型，投入产出表包括价值型和实物型，基本模型有行模型和列模型。区位分析常采用区位因子分析法，其区位因子主要有自然因子、运输因子、劳力因子、市场因子、集聚因子和社会因子。可持续发展度是指一个特定系统在规定目标和预设阶段内可以成功地将其发展度、协调度、持续度稳定地约束在可持续发展阈值内的概率，通常借助于可持续发展度模型来分析村镇生态系统的可持续发展程度。

思　考　题

1. 什么是农村生态系统？农村生态系统有哪些特点？
2. 农村生态系统数据收集包括哪些内容？通常采用什么方法来收集？
3. 能流分析的类型有哪些？如何进行生物流与辅助能流分析？
4. 什么是能流分析的输入—输出分析方法？如何进行能流的输入—输出分析？
5. 什么是能值分析？与能流分析相比，能值分析有何特点与优势？
6. 什么是物流分析？如何建立物流分析模型？
7. 投入产出表有哪些类型？如何设计一种特定的投入产出表？
8. 投入产出表的基本模型有哪些？
9. 什么是区位分析？区位分析有哪些方法？
10. 区位因子分析包括哪些内容？
11. 什么是可持续发展度？如何计算可持续发展度？

第十二章　农村发展研究评价方法

“评价”就是人们参照一定标准对客体的价值或优劣进行评判比较的一种认知过程，同时也是一种决策过程。本章介绍了农村发展研究评价的一般过程及分类，农村发展研究常用的评价方法，并结合相关案例进行分析。

第一节　农村发展研究评价的一般过程和分类研究

一、评价概述

在日常生活中，人们常常要参照一定的标准（有客观的标准，也有主观的标准；有比较明确的标准，也有相当模糊的标准；有定性的标准，也有定量的标准）对某一个或某一些特定事物、行为、认识、态度（一般我们可以将这些事物、行为、认识、态度统称为“评价客体”）进行各种各样的评价，评价其价值高低或优劣状态，并通过评价而达到对事物的认识，进而指导一定的决策行为。因此，“评价”就是人们参照一定标准对客体的价值或优劣进行评判比较的一种认知过程，同时也是一种决策过程。它是人们认识事物的重要手段之一。

评价又有综合评价与单项评价之分。综合评价是相对于单项评价而言的。它们之间的区别不在于评价客体的多少，而在于评价标准的复杂性，一般而言，若评价标准比较单一、明确，则可称为“单项评价”。反之，若评价标准比较复杂、抽象，就属于“综合评价”。例如，对企业的劳动生产率进行比较分析，就属于单项评价，而对企业经济效益进行全面评判，则属于综合评价。当然，这里的所谓“复杂性”最直观的表现是评价指标数目上的多与少。单项评价实质上就是单指标评价，而综合评价则表现为多指标评价，因此也称为“多指标综合评价”。当然，综合评价与单项评价之间的区分界限是模糊的、相对的。因为综合评价的最终途径也常常是单个指标。只不过，综合评价时的“单个指标”与单项评价的单项指标具有本质上的差别，它是高度综合的。

二、农村发展研究评价的一般过程

依据评价的定义，评价本质上是对评价对象进行价值判断的过程。评价的目的就是通过对评价对象属性的定量化测度，实现对评价对象整体水平或功能的量化描述，从而揭示事物的价值或发展规律。评价的目的决定了一般评价方法的基本思路：对于一个复杂的评价对象，首先将反映评价对象本质特征的属性具体化，转变为可度量的指标；而后通过指标无量纲化过程消除不同指标之间的不可公度，把各单项指标转化为能直接进行比较的量化指标；最后通过构建一个合适的多元函数，将各单项指标综合成一个可以直接进行比较的综合评价值，用以权衡评价对象的综合效用或综合水平。

评价是一项复杂的统计活动过程（物理过程），同时也是一个定量的思维过程。

作为一个思维过程，综合评价与一般的统计活动过程一样，是一个“定性—定量—定性”的辩证认知过程。

第一次的定性过程其实就是要求明确评价目标，以及评价目标向评价指标体系的转化过程。定量过程是多指标综合评价的核心，通过数量方法实施对现象的总体情况进行综合评估，输出量化的评价值，或是排序值，或是序次，或是定量分类结果，或是定量识别结论。

作为一个物理过程，完整的评价可以分为如下几个阶段：

（1）确定评价目的，选取评价对象。

（2）建立评价指标体系。具体还包括评价目标的细分与结构化，指标体系的初步确定，指标体系的整体检验与单体检验，指标体系结构的优化，定性变量的数量化等环节。

（3）选择评价方法与模型。具体还包括评价方法选择，权数构造，评价指标体系的标准值与评价规则的确定。

（4）综合评价实施。具体还包括指标体系数据搜集，数据评估，必要的数据推算模型参数求解等。

（5）对评价结果进行评估与检验，以判别所选评价模型、有关标准、有关权值、甚至指标体系的合理与否。若不符合要求，则需要进行一些修改，甚至返回到前述的某一环节。

（6）评价结果分析与报告。具体还包括评价结果的书面分析，撰写评价报告，提供与发布评价结果，资料的储备与后续开发利用。

上述评价物理过程如图 12-1 所示。当然，实践对于那些比较简单的评价问题，上述几个阶段的区分不十分明显。

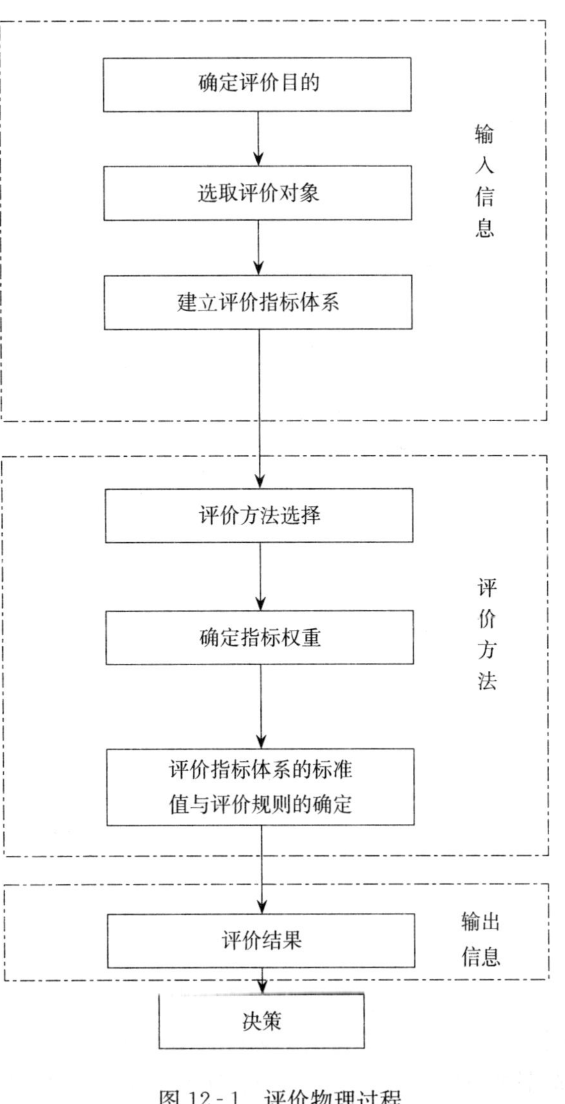

图 12-1　评价物理过程

三、评价方法分类

目前常用的评价方法有专家会议法、德尔菲法、层次分析法、数据包络分析法、主成分分析法、因子分析法、模糊综合评价法等几十种，按照各评价方法的理论基础不同，大致可以分为六大类定量评价方法。按照其评价思想不同，又可以分为加权评价方法和非加权评价方法两大类。定性评价方法和定量评价方法统一于评价方法。具体分类如图 12 - 2 所示。

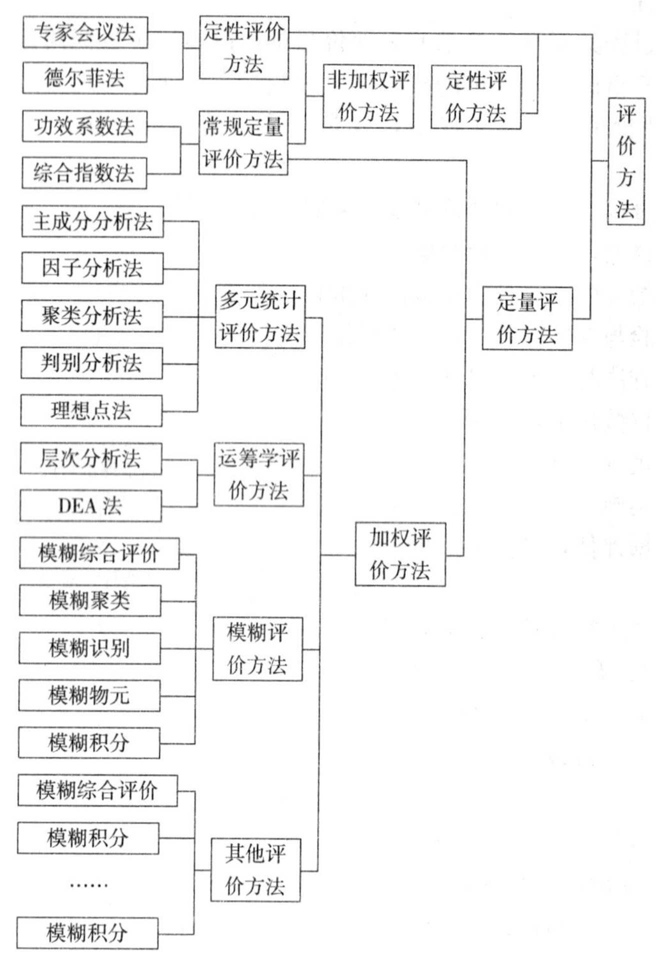

图 12 - 2　评价方法分类图

第二节　农村发展研究常用的评价方法

一、综合指数法

(一) 综合指数法概述

指数是一种特定的相对数。按所反映的总体范围不同可分为个体指数和总体指数。反映某一事物或现象的动态变化的指数称为个体指数；综合反映多种事物或现象的动态平均变化程度的指数称为总指数，它说明多种不同的事物或现象在不同时间上的总变动，实际上是反映多种不同事物的平均变动的方向和程度的相对数，系一种多因素的指数。

综合指数是编制总指数的基本计算形式。一方面，我们可利用综合指数的方法来进行因素分析，当我们可以把某个总量指标分解为两个或多个因素指标时，如果固定其中的一个或几个指标，便可观察出其中某个指标的变动程度；另一方面，也可以综合观察多个指标同时变动时，对某一现象或结果影响的程度和方向，进而评价其优劣。

按所反映某现象的性质不同可分为数量指标指数和质量指标指数。前者主要反映现象规模水平的变化；后者主要反映工作质量好坏，管理水平的高低变化。按照事物现象对比时间的不同可分为动态指数与静态指数。前者说明现象在不同时间上的发展变化；后者说明现象在同一时间条件下的对比状况。

综合指数法是指在确定一套合理的经济效益指标体系的基础上，对各项经济效益指标个体指数加权平均，计算出经济效益综合值，用以综合评价经济效益的一种常规定量评价方法。即将一组相同或不同指数值通过统计学处理，使不同计量单位、性质的指标值标准化，最后转化成一个综合指数，以准确地评价工作的综合水平。综合指数值越大，工作质量越好。

综合指数法将各项经济效益指标转化为同度量的个体指数，便于将各项经济效益指标综合起来，以综合经济效益指数为企业间综合经济效益评比排序的依据。各项指标的权数是根据其重要程度决定的，体现了各项指标在经济效益综合值中作用的大小。综合指数法的基本思路则是利用层次分析法计算的权重和模糊评判法取得的数值进行累乘，然后相加，最后计算出经济效益指标的综合评价指数。

（二）综合指数法的基本步骤

（1）选择适当的指标；

（2）确定权重；

（3）根据实测数据及其规定标准，综合考察各评价指标，探求综合指数的计算模式；

（4）合理划分评价等级；

（5）检验评价模式的可靠性。

（三）应用实例①

以甲、乙两地区2000年农业经济效益相关资料，应用综合指数法，计算两地区经济效益综合指数，作为衡量其综合水平的一个量度，从而对农业经济效益进行综合分析。甲、乙两地区2000年农业经济效益相关资料见表12-1。农业经济效益可以以资金产出率、土地生产率、劳动生产率三个指标来衡量。具体是以农业物耗与产值比表示资金产出率；以亩均产量和亩均收入表示土地生产率；以劳均产值、劳均收入等表示劳动生产率。

在构建指标体系的基础上，通过德尔菲咨询，进行层次分析来确定各指标的权数，以初值化消除量纲，计算农业经济效益综合指数。计算公式如下：

单项指标指数＝（单项指标实际值/该项指标标准值）×100％

农业经济效益综合指数＝ $\sum$ 单项指标指数×该项指标权数

① 刘新生，郑少锋，崔百胜．2003．农业经济效益评价的综合指数法探讨．西北农村科技大学学报（社会科学版）(05)：42-44.

表 12-1 甲、乙两地区 2000 年农业经济效益指标值

指标	标准值	甲地区	乙地区
农用土地生产率（kg/hm^2）	4 800	5 300	5 200
农业劳动生产率（元/人）	2 300	3 500	3 800
农业资金生产率（%）	280	265	282

由计算结果可知，2000 年两地区经济效益综合指数分别为 110.28%和 115.52%，均大于 100%，说明两地区农业经济效益较好，且乙地区农业经济效益优于甲地区农业经济效益。计算结果见表 12-2。

表 12-2 农业经济效益综合指数计算表

单位：%

	农用土地生产率指数	农业劳动生产率指数	农业资金生产率指数	农业经济效益综合指数
甲地区	110.40	152.17	95.00	110.28
乙地区	108.30	165.22	100.72	115.52
权 数	25.00	20.00	55.00	—

二、主成分分析

在许多实际问题中，我们经常用多个变量来刻画某一事物，但由于这些变量之间往往具有相关性，很多变量带有重复信息，这样就给分析问题带来了很多不便，同时也使分析结论不具有真实性和可靠性，因此，人们希望寻找到少量几个综合变量来代替原来较多的变量，使这几个综合变量能较全面地反映原来多项变量的信息，同时相互之间不相关。主成分分析正是满足上述要求的一种处理多变量问题的方法。

（一）主成分分析方法的原理

主成分分析是把原来多个变量化为少数几个综合指标的一种多元统计评价方法，从数学角度来看，这是一种降维处理技术。假定有 n 个样本，每个样本共有 p 个变量描述，这样就构成了一个 $n\times p$ 阶的数据矩阵。

$$\boldsymbol{X}=\begin{pmatrix} x_{11} & x_{12} & \cdots & x_{1p} \\ x_{21} & x_{22} & \cdots & x_{2p} \\ & \cdots\cdots & & \\ x_{n1} & x_{n2} & \cdots & x_{np} \end{pmatrix} \tag{12.1}$$

如何从这么多变量的数据中抓住事物的内在规律性呢？要解决这一问题，自然要在 p 维空间中加以考察，这是比较麻烦的。为了克服这一困难，就需要进行降维处理，即用较少的几个综合指标来代替原来较多的变量指标，而且使这些较少的综合指标既能尽量多地反映原来较多指标所反映的信息，同时它们之间又是彼此独立的。那么，这些综合指标（即新变量）应如何选取呢？显然，其最简单的形式就是取原来变量指标的线性组合，适当调整组合系数，使新的变量指标之间相互独立且代表性最好。

如果记原来的变量指标为 $x_1, x_2, \cdots, x_p$，它们的综合指标——新变量指标为 $x_1, x_2, \cdots, z_m$ $(m \leqslant p)$。则

$$\begin{cases} x_1 = l_{11}x_1 + l_{12}x_2 + \cdots + l_{1p}x_p \\ x_2 = l_{21}x_1 + l_{22}x_2 + \cdots + l_{2p}x_p \\ \cdots\cdots \\ z_m = l_{m1}x_1 + l_{m2}x_2 + \cdots + l_{mp}x_p \end{cases} \tag{12.2}$$

在（12.2）式中，系数 l_{ij} 由下列原则来决定：

（1）z_i 与 z_j（$i \neq j$；i，$j=1$，2，…，m）相互无关；

（12.2）z_1 是 x_1，x_2，…，x_p 的一切线性组合中方差最大者；z_2 是与 z_1 不相关的 x_1，x_2，…，x_p 的所有线性组合中方差最大者；…；z_m 是与 z_1，z_2，…z_{m-1} 都不相关的 x_1，x_2，…，x_p 的所有线性组合中方差最大者。

这样决定的新变量指标 z_1，z_2，…，z_m 分别称为原变量指标 x_1，x_2，…，x_p 的第一，第二，…，第 m 主成分。其中，z_1 在总方差中占的比例最大，z_2，z_3，…，z_m 的方差依次递减。在实际问题的分析中，常挑选前几个最大的主成分，这样既减少了变量的数目，又抓住了主要矛盾，简化了变量之间的关系。

从以上分析可以看出，找主成分就是确定原来变量 x_j（$j=1$，2，…，p）在诸主成分 z_i（$i=1$，2，…，m）上的载荷 l_{ij}（$i=1$，2，…，m；$j=1$，2，…，p），从数学上容易知道，它们分别是 x_1，x_2，…，x_p 的相关矩阵的 m 个较大的特征值所对应的特征向量。

（二）主成分分析的解法

主成分分析的计算步骤：通过上述主成分分析的基本原理的介绍，我们可以把主成分分析计算步骤归纳为四个步骤。

（1）计算相关系数矩阵。

$$\boldsymbol{R} = \begin{pmatrix} r_{11} & r_{12} & \cdots & r_{1p} \\ r_{21} & r_{22} & \cdots & r_{2p} \\ & \cdots\cdots & & \\ r_{p1} & r_{p2} & \cdots & r_{pp} \end{pmatrix} \tag{12.3}$$

在公式（12.3）中，r_{ij}（i，$j=1$，2，…，p）为原来变量 x_i 与 x_j 的相关系数，其计算公式为

$$r =_{ij} \frac{\sum_{h-1}^{n}(x_{hi} - \bar{x}_i)(x_{hj} - \bar{x}_i)}{\sqrt{\sum_{h-1}^{n}(x_{hi} - \bar{x}_i)^2 \sum_{h-1}^{n}(x_{hj} - \bar{x}_i)^2}} \tag{12.4}$$

因为 $\boldsymbol{R}$ 是实对称矩阵（即 $r_{ij}=r_{ji}$），所以只需计算其上三角元素或下三角元素即可。

（2）计算特征值与特征向量。首先解特征方程 $|\lambda_{I-R}|=0$ 求出特征值 $\lambda_i(i=1,2,\cdots,p)$，并使其按大小顺序排列，即 $\lambda_1 \geqslant \lambda_2 \geqslant \cdots \geqslant \lambda_p \geqslant 0$；然后分别求出对应于特征值 λ_i 的特征向量 e_i $(i=1,2,\cdots,p)$。

（3）计算主成分贡献率及累计贡献率。一般取累计贡献率达 85％～95％的特征值 λ_1，

λ_2，…，λ_m 所对应的第一，第二，…，第 m（$m \leqslant p$）个主成分。

（4）计算主成分载荷。

$$p(z_k, x_i) = \sqrt{r_k} e_{ki} \quad (i, k=1, 2, \cdots, p) \tag{12.5}$$

由此可以进一步计算主成分得分：

$$\mathbf{Z} = \begin{bmatrix} z_{11} & z_{12} & \cdots & z_{1m} \\ z_{21} & z_{22} & \cdots & z_{2m} \\ & \cdots\cdots & & \\ z_{n1} & z_{n2} & \cdots & z_{nm} \end{bmatrix} \tag{12.6}$$

（三）应用实例①

研究居民消费结构，常用的分类方法是将我国居民人均消费性支出按用途分为食品、衣着、家庭设备用品及服务、医疗保健、交通和通讯、娱乐教育文化服务、居住、杂项商品及服务八个部分，将各类人均消费性支出在人均总消费性支出中所占的比重视为八项主要的居民消费结构指标，分别记为 x_1，x_2，x_3，x_4，x_5，x_6，x_7，x_8。利用上述的主成分分析法，使用SAS统计计算软件包，对山西省从1980—2002年共11个主要年份的农村居民消费结构指标进行了统计分析，数据（表12-3）来源于《山西统计年鉴》1999—2003年各卷。

表12-3　山西省农村居民家庭平均每人全年消费性支出构成（1980—2002）

单位：（%）

项目 年份	消费性支出构成	食品 x_1	衣着 x_2	家庭设备用品及服务 x_3	医疗保险 x_4	交通和通讯 x_5	娱乐教育文化服务 x_6	居住 x_7	杂物商品及服务 x_8
1980	100.00	59.89	15.49	3.71	0.44	0.40	1.61	18.12	0.34
1985	100.00	54.32	14.62	8.00	2.68	0.51	5.29	13.81	0.77
1990	100.00	52.87	12.45	6.85	4.06	0.65	6.73	15.52	0.87
1995	100.00	63.15	11.10	4.63	3.35	1.51	6.77	8.37	1.12
1996	100.00	58.39	11.15	5.01	3.82	1.88	7.99	9.25	2.51
1997	100.00	57.03	10.55	5.13	4.05	3.62	8.18	9.50	1.94
1998	100.00	56.06	10.82	5.14	4.49	3.02	9.53	9.12	1.82
1999	100.00	51.55	10.34	4.96	5.57	4.42	11.52	9.78	1.86
2000	100.00	48.64	9.87	4.25	5.25	4.25	11.78	12.52	3.44
2001	100.00	47.55	9.67	4.18	4.84	4.64	11.66	14.04	3.42
2002	100.00	43.86	10.18	4.77	4.76	7.62	13.04	12.64	3.13

应用SAS统计计算软件包对上述数据进行主成分分析，输出结果并得出结论。

山西省农村居民家庭平均每人全年消费性支出构成（表）的分析结果。

（1）特征值。相关系数矩阵的特征值、贡献率、累计贡献率见表12-4。

① 姚爱丽.2007.主成分分析及其应用探讨——以山西省农村居民消费结构为例.山西农业大学学报（社会科学版）（02）：138-142.

表 12-4　特征值、贡献率、累计贡献率

主成分	Y_1	Y_2	Y_3	Y_4	Y_5	Y_6	Y_7	Y_8
特征值	5.106 0	1.375 6	1.101 5	0.224 4	0.150 4	0.031 3	0.007 4	0.003 5
贡献率（%）	63.82	12.19	13.77	2.81	1.88	0.39	0.09	0.04
累计贡献率（%）	63.82	81.02	94.79	97.59	99.47	99.86	99.96	100

由表 12-4 累计贡献率一栏中得知，前三个主成分反映了原变量的绝大多数信息，由于第四主成分的特征值小于，且只反映原变量的信息，按照特征值选取主成分的原则，我们需要取前面三个主成分作进一步分析，即应该选取主成分个数。

（2）特征向量。

$l_1=(-0.305\,6,-0.414\,1,-0.148\,5,0.400\,3,0.402\,2,0.437\,3,-0.192\,4,0.403\,4)$

$l_2=(-0.593\,8,0.247\,3,0.125\,8,-0.095\,4,0.165\,5,0.039\,4,0.724\,9,0.083\,1)$

$l_3=(-0.164\,1,0.017\,6,0.878\,9,0.313\,5,-0.140\,3,0.107\,2,-0.206\,2,-0.168\,3)$

主成分的表达式及其含义。根据以上两点，我们可以写出前三个主成分：

第一主成分：

$$Y_1=-0.305\,6\times1-0.414\,1\times2-0.148\,5\times3+0.400\,3\times4+0.402\,2\times5+0.437\,3\times6-0.192\,4\times7+0.403\,4\times8$$

第二主成分：

$$Y_2=-0.593\,8\times1+0.247\,3\times2+0.125\,8\times3-0.095\,4\times4+0.165\,5\times5+0.039\,4\times6+0.724\,9\times7+0.083\,1\times8$$

第三主成分：

$$Y_3=-0.164\,1\times1+0.017\,6\times2+0.878\,9\times3+0.313\,5\times4-0.140\,3\times5+0.107\,2\times6-0.206\,2\times7-0.168\,3\times8$$

主成分的经济意义：

第一主成分在食品、衣着、家庭设备用品及服务、居住上的系数为负，在医疗保健、交通和通讯、娱乐教育文化服务、杂项商品及服务上的系数为正，说明第一主成分代表了农村居民消费结构针对发展、享受需求和最基本的生存需求（吃、穿、住、用）的差异；

第二主成分在食品、医疗保健上的系数为负，其余为正，而在医疗保健上的系数的绝对值又非常小，可以认为第二主成分代表了农村居民消费结构针对其他消费和食品的差异；

第三主成分在衣着、家庭设备用品及服务、医疗保健、娱乐教育文化服务的系数为正，其余为负，而在衣着上的系数的绝对值又非常小，所以可以认为第三主成分代表了农村居民消费结构针对生活质量要求和其他消费的差异。

三、因子分析

（一）因子分析的概念和意义

因子分析是将多个实测变量转换为少数几个不相关的综合指标的多元统计评价方法，在社科领域的科学研究中，往往需要对反映事物、现象从多个角度进行观测，也就设计出多个观测变量，从多个变量收集大量数据以便进行分析寻找规律。多变量大样本虽然会为我们的科学研究提供丰富的信息，但却增加了数据采集和处理的难度。更重要的是在大多数情况下，许多变量之间存在一定的相关关系，从而增加了问题分析的复杂性。

因子分析就是将大量的彼此可能存在相关关系的变量转换成较少的，彼此不相关的综合指标的一种多元统计方法。这样既可减轻收集信息的工作量，且各综合指标代表的信息不重叠，便于分析。

（二）因子分析的基本过程

因子分析的基本过程可分为两个步骤：

1. 第一步：主因子分析。是通过原始变量的相关系数矩阵内部结构的研究，导出能控制所有变量的少数几个综合变量，通过这少数几个综合变量去描述原始的多个变量之间的相关关系。一般来说，这少数的几个综合变量是不可观测的，故称其为因子，我们又称这种通过原始变量相关系数矩阵出发的因子分析为 R 型因子分析。因子分析所获得的反映变量间本质联系、变量与公共因子的关系的全部信息通过导出的因子负荷矩阵体现。

2. 第二步：对因子解释和命名。从因子分析导出的负荷矩阵的结构出发，把变量按与公共因子相关性大小的程度分组，使同组内变量间的相关性较高，不同组的变量的相关性较低，按公因子包含变量的特点（即公因子内涵）对因子作解释命名。

（三）应用实例①

以重庆市璧山县为例，在对 2 个街道办事处 3 个镇 150 余农户（主要是外出务工）及 150 余名外出农民工抽样调查的基础上，分析了该县农民工培训的特点，并运用因子分析法对影响农民工培训的因素（如就业概率、市场风险率、政府支持 度等）做定量的分析，并得出相关结论。

从影响农民工培训的因素中选取了 8 个具体变量进行分析 ，并根据当地农民工培训的具体情况对公式（12.7）进行了相关转换，即：

$$W_i = a_{i1}x_1 - a_{i2}x_2 + a_{i3}x_3 + a_{i4}x_4 - a_{i5}x_5 - a_{i6}x_6 + a_{i7}x_7 + a_{i8}x_8 \qquad (12.7)$$

其中：W_i 为农民工实际参加培训，a_{ip}（$p=1, 2, 3, \cdots, 8$）为因子得分行数矩阵系数；x_1 为农民工愿意参加培训人数百分比；x_2 为愿意培训职工企事业个数百分比（抽样调查企事业）；x_3 为培训后所得工资报酬（各乡镇培训后平均工资）；x_4 为经培训后就业概率；x_5 为培训所需费用（特指报名费，不同乡镇所需培训费用不同）；x_6 为接受相关专业的能力（特指农民工由于素质低，最大限度接受知识度）；x_7 为政府在农民工培训问题上投资资金、组织机构、宣传等相关措施的积极度；x_8 为劳务市场风险率（特指培训前后市场吸收农民工状况）。

表 12 - 5 中各因子数据具体计算方法为：农民工愿意培训度＝（愿意培训农民工数/农民工总人数）×100%；企业愿意培训度＝（企业愿意培训数/企业总数）×100%；就业概

① 石永明等．2008. 农民工培训驱动机理研究——以重庆市璧山县为例．西南大学学报（自然科学版）（10）：141 - 145.

率＝（培训后找到工作人数/培训总人数）×100%；接受知识限度为培训后进行相关考试，总分为一百分；政府支持度＝（政府实际投入培训资金/政府预计投入资金）×100%；市场风险率较为复杂，本文从实际出发，以培训前各企业委托培训机构培训相关专业的总人数为起点，再以培训后企业实际需要的人数为终点，得出相关数据，公式为：市场风险率＝（1－培训后各企事业实际招收人数/培训前市场预计所需相关专业人数）×100%。应用以上相关方法得出各因子所需数据而后运用SPSS中的因子分析模型进行运算，结果见表12-6、表12-7、表12-8。

表12-5　样本特征数据表

	农民意愿培训（%）	企业意愿培训	培训后工资（元）	就业概率	培训费用（元）	接受知识限度（%）	政府支持度（%）	市场风险率（%）
壁城街办	45	60	900	88	110	67	65	67
青杠街办	55	55	800	90	90	65	67	65
正兴镇	65	46	750	93	80	70	50	61
三合镇	75	65	600	95	120	56	61	53
河边镇	67	52	650	83	90	86	62	58

表12-6　相关系数矩阵

		x_1	x_2	x_3	x_4	x_5	x_6	x_7	x_8
相关系数	x_1	1							
	x_2	0.014	1						
	x_3	0.97	−0.12	1					
	x_4	0.335	0.254	−0.162	1				
	x_5	0.058	0.971	−0.14	0.287	1			
	x_6	−0.039	−0.624	−0.05	−0.869	−0.601	1		
	x_7	−0.546	0.681	0.465	0.14	0.537	−0.592	1	
	x_8	−0.962	−0.305	0.971	−0.3	−0.305	0.101	0.427	1

表12-6给出的是各成分的方差贡献率和累计贡献率，由表可知只有前三个特征根大于1，因此SPSS只提取了前三个主成分。第一、第二、第三主成分的方差分别占所有主成分方差的42.431%、40.396%、14.245%，前三个主成分的方差贡献率达到97.072，因此选前三个主成分已足以描述农民工培训的影响因素状况。

表12-7　初始因子载荷阵

因子	初始因子解			提取因子载荷			旋转提取因子载荷		
	特征值	方差	累计方差贡献率（%）	特征值	方差	累计方差贡献率（%）	特征值	方差	累计方差贡献率（%）
1	3.394	42.431	42.431	3.394	42.431	42.431	3.276	40.947	40.947
2	3.232	40.396	82.827	3.232	40.396	82.827	2.644	33.051	73.998
3	1.14	14.245	97.072	1.14	14.245	97.072	1.846	23.074	97.072

（续）

因子	初始因子解			提取因子载荷			旋转提取因子载荷		
	特征值	方差	累计方差贡献率（%）	特征值	方差	累计方差贡献率（%）	特征值	方差	累计方差贡献率（%）
4	0.234	2.928	100						
5	3.7E−016	4.64E−015	100						
6	−4.7E−018	−5.83E−017	100						
7	−1.9E−016	−2.44E−015	100						
8	−6.4E−016	−7.96E−015	100						

表 12-6 为各因子得分函数系数矩阵，由公式（12.7）可得出各公因子的表达式：

$$W_1=0.290x_1-0.05x_2+0.310x_3+0.004x_4-0.069x_5-0.061x_6+0.165x_7+0.306x_8 \tag{12.8}$$

$$W_2=0.052x_1+0.429x_2-0.063x_3-0.210x_4+0.409x_5-0.009x_6+0.260x_7-0.082x_8 \tag{12.9}$$

$$W_3=0.072x_1-0.149x_2+0.093x_3+0.642x_4-0.136x_5-0.474x_6+0.008x_7+0.037x_8 \tag{12.10}$$

表 12-8　因子得分矩阵

	因子		
	1	2	3
农民意愿培训	−0.29	−0.052	0.072
企业意愿培训	−0.051	0.429	−0.149
培训后工资	0.31	−0.063	0.093
就业概率	0.004	−0.21	0.642
培训费用	−0.069	0.409	−0.136
接受知识限度	−0.061	−0.009	−0.474
政府支持度	0.165	0.26	0.008
市场风险率	0.306	−0.082	0.037

结果分析：在表达式（12.8）中，x_1，x_3，x_8 其绝对值系数分别为 0.290、0.310、0.306，相对较大，得分较高，不难看出在第一主成分表达式中，农民参加培训意愿、培训后所得工资多少以及就业市场风险成为影响农民工培训的主要因子。以璧山县为例，县定点机构 2004—2006 年培训人数下降了 671 人，究其原因，一是部分农民工经过培训后无法从事相关专业的工作，二是与参加培训所耗时间、人力、财力相比得不偿失，严重影响了农民外出前培训的积极性。在表达式（12.9）中，x_2，x_5，x_7 绝对值系数较大，表明在第二主成分表达式中，企业态度、培训费用以及政府支持力度成为影响农民工培训的主要因素。在表达式（12.10）中，x_4，x_6 绝对值系数较大，表明在第三主成分表达式中，就业概率、接受知识限度成为影响培训的关键因素，尤其是近年来，培训前后就业概率的高低直接成为农民工是否参加培训的主要参考因子。

四、聚类分析

（一）原理与基本概念

聚类分析指将物理或抽象对象的集合分组成为由类似的对象组成的多个类的多元统计评价过程。它是一种重要的人类行为。聚类与分类的不同在于，聚类所要求划分的类是未知的。聚类是将数据分类到不同的类或者簇这样的一个过程，所以同一个簇中的对象有很大的相似性，而不同簇间的对象有很大的相异性。聚类分析的目标就是在相似的基础上收集数据来分类。聚类源于很多领域，包括数学，计算机科学，统计学，生物学和经济学。在不同的应用领域，很多聚类技术都得到了发展，这些技术方法被用作描述数据，衡量不同数据源间的相似性，以及把数据源分类到不同的簇中。

从统计学的观点看，聚类分析是通过数据建模简化数据的一种方法。传统的统计聚类分析方法包括系统聚类法、分解法、加入法、动态聚类法、有序样品聚类、有重叠聚类和模糊聚类等。采用k－均值、k－中心点等算法的聚类分析工具已被加入到许多著名的统计分析软件包中，如SPSS、SAS等。

从实际应用的角度看，聚类分析是数据挖掘的主要任务之一。而且聚类能够作为一个独立的工具获得数据的分布状况，观察每一簇数据的特征，集中对特定的聚簇集合作进一步地分析。聚类分析还可以作为其他算法（如分类和定性归纳算法）的预处理步骤。

聚类分析中可采用不同类型的统计量，通常Q型聚类采用距离统计量，R型聚类采用相似系数统计量。

1. 距离。设有n个样本，每个样本观测p个变量，数据结构为

$$\begin{bmatrix} x_{11} & x_{12} & \cdots & x_{1p} \\ x_{21} & x_{22} & \cdots & x_{2p} \\ & & \cdots & \\ x_{n1} & x_{n2} & \cdots & x_{np} \end{bmatrix}$$

式中：x_{ij}是第i个样本第j个指标的观测值。因为每个样本点有p个变量，我们可以将每个样本点看作p维空间中的一个点，那么各样本点间的接近程度可以用距离来度量。以d_{ij}为第i样本点与第j样本点间的距离长度，距离越短，表明两样本点间相似程度高。最常见的距离指标有：

绝对距离：
$$d_{ij} = \sum |x_{ik} - x_{jk}|$$

欧氏距离：
$$d_{ij} = \sqrt{\sum_{k=1}^{p} (x_{ik} - x_{jk})^2}$$

切比雪夫距离：
$$d_{ij} = \max_{1 \leqslant k \leqslant p} |x_{ik} - x_{jk}|$$

马氏距离：
$$d_{ij} = [(\boldsymbol{X}_i - \boldsymbol{X}_j)' \boldsymbol{S}^{-1} (\boldsymbol{X}_i - \boldsymbol{X}_j)]^{\frac{1}{2}}$$

式中：$\boldsymbol{X}_i$—（x_{i1}，x_{i2}，…，x_{ip}）$i=1$，2，…，n；$\boldsymbol{S}$是样本数据矩阵相应的样本协方差矩阵，即S的元素。

$$s_{ij} = \frac{1}{n-1} \sum_{k=1}^{n} (x_{ki} - \bar{x}_i)(x_{kj} - \bar{x}_j)$$

2. 相似系数。对于 p 维总体，由于它是由 p 个变量构成的，而且变量之间一般都存在内在联系，因此往往可用相似系数来度量各变量间的相似程度。相似系数介于－1 至 1 之间，绝对值越接近于 1，表明变量间的相似程度越高。常见的相似系数有：

夹角余弦：
$$\cos\vartheta_{ij}=\frac{\sum_{k=1}^{n}x_{ki}x_{kj}}{\sqrt{\sum_{k=1}^{n}x_{ki}^{2}\sum_{k=1}^{n}x_{kj}^{2}}}\qquad i,j=1,\cdots,p$$

相关系数：
$$r_{ij}=\frac{\sum_{k=1}^{n}(x_{ki}-\bar{x}_{i})(x_{kj}-\bar{x}_{j})}{\sqrt{\sum_{k=1}^{n}(x_{ki}-\bar{x}_{i})^{2}\sum_{k=1}^{n}(x_{kj}-\bar{x}_{j})^{2}}}\qquad i,j=1,\cdots,p$$

3. 分类方法（系统聚类法）。系统聚类分析是聚类分析中应用最广泛的一种方法，凡是具有数值特征的变量和样本都可以采用系统聚类法。选择适当的距离和聚类方法，可以获得满意的聚类结果。

（1）分类的形成。先将所有的样本各自算作一类，将最近的两个样本点首先聚类，再将这个类和其他类中最靠近的结合，这样继续合并，直到所有的样本合并为一类为止。若在聚类过程中，距离的最小值不唯一，则将相关的类同时进行合并。

（2）类与类间的距离。系统聚类方法的不同取决于类与类间距离的选择，由于类与类间距离的定义有许多种，例如定义类与类间距离为最近距离、最远距离或两类的重心之间的距离等，所以不同的选择就会产生不同的聚类方法。常见的有：最短距离法、最长距离法、重心距离法、类平均法、离差平方和法等。

设两个类 G_l，G_m，分别含有 n_1 和 n_2 个样本点，

最短距离法：　$d_{lm}=\min\{d_{ij},X_i\in G_l,X_j\in G_m\}$

最长距离法：　$d_{bm}=\max\{d_{ij},X_i\in G_l,X_j\in G_m\}$

重心法：两类的重心分别为 $\bar{x}_l,\bar{x}_m$，则 $d_{bn}=d_{\bar{x}_1\bar{x}_2}$

类平均法：
$$d_{bn}=\frac{1}{n_1n_2}\sum_{X_i\in G_i}\sum_{X_j\in G_j}d_{ij}$$

离差平方和法：首先将所有的样本自成为一类，然后每次缩小一类，每缩小一类离差平方和就要增大，选择使整个类内离差平方和增加最小的两类合并，直到所有的样本归为一类为止。

（二）基本步骤与应用实例

1. 基本步骤。先对数据进行变换处理，消除量纲对数据的影响；首先认为各样本点自成一类（即 n 个样本点一共有 n 类），然后计算各样本点之间的距离，并将距离最近的两个样本点并成一类；选择并计算类与类之间的距离，并将距离最近的两类合并，重复上面作法直至所有样本点归为所需类数为止。最后绘制聚类图，按不同的分类标准或不同的分类原则，得出不同的分类结果。

2. 应用实例。中国农民家庭消费支出地区分布的聚类分析。

应用快速聚类分析方法。其基本思路为：①第一步，确定聚类个数，设为 k；②第二

步，确定初始类中心点（由用户自行指定，或由 SPSS 系统自动指定）；③第三步，计算所有样本点到各个类中心点的距离，以距离最短原则将所有样本点进行归类；④第四步，确定新类的新的中心点（一般取类中所有样品的均值）。重复步骤③和④，直至达到指定的迭代次数或达到终止迭代的条件（SPSS 默认的迭代次数为 10 次，终止迭代条件为同类中相继两次迭代的类中心的距离小于 0.02）；⑤第五步，画聚类图，决定类的个数和类的构成。以上都应用 SPSS 聚类分析的计算机软件完成操作

对 1989 年和 2000 年全国各地农民家庭消费支出的聚类分析：

采用欧氏距离，用最短距离法。根据 1989 年中国各地农民家庭消费支出的聚类分析的谱系图，将样本分为四类，其中上海归不了类，根据实际情况，将上海归入第一类，即第一类包括浙江、广东、北京和上海；第二类包括福建、海南、辽宁、天津和江苏；第四类包括河南、陕西、内蒙古、宁夏、贵州、青海、西藏和甘肃；其余地区归入第三类。1989 年这四类地区农民平均家庭消费支出的具体情况如表 12 - 9 所示。

表 12 - 9　1989 年这四类地区农民平均家庭消费支出的具体情况

类　别	第一类	第二类	第三类	第四类
消费（元）	855.5	535.43	330.88	234.82
地区个数	4	5	13	8

在实际中，第一类地区经济最发达，农民收入也相对最高，从而农民家庭消费支出也最多，其中上海地区的农民家庭消费支出最高；第二类中的地区基本上是沿海发达地区，其中天津市为直辖市，这些地区的经济也很发达，农民收入相对较高；第三类中的地区数目最多，反映了中国大部分地区的经济发展水平和农民消费状况，这些地区主要以农业为主；第四类地区都处在中国的中西部最贫困的地区，经济发展最落后，农民收入也最低，从而消费也最低。

五、层次分析法

（一）层次分析法概述

层次分析法（Analytical Hierarchy Process）是由美国著名运筹学家萨蒂教授于 21 世纪 70 年代提出来的。层次分析法是把复杂问题分解为若干层次，在最低层次通过两两对比得出各因素的权重，通过由低到高的层层分析计算，最后计算出各指标对总目标的权数的一种运筹学评价方法。通过赋权，可以清楚地比较出各指标的得分次序和重要程度。层次分析法是一种综合定性与定量分析，模拟人的决策思维过程，解决多因素复杂系统的分析方法。决策的实质是对比较的结果构成的判断矩阵进行一致性检验。

（二）层次分析法的步骤

1. 递阶层次结构的建立与特点。应用 AHP 分析决策问题时，首先要把问题条理化、层次化，构造出一个有层次的结构模型。在这个模型下，复杂问题被分解为元素的组成部分。这些元素又按其属性及关系形成若干层次。上一层次的元素作为准则对下一层次有关元素起

支配作用。这些层次可以分为三类。

（1）最高层：这一层次中只有一个元素，一般它是分析问题的预定目标或理想结果，因此也称为目标层。

（2）中间层：这一层次中包含了为实现目标所涉及的中间环节，它可以由若干个层次组成，包括所需考虑的准则、子准则，因此也称为准则层。

（3）最底层：这一层次包括了为实现目标可供选择的各种措施、决策方案等，因此也称为措施层或方案层。

2. 构造判断矩阵。任何系统分析都以一定的信息为基础。AHP 的信息基础主要是人们对每一层次各因素的相对重要性给出的判断，这些判断用数值表示出来，写成矩阵形式就是判断矩阵。判断矩阵是 AHP 工作的出发点。构造判断矩阵是 AHP 的关键一步。

采取对因子进行两两比较建立成对比较矩阵的办法。即每次取两个因子 x_i 和 x_j，以 a_{ij} 表示 x_i 和 x_j 对 $\mathbf{Z}$ 的影响大小之比，全部比较结果用矩阵 $\mathbf{A}=(a_{ij})_{n\times n}$ 表示，称 $\mathbf{A}$ 为 $\mathbf{Z}-\mathbf{X}$ 之间的成对比较判断矩阵（简称判断矩阵）。容易看出，若 x_i 与 x_j 对 $\mathbf{Z}$ 的影响之比为 a_{ij}，则 x_j 与 x_i 对 $\mathbf{Z}$ 的影响之比应为 $a_{ji}=\dfrac{1}{a_{ij}}$。

关于如何确定 a_{ij} 的值，Saaty 等建议引用数字 1～9 及其倒数作为标度。表 12-10 列出了 1～9 标度的含义。

表 12-10　1～9 标度的含义

标　　度	含　　义
1	表示两个因素相比，具有相同重要性
3	表示两个因素相比，前者比后者稍重要
5	表示两个因素相比，前者比后者明显重要
7	表示两个因素相比，前者比后者强烈重要
9	表示两个因素相比，前者比后者极端重要
2，4，6，8	表示上述相邻判断的中间值
倒数	若因素 i 与因素 j 的重要性之比为 a_{ij}，那么因素 j 与因素 i 重要性之比为 $a_{ji}=\dfrac{1}{a_{ij}}$

从心理学观点来看，分级太多会超越人们的判断能力，既增加了作判断的难度，又容易因此而提供虚假数据。Saaty 等人还用实验方法比较了在各种不同标度下人们判断结果的正确性，实验结果也表明，采用 1～9 标度最为合适。

3. 层次单排序及一致性检验。判断矩阵 A 对应于最大特征值 λ_{max} 的特征向量 W，经归一化后即为同一层次相应因素对于上一层次某因素相对重要性的排序权值，这一过程称为层次单排序。

上述构造成对比较判断矩阵的办法虽能减少其他因素的干扰，较客观地反映出一对因子影响力的差别。但综合全部比较结果时，其中难免包含一定程度的非一致性。如果比较结果是前后完全一致的，则矩阵 A 的元素还应当满足：

$$a_{ij}a_{jk}=a_{ik} \qquad i,j,k=1,2,\cdots,n$$

对判断矩阵的一致性检验的步骤如下：

（1）计算一致性指标 CI。

$$CI=\frac{\lambda_{max}-n}{n-1}$$

(2) 查找相应的平均随机一致性指标 RI 。对 $n=1,\cdots,9$ ，Saaty 给出了 RI 的值，如表 12-11 所示：

表 12-11　RI 值

n	1	2	3	4	5	6	7	8	9
RI	0	0	0.58	0.90	1.12	1.24	1.32	1.41	1.45

RI 的值是这样得到的，用随机方法构造 500 个样本矩阵：随机地从 1～9 及其倒数中抽取数字构造正互反矩阵，求得最大特征值的平均值 $\lambda'_{\max}$ ，并定义

$$RI=\frac{\lambda'_{\max}-n}{n-1}$$

(3) 计算一致性比例 CR 。

$$CR=\frac{CI}{RI}$$

当 $CR<0.10$ 时，认为判断矩阵的一致性是可以接受的，否则应对判断矩阵作适当修正。

4. 层次总排序及一致性检验。上面我们得到的是一组元素对其上一层中某元素的权重向量。我们最终要得到各元素，特别是最低层中各方案对于目标的排序权重，从而进行方案选择。总排序权重要自上而下地将单准则下的权重进行合成。

设上一层次（**A** 层）包含 A_1，…，A_m 共 m 个因素，它们的层次总排序权重分别为 a_1，…，a_m。又设其后的下一层次（**B** 层）包含 n 个因素 B_1，…，B_n，它们关于 A_j 的层次单排序权重分别为 b_{1j}，…，b_{nj}（当 B_i 与 A_j 无关联时，$b_{ij}=0$）。现求 B 层中各因素关于总目标的权重，即求 B 层各因素的层次总排序权重 b_1，…，b_n，计算方式如下：

即 $$b_i=\sum_{j=1}^{m}b_{ij}a_j \qquad i=1,\cdots,n$$

对层次总排序也需作一致性检验，检验仍像层次总排序那样由高层到低层逐层进行。这是因为虽然各层次均已经过层次单排序的一致性检验，各成对比较判断矩阵都已具有较为满意的一致性。但当综合考察时，各层次的非一致性仍有可能积累起来，引起最终分析结果较严重的非一致性。

设 ***B*** 层中与 A_j 相关的因素的成对比较判断矩阵在单排序中经一致性检验，求得单排序一致性指标为 $CI(j)$, $j=1,\cdots,m$ ，相应的平均随机一致性指标为 $RI(j)$ [$CI(j)$、$RI(j)$ 已在层次单排序时求得]，则 B 层总排序随机一致性比例为

$$CR=\frac{\sum_{j=1}^{m}CI(j)a_j}{\sum_{j=1}^{m}RI(j)a_j}$$

当 $CR<0.10$ 时，认为层次总排序结果具有较满意的一致性并接受该分析结果。

（三）应用实例

为了更好地评价农民的信息素质，提出构建农民信息素质评价指标的原则，并用层次分

析方法，从模糊数学的角度对农民信息素质进行了全面而直接的实证评价，为信息素质评价的应用提供了一套研究的思路和方法。

根据上述信息素质的本质和信息评价指标构建原则，运用德尔非专家调查法，将信息素质分为恰当的层次级数，构造出信息素质的递阶层次结构，其中一级评价指标 3 项，二级评价指标 11 项。3 项一级指标是根据信息素质的本质和内涵设计的，11 项二级指标是对一级指标的细化。如图 12-3 所示：

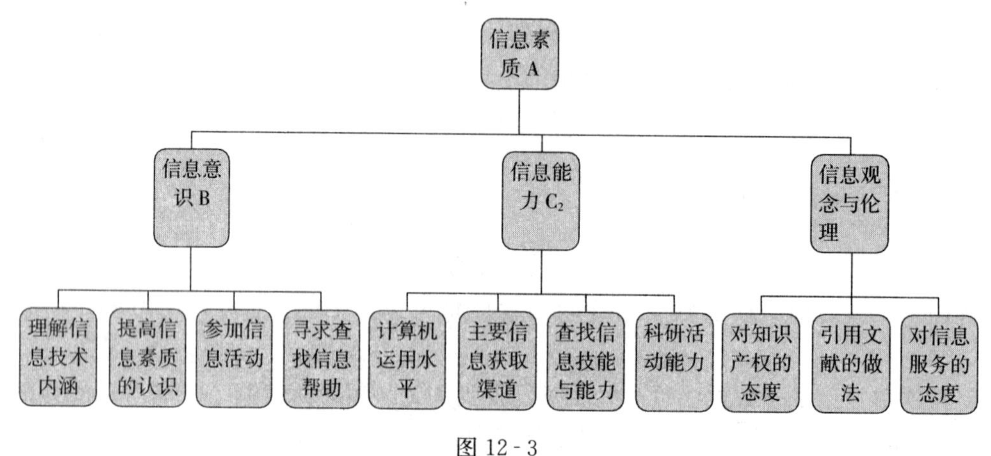

图 12-3

通过比较得到第一层的比较判断矩阵（表 12-1）。

表 12-1　A-B 比较判断矩阵

A	B_1	B_2	B_3	特征向量
B_1	1	5	3	0.648
B_2	1/5	1	1/2	0.122
B_3	1/3	2	1	0.230

$CI=0.0024$，$RI=0.52$，$CR=CI/RI=0.0046<0.1$ 由于 $CR\leqslant 0.10$，所以目标层信息素质 A 的判断矩阵的一致性是可以接受的。由此可见，对信息素质 A 作评价时，信息意识 B、信息能力 C、信息观念与伦理 D 的权重值为 0.648，0.122 和 0.230。

小　结

评价是一项复杂的统计活动过程（物理过程），同时也是一个定量的思维过程。作为物理过程包括确定评价目的，选取评价对象，建立评价指标体系，选择评价方法与模型，综合评价实施，对评价结果进行评估与检验，评价结果分析与报告等步骤。按照各评价方法的理论基础不同，大致可以分为六大类定量评价方法，按照其评价思想不同，又可以分为加权评价方法和非加权评价方法两大类。综合指数法是指在确定一套合理的经济效益指标体系的基础上，对各项经济效益指标个体指数加权平均，计算出经济效益综合值，用以综合评价经济效益的一种常规定量评价方法。主成分分析是把原来多个变量化为少数几个综合指标的一种多元统计评价方法，从数学角度来看，这是一种降维处理技术。因子分析法是将多个实测变量转换为少数几个不相关的综合指标的多元统计评价方法。聚类分析法指将物理或抽象对象的集合分组成为由类似的对象组成的多个类的多元统计评价方法。层次分析法是把复杂问题分解为若干层次，在最低层次通过两两对比得出各因素的权重，通过由低到高的层层分析计算，最后计算出各指标对总目标的权数的一种运筹学评价方法。本章结合涉及农村发展当中常见问题的案例介绍了综合指数法、主成分分析法、因子分析法、聚类分析法、层次分析法。

思　考　题

1. 简述农村发展研究评价的一般过程。
2. 简述综合指数法的主要内容。
3. 简述主成分分析法的主要内容。
4. 简述因子分析法的主要内容。
5. 简述聚类分析的主要内容。
6. 简述层次分析法的主要内容。

第五篇　农村发展研究资料的整理、分析与报告撰写方法

第十三章　农村发展研究资料的整理方法

农村发展研究资料是在农村发展研究过程中出现的与研究对象、研究内容、研究过程相关的为揭示客观真理提供事实依据的各种信息。农村发展研究工作进行得如何，在相当大的程度上取决于研究过程中取得资料的质量，而对研究资料的整理加工是确保资料准确、完整、可靠的一项重要工作，是对农村发展研究工作的全面检查与深化，也是资料分析阶段的中间环节。本章就农村发展研究资料整理的意义和原则作了介绍，重点介绍了数字资料及文字资料整理的方法，同时对两种整理方法的各个环节做了重要阐述，并在章节的最后介绍了有关统计指标的基本分析。

第一节　研究资料整理的意义和原则

一、资料整理的意义

（一）资料整理的含义

农村发展研究所收集的原始资料是分散的、杂乱的；是零碎的、不系统的；反映的是个体情况，而不是总体情况；不能说明问题，也难以体现出所收集资料的意义和价值。根据这样的资料，人们难以对总体进行分析，更无法对总体做出判断和结论。在农村发展研究过程中还会收集到一些历史文献资料或经别人加工过的资料，这些资料在分组方法、总体范围或指标含义、口径、计算方法等方面均可能有不符合农村发展研究的目的和分析的要求。因此，首先必须对资料进行整理，才能抽取出隐含其内的信息，揭示农村发展现象的本质特征和规律。

资料整理是根据农村发展研究的目的，对发展研究过程中所得到的原始资料或文献资料的真实性、正确性、准确性进行科学的检查、核实和补充，对不同类型、不同内容的材料进行分类和分组，对材料的数据及其他方面的信息进行汇总和编辑加工，从而使资料能系统地、完整地反映客观事物发展的过程。

资料整理为分析研究资料准备集中的、系统的、反映总体的资料，是农村发展研究工作

中必不可少的一个环节。

（二）资料整理的意义

资料整理是从调查阶段过渡到研究阶段、由感性认识上升到理性认识的重要环节，也是提高农村发展研究的重要步骤。资料整理的好坏直接关系到资料分析和研究结论的可信性与准确性，其重要意义主要体现在以下几个方面：

1. 资料整理是提高农村发展研究质量和使用价值的重要手段。由于从各种途径得来的原始资料是相对分散和杂乱的，而且难免出现虚假、差错、短缺、冗余等现象，而所有这些现象都会在一定程度上降低研究资料的质量和使用价值。要解决这些问题，除了在研究过程中组织研究人员就地自检、互检和派专门人员进行检查外，还必须进行一次全面检查和整理，以区分资料的真假和精粗，消除资料的假、错、缺、冗等现象，保证资料的真实、准确和完整。这样，通过资料的整理，调查资料的质量和使用价值就会大大提高。从这种意义上来说，整理资料其实就是对前期的研究工作的一次全面、彻底的检查，必要时还要组织力量进行补充调查，以保证其农村发展研究的真实、准确，为农村发展提供理论依据。

2. 资料整理是分析和研究的重要基础。农村发展研究的重要任务和目的在于获得正确的结论，而正确的结论来源于对所获资料进行科学的统计分析和加工，科学的统计分析和加工又依赖于农村发展研究资料的真实、准确、完整和统一。因此，必须消除各种错误的资料信息。实践证明，若在统计分析和加工过程中才发现调查资料的错误，再去改正调查资料的错误，那就要花几倍甚至十几倍的时间精力去返工。所以，在发展分析研究工作之前，一定要认真鉴别、整理原始资料，坚决修正和淘汰一切不合格的资料，这是使研究工作顺利进行的根本保证。

3. 资料整理是农村发展研究积累资料的需要。农村发展研究工作中所得到的原始资料耗费了大量的人力、物力和财力。这些资料不仅仅是当时做出农村发展研究结论的客观依据，而且对今后研究同类社会现象具有重要的参考价值。如果把调查来的资料不加整理，就进行保存，一来体积大，无法保存；二来资料分散、零乱，没有利用价值。因此，每次农村社会调查都应认真整理调查的原始资料，以便今后的长期保存和研究。一份真实、完整的原始资料，特别是重要的农村发展研究资料，往往具有长久的研究价值，并且随着时间的推移其价值也愈来愈大。把资料整理的结果用文字或表格形式将原始资料完整地保存下来，对科学研究具有重要意义。

4. 资料整理是研究获得科学结论的重要前提。资料的整理工作是科学研究中非常重要的一个环节。因为研究结论最终是从观察、调查、测量中获得的事实资料中分析并推论出来的，对事实资料的整理将直接影响到结论是否正确、可靠，所以说，做好资料的整理是做出科学结论的前提。

综上所述，如果说农村发展研究过程中的收集资料的阶段属于认识的感性阶段，研究分析资料阶段属于认识的理性阶段的话，那么，资料整理阶段则是从收集资料阶段过渡到研究问题的阶段，从感性认识上升到理性认识的一个必经的重要的中间环节。

二、整理资料的一般原则

整理资料必须采取科学的方法，一般原则有以下六条：

1. 真实性原则。即对收集到的调查资料要根据实践经验和常识进行辨别，看其是否真实可靠地反映了调查对象的客观情况。一旦发现有疑问，就要再次根据事实进行核实，排除其中的虚假成分，保证资料的真实性。如果整理出来的资料不真实，那么，比没有调查资料还更危险。因为没有调查资料，顶多做不出结论，而资料不真实，就会做出错误的结论，这比做不出结论更有害。因此，真实性是整理资料时应坚持的一个根本原则。

2. 标准性原则。即审查各项调查资料是否按规定要求收集，是否能说明问题，对所研究的问题是否起应有的作用。在较大规模的调查中，对于需要相互比较的材料更要审查其所涉及的事实是不是具有可比性。对于统计资料更要注意调查统计对象的性质是否一致、指标的定义和计量单位是否相同等。如果调查资料没有统一标准，那么，它就失去了统计价值，就无法进行比较研究。

3. 准确性原则。即对调查资料进行逻辑检查，主要检查其有无不合理和相互矛盾的地方。例如，某人年龄栏内填写的是 21 岁，而工龄栏内填写的是 18 年，这显然不合逻辑，对这类资料都应认真审核处理。对搜集来的各种统计图表应重新计算复核，利用历史资料更要注意审查文献的可靠性程度。

4. 完整性原则。即检查调查资料是否按调查提纲或统计表格的要求收集齐全或填报清楚，应该查询的问题和事项是否都已经查询无漏。如果资料残缺不全，就会降低甚至失去研究的价值。此外还要检查在调查中发现的新线索、新问题是否也都进行了调查。

5. 简明性原则。即整理所得的资料，要尽可能简单、明确，并使之系统化、条理化，以集中的方式反映调查对象总的情况。如果整理后的资料仍然臃肿、庞杂，使人难以形成完整的概念，那么，就会给以后研究工作增加许多困难。

6. 新颖性原则。即在整理资料时，要尽可能从新的角度来审视、组合资料，尽量避免按照陈旧的思路考虑问题，更不能简单重复别人的老路。只有解放思想，实事求是，从调查资料的新组合中发现新情况、新问题，才能为创造性研究打下良好基础。

第二节　数字资料的整理

一、资料的审核

（一）审核的概念

审核是审查和校核的简称，是指对调查资料进行认真审查和核实的工作过程。资料的审核是整理工作的首要环节，其目的在于保证资料的客观性、准确性和完整性。

（二）审核的原则及一般要求

资料的审核是整理资料的第一步工作。由于在搜集资料的过程中难免会存在虚假、差错、短缺、余冗等问题，所以对资料的审核是十分必要的。审核的目的主要是解决原始资料的真实性和有效性问题，以保证原始资料的质量。

资料的审核是一项极细致、极严肃的工作，因此资料的审核必须坚持真实性、准确性和完整性的基本原则。

审查资料的真实性主要包括这样两方面的要求：第一，调查资料来源的客观性问题。资料应当是确实发生过的客观事实材料，是通过调查获得的资料，而不是调查者主观杜撰的东西。第二，调查资料本身的真实性问题。由于种种复杂的原因，即使是实地调查中搜集到的资料也难免存在一些虚假的东西。调查者必须根据自己的已有知识和经验，辨别资料的真伪，把那些明显违背常理的、前后矛盾的资料舍去。

资料的准确性的审核要着重检查那些含糊不清、相互矛盾的资料。例如，问卷调查中的笔误与记忆误差，访问调查中被访对象所提供的大概数字或猜测数字等。这些情况在调查过程中是经常会发生的，在整理时对这些资料都应当作认真审查与核实。对资料的准确性的要求是相对的，并不是所有资料都要越精确越好。例如，表示人均纯收入，以元为单位就可以了，不必精确到角与分。

资料完整性的审核主要包括这样两个方面的要求：一是调查资料总体的完整性。即检查调查过程是否都按设计的要求完成了，应该调查的项目是否都调查到了。如果是抽样调查，则应检查问卷的回收率以及有效问卷是否达到要求，等等。二是每份调查资料的完整性。主要审查每份调查表或问卷表上的所有问题是否都按要求填写了，是否有漏填或少填的情况，等等。其中若发现有严重漏填的问卷应舍去。

（三）审核办法

1. 逻辑检验。即逻辑审核，检验资料是否合乎逻辑和常识、是否前后矛盾、同一资料是否有差异等。一般的说，正确的答案是合乎逻辑的，而不合乎逻辑的答案则可能是不正确的。例如，在某一农村劳动力结构调查中，出现劳动力人数大于人口数，这显然是不合逻辑的，是错误的；又如，在一次关于农村养老保险问题的社会调查中，乡里的同志说，村里主要干部投保，县乡村三级要给每个干部补贴保费的80%，个人只需交20%，而几个村干部在问卷调查中却填了个人要交保费的80%或50%以上，这与乡干部提供的情况就有明显的出入。

2. 计算审核。是针对数字资料进行的审查，即通过各种数学运算来审核各项数字有无差错。主要是审核计算方法是否正确、计算结果有无差错、计算单位是否一致等。例如，在一次农村调查中，某村干部在反映总体情况时说该村有总劳力776人，但在后面反映劳力的分布状况时却说，全村在乡镇企业当职工的有187人，在村办企业当职工的有200多人，其余都是种田的，有95人。后面的这一组数据与该村的劳动力总数显然有较大出入。

3. 经验判断。即根据已有经验来判断数字资料是否真实和正确。例如，在做某山区现代农业发展规划前的现代农业指标调查和测算时，发现该山区某些经济指标明显高于或接近该省经济发达地区的发展水平。因此，对这些指标又进一步调查和核实，最后找出其中的原因。

（四）如何处理资料审核中出现的问题

在资料的审核中，如发现问题，可以分别不同情况予以处理。

（1）对于在调查中已发现并经过认真核实后确认的错误，可由调查者代为更正。如关于村干部养老保险费的补贴问题，经在县、乡的再三核实，确定集体是补贴了80%，即可在镇村干部的问卷中代为更正。

（2）对于资料中的可疑之处或明确有错误与出入的地方，应设法进行补充调查，提高资料的完整性。

（3）在无法进行或无须进行补充调查的情况下，应坚决剔除那些有明显错误的或没有把握的资料，以保证资料的真实性和准确性。

这里应当强调的是，为了保证审核后的资料能得到及时的补充或纠正，一般不应在所有的调查工作都结束、调查队伍离开调查现场后，再去搞资料的整理工作，而是应当在收集资料的过程中及时进行资料的审核工作。每天的调查工作结束后，对当天收集的资料都必须进行初步的整理；重点是审查资料的真实性、准确性和完整性，如发现问题就可以在第二天或者在以后适当的时候进行补充调查或重新核实。

总之，通过对资料的审查与校核，对于弄虚作假、不切实际的材料一定要去掉，对于残缺不全的资料要补充，对于错误的资料要更正。必要时还要组织力争采取科学、灵活的方法到实地抽查，检查资料的真实性和可靠性。只有这样，才能保证资料的客观性、准确性和完整性。

二、资料的编码

如果整理后的资料要用电子计算机进行数据处理，则还须对资料进行编码，即将问卷或调查表中的信息转化成计算机能识别的数字符号。这项工作要借助于编码手册或编码表，编码手册或编码表记录着每个数字所代表的实际意义，就像打电报用的密码手册，调查者要根据它将调查资料变换成计算机能识别的数字符号，输入计算机进行处理，然后再根据它将计算机处理的结果转换成能阅读的资料。

大多数正规的准备用计算机进行处理的问卷调查，在问卷设计时就已经将编码表设计在问卷的右边或上方了。对这种问卷的编码，只要将被调查者在问卷中所选择的项目的代号或所填的数字填入相应的编码表栏目内即可。

例：某村妇女科技素质状况调查表　　　　　　编码表

1. 您的年龄：　　　　　　1. 2

（1）1～25 周岁（　）　（2）26～35 周岁（√）

（3）36～45 周岁（　）　（4）46～60 周岁（　）

（5）61 周岁以上（　）

2. 您的文化程度：　　　　　　2. 3

（1）小学以下（　）　（2）小学（　）

（3）初中（√）　（4）高中或技校（　）

（5）中专（　）　（6）大专（）

（7）大学本科以上（　）

3. 您的婚姻状况：　　　　　　3. 2

（1）未婚（　）　（2）初婚（√）

（3）再婚（　）　（4）离婚（　）

（5）丧偶（　）

4. 您的劳动领域：　　　　　　4. 1

（1）种植业（√）　（2）林业（　）

（3）牧业（　）　（4）渔业（　）

（5）副业（　　）　　　　　　　　（6）外出打工（　　）

5. 您通过哪些方式加强自身的科学文化知识？　　　　　　5. 1

（1）电视（√）　　　　　　　　（2）广播（　　）

（3）报刊（　　）　　　　　　　（4）图书（　　）

（5）因特网（）　　　　　　　　（6）亲友和同事（　　）

（7）专业技术培训（　　）　　　（8）科普活动（　　）

6. 在过去的一年中，您参加过哪些科普活动？　　　　　　6. 5

（1）科普讲座（　　）　　　　　（2）科技培训（　　）

（3）科技咨询（　　）　　　　　（4）科技展览（　　）

（5）科技下乡（√）　　　　　　（6）都没参加（　　）

……

如遇问卷内的某个项目是直接填写的数字，如被调查者的出生年月，则将出生年月的数字直接填入编码表内即可。

如遇无回答项目，则一般以 9，99，999 为代号同样要记入编码表。

对于事先没有设计编码表的问卷表或调查表，若打算用电子计算机处理数据资料，则须在问卷边上或上方补上编码表，或者另外设计一张编码表，然后再按上述操作方法，将所选项目的代号填入编码表内。

对于问卷表或调查表中的少数开放式问题，则应在对所有回答进行分类的基础上，给每一类回答定一个代号，制成编码表，然后再将每一份问卷的开放式问题的回答所对应的代号填入编码表内。

为了便于将数字资料输入计算机，在给每一份问卷表编好编码以后，还须将这些数字登录到资料卡片上去。登录时只需将编码表中的代码或数字按顺序填入登录卡，每个代码或数字之间可以空一格，也可以将所有代码分成若干组，一组一组代码之间空一格（当资料较多时，这样登录不容易出错），当然也可以不空。如上例，在登录卡片的第一行登录第一份问卷上的代码，即：001232115……001 为问卷序号。登录第二份问卷上的代码时，必须另起一行，而且每一个针对同一个问题的代码必须过录在同一纵列的格子内，绝对不能错格，如表 13-1 所示。

表 13-1　登 录 表

1	2	3	4	5	6	7	8	9	10	11	12	……	80
0	0	1	2	3	2	1		1	5	…	…		
0	0	2	1	1	2	6		7	2	…	…		
0	0	3	3	2	3	1		1	1	…	…		
0	0	4	2	2	5	1		1	2	…	…		
0	0	5	1	3	4	3		7	3	…	…		
⋮													
⋮													

表 13-1 中，1-3 栏填问卷表的序号，第 4 栏填年龄项的代码，第 5 栏填文化程度项的代码，第 6 栏填婚姻状况项的代码，第 7 栏填劳动领域项的代码，第 8 栏空，第 9 项填第 5 个问题所选答案的代码，第 10 栏填第 6 个问题所选答案的代码，以此类推，一行最多可填入 80 个数字。

待所有的代码或数字都登录好以后，就可以将这些数字资料按登录卡片上的顺序输入计算机了。

资料的编码、登录与输入计算机的工作是既简单枯燥又容易出错的工作，需要特别的耐心与细致才能保证整个过程不出差错。

三、资料的分组

根据社会调查的目的和任务，按照分析研究的需要，确定资料分组的标志，对收集的原始资料进行分组整理和统计，为资料的分析研究作准备。

（一）分组的概念及意义

1. 分组的概念。所谓资料分组，也称统计分组，是指根据社会调查研究的目的和要求，按照一定标志，将所研究的事物或现象区分为不同的类型或组的一种整理资料的方法。它的最基本的原则就是要把不同性质的事物区别开来，把性质相同的事物联系起来，从而使我们能够认识事物和现象的本质特征以及它们的内部结构。

2. 分组的意义。资料分组不仅是资料整理阶段的一项必不可少的重要工作，而且在调查的设计阶段就必须考虑到资料的分组问题，必须根据资料分组的要求设计调查项目，从而为资料整理时的分组提供客观依据。

（1）区分农村社会现象的不同类型。农村社会现象错综复杂，要利用分组来区分不同的社会现象类型，即把社会总体划分成若干类型，分别了解每一类型的特殊本质和各个类型之间的关系。例如，目前我国农村存在多种经济成分，按所有制形式可分为国有经济、集体经济、私营经济、个体经济、联营经济、股份制经济、外商投资经济和港、澳、台投资经济等类型。区分出这些不同经济类型，就能反映不同社会矛盾和矛盾的不同方面，就易揭示出它们的本质和规律。

（2）反映现象的内部结构。事物和现象一般都不会是单一要素构成的，而是有着复杂的内部结构。总体都包含着不同的各个部分，各组成部分所占比重都不同程度地表明总体的基本性质和特征。将资料按一定的研究目的分组，并计算出各组单位数占总体单位总数的比重（或各组的标志总量占总体标志总量的比重），就能反映出事物或现象内部的构成状况和发展变化的规律性。例如，对我国农民家庭生活费支出进行统计分组，就可以了解我国农村在衣、食、住、用等方面的开支及其变化情况，见表 13-2。

从表 13-2 可以看出，在 1990—2007 年间，我国农民家庭人均生活费支出的构成中，食品一项的支出均占有很大的比重，但是呈逐渐下降趋势。住房、生活用品和文化生活服务支出所占比重均不大，但呈逐渐上升的趋势。

（3）反映事物之间的相互依存关系。事物都是互相联系、互相依存的，分组还可以用来反映事物之间的内在联系。例如，农业良种的应用会改变作物的产量和品质，施肥量、施肥技术的改变，都会影响农产品的收获量。这种相互关系，在一定条件下，都表现一定的规律性。通过分组就是要弄清各个部分之间的相互关系，体现组内事物的同质性和组间事物的差异性。

表 13-2　农村居民家庭平均每人生活消费支出构成（%）

指标＼年份	1990	1995	2000	2005	2006	2007
食品	58.80	58.62	49.13	45.48	43.02	43.08
衣着	7.77	6.85	5.75	5.81	5.94	6.00
居住	17.34	13.91	15.47	14.49	16.58	17.80
家庭设备用品及服务	5.29	5.23	4.52	4.36	4.47	4.63
交通通讯	1.44	2.58	5.58	9.59	10.21	10.19
文教娱乐用品及服务	5.37	7.81	11.18	11.56	10.79	9.48
医疗保健	3.25	3.24	5.24	6.58	6.77	6.52
其他商品及服务	0.74	1.76	3.14	2.13	2.23	2.30
总　计	100.00	100.00	100.00	100.00	100.00	100.00

（资料来源：中国统计年鉴 2008. 2008. 北京：中国统计出版社，9-25.）

总之，资料分组能深刻揭示社会总体现象内部的结构、现象之间的差异和相互关系，从而为进一步的分析研究打下良好的基础。

（二）分组的方法

资料的分组有不同的类型，不同的分组类型有不同的分组方法。

根据所使用的分组标志的数量，可以将分组分为简单分组和复合分组两类。

1. 简单分组。简单分组是对调查对象只按一个标志进行的分组。例如，家庭规模按家庭人口数分为核心家庭、主干家庭、联合家庭；工业企业按所有制标志分为国有企业、集体所有制企业、私营企业、三资企业等。

2. 复合分组。复合分组是用两个或两个以上的标志对调查对象依次进行的分组。例如，将工业企业按所有制和规模两个标志进行分组，见表 13-3。

表 13-3　某市工业企业状况

分组标志		企业数目	比重（%）
国有独资企业	大型		
	中型		
	小型		
集体混合所有制企业	大型		
	中型		
	小型		
外商独资企业	大型		
	中型		
	小型		
私营企业	人型		
	中型		
	小型		
合　计			

复合分组并不是分组越细越好。因为，每多分一次组，组数都将成倍地增加，而分到各组的单位数却大大减少，这将造成分析的困难、复合分组一般以 2～3 个标志分组较为适宜。

根据所使用的分组标志的性质的不同，资料分组又可以分为按品质标志分组和按数量标志分组两类。

1. 按品质标志分组。按品质标志分组就是按事物的性质分组。例如，按调查对象的性别、民族、职业等特征进行分组、按品质标志分组，组数的确定比较简单，只要确定了分组标志就知道了它的组数。如按性别标志分组，就可以将调查对象分成男、女两个组。

2. 按数量标志分组。按数量标志分组就是按事物的数量特征进行分组。例如，按调查对象的年龄、工龄、收入等特征进行分组。

根据总体各单位标志值变动范围的大小，按数量标志分组又可以分为两种类型，即单项式分组和组距式分组。

（1）单项式分组。当数量标志值的变动范围较小，而且标志值的项数不多时，可进行单项式分组，即可直接将每个标志值列为一组，如表 13-4 所示。

表 13-4　2007 年按家庭规模划分的户数分布

家庭规模	户数（万户）	占总户数比重（%）
一人户	3 285	8.94
二人户	8 970.8	24.43
三人户	11 149.8	30.36
四人户	7 671.5	20.89
五人户	3 714.1	10.1
六人户	1 376.3	3.74
七人户	358.8	0.98
八人户	127.4	0.35
九人户	41.3	0.11
十人及以上户	31	0.08
全　国	36 726	100.00

（资料来源：中国统计年鉴 2008. 2008. 北京：中国统计出版社，3-14.）

（2）组距式分组。当数量标志值的变动范围较大，标志值的项数又较多时，就可将一些邻近的标志值合并为一组，作为分组的依据，以减少组的数量。这种以标志值的一定变动范围为分组依据的方法叫做组距式分组。例如，某班 40 名学生的社会调查课考试成绩如表13-5 所示。

表 13-5　某班 40 名学生社会调查课考试成绩统计表

89	88	76	99	74	60	82	60	89	97
86	93	99	77	73	98	79	59	78	63
95	70	87	84	79	82	77	67	83	79
72	84	85	56	81	94	65	65	66	92

由于上述标志值（成绩）的变动范围较大，标志值的项数又较多，故可以 10 分这个变动范围作为分组的依据，如表 13-6 所示。

表 13-6　某班 40 名学生社会调查课考试成绩统计表

成绩（分）	学生人数	百分比（%）
60 分以下	2	5.0
60～70	7	17.5
70～80	11	27.5
80～90	12	30.0
90～100	8	20.0
合　计	40	100.0

（三）分组标志的选择

1. 分组标志的概念。所谓标志，是指反映事物属性或特征的名称。分组标志就是分组的标准或依据。资料分组的关键问题是选择分组标志，能否正确选择分组标志，对于分组的价值以及分组的合理性都有直接的影响。

2. 分组标志的类型。

（1）质量标志。即反映事物属性差异的品质特征。如性别分为男性、女性；产量按质量可分好、中、差；作物品种按植株高度可分高秆品种、矮秆品种和中秆品种等。按质量标志分组，可以把不同性质或类别的事物区别开来，有利于认识不同质的事物的数量和特征，有利于对不同质的事物进行数量对比研究。

（2）数量标志。即反映事物数量差异的特征。如，农村人口按年龄高低划分为不同年龄组；粮食按产量的高低划分不同水平；农村家庭按子女数多少可划分为无子女家庭、单子女家庭、双子女家庭和多子女家庭等。按数量标志分组，可以把不同发展规模、水平速度、比例的事物区别开来，有利于从数量上准确地认识客观事物，有利于对不同数量特征事物之间的相互关系进行分析和研究。

（3）空间标志。即反映事物的地理位置、区域范围等空间特性。如按经济发展状况和所处的地理位置，可划分出东部、中部、西部三大经济地带。按空间标志分组，可以把不同地域的事物区别开来，有利于了解事物在空间上的分布状况，有利于对不同地理位置、区域范围内的事物进行对比研究。

（4）时间标志。即反映事物的连续性和先后顺序特征。例如，农业总产值可按日、按月、按季、按年度计算，农民纯收入可按不同年度表示，如 2005 年、2006 年、2007 年、2008 年、2009 年等。按时间标志分组，可把不同时空或时期上的事物区别开，有利于认识事物在不同时点或时期的发展状况，有利于揭示事物不断运动、变化、发展的规律。

3. 选择分组标志的基本原则。

（1）要根据调查研究的目的和任务选择分组标志。研究对象往往具有若干特征，即具有若干可作为分组依据的标志。如何从这些特征中选择作为分组依据的标志，应根据调查研究的目的和任务来加以确定。例如进行人口调查，人口具有年龄、性别、文化程度、民族、职业等特征。如果研究的目的是分析人口的年龄构成，就应以年龄这个特征作为分组的标志；如果要分析人口的职业构成，则应以职业作为分组标志等。

（2）要选择能够反映研究对象本质的标志。在研究对象所具有的若干特征中，有的是事物本质的特征，有的则是一般的特征。在选择分级标志时，首先要抓住最能反映事物本质特征的标志进行分组。例如，毛泽东在《兴国调查》中选择农村人口的阶级成分作为分组的标志，从而准确地揭示出旧中国农村的阶级关系。又如，在调查农民对养老模式的意见和态度时，必须抓住农民家庭的经济状况作为分组的标志，才能揭示出农民对养老模式的不同态度的主要原因。

（3）根据具体的历史条件选择分组标志。在将事物的本质特征作为分组标志时应当注意，社会现象是随着时间、地点、条件的变化而变化的，时过境迁，事物的特征甚至本质特征也会有所变化，因此，反映现象特征的分组标志也应相应的改变。例如，现阶段我国的社会结构与旧中国相比已发生了根本性的变化，再以阶级成分作为对人口进行分组的主要依据显然就不合适了，而以职业来对人口进行分组就具有新的研究价值。由此可见，在不同历史条件下，应选择不同分级标志，特别是在研究农业的规模、类型、发展速度等方面，必须依具体历史条件选择分级标志。

（4）应多角度地选择分组标志。将事物的本质特征作为分组标志是重要的，但不是唯一的。除了反映事物本质特征的标志以外，还有一些反映事物非本质特征的，但又能提供许多有价值的信息的标志。因此，多角度地选择分组标志，能使我们更加全面地认识现象总体内部的结构以及各部分之间的差别。例如，在研究在校大学生的恋爱观时，不但可以从男女生性别角度，还可以从年龄、年级、文理科、家庭背景等多种角度进行分组研究。这种广泛透视的结果，会使得调查所得到的信息更加丰富，内容更加充实，分析更为全面、更有说服力。

（5）根据穷尽性和互斥性原则选择分组标志。所谓穷尽性是指分组标志的确定必须使所有个案的特征表现都找到归属组，无一例外，也就是所有可能的类型都要列出。互斥性是指分组标志应该互斥，以使每个方案的特征表现只能分配到一组之内，不能同时在几个组内出现。有些分组要达到穷尽性的原则比较简单，如性别就比较容易地分为男性和女性。但大多数分组要达到穷尽性并非容易，例如，对农村社会阶层划分，如果只划分出农业劳动者阶层、管理者阶层、知识分子阶层这三大阶层，就违反了穷尽性原则。因为农村除了这三大阶层以外，还存在其他阶层，如亦工亦农阶层、私营企业主阶层等。

（四）确定分组界限

1. 确定组数。组数是指将研究对象分成组的个数，即变量数列的个数，一般用 N 表示。组数为：组数＝全距／组距。上式中全距（R）一般是确定的，组数与组距有关，组距大，组数就少，反之组数就多。

在实际分析时，如果分组过多，组距必少，则不易观察数列分布的规律；但如果分组过少，组距过大，会使组中值在组内缺乏代表性。一般的，要求编制变量数列分布时应该以中间组为中，呈对称分布，或稍有偏斜之势。对标志值项数较多的数字资料进行分组，以分成 5～7 组较为适宜，并且组数应尽可能是奇数，避免偶数。

组距在确定时，可以请专家或以经验法确定，统计界有人建议采用 H. 斯特基斯提出的下列公式确定：

$$N=R/(1+3.322\lg n)$$

$$R=X_{max}-X_{min}$$

式中：N 表示组数；

R 表示全距；

X_{max} 表示资料中最大值；

X_{min} 表示资料中最小值；

n 表示观察值次数之和，即总次数。

2. 确定组距。组距就是各级中最大数值与最小数值之间的差距。组距数列中，各组组距相等的，叫等组距数列；各组组距不相等的，叫不等组距数列。组距与组数有密切的关系，在标志值的变动范围一定的情况下，组距越小，组数越多；组距越大，组数就越少。若是编制等组距数列，首先应确定组数，再用全距（即全部变量的最大数值与最小数值之间的差距）除以组数，就可得出组距的大小。若是编制不等距数列，则可根据客观需要确定组距。如对农民中的贫困户、温饱户、小康户、富裕户等 4 个层次分组时，一般都是采用不等组距数列。如按年人均纯收入划分：1 000元以下的为贫困户；1 000～2 000元的为温饱户；2 001～4 000元的为小康户；4 001元以上的为富裕户。因为只有这样划分组距，才能较好地满足研究农村人口生活状况分层的客观需要。

在确定组距与组数的具体操作中，一般是先大体确定组距（通常采用 5、10、100 等整数作为组距），再用全部标志值中最大数值与最小数值之间的差距，即全距除以组距，就可提出组数。如果算出的组数太多或太少，再可将组距作适当调整。

3. 划分组限。组限就是组距的两端数值。一股将每组的起点数值（最小数值）称为下限，终点数值（最大数值）称为上限。

按照组限的表示形式，可分为封闭式和开口式两种。

（1）封闭式组限是指在变量数列中，最小组的下限值和最大组的上限值都是完全确定的。

（2）开口式组限则是最小组的下限值或最大组的上限值是不完全确定的。详见表 13-7。

表 13-7　某乡农民年人均纯收入分组表

开口式组限		封闭式组限	
年人均纯收入（元）	人数（人）	年人均纯收入（元）	人数（人）
1 000 以下	100	600～1 000	100
1 000～2 000	600	1 001～2 000	600
2 001～4 000	400	2 001～4 000	400
4 001 以上	100	4 001～8 000	100
合　计	1 200	合　计	1 200

4. 计算组中值。组中值，即各组标志值的代表值。组中值由各组的上限与下限之间的中点数值来确定。其计算因组距数列形式不同，而有所区别。

（1）封闭式组距数列的组中值计算公式为：

$$组中值=\frac{下限+上限}{2}$$

以表 13-6 为例：

$$第一组组中值=\frac{600+1\ 000}{2}=800$$

$$第四组组中值=\frac{4\ 001+8\ 000}{2}=6\ 000.5$$

（2）开口式组距数列的组中值计算公式为：

$$缺下限的组中值=开口组上限-\frac{相邻的组距}{2}$$

$$缺上限的组中值=开口组下限+\frac{相邻的组距}{2}$$

仍以表 13-6 为例：

$$第一组组中值=1\ 000-\frac{1\ 000}{2}=500$$

$$第四组组中值=4\ 001+\frac{1\ 999}{2}=5\ 000.5$$

（五）分配数列

选择分组标志，确定分组界限之后，就可以分配数列，即把各标志值（变量值）汇总归入适当的组中。分配数列有以下四种常见方法：

1. 按质量标志分配数列。按质量标志分组分配数列，就形成质量标志分组的变量数列表，其形式如表 13-8 所示。

表 13-8　某市农业生产水平调查结果表

项　目	单　位	1990 年	1995 年	2000 年	2005 年	2007 年
耕地产出率	元/hm^2	7 658	19 180	26 648	45 302	48 562
农业劳动生产率	元/（人·年）	4 769	9 832	17 584	31 651	34 816
粮食单产	kg/hm^2	4 635	4 905	5 201	6 501	6 956
劳均肉类产量	kg/人	167	298	166	199	225
林牧渔产值比重	%	53.7	46.1	53	48.6	47.1
农产品商品率	%	53.6	63.45	65	68.7	69.2

2. 按数量标志分配数列。按数量标志分配数列，就形成数量标志分组的变量列表，其形式如表 13-9 所示。

表 13-9　某市各月各级冷空气降温次数

分组 \ 月份	9 月	10 月	11 月	12 月	1 月	2 月	3 月	4 月	5 月	6 月	合计	百分率（%）
2.0～3.9℃	31	16	25	20	23	20	21	18	28	32	234	38.0
4.0～6.9℃	17	26	20	29	28	22	18	34	19	20	233	38.8
7.0～9.9℃	5	9	11	15	14	16	15	11	18	5	119	19.5
≥10℃	0	1	5	7	3	2	4	5	2	0	29	4.7

3. 按空间标志分配数列。按空间标志分配数列，就形成空间标志值的变量数列表，其形式如表 13-10 所示。

表 13-10　部分地区农村居民家庭土地经营情况

（单位：亩/人）

项　目 地　区	经营耕地面积	经营山地面积	园地面积	养殖水面面积
上海	0.30		0.04	0.07
江苏	1.09	0.01	0.02	0.17
浙江	0.64	0.44	0.16	0.08
安徽	1.73	0.30	0.04	0.15
福建	0.80	1.25	0.29	0.08
江西	1.52	0.98	0.06	0.05
山东	1.52	0.04	0.09	0.01

资料来源：中国统计年鉴 2008. 2008. 北京：中国统计出版社，12-12.

4. 按时间标志分配数列。按时间标志分配数列，就形成时间标志分组的变量数列表，其形式如表 13-11 所示：

表 13-11　某市 2000—2024 年农业生产发展规划表

项目 地区	耕地产出率（元/hm^2）	农业劳动生产率[元/（人·年）]	粮食单产（kg/hm^2）	劳均肉类产量（kg/人）	林牧渔产值比重（%）	农产品商品率（%）
2000	26 648	17 584	5 201	166	53	65
2005	33 925	22 834	5 392	232	59	69
2010	53 190	29 651	5 588	296	66	72
2015	54 985	38 504	5 790	378	73	76
2024	70 000	50 000	6 000	486	80	80

四、资料的汇总

（一）资料汇总的概念

资料的汇总，是指根据调查研究的目的，将资料中的各种分散的数据汇聚起来，以集中的形式反映调查单位的总体状况以及调查总体的内部数量结构的一项工作。资料的汇总是资料整理工作中的必不可少的重要环节，是分析资料前的一项基础性工作。

（二）资料汇总的类型

根据研究的不同目的，可以将资料的汇总分为总体汇总和分组汇总两类汇总类型。前者是为了了解总体情况和总体发展趋势的；后者是为了了解总体内部的结构和差异的。资料的总体汇总可以在对资料未进行分组以前进行，而资料的分组汇总则必须在对资料进行分类与分组后才能进行。

（三）资料汇总的方法

1. 手工汇总。即汇总的全过程都采用人工进行。这种汇总方法在小型农村社会调查中常采用。具体的方法有：

（1）点线法。也称划记法，它是以点或线等记号代表个案次数进行划记汇总的方法。常用的记号有“正”、“卅”等；或用“·、:、∴、∷”等来表示1、2、3、4。类似于选举中常用的唱票方法。点线法简便易行，是手工汇总中最常用的一种方法，具体操作方法，如表13-12。

表13-12　学生考试成绩分布情况汇总

分数段	划　记	次　数
90分以上	正下	8
80～90	正正正一	16
70～80	正正下	13
60～70	正𤴓	9
60分以下	丅	2
合　计		48

（2）过录法。就是把原始调查资料过录到预先设计好的过录表或汇总表上，然后加总的一种方法。其格式及填写方法如表13-13所示。

表13-13　过 录 表

项目号／个案号	1	2	3	4	…	50
01	男	25	初中	工人		
002	女	27	大专	教师		
003	男	28	高中	机关干部		
⋮						
200						

运用过录法汇总资料能看出总体各单位的情况，便于比较；能防止遗漏，不易出错；而且过录后的原始资料便于保存。但这种方法的工作量比较大。

（3）卡片法。就是将每个个案的资料分别登录到特制的资料卡片上，然后进行汇总的方法。其格式及登录方法如表13-14所示。

表13-14　资料卡片　　个案编号001

1	2	3	4	5	6	7	8	9	10	11	12	13
男	28	高中	工人	…	…							
14	15	16	17	18	19	20	21	22	23	24	25	26
27	28	29	30	…	…							

用卡片法汇总的主要目的是将原始资料简化。它的最大优点是便于资料的分组汇总，即可以根据不同的标准（如性别）将卡片分类，然后按类汇总，其汇总结果为资料的分析研究提供了有利条件。使用这种方法还有利于保存原始资料。但这种方法的工作量很大而且统计工作也比较麻烦，故一般在规模较大、人员较多的正规调查中才使用这种方法。

（4）折叠法。就是将若干调查表沿所要汇总的某一项目折叠起来直接进行汇总的方法。这种方法省去了过录资料的中间环节，但汇总资料的份数不能太多，而且一旦汇总中出现错误，就要从头返工。这种汇总方法主要适用于统计报表等原始数据资料的汇总，对问卷表的汇总则使用价值不大。

（5）分表法。即按汇总要求，将有关资料表分类，然后分别计算。一般的，要对多少个项目进行汇总，就要分多少次表。这种方法适用于汇总项目较少的表格，而且只能计算单位数，因此较费时。

2. 机械汇总。在较大量调查资料汇总中，用专门机械代替手工汇总。机械汇总的程序有：

（1）编码。按照分组标志和分组方法，对资料进行编码。为了便于机械处理，调查资料要用数字符号代表。如调查提纲中间：您的性别是男，是女？就可用1代表男，2代表女。

（2）打孔。即按照个案资料在打孔卡片的相应部位打孔。这样就把资料变成机器会“读”会“辨别”的“文字”。

（3）验孔、分类。即验孔机检验穿孔是否与资料一致，用分类机将卡片分类。

（4）制表。即用制表机把分类后卡片的数值加总起来计算。自动把总计连同统计表格打印出来。

3. 计算机汇总。计算机汇总大致包括以下四个步骤：

（1）编码。即把资料的类别数字化，转换成计算机能识别的数字、字母符号，这项工作是一种信息代换过程。编码工作主要是建立编码手册，编码手册记录着每一符号所代表的类别。

（2）登录。即把编过码的资料过录到资料卡片上去，便于将它们输入到计算机的磁带、软盘或硬盘上去。

（3）录入。即把登录在资料卡片的数据录入到计算机的存贮设备（磁带、软盘、硬盘）上，其工作性质与登录相似，所不同的是前者的操作是在资料卡片上进行的，而后者是在计算机的终端上进行的。

（4）程序编制。要用计算机汇总计算资料就必须给计算机输入一种指令，指挥计算机进行工作，这种指令就是程序。

五、制作统计表和统计图

资料汇总的结果，可以通过编制统计表和统计图以集中、简明、直观的形式显示出来。统计表和统计图是资料整理的表现形式，也是对资料进行统计分析的极为有用的工具。

（一）统计表

1. 统计表的概念。统计表是指记载汇总结果和分布统计资料的表式。它具有系统、完整、简明、集中的特点，而且便于计算、查找和进行对比研究。广义的统计表包括社会调查中所使用的调查表、汇总表、整理表、分析表等，我们这里介绍的主要是显示资料整理结果所用的统计表。

2. 统计表的结构。统计表的结构一般由标题、横标目、纵标目、数字四部分组成，如

表 13 - 15 所示。

表 13 - 15　2007 年全国人口的城乡构成

	人口数（万人）	比重（%）
城镇人口	59 379	44.94
乡村人口	72 750	55.06
合　计	132 129	100.00

（资料来源：中国统计年鉴 2008. 2008. 北京：中国统计出版社，3 - 4.）

标题是统计表的名称，位于表的顶端中央。它的作用是简要说明表中统计资料的内容，包括这些资料收集的时间和空间范围等。即表名"表 13 - 14 2007 年全国人口的城乡构成"。

横标目，又称统计表的主项，是指统计表所要说明的对象，也即分组的名称或标志值，通常写在表的左边。如表 13 - 14 中的"城镇人口"、"乡村人口"。

纵标目，又称统计表的宾项，是指调查指标或统计指标的名称，通常写在表的最上面一格。如表 13 - 14 中"人口数（万人）"、"比重（%）"。

数字，是对资料进行统计整理的结果，是统计表的主体，一般有绝对数、相对数等。每一个数字都必须与横标目、纵标目一一对应。如表 13 - 14 中的数字项。

此外，有些统计表根据需要还在表的下面增列注解，用以表明资料的出处及对表中的有关内容作必要的说明等。

3. 统计表的类型。

（1）简单表。即主项未按任何标志对总体进行分组的统计表。它是一种常用的统计表。但由于它未按任何标志对总体进行分组，因此，它一般不能反映事物的内部联系。其格式如表 13 - 16 所示。

表 13 - 16　农村居民家庭平均每百户耐用品年底拥有量

年　份 品　名	1990	1995	2000	2005	2006	2007
洗衣机（台）	9.12	16.90	28.58	40.20	42.98	45.94
电冰箱（台）	1.22	5.15	12.31	20.10	22.48	26.12
空调机（台）		0.18	1.32	6.40	7.28	8.54
抽油烟机（台）		0.61	2.75	5.98	7.03	8.14
自行车（辆）	118.33	147.02	120.48	98.37	98.74	97.74
摩托车（辆）	0.89	4.91	21.94	40.70	44.59	48.52
电话机（部）			26.38	58.37	64.09	68.36
移动电话（部）			4.32	50.24	62.05	77.84
黑白电视机（台）	39.72	63.81	52.97	21.77	17.45	12.14
彩色电视机（台）	4.72	16.92	48.74	84.08	89.43	94.38
照相机（台）	0.70	1.42	3.12	4.05	4.18	4.30
家用计算机（台）			0.47	2.10	2.73	3.68

（资料来源：中国统计年鉴 2008. 2008. 北京：中国统计出版社，9 - 30.）

（2）分组表。即主项按一个标志进行分组的统计表。分组表可以揭示不同类型现象的数量特征、研究调查对象总体内部的结构、分析现象之间的相互关系，其格式如表 13 - 17 所示。

表 13-17　农村居民家庭平均每人生活消费支出构成（%）

指标＼年份	1990	1995	2000	2005	2006	2007
生活消费品支出	100.00	100.00	100.00	100.00	100.00	100.00
其中：食品	58.80	58.62	49.13	45.48	43.02	43.08
衣着	7.77	6.85	5.75	5.81	5.94	6.00
居住	17.34	13.91	15.47	14.49	16.58	17.80
家庭设备用品及服务	5.29	5.23	4.52	4.36	4.47	4.63
交通通讯	1.44	2.58	5.58	9.59	10.21	10.19
文教娱乐用品及服务	5.37	7.81	11.18	11.56	10.79	9.48
医疗保健	3.25	3.24	5.24	6.58	6.77	6.52
其他商品及服务	0.74	1.76	3.14	2.13	2.23	2.30

（资料来源：中国统计年鉴 2008. 2008. 北京：中国统计出版社，9-25.）

（3）复合表。即主项按两个或两个以上标志进行复合分组的统计表。复合表可以把多种标志结合起来，从不同角度反映社会现象的不同数量特征。其格式如表 13-18 所示。

此外，像表 13-18 这样的复合分组表还可以设计成另外一种形式，如表 13-19 所示。

表 13-18　某年全国部分职业分性别的在业人口

职业分类	性　别	人数（万人）	比重（%）
各类专业技术人员	合计	344	100
	男	189	55
	女	155	45
国家机关、党群组织、企事业单位负责人	合计	114.6	100
	男	101.4	88.5
	女	13.2	11.5
服务性工作人员	合计	154.5	100
	男	74.7	48
	女	79.8	52

表 13-19　某年全国部分职业分性别的在业人口

（单位：万人）

职业分类＼性别	男	女	合　计
各类专业技术人员	189	155	344
国家机关、企事业单位负责人	101.4	13.2	114.6
服务工作人员	74.7	79.8	154.5
合　计	365.1	248	613.1

4. 制作统计表应注意的问题。统计表的制作，应遵循科学、实用、简练、美观的原则，并注意以下几个问题：

（1）标题要简短明了，要能确切说明资料的时间、空间范围和基本内容。

（2）表的格式一般是开口式的，即表的左右两端不画竖线。表的上下两端应画粗横线，其余皆为细线。

（3）若表的栏数（即宾项）较多，为了引用与说明时方便起见，应在栏目的下面一格对各栏目加以编号。

(4) 表内数字要填写整齐，对准数位。当数字为零时用“—”表示，缺项时用“……”表示。

(5) 凡需说明的文字一律写入表注。表注要简明扼要。

(二) 统计图

1. 统计图的概念。统计图是指表示统计资料数字特征的图式。它具有直观、形象、生动等特点，可以使读者一目了然，具有较大的吸引力和说服力。

2. 统计图的作用。利用统计图来反映各种数字资料可以起到以下几种作用：

(1) 表明事物总体的内部结构。

(2) 表明统计指标在不同时间、地点以及不同条件下的对比关系。

(3) 反映事物发展变化的过程和趋势。

(4) 说明总体单位按某一标志的分布情况。

(5) 显示现象之间的相互依存关系。

3. 统计图的构成。统计图通常由图题、图轴、标目、图形、图注等所组成，不同类型的统计图构成也有所不同。

图题：是统计图的名称，又称标题，位于图下正中处。

图轴：是指在直角坐标上作图的纵横两轴，分别称为纵坐标和横坐标。

标目：是指在纵横两轴上表示间距刻度的各种单位名称。

图形：是指用来说明图中代表不同事物的图形线条或颜色的含义。

图注：是指图形或其局部，或其中某一点需要借助文字数字加以补充说明的内容。

4. 统计图的类型。按照统计图所起的作用和它的制作形式，可将统计图区分为不同的类型。按照统计图的作用划分，可以将统计图区分为比较图、结构图、动态图、相关图、分配图等；按照统计图的制作形式，可以将统计图区分为条形图、圆形图、曲线图、网状图、象形图等，这里对常见的几种统计图作简要介绍。

(1) 条形图。或称柱形图，它用一个单位长度（如 1cm）表示一定的数量，根据数量的多少，画成长短相应成比例的直条，并按一定顺序排列起来的图。如图 13-1，为横式条形图，图 13-2 为竖式条形图或柱形图。

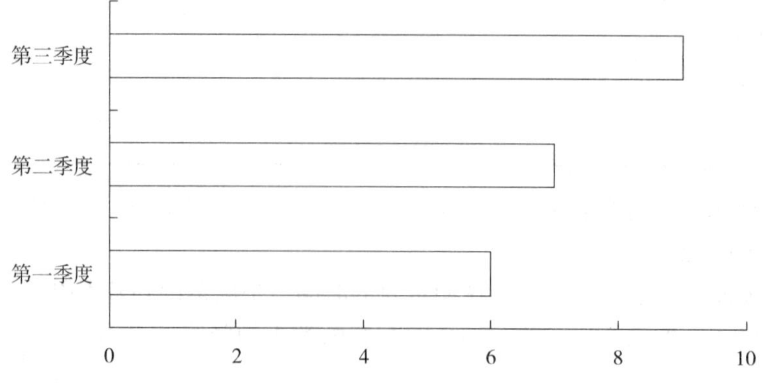

图 13-1　某乡村企业产值完成情况进度表

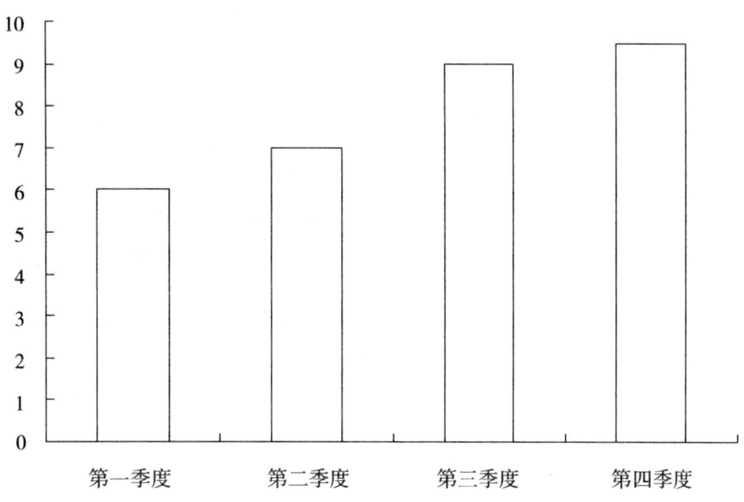

图 13-2　某乡村企业产值完成情况进度表

特点：它们可以用来表示进度，也可以用以比较，可以用来反应事物的大小、内部结构或动态变动等情况，应用范围十分广泛。

图 13-3 为复合条形图，它具有双重比较的功能。图 13-4 为条形结构图，它除了能显示事物内部的结构外，还具有事物间的比较功能。

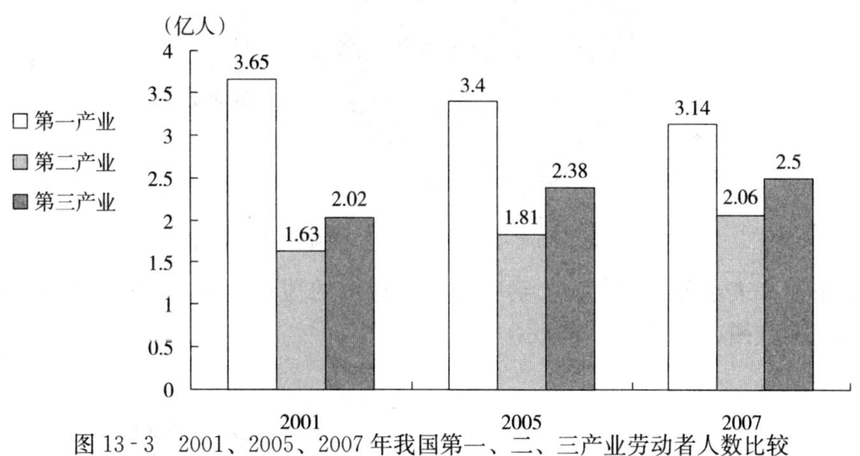

图 13-3　2001、2005、2007 年我国第一、二、三产业劳动者人数比较

资料来源：中国统计年鉴 2008. 2008. 北京：中国统计出版社，4-3.

（2）圆形图。圆形图是以圆形面积的大小或园内扇形面积的大小来表示事物的大小和事物内部各部分所占比重的图形。如图 13-5 所示。

特点：用扇形的面积表示部分在总体中所占的百分比，易于显示每组数据相对于总数的大小，能够比较清楚地反映出部分与部分、部分与整体之间的数量关系。

（3）曲线图。曲线图是用连续的起伏升降的线条来反映事物的动态或分布特征的一种统计图。曲线图在生活中运用的非常普遍，虽然它不直接给出精确的数据，但只要掌握了一定的技巧，熟练运用“坐标法”也可以很快地确定某个具体的数据。

图 13-6 是动态曲线图，图 13-7 是分配曲线图。如果是表示组距式分组的次数分配，

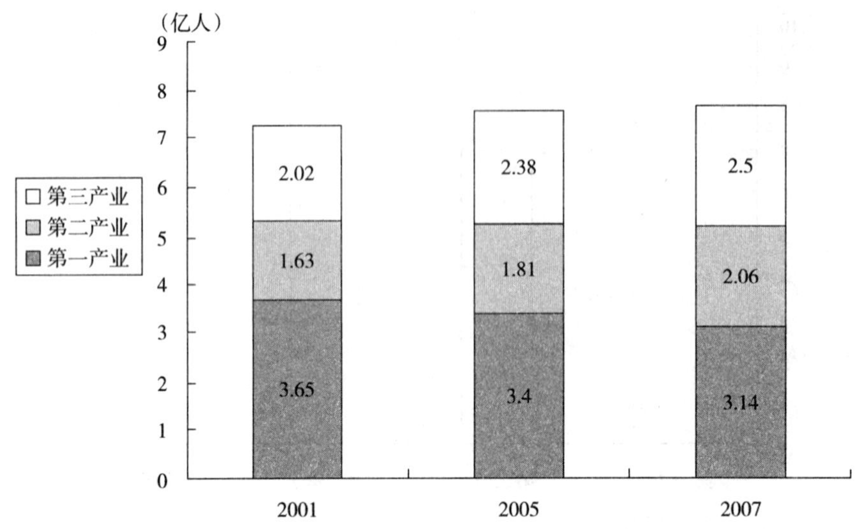

图 13-4　2001、2005、2007 年我国第一、二、三产业劳动者人数比较

资料来源：中国统计年鉴 2008. 2008. 北京：中国统计出版社，4-3.

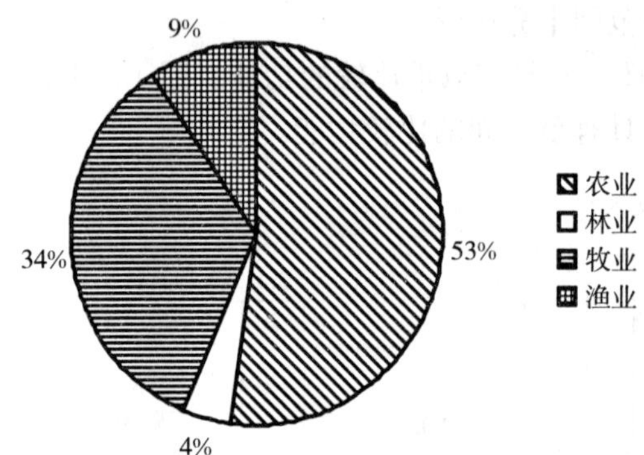

图 13-5　2007 年农、林、牧、渔业总产值比率

则先要用条形图来表示各组的次数，然后将各条形图的顶端中点（即组中值）用线连接起来，即为分配曲线图。如图 13-8 所示。

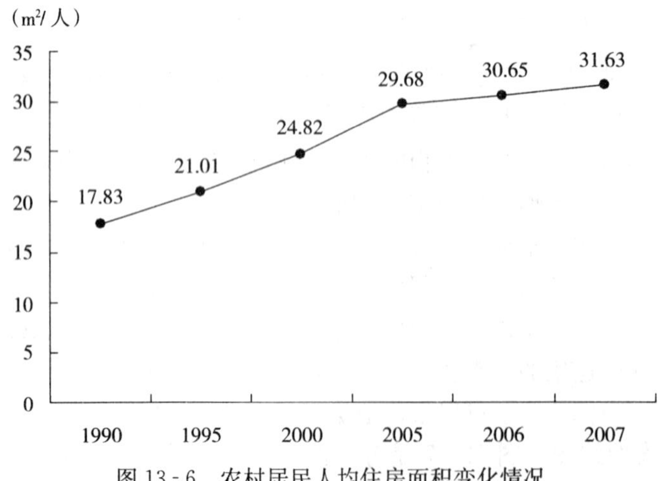

图 13-6　农村居民人均住房面积变化情况

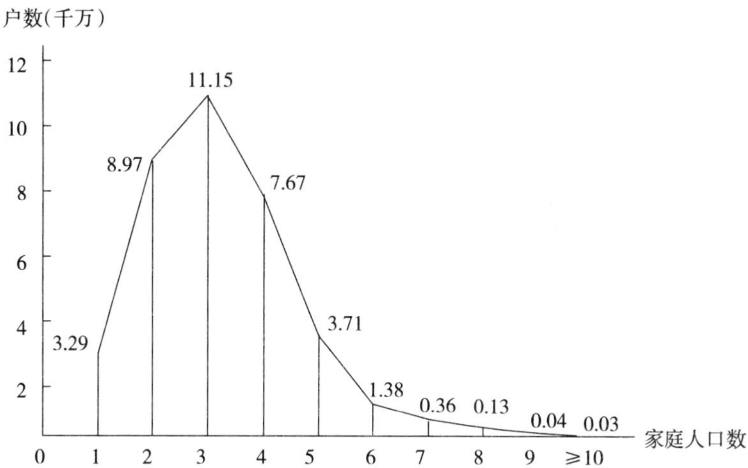

图 13-7　2007 年我国按家庭规模划分的户数分布情况

资料来源：中国统计年鉴 2008. 2008. 北京：中国统计出版社，3-14.

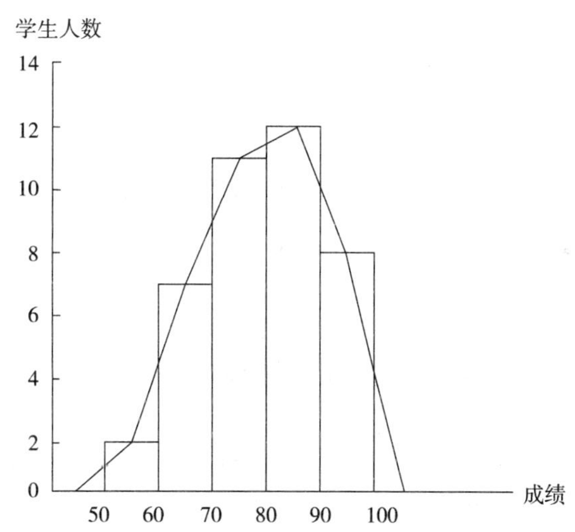

图 13-8　某班 40 位学生社会调查课考试成绩分布曲线图

特点：与条形统计图比较，曲线统计图不仅可以表示数量的多少，而且可以显示数据的变化趋势，反映同一事物在不同时间里的发展变化的情况。

（4）网状图。这类统计图中只有一些字母，字母所代表的意义都在注释中，需要根据图形和注释来理解图示，如图 13-9。

（5）象形图。象形图是以事物本身的形象来表示统计资料的一种统计图。这种统计图一般为统计部门统计和公布国民经济主要指标时采用。其特点是形象、生动、易于理解。在反映调查研究的成果时，这种统计图用得比较少，故这里不作详细介绍。

（6）统计地图，就是以地图为底景用线纹或象形图来表现统计资料在地域上分布状况的图形。常用的统计地图有线纹统计地图和象形统计地图两种。

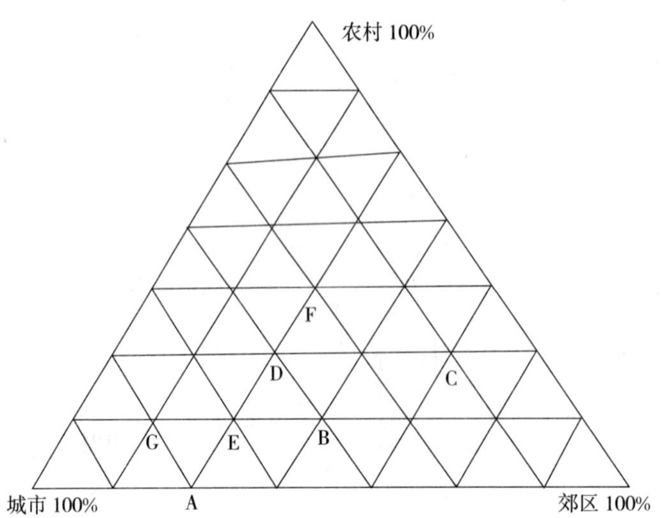

图 13-9 图示是某省城市、郊区、农村各类学校的分布情况

注：A 代表大学；B 代表中专学校；C 代表师范学校；D 代表普通中学；E 代表职业中学；F 代表小学；G 代表私立学校。

第三节 文字资料的整理

文字资料整理工作也是农村发展研究资料整理的一项重要内容。农村发展研究中的文字资料，既包括文献调查、汇总调查、访问调查、座谈调查等文字记录资料，也包括问卷调查中开放性问题的文字叙述。

一、文字资料的审查补充

审查，就是仔细推究和详细考察文字资料是否真实可靠。文字资料的审查主要包括文字资料本身的真实性审查和文字资料内容的可靠性审查两个方面。

（一）文字资料本身的真实性审查

文字资料本身的真实性审查，是指通过细究和考察以判明调查所得的各种文字资料本身的真伪。具体审查的方法有以下两种：

1. 外观审查。即从作者、编者、出版者、版本、印刷技术、纸张等外在情况来判断文献的真伪。

2. 内容审查。即从文献的内容、写作的词汇、概念、技巧和风格等内在情况来判断文献的真伪。观察、访问记录等文字资料的真实性审查可从记录的时间、记录的语言、记录的字迹和所使用的墨水等方面来判断真伪。一般的说，内容贫乏、时间重叠或不填时间、语言雷同、字迹和墨水相似的记录，很可能是观察员或访问员伪造的记录，应进一步查明原因。

（二）文字资料内容的可靠性审查

文字资料内容的可靠性审查是指通过细究和考察文字资料的内容，以判明这些资料是否真实地反映了调查对象的客观情况。具体审查的方法有以下三种：

1. 经验审查法。即根据以往的实践经验来判断文字资料的可靠性。

2. 逻辑审查法。即根据资料的内在逻辑来审查文字资料的可靠性。

3. 来源审查法。即从文字资料的来源进行判断。

对不真实和不可靠的文字资料，一般应进行补充调查，使之成为真实的可靠资料。若是无法进行补充调查，那么就应坚决剔除这些资料，以免影响整个调查资料的真实性和可靠性。

二、文字资料的分类归纳

经过真实性、可靠性、合格性、适用性等方面审核与鉴别后的资料，仍是杂乱无章的，必须经过进一步的加工分类整理，使之条理化，才能增强资料的可用性。文字资料的分类归纳，是指根据文字资料的性质、内容或特征，将相异的资料区别开来，将相同或相近的资料归并一类的过程。

文字资料的分类归纳有以下两种方法：

1. 前分类归纳法。前分类归纳法就是在设计调查提纲、调查表格或调查问卷时，就按照事物或现象的类别设计调查指标，然后再按分类指标收集资料、整理资料。这样，分类归纳工作在调查前就已安排好。如有结构观察卡片、标准化访问的记录、问卷中的封闭式回答等大都采用前分类归纳的方法。

2. 后分类归纳法。后分类归纳法就是指在调查资料都收集结束后，再根据资料的性质、内容或特征，将它们进行分类归纳。如文献调查的资料、问卷调查中的开放式回答、非标准化访谈记录等，一般都无法事先做出明确的分类，只有在收集资料之后再去做分类归纳工作。

三、资料的摘录说明

对各种文字资料，要区别主次，精选内容，进行摘录整理。例如，对农村青年开展问卷调查，其中有“请写下您最喜欢的品质”、“请留下您的座右铭”、“您的理想是什么”等提问，并且采用开放式回答，因此，答案内容各种各样、五花八门，对这样的文字资料就要认真筛选，把最典型、最生动、最能反映调查对象思想的精彩答案或论述摘录下来。在调查报告中，若能直接引用群众自己的活生生的语言，将使报告更有说服力和感染力。

对文字资料的整理要特别注意加注说明。要注明调查的时间、地点、范围、调查者的姓名、调查方法、调查中发现的问题等。

四、文字资料的汇编

汇编，就是按照调查的目的和要求，对分类后的资料进行汇总和编辑，使之成为能反映调查对象总体客观情况的系统、完整、集中、简明的材料。

对文字资料的汇编，首先，应根据调查的目的、要求和调查对象的客观情况，确定合理的逻辑结构，使汇编后的资料既能反映调查对象总体的真实情况，又能说明调查所要说明的问题；其次，要对分类资料进行初步加工。如给各种资料加上标题，重要的部分标上各种符号，对各种资料按照一定的逻辑结构编上序号等。

汇编资料的基本要求是：首先，要完整和系统。所有可用的资料都要汇编到一起，大类小类要井井有条，层次分明，能系统完整地反映调查对象总体的全貌；其次，要简明和集中。要用尽可能简短、明了的文字，集中地说明调查对象总体的客观情况。

从某种角度上说，文字资料的整理比数字资料的整理具有更大的灵活性。这就要求调查者要有丰富的社会知识和实事求是的科学态度，要勤思考，具体问题具体对待，才能真正把文字资料整理好。

第四节　有关统计指标的基本分析

经过以上的整理后，农村发展研究的资料只能从表面上说明所研究的农村社会现象的特征，要了解现象的本质和数量规律，还应该进行必要的统计分析。

（一）相对指标

相对指标是反映社会现象中有联系的指标数值之比，它描述现象的数量对比关系。

1. 结构相对指标。是被研究现象部分与总体之比或比重，用来反映现象的结构或全体中某一类现象的普遍程度，如农民消费构成变化、农业产业结构等。

$$\text{结构相对指标（\%）}=\frac{\text{部分总量指标}}{\text{总体总量指标}}\times 100\%$$

2. 比例相对指标。是反映总体中各部分之间数量联系程度和比例关系的相对数。如男女性别比例、粮经比例、积累与消费比例等。

$$\text{比例相对指标（\%）}=\frac{\text{总体某部分的数值}}{\text{总体另一部分的数值}}\times 100\%$$

3. 比较相对指标。是反映同一内容的指标在不同时空条件下的比例关系。如 2003 年我国棉花单位面积产量与 2001 年水平之间或与世界水平之比。

$$\text{比例相对指标（\%）}=\frac{\text{某时空条件下的指标数值}}{\text{其他时空条件下的同类指标数值}}\times 100\%$$

4. 动态相对指标。是反映某一社会现象在不同时间上同一指标对比的比值关系，表明现象发展变化的方向与速度。如粮食、棉花、肉、蛋、奶的增产变化指标。

$$\text{动态相对指标（\%）}=\frac{\text{报告期水平}}{\text{基期水平}}\times 100\%$$

5. 强度相对指标。是反映同一时期两个性质不同但又有联系的总量指标之比的关系。如人均耕地面积、人均粮食产量、人均纯收入等。单位一般以复名数表示。

$$\text{强度相对指标（\%）}=\frac{\text{某一现象的总体指标}}{\text{另一有联系现象的总体指标}}\times 100\%$$

6. 计划完成相对指标。是反映某种社会经济现象的计划完成程度指标。如农业生产计划完成程度指标。

$$\text{计划完成程度指标（\%）}=\frac{\text{实际完成数值}}{\text{计划完成数值}}\times 100\%$$

（二）平均指标

它是反映总体所达到的一般水平和总体分布的基本趋势，有助于人们掌握现象发展的规律性。

1. 算术平均数。它是最常用的一种平均数，基本公式为：

$$\text{算术平均数}=\frac{\text{总体标志总量}}{\text{总体单位总量}}$$

计算平均数的方法有：

（1）简单算术平均数：　$\overline{X}=\dfrac{\sum X}{N}$

（2）加权算术平均数：　$\overline{X}=\dfrac{\sum Xf}{Nf}$

式中：X 为算术平均数；

$\sum$ 为各项的加总符号；

N 为总体单位项数；

X 为各项标志值；

f 为各级标志出现次数。

2. 调和平均数。它是各个变量值倒数的算术平均数的倒数，所以又称倒数平均数。其计算公式为：

$$H=\frac{N}{\sum \frac{1}{X}}$$

式中：H 为调和平均数；$1/X$ 为各变量值的倒数。

或

$$H=\frac{\sum M}{\sum \frac{1}{X}M}$$

当 $M=Xf$ 时，

$$H=\frac{\sum Xf}{\sum f}$$

式中：M 为各组数值；

$\sum M$ 为总体的标志总量；

$\sum f$ 为总体单位总量。

由此可见调和平均数与算术平均数形异实同。

3. 几何平均数。它是 N 个变量值连乘积的 N 次开方根。其计算公式为：

$$G = \sqrt[N]{X_1 \cdot X_2 \cdot X_3 \cdot \cdots \cdot X_n} = \sqrt[n]{\prod_{i=1}^{n} X_i}$$

或

$$\lg G = \frac{1}{N}(\lg X_1 + \lg X_2 + \lg X_3 + \cdots + \lg X_n)$$

式中：G 为几何平均数；Π 为表示各数值 X_i 的连乘积；lg 为对数符号。

4. 中位数（Me）。把总体各单位标志值从大到小按顺序排列，处于数列中点位置的标志值就是中位数。

当数列为奇数时，第 $\frac{1}{2}(N+1)$ 位置的数值就是中位数。

当数列为偶数时，第 $\frac{N}{2}$ 位置的数值与第 $\frac{N}{2}+1$ 位置的数值的平均数即为中位数。

5. 众数。它是指在总体中出现次数最多的变量值。众数不多时，可以从观察值中得到，如果数量很多，可先分组，再求其近似值：

$$M_O = L + \frac{f_2}{f_1 + f_2} \cdot i$$

或

$$M_O = U - \frac{f_2}{f_1 + f_2} \cdot i$$

式中：L 为众数所在组的下限；

U 为众数所在组的上限；

f_1 为众数所在组下限邻组的次数；

f_2 为众数所在组上限邻组的次数；

i 为组距。

（三）离散趋势分析

此指标主要测量数据资料的集中趋势和离散程度，常见的有：

1. 全距。全距又称极差，它是数据离散或差异程度的最简单的测量值。其公式为：

$$R_O = X_{max} - X_{min}$$

式中：R_O 为全距；

X_{max} 为变量最大值；

X_{min} 为变量最小值。

2. 平均差（A·D）。它反映变量值与算术平均数的平均离差。

（1）对未分组资料：

$$A \cdot D = \frac{\sum |X - \overline{X}|}{N}$$

式中：$A \cdot D$ 为平均差；

X 为变量值。

（2）对分组资料：

$$A \cdot D = \frac{\sum f |M - \overline{X}|}{N}$$

式中：M 为组中值；

f 为次数。

3. 方差与标准差。

（1）方差。是反映数据中各变量值与其算术平均数离差的平方和的平均数。计算公式为：

①样本方差：
$$S^2=\frac{\sum(X-\overline{X})^2}{n-1}$$

②总体方差：
$$\delta^2=\frac{\sum(X-u)^2}{N}$$

（2）标准差。是反映数据中各变量值与算术平均数的离差平均值。计算公式为：

①样本标准差：
$$S=\sqrt{\frac{\sum(X-\overline{X})^2}{n-1}}$$

②总体标准差：
$$\delta=\sqrt{\frac{\sum(X-u)^2}{N}}$$

式中：δ 为均方差。

4. 异众比率（VR）。它是非众数的次数与总体内全体变量个数的比率。计算公式为：

$$VR=\frac{N-f_o}{N}$$

式中：f_o 为众数的次数。

5. 四分位差（Q）。它是反映中位数的代表性的指标。其做法是：先把总体数据的变量值按大小顺序的方式排列成一数列，再将其分成 4 个数目相等的等分，各等分分界点上的数称为四分位数，共有 3 个四分位数。第一个四分位数为 Q_1，它包括全部变量数列 25%以下的数据。第二个四分位数为 Q_2，它包括全部变量数列 50%以下的数据。第三个四分位数为 Q_3，它包括全部变量数列 75%以下的数据。其 Q_1 和 Q_3 之间正好包括变量数列的 50%的数据，即 Q_3 和 Q_1 之差就叫做四分位差。其公式为：

$$Q-Q_3-Q_1$$

式中：Q 为四分位差。

当 n 为偶数时：Q_1 的位置为：$\frac{N}{4}$；Q_3 的位置为：$\frac{3}{4}N$。

当 n 为奇数时：Q_1 的位置为：$\frac{1}{4}$（$N+1$）；Q_3 的位置为：$\frac{3}{4}$（$N+1$）。

四分位差的大小反映定序变量的离散程度。四分位差越大，中位数的代表性越小。

6. 离散系数（CV）。是反映标准差与算术平均数的比值，计算公式为：

$$CV=\frac{\delta}{\overline{X}}\times100\%$$

式中：CV 为离散系数。

小　结

本章介绍了农村发展研究资料整理的意义和原则，明确资料整理是从调查阶段过渡到研究阶段、由感性认识上升到理性认识的重要环节，也是提高农村发展研究的重要步骤。并指出在资料整理过程中要坚持真实性原则、标准性原则、准确性原则、完整性原则、简明性原则、新颖性原则。重点介绍了数字资料及文字资料整理的方法，数字资料整理中要经过审核、编码、分组、汇总、制作统计表和统计图等环节，同时指出各个环节的主要操作方法。文字资料的整理环节包括文字资料的审查补充、分类归纳、摘录说明、汇编等，并介绍了各个环节的操作步骤和方法。在章节的最后介绍了有关统计指标的基本分析，主要包括相对指标、平均指标和离散趋势分析。

思　考　题

1. 资料整理的意义及原则是什么？
2. 资料审核的原则及一般要求是什么？
3. 资料汇总的方法有哪些？
4. 为什么要对资料进行分组？怎样对资料进行分组？
5. 设对苏南某乡居民的年收入情况所作出的抽样调查得到如下资料：

（单位：元）

7 500	8 600	6 300	6 800	8 500	8 600	7 300	7 500	9 300	7 400
8 200	5 100	6 500	8 000	6 400	9 600	11 100	5 700	6 500	8 900
15 800	10 800	7 200	9 100	9 200	6 600	8 600	6 000	13 300	8 400
6 500	5 900	9 300	14 000	5 900	6 700	7 100	5 600	6 300	28 600

请将上述资料用适当的统计表和统计图表示出来。

第十四章　农村发展研究资料的分析方法

农村发展研究获取了大量的资料，如何从其中发现问题，找出规律，总结经验是一项至关重要的工作，所有这些都需要具备分析问题的能力和方法。本章从农村发展研究资料的分析意义和原则入手，介绍了分析的方法论基础，然后分别就数量型资料、非数量型资料和影音资料的分析方法进行了阐述。目的是让同学们掌握资料的分析方法，重点掌握如何使用SPSS统计分析软件进行农村发展研究的数据统计分析工作。

第一节　农村发展研究资料分析概述

一、农村发展研究资料分析的意义和原则

（一）意义

我们运用前面所述及的各个章节的各种方法收集到的各种资料统称为农村发展研究资料。农村发展研究过程中会获取大量的一手和二手资料，比如文字信息、数据信息、声音信息和视频信息等。各种资料纷繁芜杂，经过上一章的资料整理之后，我们想要从中发现和总结规律，就必须采用分析方法进行细致深入的分析，资料分析是农村发展研究的前期调查的结果，也是形成结论的开端，所以资料分析在农村发展研究中具有承前启后的作用。前期的调查数据和资料需要通过分析才能发挥其效用，体现价值，后期的总结或撰写论文也需要将分析作为基础和依据，从分析结果中找到农村发展的特性和规律。获取准确全面的农村发展的详细情况是进行农村发展建议和规划的理论依据。

（二）原则

1. 科学性。理论分析过程中，一般要遵循和依据一定的理论观点作为指导思想，这些理论一般来自于社会学和经济学的各种学说和理论。分析不同的社会问题和现象时，应该从中寻找和选择适合正确的科学理论作为指导，只有用正确的理论作为指导，才能从农村发展研究资料的统计分析中得出正确的结论。选择合适的分析方法也是保证科学性的前提，针对不同的资料采取不同分析方法才可能得出正确可靠的结论，尤其是统计方法的选择应该仔细。进行分析时应该遵循统计学的原则和前提，数据翔实可靠，分析方法和过程准确无误，才能保证分析结果的科学性。

2. 客观性。分析过程必须以调查得来的资料作为基础和前提，不能按照自己的主观臆断来进行。不能脱离客观事实作出主观的分析和结论。得出的结论必须经得起推敲和检验。农村发展研究中，主要进行的是社会学研究，研究者或多或少的都会带有一定的倾向性进行研究，这是不可避免的，但是在进行统计分析的时候，尽量要摆脱这种思维定式和倾向性的干扰，得出最能反映实际情况的结论。客观的评价分析才能得出客观的结论。客观真实的反

映社会发展中存在的社会事实和现状是一个研究者应该具有的品质和职业操守。

3. 全面性。资料分析过程中，尽量要做到全面系统，结论是建立在全部事实基础上的，不能从个别事实得出个别的结论，更不能得出普遍的结论。这是一个系统工程，从调查阶段就要注意到资料收集的全面性和系统性，保证获得最能反映实际情况的资料。分析过程中要从全部事实入手进行分析，避免犯以偏概全的错误。农村发展研究各个环节的控制和正确实施是保证研究结论正确的前提，全面系统的对农村发展研究进行了解和分析才可以发现问题的来龙去脉，追根溯源，并且能很快很准确地找到问题症结和解决途径。分析资料时不能按照自己的喜好随意取舍，任意挑选，要将所获得的资料全面系统的进行分析，方能得出正确结论。

二、农村发展研究资料的理论分析方法

（一）理论分析方法的意义

理论分析是农村发展研究的重要环节，其任务是在资料整理的基础上进行思维加工，从感性认识提升到理性认识。理论分析就是要透过事物的表象和外在联系来揭示事物的本质和内在联系。要做到这一点，就必须借助抽象思维，对资料进行“去粗取精、去伪存真、由此及彼、由表及里”的加工分析。

理论分析与统计分析是有区别的，统计分析是对现象的数量方面进行的分析，发现和描述事物的规模、发展程度以及事物之间的相互关联性。统计分析也包括定性分析，如在调查研究之前根据现象的不同性质提出各种变量，并按照理论概念的类别进行分类统计和变量分析。但是统计本身并不能说明事物为什么会具有不同状况和存在相互联系。也就是说，统计分析无法对质和量的差异做出理论解释。同时，理论分析并不是脱离统计分析而独立存在的，理论分析不仅是定性分析，而是需要借助对现象的数量特征和相互关系精确的定量分析，做出对农村发展准确的判断。

（二）理论分析方法的类型

理论分析的方法较多，下列几种是较为常见的理论方法：

1. 分析综合方法。

（1）分析法。所谓分析就是把研究对象分解为若干个部分、方面和因素，然后分别分析和研究这些部分、方面和因素在整体中的地位和作用。分析的理论基础是任何事物都是由不同的要素组成的复杂系统。要想了解和掌握整体的情况，就必须分解为各个部分来进行，这也是一种化繁为简的过程。分析的过程是从整体到部分，从复杂到简单的过程。

对于农村发展研究来说，我们想获取的资料的主题就是整体，设置的若干个问题和零散的资料就是组成整体的部分，按照一定的分类方法，将其进行详细的分类，从不同的要素去分析主题，就可以说明主题的各种情况，这就是分析方法。

（2）综合法。所谓综合就是将分析得到的关于研究对象各个要素和部分的资料组合起来，形成对研究对象的全面系统的认识的过程。综合的理论基础是任何研究对象都是由各个部分组成的一个统一的整体，要完全的认识事物，就必须在分析的基础上进行组合，也就是综合。

对于农村发展研究来说，我们设置的若干个问题就是一个个部分，只有将这些部分组合起来，才能获得对某一个问题的全面系统的分析和认识。

分析和综合是思维过程的两个方面，是从一般到个别，再从个别到一般的过程。分析和综合在农村发展研究资料的分析方面有着不同的作用，二者相互依赖，相互补充。综合以分析为基础，分析以综合为前提，在实际的分析过程中，单纯的分析容易引起只见树木不见森林的谬误，单纯的综合会浮于表面，无从下手，我们一般是配合使用两种不同的分析方法，使得我们能在很好的把握整体的同时细致分析问题的各个方面。

2. 归纳演绎方法。

（1）归纳法。归纳是由个别的、特殊的资料来推断一般的普遍的规律的思维过程。在调查研究中，归纳法从大量的调查资料和社会事实中归纳总结出一般的理论。比如在我们买苹果的时候就用了归纳法，我们往往先尝一尝，如果很甜，就归纳出所有的苹果都是很甜的，接下来就可能作出购买的决定了。

归纳法有两种常用定义：一种定义为从个别前提得出一般结论的方法，根据这个定义，它包括简单枚举归纳法、完全归纳法、科学归纳法、穆勒五法、赖特的消除归纳法、逆推理方法和数学归纳法；第二种定义为个别前提或然得出结论的方法，根据此定义，包括简单枚举归纳法、穆勒五法、赖特的消除归纳法、逆推理方法和类比法，而不包括完全归纳法、科学归纳法和数学归纳法。

我们知道对于很多社会学研究事实来说，穷举的可能性都微乎其微，所以归纳法在使用过程中一般都是采取不完全归纳法。这就引出一个问题，那就是不完全归纳的过程中会有不全面的地方，这会直接影响我们得出结论的正确性和科学性。所以在使用归纳法过程中要注意这个问题。

（2）演绎法。演绎是指从一般性前提推导出个别性结论的逻辑方法。在农村发展研究过程中，演绎方法一是用于开始阶段也就是在发展研究的设计阶段，一般是拟定一个研究课题，然后从这个课题出发，围绕它展开细化为各个具体的经验指标，以便进行分析和研究，二是应用于研究结论给出的过程，经过分析以后得出的结论在多大的范围内是有效的，哪种情况可以适用我们得出的结论。

归纳和演绎是对资料进行理论分析的常用方法，在农村发展研究中广泛应用。调查资料通过分析上升为理论认识，形成结论的过程就是归纳；表述研究结论并说明其使用范围需要使用演绎方法。在具体的研究过程，一般是归纳和演绎方法结合起来使用，相互补充和完善，取得良好的效果。

3. 因果分析法。马克思主义哲学告诉我们，社会上任何事物的发展变化都会受到内外因素的共同影响，事物的变化都会产生一定的结果。农村发展研究的目的就是找到制约农村发展的各种因素，进而找到农村发展的动力和源泉。使用该法首先要分清因果地位。其次要注意因果对应，任何结果由一定的原因引起，一定的原因产生一定的结果。因果常是一一对应的，不能混淆。最后要循因导果，执果索因，从不同的方向用不同的思维方式去进行因果分析，这也有利于发展多向性思维。所以因果分析法是农村发展研究分析方法之一。

社会上任何事物（现象）的变化都会受到内因和外因的影响，事物的变化都会产生一定的结果。而农村发展研究的目的就是要找出制约农村发展的因素，换句话说，找出促进农村发展的动因。所以结果分析法是农村发展研究分析方法之一。英国哲学家穆勒在 1872 年提出了五种由客观事实中归纳出因果关系的一般方法：即求同法、求异法、求同求异法、共变法和剩余法。

（1）求同法。亦称契合法，是异中求同。当我们在研究某种现象的原因时，先列出这一现象在哪些场合出现过，再分析该现象在每一场合的各种先行情况或先行条件，如果在这些场合中只有一个条件是相同的，那么就可以判断，这一条件就是该现象出现的原因，此法为：

场合	先行情况（条件）	被研究对象
1	X_1，X_2	→Y
2	X_1，X_3，X_4	→Y
3	X_1，X_5，X_6，X_7	→Y
…	…	…

由此判断，X_1 可能是造成 Y 出现的原因。比如，在阶级社会存在人剥削人的现象，在分析奴隶社会、封建社会和资本主义社会时，发现其共有的属性——生产资料私有制，据此判定生产资料私有制是产生阶级对抗和人剥削人的原因。

（2）差异法。也称求异法、唯一契合法，如果在其他先行条件保持不变的情况下，当某一条件出现时，被研究的社会现象就出现；当它不存在时，被研究的社会现象不出现，那么这一先行条件就是被研究现象的原因。此法为：

场合	先行情况（条件）	被研究对象
1	X_1，X_2，X_3，X_4	Y
2	X_1，X_2，X_3，—	—

由此得出，X_4 可能是 Y 的原因。

（3）求同求异法。此法是求同法和求异法结合起来运用，此法为：

场合	先行情况（条件）	被研究对象
1	X_1，X_2，X_3	Y
2	X_1，X_4，X_5	Y
3	X_1，X_6，X_7	Y
4	X_2，X_3，X_4	—
5	X_4，X_5，X_6	—
6	X_5，X_6，X_7	—

由此得出，X_1 可能是 Y 的原因。

（4）共变法。此法是在其他先行条件都相同不变的情况下，当某一条件发生变化时，被研究现象也随之发生变化，那么这一条件是被研究对象的原因。此法为：

场合	先行情况（条件）	被研究对象
1	X_{11}，X_2，X_3	Y_1
2	X_{12}，X_2，X_3	Y_2
3	X_{13}，X_2，X_3	Y_3

由此可得，X 可能是 Y 的原因。

（5）剩余法。此法也称残余法，其被研究对象可能是一种复合现象，如已知某一符合社会现象是一复合社会现象的原因，且前一复合社会现象中的一部分是后一部分复合社会现象部分原因，那么前一复合社会现象的剩余部分，可能是后一复合社会现象剩余部分的原因。此法为：

场合	先行情况（条件）	被研究对象
1	X_1，X_2，X_3	$Y_1Y_2Y_3$
2	X_2	Y_2
3	X_3	Y_3

由此可得，X_1 可能是 Y_1 的原因。

上述五种方法，各有其适用范围和一定适用条件，如果不加分别而夸大这些方法的作用，有可能导致因果判断的错误。

在现实社会中，因果联系是极其复杂的，有一因多果，一果多因，又有多因多果，有的还有互为因果的情况。因果关系既可以是必然的，也可能是偶然的；原因可以是充分的、必要的，也可以是充分必要的原因。另外，因果关系还存在于不同的层面，而不同层面之间既有上向因果关系，又有下向因果关系，而且一定的因果关系只限于解释特定层面上的现象，不可推广。反之会造成判断失误。

4. 比较分析法。比较分析法的内涵是指通过对两个或几个有关的可比数据进行对比，揭示差异和分析原因的一种方法。

所谓比较分析法是通过各种事物或现象的比较，来确定它们的共同点和异同点，并揭示它们相互区别的本质特征。一般的，世界上任何客观事物之间都存在着共同点和不同点，但是这些异同点只有通过比较才能发现。因此，比较分析法是区分事物、认识事物的基本方法。比较分析的方法可分为两类，即类型分析法和历史比较法。前者是一种横向比较，后者是纵向比较。运用对比分析法时，相互比较的经济指标必须是同一性质或类别的指标，具有可比性。一般而言，应做到指标的计算口径，计价基础和时间单位都保持一致，以保证比较结果的正确性。有时使用绝对数进行比较，有时需要使用相对数来比较，有时需要经过一定的加工或者标准化之后才具有可比性。

（1）类型比较法。此法是对各种类型进行比较分析，但要比较各种类型，首先应对各种事物进行分类或建立类型。分类是农村发展研究的基础工作，只是通过分类才能使千差万别的现象条理化、系统化。分类是根据具体事物的某种共同特征，把相同事物归入某一种类。对事物的分类可以通过归纳也可以通过抽象。在归纳过程中，是对大量现象进行辨别和比较，发现它们共同的特征，并加以概括，然后根据事物的经验标志进行分类。以此来进行比较分析，逐步认识社会的本质。

常用的类型比较分析法有：

①事物的异同点比较。对两个事物或现象进行比较从两个方面进行，一是共同点比较，即先找出事物的共同性质，即事物的同类性；再找出所研究对象的共同特点。二是差异点比较，进行差异点比较是类型比较分析的主要方面，根据研究对象的不同特点，提出不同的建议和对策。

②各种事物的比较。此法不但在同类事物之间进行比较，也要在不同类型事物之间进行比较，还要在同一事物的不同方面和不同部分之间进行比较。通过这些横向比较分析，找出制约影响事物发展的因素，以及各种因素对事物发展影响的程度。

（2）历史比较法。历史比较法是通过对不同历史时期的社会现象的异同点进行比较和分析，来揭示社会现象的发展趋势或发展规律。

历史比较法常用于宏观农村社区发展研究。由于社会是不断发展变化的，各种社会现象在不同阶段具有不同特征，通过对比找出农村社区发展规律性，为今后的发展提出建设性的建议。

比较分析法还可以分为单项分析法、多项分析法和综合分析法三种方法，并且以综合分析法最为准确和全面，但是难度和涉及方面都很多，需要耗费的精力也较多。

（三）理论分析方法的一般步骤

要搞好理论分析，应遵循由浅入深、由表及里、由个别到一般、由局部到整体和由简单到复杂的规律。其一般步骤为：

1. 从了解整体资料入手。这是理论分析的第一步，在理论分析原则的指导下，力求研究和掌握研究资料及相关的政策，对研究资料的概况有一个全面的了解。在此前提下，结合分析原先制定的分析方案和现掌握的研究资料，进行全面的思考，现有资料是否完整齐全，需要分析什么，如何进行分析等。

2. 深入研究个体典型事例，开展分类资料分析研究。理论分析的第二步是对个体典型事例和分类资料进行分析研究，深入挖掘个体和典型事例，从中发现问题，抓住主要矛盾。在对个体和典型事例分析时不能就事论事，而是对个体典型事例和分类资料进行概括和结论性分析，形成初步结论，并对具体的研究假设与分类资料是否相符进行检验，从而由个体典型事例和分类资料方向的分析研究转向对总体资料的分析研究。

3. 用全部资料论证中心研究假设。这一步是资料理论分析的关键一步。在对个体典型事例分类资料分析研究的基础上，找出全部资料与个别典型事例和分类资料之间的联系，进行整体事实资料的研究分析，从中提炼对中心假设关系的因素，并进行逻辑分析和概括，提出研究的结论。

上述只是研究资料进行理论分析的一般步骤。在实际工作中，应根据具体情况，如研究资料的数量、质量、可靠性等对其方法步骤，分析内容和顺序可以做适当的调整，不能生搬硬套。

第二节　农村发展资料的统计分析

一、概　　述

（一）统计分析的意义

统计理论是源自数学的一种对客观世界随机现象进行描述和研究的理论。农村发展研究的过程中获取了大量的数据性资料，这些数据之间的关系往往是错综复杂的，这就使得每次调查研究需要对大量的数据资料进行分析，这个过程就需要统计分析来完成。统计分析可以对资料进行简化和描述，使得我们所研究的问题和问题的方面更加清晰明朗，统计分析可对变量之间的关系进行深入的分析，诸如相关、回归等，并且，通过统计学的方法和手段可以从样本中推断出总体的情况。

统计学可以分成描述性统计学和推断性统计学两种。描述统计是指对所搜集的大量数字资料进行整理、概括，寻找数据的分布特征，用以反映研究对象的内容和实质的统计方法。例如，对原始数据资料用归组、列表、图示等方法加以归纳、整理，为进一步处理数据资料做好准备工作。计算集中量指标（如算术平均数、中位数）来反映数据的集中趋势；计算差异量数指标（如标准差、百分位距）来反映数据的离散程度；计算相关量数指标（如相关系数）来反映数据的相关程度。描述统计可使无序而庞杂的数字资料成为有序而清晰的信息资料。

推断统计是指根据来自样本的数据推断总体的性质，并标明可能发生的误差，以对随机现象做出估计、推断的统计方法。例如，对总体参数值（例如总体平均数，总体标准差）的估计，推断统计可根据已知材料，去估计、推测未知的可能性大小。

（二）统计分析软件介绍

1. SAS。SAS 系统全称为 Statistics Analysis System，最早由北卡罗来纳大学的两位生物统计学研究生编制，并于 1976 年成立了 SAS 软件研究所，正式推出了 SAS 软件。SAS 是用于决策支持的大型集成信息系统，但该软件系统最早的功能限于统计分析，至今，统计分析功能也仍是它的重要组成部分和核心功能。SAS 现在的版本为 9.0 版，大小约为 1G。经过多年的发展，SAS 已被全世界 120 多个国家和地区的近 3 万家机构所采用，直接用户超过 300 万人，遍及金融、医药卫生、生产、运输、通信、政府和教育科研等领域。在数据处理和统计分析领域，SAS 系统被誉为国际上的标准软件系统，并在 1996—1997 年度被评选为建立数据库的首选产品。堪称统计软件界的巨无霸。

2. SPSS。SPSS 是软件英文名称的首字母缩写，原意为 Statistical Package for the Social Sciences，即“社会科学统计软件包”。但是随着 SPSS 产品服务领域的扩大和服务深度的增加，SPSS 公司已于 2000 年正式将英文全称更改为 Statistical Product and Service Solutions，意为“统计产品与服务解决方案”，标志着 SPSS 的战略方向正在做出重大调整。SPSS 是世界上最早的统计分析软件，由美国斯坦福大学的三位研究生于 20 世纪 60 年代末研制，同时成立了 SPSS 公司，并于 1975 年在芝加哥组建了 SPSS 总部。1984 年 SPSS 总部首先推出了世界上第一个统计分析软件微机版本 SPSS/PC+，开创了 SPSS 微机系列产品的开发方向，极大地扩充了它的应用范围，并使其能很快地应用于自然科学、技术科学、社会科学的各个领域，世界上许多有影响的报纸杂志纷纷就 SPSS 的自动统计绘图、数据的深入分析、使用方便、功能齐全等方面给予了高度的评价与称赞。迄今 SPSS 软件已有 30 余年的成长历史。目前 SPSS 的最高版本为 18.0，全球约有 25 万家产品用户，它们分布于通信、医疗、银行、证券、保险、制造、商业、市场研究、科研教育等多个领域和行业，是世界上应用最广泛的专业统计软件。

3. EViews。EViews 是美国 GMS 公司 1981 年发行第 1 版的 Micro TSP 的 Windows 版本，通常称为计量经济学软件包。EViews 是 Econometrics Views 的缩写，它的本意是对社会经济关系与经济活动的数量规律，采用计量经济学方法与技术进行“观察”。计量经济学研究的核心是设计模型、收集资料、估计模型、检验模型、运用模型进行预测、求解模型和运用模型。EViews是完成上述任务得力的必不可少的工具。正是由于EViews等计量经济学软件包的出现，使计量经济学取得了长足的进步，发展成为实用与严谨的经济学科。使用EViews软件包可以对时间序列和非时间序列的数据进行分析，建立序列（变量）间的统计关系式，并用该关系式进行预测、模拟等。虽然EViews是由经济学家开发的，并且大多数被用于经济学领域，但并意味着必须限制该软件包仅用于处理经济方面的时间序列。EViews处理非时间序列数据照样得心应手。实际上，相当大型的非时间序列（截面数据）的项目也能在EViews中进行处理。

4. Statistica。Statistica为一套完整的统计资料分析、图表、资料管理、应用程式发展系统，以及对其他技术、工程、工商企业资料挖掘应用等进阶分析之应用程式。此系统不仅包含统计上一般功能及制图程序；还包含特殊的统计应用（例如：社会统计人员、生物研究员或工程师）。全新的Statistica在功能上更提供了四种线形模型的分析工具，包括VGLM、VGSR、VGLZ与VPLS。对使用者而言，提供完整且具可选择性的使用者界面；亦可广泛使用程式语言辅助精灵来建立一般的范围；或整合Statistica与其他应用程式进行计算，这些都是非常方便好用的模组。Statistica能提供使用者所有需要的统计及制图程序。另外，能够在图表视窗中显示各种分析及有别于传统统计范畴外的最新统计作图技术，皆获得许多使用者的好评。Statistica为基本系列产品，可独立使用此模组，或搭配Statistica其他组合产品系列。

5. Minitab。Minitab同样是国际上流行的一个统计软件包，其特点是简单易懂，在国外大学统计学系开设的统计软件课程中，Minitab与SAS、BMDP并列，根本没有SPSS的份，甚至有的学术研究机构专门教授Minitab之概念及其使用。MiniTab for Windows统计软件比SAS、SPSS等小得多，但其功能并不弱，特别是它的试验设计及质量控制等功能。MiniTab目前的最高版本为V15.1，它提供了对存储在二维工作表中的数据进行分析的多种功能，包括：基本统计分析、回归分析、方差分析、多元分析、非参数分析、时间序列分析、试验设计、质量控制、模拟、绘制高质量三维图形等，从功能来看，Minitab除各种统计模型外，还具有许多统计软件不具备的功能——矩阵运算。

6. MATLAB。MATLAB（Matrix Laboratory的缩写）是Mathworks公司开发的一种集计算、图形可视化和编辑功能于一体的功能强大、操作简便、易于扩充的语言，是目前国际上公认的优秀的数学应用软件之一。MATLAB系统的强大功能是由其核心内容(语言系统、开发环境、图形系统、数学函数库、应用程序接口等)和辅助工具箱(符号计算、图像处理、优化、统计和控制等工具箱)两大部分构成。我们现在所使用的是较新的MATLAB7版本。

7. DPS。DPS数据处理系统由浙江大学唐启义教授开发（英文名称为Data Processing System)。DPS平台是作者设计研制的通用多功能数理统计和数学模型处理软件系统。它将数值计算、统计分析、模型模拟以及画线制表等功能融为一体。因此，DPS系统主要是作为数据处理和分析工具而面向广大用户。DPS系统兼有如Excel等流行电子表格软件系统和若干专业统计分析软件系统的功能。与流行的电子表格系统比较，DPS平台具有强大得多的统计分析和数学模型模拟分析功能。与国外同类专业统计分析软件系统相比，DPS系统操作简便，在统计分析和模型模拟方面功能齐全，易于掌握，尤其是对广大中国用户，其工作界面友好，只需熟悉它的一般操作规则就可灵活应用。

二、统计前准备工作

（一）数据文件的读取

进行描述性统计之前，需要有已经有较好的数据档案，如果没有需要我们进行数据的输入和整理。这些都是进行统计分析之前所必须要做的事情，尤其是用统计软件来完成的时候。使用 SPSS 统计软件可以读取多种格式的数据文件。具体见表 14-1。各种数据文件格式的文档都可以通过 SPSS 软件直接来读取和使用，具体的过程是：启动 SPSS，选择菜单栏中的 FILE，点击后出现 Open 命令，即可打开上述格式文件。

表 14-1　SPSS 能读取的文件类型及扩展名

SPSS（＊.sav）	SPSS 数据档案
Spss/PC+（＊.sys）	SPSS 早期版本数据档案
Systat（＊.syd），（＊.sys）	Systat 数据档案
Spss Portable（＊.por）	Spss Portable 数据档案
Excel（＊.xls）	Excel 档案
Lotus（＊.W＊）	Lotus 1—2—3 x.0（wk3）格式数据档案
Sylk（＊.slk）	SYLK（符号链接）格式档案
Dbase（＊.dbf）	dBase 数据库档案
SAS Long File Name（＊.sas 7bdat）	SAS 长文件名数据档案
SASS hort File Name（＊.sd7）	SAS 短文件名数据档案
SAS v6 for Windows（＊.sd2）	SAS v6 for Windows 数据档案
SAS v6 for Unix（＊.ssd01）	SAS v6 for Unix 数据档案
SAS Transport（＊.xpt）	SAS Transport 数据档案
Txt（＊.txt）	文本档案
Dat（＊.dat）	Tab 分隔符数据档案

（二）数据文件的建立

如果没有已经完成的各种文件，就需要自己通过 SPSS 来进行数据的录入和管理。

启动 SPSS 后，出现的界面是数据编辑器窗口（图 14-1），它的底部有两个标签：[Da-

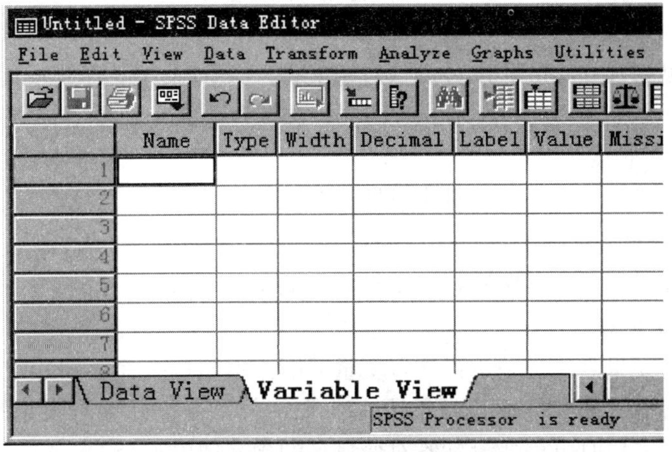

图 14-1　SPSS 的数据编辑器窗口

ta View（数据视图）］和［Variable View（变量视图）］，它们提供了一种类似于电子表格的方法，用以产生和编辑 SPSS 数据文件。［Data View］用于查看、录入和修改数据，［Variable View］定义和修改变量的定义。如果使用过电子表格如 Microsoft Excel 等，那么数据编辑窗口的许多功能应该已经熟悉。但是，还有一些明显区别：

列是变量，即每一列代表一个变量（Variable）或一个被观测量的特征。例如问卷上的每一项就是一个变量。

行是观测，即每一行代表一个个体、一个观测、一个样品，在 SPSS 中称为事件（Case）。例如，问卷上的每一个人就是一个观测。

单元包含值，即每个单元包括一个观测中的单个变量值。单元（Cell）是观测和变量的交叉。与电子表格不同，单元只包括数据值而不能含公式。

数据文件是一张长方形的二维表。数据文件的范围是由观测和变量的数目决定的。可以在任一单元中输入数据。如果在定义好的数据文件边界以外键入数据，SPSS 将数据长方延长到包括那个单元和文件边界之间的任何行和列。

如果要分析的数据还没有录入，可用数据编辑器来键入数据并保存为一个 SPSS 数据文件（其默认扩展名为 .sav）。

1. 定义变量。输入数据前首先要定义变量。定义变量即要定义变量名、变量类型、变量长度（小数位数）、变量标签（或值标签）和变量的格式，步骤如下：单击数据编辑窗口中的［Variable View］标签或双击列的题头（Var），显示如所示的变量定义视图（图 14-2），在出现的变量视图中定义变量。每一行存放一个变量的定义信息，包括［Name］、［Type］、［Width］、［Decimal］、［Label］、［Value］、［Missing］、［Columns］、［Align］、［Measure］等。

［Name］：定义变量名。

图 14-1 中，定义变量名必须以字母或字符@开头，其他字符可以是任何字母、数字或_、@、#、$等符号。在 SPSS 11.0 之前，变量名总长度不能超过 8 个字符（即 4 个汉字）。

［Type］：定义变量类型。

SPSS 的主要变量类型有：Numeric（标准数值型）、Comma（带逗点的数值型）、Dot（逗点作小数点的数值型）、Scientific Notation（科学记数法）、Date（日期型）、Dollar（带美元符号的数值型）、Custom Currency（自定义型）、String（字符型）。单击［Type］相应单元中的按钮，显示如图 14-2 所示的对话框，选择合适的变量类型并单击［OK］。

［Width］：变量长度。

设置数值值变量的长度，当变量为日期型时无效。

［Decimal］：变量小数点位数。

设置数值值变量的小数点位数，当变量为日期型时无效。

［Label］：变量标签。

变量标签是对变量名的进一步描述，变量只能由不超过 8 个字符组成，8 个字符经常不足以表示变量的含义。而变量标签可长达 120 个字符，变量标签对大小写敏感，显示时与输入值完全一样，需要时可用变量标签对变量名的含义加以解释。

［Value］：变量值标签。

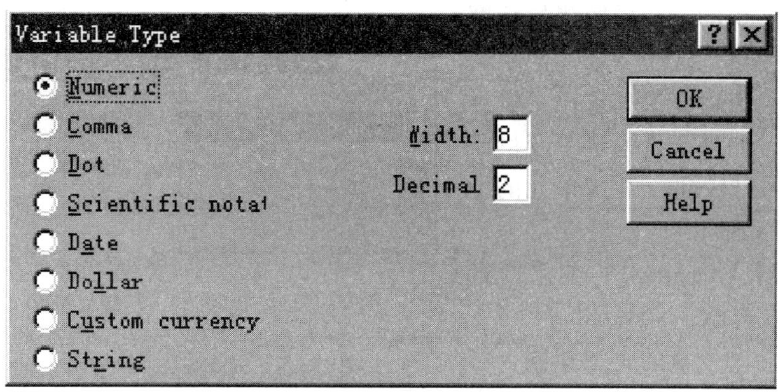

图 14-2　定义变量类型对话框

变量值标签是对变量的每一个可能取值的进一步描述，当变量是定类或定序变量时，这是非常有用的。单击［Value］相应单元，在如图 14-3 所示的对话框中进行设置。

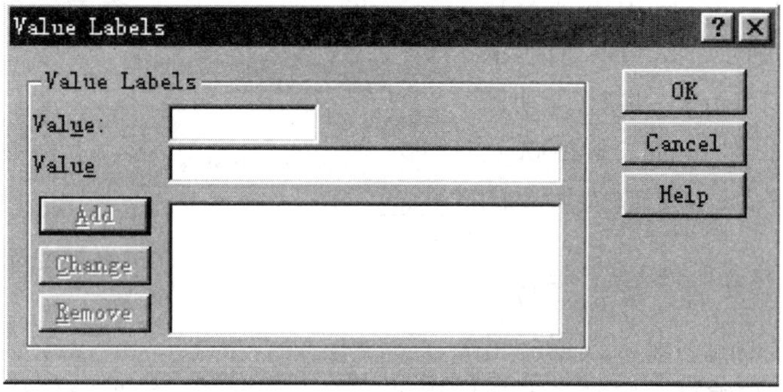

图 14-3　修改变量标签和值标签

［Missing］：缺失值的定义方式。

SPSS 有两类缺失值：系统缺失值和用户缺失值。在数据长方形中任何空的数字单元都被认为系统缺失值，用点号（·）表示。SPSS 可以指定那些由于特殊原因造成的信息缺失值，然后将它们标为用户缺失值，统计过程识别这种标志，带有缺失值的观测被特别处理。默认值为［None］。单击［Value］相应单元中的按钮，可改变缺失值定义方式，如图 14-4 所示。

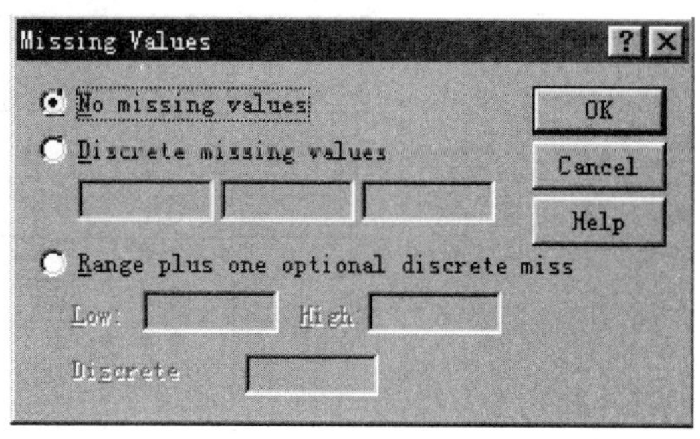

图 14-4　改变缺失值的定义方式

［Column］：变量的显示宽度。

输入变量的显示宽度，默认为 8。

［Align］：变量显示的对齐方式。

选择变量值显示时的对齐方式：［Left（左对齐）］、［Right（右对齐）］、［Center（居中对齐）］。

［Scale］：变量的测量尺度。

正如前面所讲的，变量按测量精度可以分为定类变量、定序变量、定距变量和定比变量，定距变量和定比变量经常不加以区别。如果变量为定距变量或定比变量，则在［Scale］相应单元的下拉列表中选择［Scale］；如果变量为定序变量，则选择［Ordinal］；如果变量为定类变量，则选择［Nominal］。

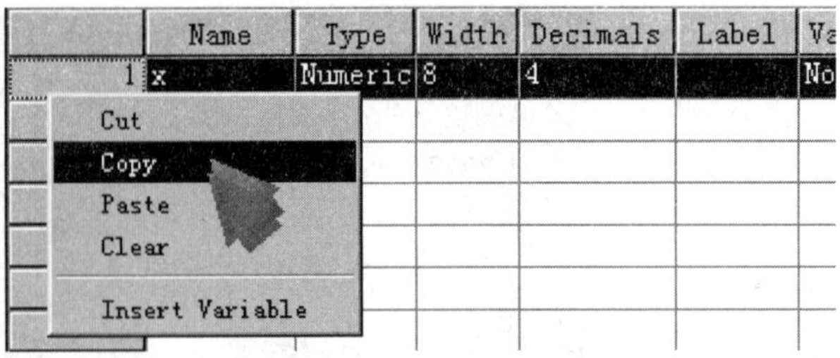

图 14-5（A） 复制变量定义信息

如果有许多个变量的类型相同，可以先定义一个变量，然后把该变量的定义信息复制给新变量。具体操作为：先定义一个变量，在该变量的行号上单击右钮，弹出如图 14-5（A）所示的快捷菜单，选择［Copy］；然后用鼠标右钮选择多行，弹出如图 14-5（B）所示的快捷菜单，选择［Paste］；再把自动产生的新变量名称（如 Var0001、Var0002、Var0003、……）改为所要的变量名称。

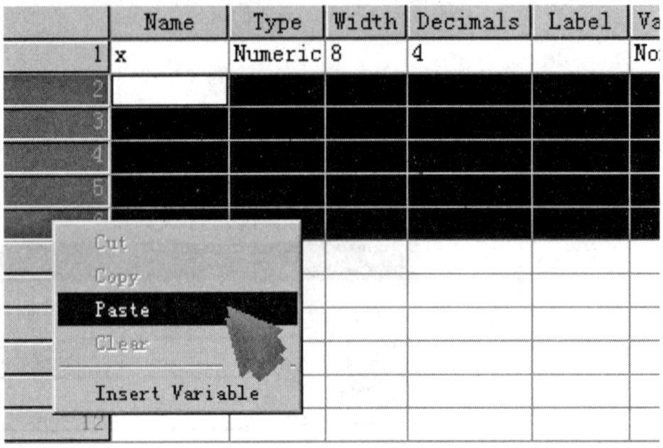

图 14-5（B） 粘贴变量定义信息

定义了所有变量后，单击［Data View］即可在数据视图中输入数据。

2. 数据的输入与编辑。定义了变量后就可以输入数据了，数据窗口如图 14-6 所示。

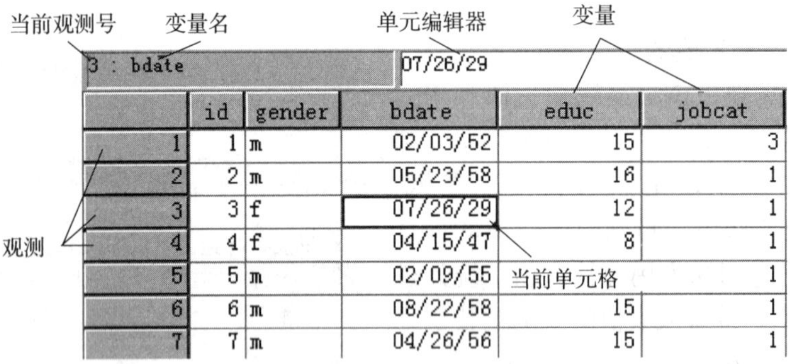

	id	gender	bdate	educ	jobcat
1	1	m	02/03/52	15	3
2	2	m	05/23/58	16	1
3	3	f	07/26/29	12	1
4	4	f	04/15/47	8	1
5	5	m	02/09/55		1
6	6	m	08/22/58	15	1
7	7	m	04/26/56	15	1

图 14-6 数据文件格式

由于各种原因，已经输入的数据往往会有错误，这就需要进行编辑。用 Windows 的基本操作方式可实现对数据的编辑，例如，可用方向键或鼠标移动到要修改的单元，键入新值。如果数据文件较大且知道要修改的数据单元的行号，可通过选择［Data］⇒［Go to Case］打开进行编辑操作，在对话框中［Case Number］的右框输入行号来查找特定观测（行）。如果要查找某变量中的特定值或值标签，选择该变量，再选择［Edit］⇒［Find］或者按 Ctrl+F，在［Search for］右框中输入要查找的数值或标签。

三、描述统计

描述统计是收集、整理和描述数据资料的方法。描述统计过程实际上是首先通过一定的行之有效的调查方法，搜集某方面的数据，然后对这些资料进行汇总、归纳和计算，将原始资料整理成为有条理的能够说明被研究现象特征的科学指标。

SPSS 数值分析过程中提供了两种描述统计过程，分别是统计分析报告（Reports）和描述性统计分析（Descriptive Statistics）。

（一）描述统计过程

频数分析过程。操作步骤如下：

（1）执行 Analyze ⟶ Descriptive Statistics ⟶ Frequencies 命令，打开 Frequencies（频数）对话框，如图 14-7 所示。

从源变量中选择一个或多个变量移到右边的 Variable（s）框，选择 Display frequency tables 确定是否输出频数分布表。

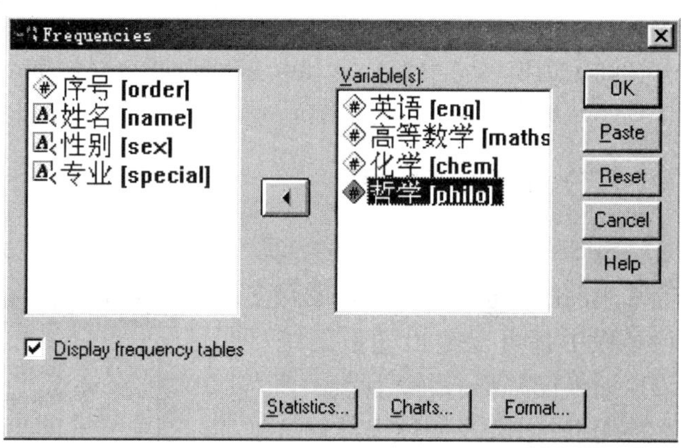

图 14-7　Frequencies 对话框

（2）确定输出选择项。

①单击 Statistics 按钮，打开统计量选择对话框，如图 14-8 所示。

选择统计量后，点击 Continue 返回主对话框。

②单击 Chart（图形）按钮，打开如图 14-9 所示的统计图对话框，设置图形类型。

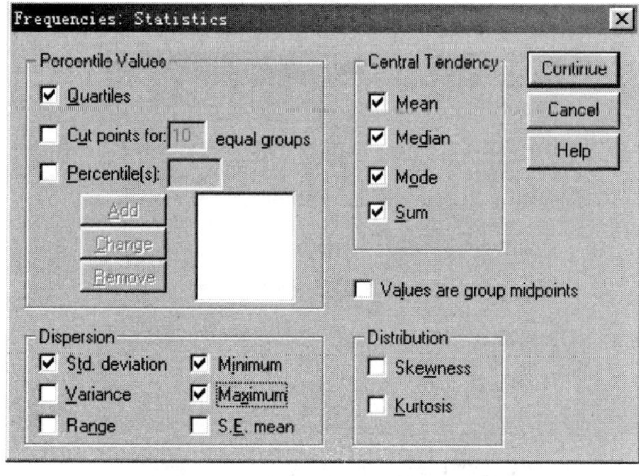

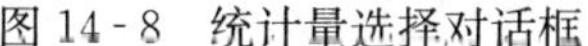
图 14-8　统计量选择对话框

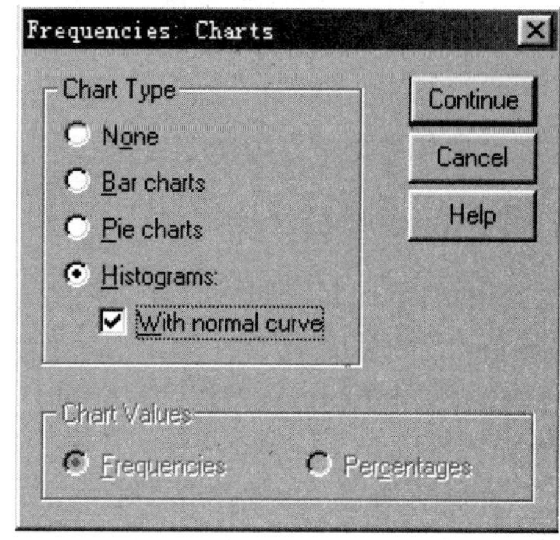

图 14-9　Chart 对话框

③单击 Format 按钮，打开格式对话框，如图 14-10 所示。

Order by 排序组栏，用于指定频数表中变量中的排序。

Multiple Variables 栏，用于指定多个变量的安排方式。

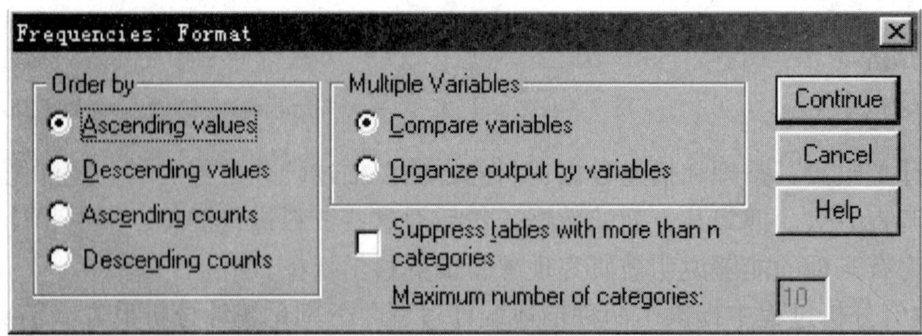

图 14-10　Format 对话框

确定选项后，单击 Continue 按钮返回主对话框。

（3）单击 OK，提交系统运行，结果在输出窗口中显示出来。

（二）描述统计量过程

SPSS 中主要给出了均值、算术和、标准差、最大值、最小值、极差和平均数标准误差等常用的统计量，在 SPSS 的众多统计过程中都可以输出变量的统计量值。如果仅需要了解统计量的值，那么使用 Descriptives 过程计算更加简便快捷。

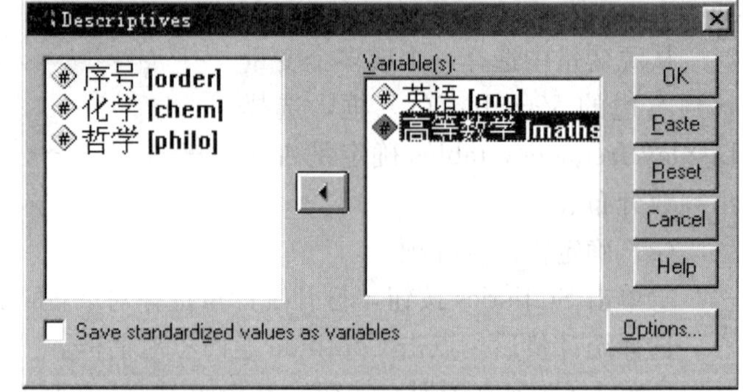

图 14-11　Descriptives 对话框

基本操作步骤如下：

（1）Analyze→Descriptive Statistics→Descriptives，打开 Descriptives 对话框，如图 14-11 所示。

（2）选择一个或多个变量移至 Variable（s）。

Save standardized value as variables：将标准化情作为新变量保存。选择此项，会根据公式 $Z_i=\dfrac{X_i-\overline{X}}{S}$ 将观测值计算出相应的标准值。$\overline{X}$为平均值，S 为标准差。

（3）单击 Options 按钮，打开对话框，如图 14-12 所示。

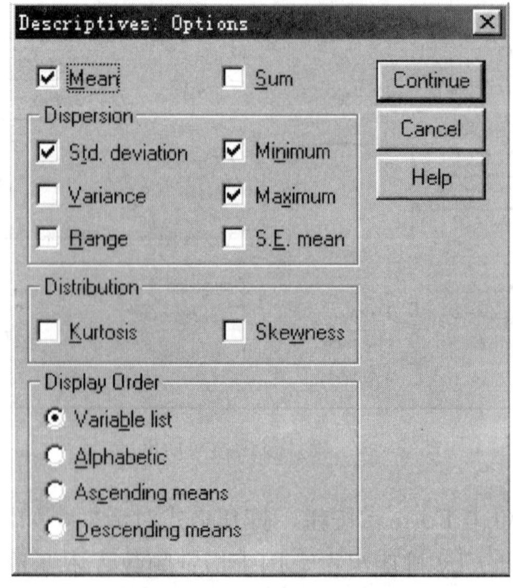

图 14-12　Options 对话框

Mean、Std. Deviation、Minimum、Maximum 选项是系统默认选项。

确定选项后，单击 Continue，返回主对话框。

（4）点击 OK 运行。

四、统计分析方法

(一) 均值比较

1. 单样本 T 测验过程。

[例 14 - 1] 某研究所研制的一种自动罐装机，可以用来罐装饮料，要求每次罐装饮料的体积为 500ml，现在为了检验其性能，从罐装的饮料中，选择 15 瓶，测量罐装的量，假定罐装容量服从正态分布，数据在表 14 - 2 中列出。

表 14 - 2　检测的各罐饮料体积

序号	1	2	3	4	5	6	7	8	9	10	11	12	13	14	15
容积（ml）	503	518	492	508	489	491	499	502	510	507	499	511	489	504	505

步骤如下：

(1) 执行 Analyze ⟶Compare Means ⟶One-Sample T Test 命令，打开 One－Sample T Test 对话框，如图 14 - 13

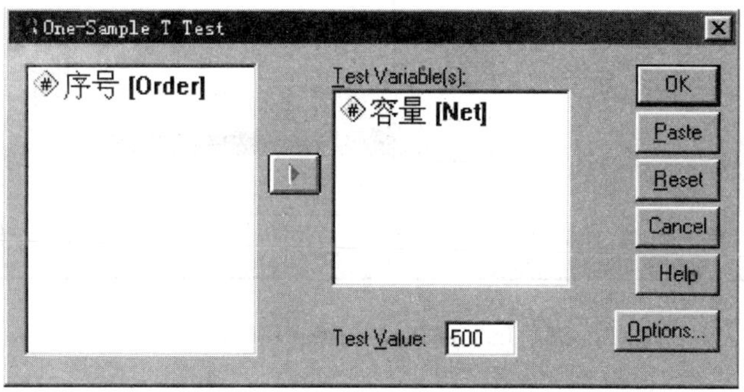

图 14 - 13　One-Sample T Test 对话框

选择变量，单击向右箭头按钮，把变量移入 Test Variables 框。

在 Test Value 中输入假设测验值 μ_0 也就是 500。

(2) 单击 Options 按钮，打开 One-Sample T Test ：Options 对话框，如图 14 - 14。

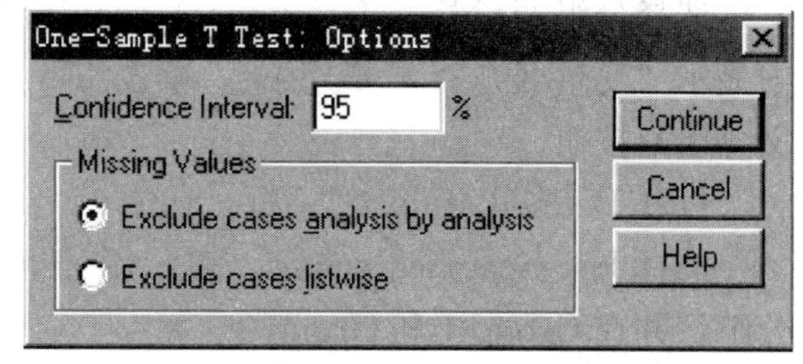

图 14 - 14　Options 对话框

Confidence Interval：置信区间，在此栏里输入 1～99（%）中的一个数值，输出结果将给出样本均值与指定的检验值之差的置信水平该数值的置信区间。系统默认值 95%。

Missing Values：缺失值处理方式。

确定选项后，单击 Continue，返回主对话框。

(3) 点击 OK 运行。

2. 独立样本 T 测验过程。

［例 14－2］某实验室的两名试验员每天同时从试验用的自来水中取样（表 14－3），测量水中氯的含量（ppm），记录了 10 天的结果，分析两名试验员的测量结果是否有差异？（α=0.05）

表 14－3　不同试验员测量的含氯量

试验员 A	1.15	1.86	0.75	1.82	1.14	1.65	1.90	0.89	1.12	1.09
试验员 B	1.00	1.90	0.90	1.80	1.20	1.70	1.95	1.87	1.69	1.92

步骤如下：

（1）执行 Analyze ⟶Compare Means ⟶Independent- Sample T Test 命令，打开 Independent - Sample T Test 对话框，如图 14－15 所示的。

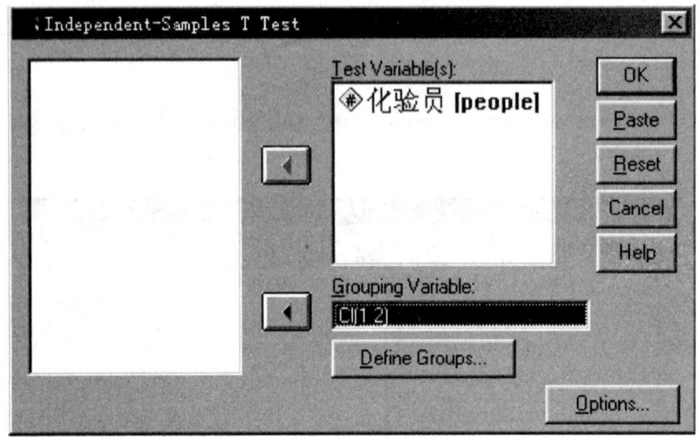

图 14－15　Independent - Sample T Test 对话框

选择一个或几个变量，单击向右箭头按钮，移入 Test Variables 框。

选择分组变量移入 Grouping Variables 框里，这时框内显示“变量名［??］”的形式，单击 Define Groups（定义分组）按钮。

打开 Define Groups 对话框，如图 14－16 所示。

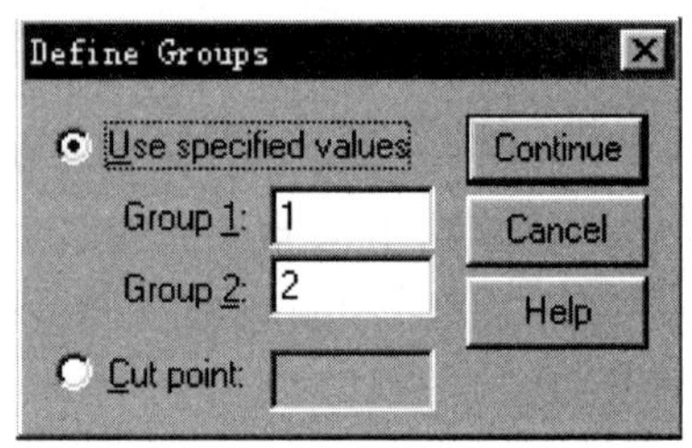

图 14－16　Define Groups 对话框

选择 Use Specified values，表示用分组变量的值进行分组，并在 Group 1 和 Group 2。

（2）对应的框中分别输入指定的分组变量的不同有效值，区分两个独立样本。

如果你选择的分组变量为连续型的数值变量，可选择 Cut point（分割点），在其后的小栏中输入变量取值范围内的一个值，将观测量分为大于或等于该值和小于该值的两组，产生以此值为分界点的两个独立样本。

（3）单击 Options 按钮，打开选项对话框，设置置信概率及缺失值的处理方式。它与单个样本 T 检验的选项对话框完全相同。确定选项后，单击 Continue，返回主对话框。

（4）点击 OK 运行。

3. 配对样本 T 测验过程。

[例 14-3] 某研究所研制了一种新型肥料，为了验证皮棉产量能否比施用原来的肥料增产 5kg 以上，选土壤条件和其他条件相近的小区为一对，其中一块施用新肥料，另一块施用原肥料为对照（表 14-4），重复 9 次，具体结果见表 14-4。

表 14-4　皮棉产量列表

新肥料	67.4	72.8	68.4	66.0	70.8	69.6	67.2	68.9	62.6
对照	60.6	66.6	64.9	61.8	61.7	67.2	62.4	61.3	56.7

步骤如下：

（1）执行 Analyze ⟶Compare Means ⟶Paired-Sample T Test 命令，打开 Paired-Sample T Test 对话框，如图 14-17 所示。

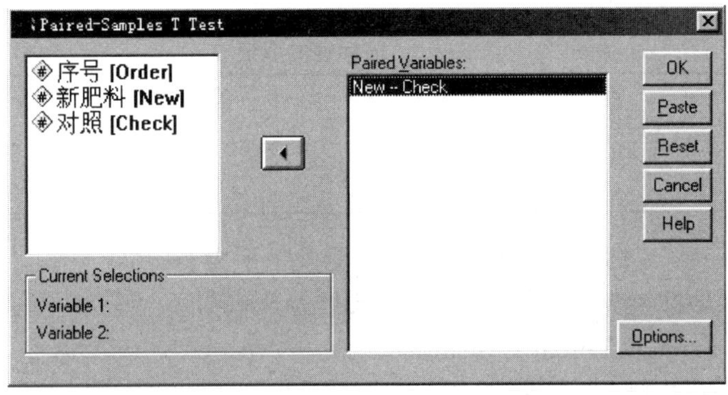

图 14-17　Paired-Sample T Test 对话框

选择一对数值型变量，单击向右箭头按钮，移入 Paired Variables（配对变量）框，框内显示出“甲变量—乙变量”，表示这一对变量将作为比较的检验变量。

当从变量清单中选择了一个变量时，栏下 Current Selections（当前选择）状态栏里显示出选中的变量名，再选择另一个变量，对话框中央的箭头按钮方可被激活，这时才允许将它们移入 Paired Variables 框。

（2）单击 Options 选项按钮，打开如图 14-17 完全相同的选项对话框，在这里设置置信水平以及缺失值的处理方式。

确定选项后，单击 Continue，返回主对话框。

（3）点击 OK 运行。

五、方差分析过程

（一）单因素方差分析

[例 14-4] 研究 6 种施用方法对小麦的效应，每种施肥法种 5 盆小麦，完全随机设计，最后测定他们的氮含量（mg），进行方差分析，如表 14-5 所示。

表 14-5 不同施肥方法的小麦含氮量

施肥方法	1	2	3	4	5	6
氮含量	12.9	14.0	12.6	10.5	14.6	14.0
	12.3	13.8	13.2	10.8	14.6	13.3
	12.2	13.8	13.4	10.7	14.4	13.7
	12.5	13.6	13.4	10.8	14.4	13.5
	12.7	13.6	13.0	10.5	14.4	13.7

通过例 14-4 来说明使用系统默认值进行单因素方差分析的步骤。

单因素方差分析的步骤如下：

1. 建立适合于单因素方差分析过程的数据文件。根据表 14-4 的数据建立适合于方差分析的数据文件，需要定义两个变量（表 14-6）。

表 14-6 值标签的取值

值	1	2	3	4	5	6
值标签	法 1	法 2	法 3	法 4	法 5	法 6

（1）变量“meath”，标签为“实验方法”，测度水平为 Ordnal。

（2）变量“N”，标签为“含氮量”，测度水平为 Scale。

2. 执行 Analyze ⟶ Compare Means ⟶ One-Way ANOVA 命令，打开 One-Way ANOVA 对话框，如图 14-18 所示。

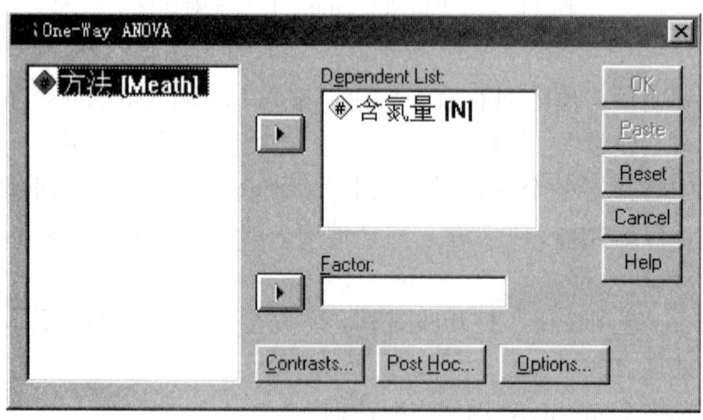

图 14-18 One-Way ANOVA 对话框

选择 N（含氮量）移入 Dependent List 框，选择因素变量 method 移入 Factor 框。

3. 单击 OK 按钮，按系统默认的选项进行单因素方差分析，不必单击对画框的其他选项按钮。

结果如下表 14-7。

表 14-7　单因素方差分析结果

	Sum of Squares	df	Mean Square	F	Sig.
Between Groups	44.463	5	8.893	144.171	0.000
Within Groups	1.300	24	0.054		
Total	45.763	29			

One-Way ANOVA 对话框的其他选项的简单介绍：

（1）单击 Contasts（比较或对照）按钮，打开 Contasts 对话框，如图 14-19。

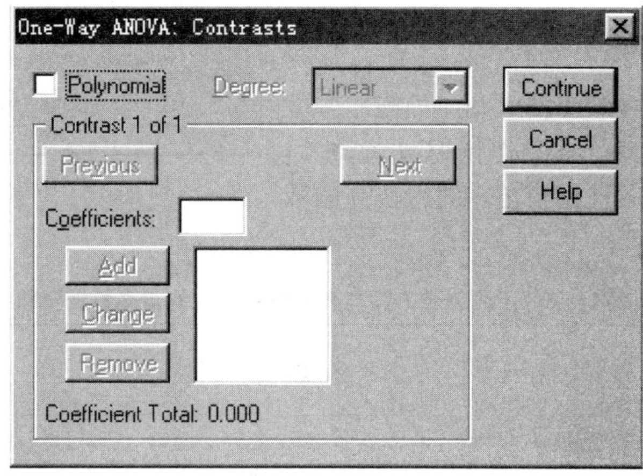

图 14-19　Contasts 对话框

设置此对话框的选项，可以把组间平方和进行分解，并且可确定均值的多项式比较。

（2）单击 Post Hoc（多重比较）按钮，打开 Post Hoc Multiple Comparisons 对话框，如图 14-20。

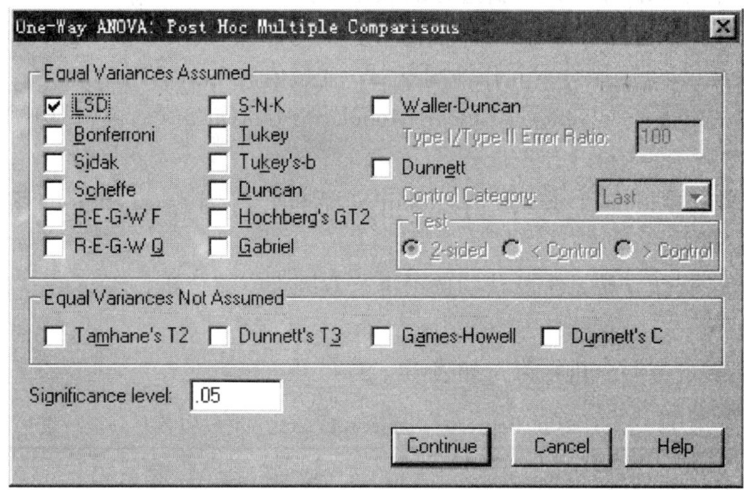

图 14-20　Post Hoc Multiple Comparisons 对话框

此对话框提供了多种多重比较检验的方法。LSD 法是常用的多重比较检验的方法。

在 Significance level 框中可确定多重比较检验的显著水平，系统默认 α=0.05。α 可以取 0.10、0.05 和 0.01。

（3）单击 Options（选项）按钮，打开 Options 对话框，如图 14-21。

通过选择不同的选项，可以在结果中得到分组变量的有关描述性统计值，检验方差齐性，设置缺失值的处理方式等。

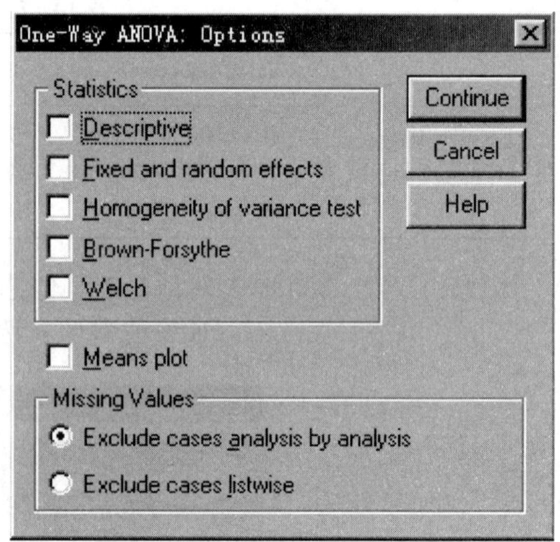

图 14-21 Options 对话框

（二）单变量多因素方差分析

［例 14-5］用 3 种栽培技术和 4 种施肥方案相互搭配组成 12 种育苗方案作杨树育苗试验，在每一种方案下培育 3 株杨树苗，测得苗高的数据资料如表 14-8 所示：

表 14-8 不同施肥方案与育苗方案组合的苗高数据资料

施肥（B） 栽培技术（A）	B1	B2	B3	B4
A1	52，43，39	48，37，29	34，42，38	58，45，42
A2	53，47，41	50，41，30	44，36，39	60，46，44
A3	38，42，49	48，47，36	40，32，37	43，56，41

试分析栽培技术和施肥方案这两种因素对苗高的影响是否显著。

通过例 14-5 来说明使用系统默认值进行双因素方差分析的步骤。

双因素方差分析的步骤如下：

（1）建立适合于双因素方差分析过程的数据文件。

定义变量：Height（苗高）作为因变量，Technique（栽培技术）作为因素 A，变量值为 1，2，3；Fertilize（施肥方案）作为因素 B，变量值为 1，2，3，4。

（2）执行 Analyze ⟶ General Linear Model ⟶ Univariate 命令，打开 Univariate 对话框，如图 14-22 所示。

（3）选择因变量 Height 移入 Dependent 对话框，将因素 Technique 和 Fertilize 移入 Fixed Factors 对话框。

（4）单击 OK 按钮，按系统默认的选项进行双因素方差分析，不必单击对画框的其他选项按钮。

（5）获得主效应方差分析结果，如表 14-9。

表 14-9 Tests of Between－Subjects Effects（主效应方差分析）表

Source	Type Ⅲ Sum of Squares	df	Mean Square	F	Sig.
Corrected Model	668.306（a）	11	60.755	1.195	0.342
Intercept	66 478.028	1	66 478.028	1 307.050	0.000
Thechonic	29.556	2	14.778	0.291	0.750

（续）

Source	Type Ⅲ Sum of Squares	df	Mean Square	F	Sig.
Fettile	562.083	3	187.361	3.684	0.026
Thechonic * Fettile	76.667	6	12.778	0.251	0.954
Error	1 220.667	24	50.861		
Total	68 367.000	36			
Corrected Total	1 888.972	35			

a R Squared =0.354 (Adjusted R Squared=0.058)

Univariate 对话框的其他选项不作详细介绍。

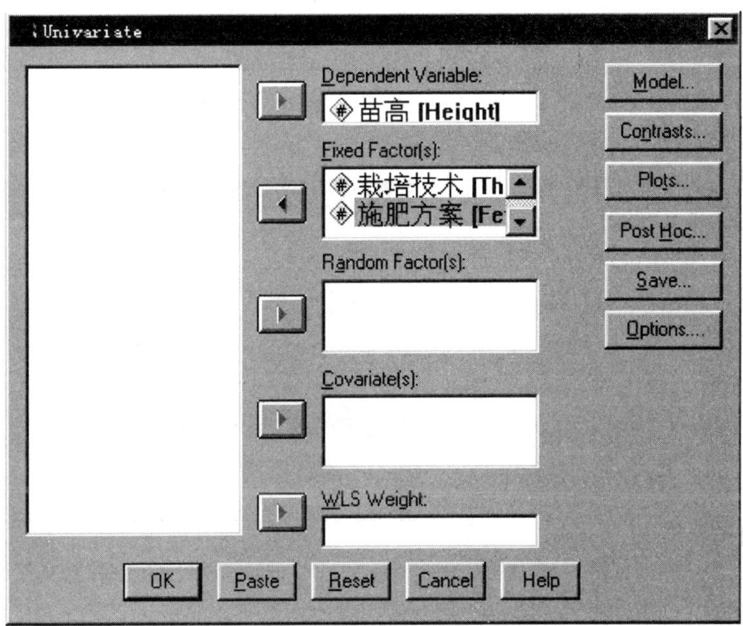

图 14-22　Univariate 对话框

六、相关分析过程

（一）二元相关分析

［例 14-6］测得不同浓度的葡萄糖溶液浓度（mg/l）在某光电比色计上的消光度，如表 14-10，计算二者的相关系数。

表 14-10　葡萄糖溶液不同浓度对应的消光度

溶液浓度	0	5	10	15	20	25	30
消光度	0.00	0.11	0.23	0.34	0.46	0.57	0.71

二元相关分析的步骤：

（1）执行 Analyze ⟶ Correlate ⟶ Bivariate（二元变量），打开 Bivariate Correlations

对话框，如图 14-23 所示。

①选择两个或两个以上的变量移入 Variables 框。

②Correlation Coefficient 栏中 3 个复选项，用于计算变量之间的相关系数。

③Test of Significance（显著性检验）栏中有两个单选项，双尾假设检验、单尾假设检验。

④Flags significant correlations：标明显著性水平，用一个星号“*”表示 0.05 显著水平；用两个星号“**”表示 0.01 显著水平。

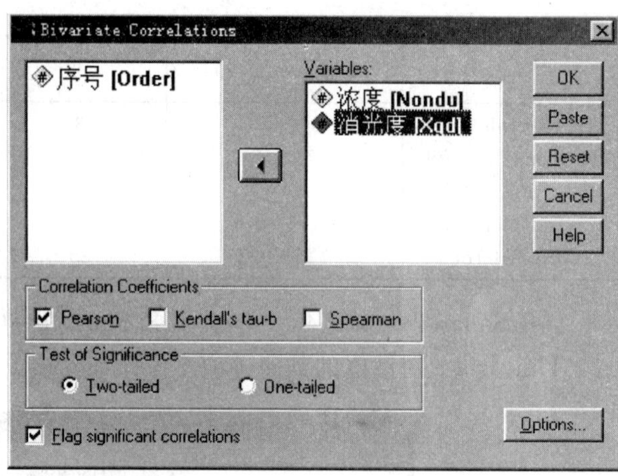

图 14-23 Bivariate Correlations 对话框

（2）单击 Options 按钮，打开 Options 选项对话框，如图 14-24 所示。

①Statistics：统计量选项。

② Missing Values：缺失值处理方法。

确定各选项后，单击 Continue 返回主对话框。

（3）单击 OK，提交系统执行。

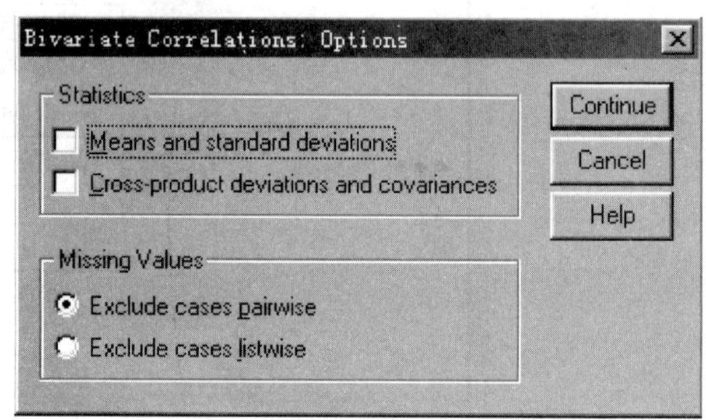

图 14-24 Options 选项对话框

（二）偏性关系数

［例 16-7］某公司的年总销售额与个人可支配收入、研发费用、投资和广告费用列在表 14-11，计算他们的偏向关系数。

表 14-11 相关数据列表

（单位：万/元）

序号	可支配收入	研发费用	投资	广告费用	销售总额
1	398	12.11	49.89	78.86	5 540.39
2	369	9.33	14.59	88.81	5 439.04
3	268	28.75	89.18	51.29	4 290.00
4	484	12.89	106.74	39.65	5 502.34
5	394	13.38	142.55	51.65	4 781.77
6	332	11.08	61.28	20.55	4 708.08
7	336	24.96	−30.86	40.15	4 627.81
8	383	20.81	−44.58	31.65	4 110.24
9	285	8.48	−28.37	12.46	4 122.69
10	277	10.73	75.72	68.31	4 842.25
11	456	21.87	144.03	52.45	5 740.65
12	355	23.51	112.9	76.68	5 094.10
13	364	13.89	128.35	96.07	5 383.20

（续）

序号	可支配收入	研发费用	投资	广告费用	销售总额
14	320	14.87	10.09	47.98	4 488.17
15	311	22.49	−24.76	27.23	4 033.13
14	362	23.37	116.75	72.67	4 941.96

二元变量的偏相关分析的步骤：

（1）执行 Analyze ⟶Correlate ⟶Partial Correlations（偏相关），打开 Partial Correlations 对话框，如图 14‑25 所示。

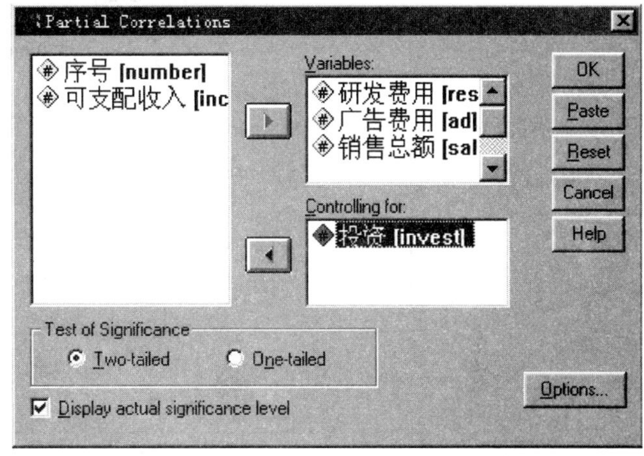

图 14‑25　Partial Correlations 对话框

①选择两个或两个以上要进行偏相关性分析的数值型变量，移入 Variables 框，要求上述变量中每一对变量均为服从二维正态分布的随机变量。

②从源变量清单中至少选择一个控制变量移入 Controlling for（控制变量）栏。

③在 Test of Significance 栏中选 Two‑tailed。

④Display actual significant level：标明显著性水平，用一个星号“*”表示 0.05 显著水平；用两个星号“* *”表示 0.01 显著水平。

（2）Options 选项对话框，如图 14‑26 所示。

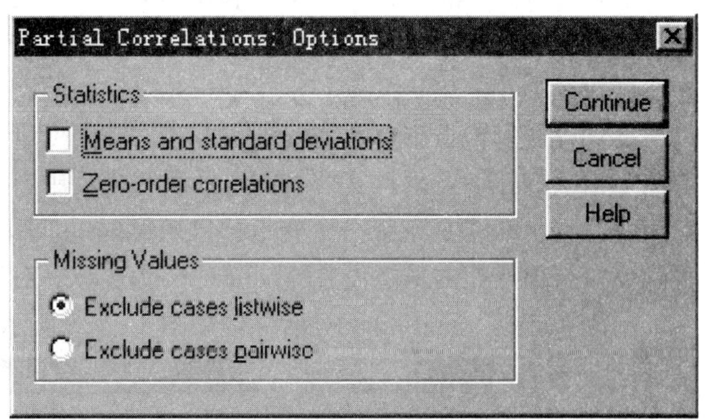

图 14‑26　Options 对话框

①Statistics：统计量选项。

Means and standard deviations：观测值数量、均值和标准差。

Zero‑order correlations：皮尔逊相关系数矩阵。

②Missing Values：缺失值处理方法。

确定各选项后，单击 Continue 返回主对话框。

（3）单击 OK，提交系统执行。

七、回归分析过程

（一）线性回归分析

以例 14‑6 为例说明线性回归分析的基本步骤。

（1）执行 Analyze ⟶ Regression ⟶ 命令，打开 Linear Regression 对话框，如图 14-27 所示。

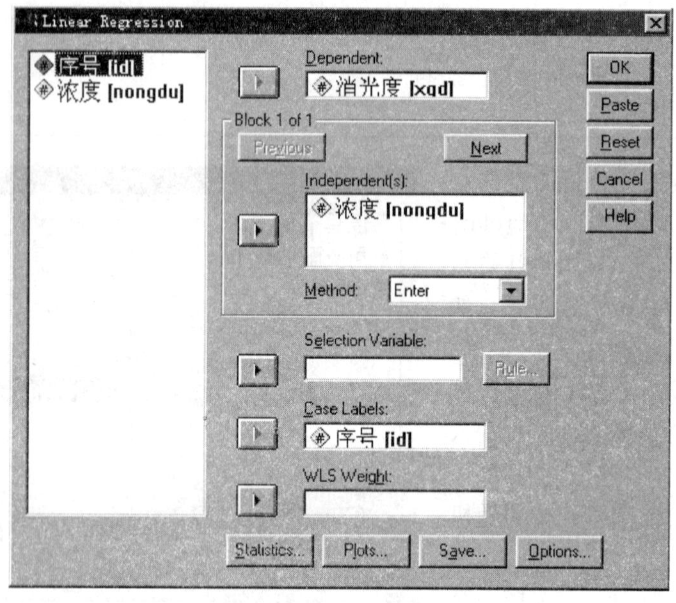

图 14-27　Linear Regression 对话框

①选择 xgd（消光度）移入 Dependent 框中，选择 nongdu（浓度）或回多个变量作为自变量移入 Independent 框中。

当仅选择了一个自变量时，就是一元线性回归。

②选择回归模型中自变量的进入方式。在因变量和自变量组选定后，单击 Method 框边的向下箭头按钮展开下拉式列表，选择回归模型中自变量的进入方式：

③Case Labels：选择一个变量移入矩形框里，用于标记所选中的观测量所对应的点。

（2）选项按钮的功能设置。Linear Regression 对话框包括 4 个选项按钮：

①Statistics：Statistics 对话框，如图 14-28 所示。

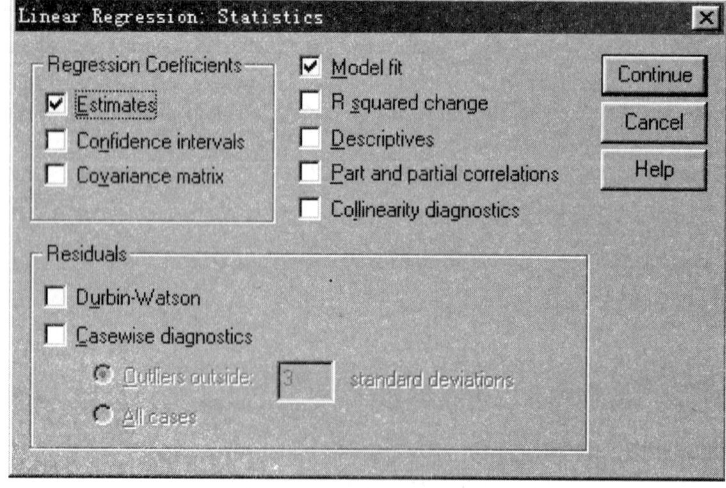

图 14-28　线性回归过程中的 Statistics 对话框

Regression Coefficients 栏：与回归系数有关的统计量。

Residuals：残差栏。

其他：

②Plots：Plots 对话框主要是完成制散点图、直方图等功能。

③Save：打开 Save 对话框。

此对话框决定将预测值、残差或其他诊断结果值作为新变量保存于当前工作文件或保存于新文件。

a. Predicted Values：预测值栏。

b. Distances：距离栏。

c. Prediction Intervals：预测区间栏

d. Residuals：残差栏

e. Influence Statistics：统计影响栏

f. Save to New File：保存为新文件栏

选择 Coefficients statistics（系数统计），单击 File，打开 Save of File 对话框，将回归系数或参数估计的植保存到指定的新文件中去。

g. Export model information to XML file：将模型信息输出到 XML 文件。

④Options 对话框，如图 14-29 所示。

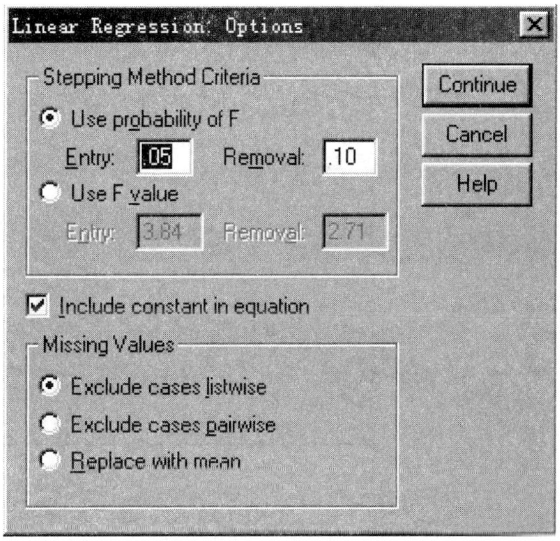

变量进入方式设置 F 测验统计量的标准值，以及确定缺失值的处理方式。

a. Stepping Method Criteria：逐步回归标准值栏。

b. Include constant in equation：回归方程里包括常数项。

c. Missing Values：缺失值处理栏。

(3) 确定各对话框选项以后，单击 OK，提交系统进行运算。

图 14-29　线性回归过程中的 Options 对话框

(二) 曲线估计过程

以例 16-6 为例说明曲线回归性分析的基本步骤：

(1) 执行 Analyze ⟶ Regression ⟶ Curve Estimation 命令，打开 Curve Estimation 对话框，如图 14-30 所示。

①选择 xgd（消光度）移入 Dependent 框中，选择 nongdu（浓度）或回多个变量作为自变量移入 Independent 框中。

②Case Labels：选择一个变量移入矩形框里，用于标记所选中的观测量所对应的点。

③Model：选择拟合模型。

(2) Save：save 对话框，如图 14-31 所示。

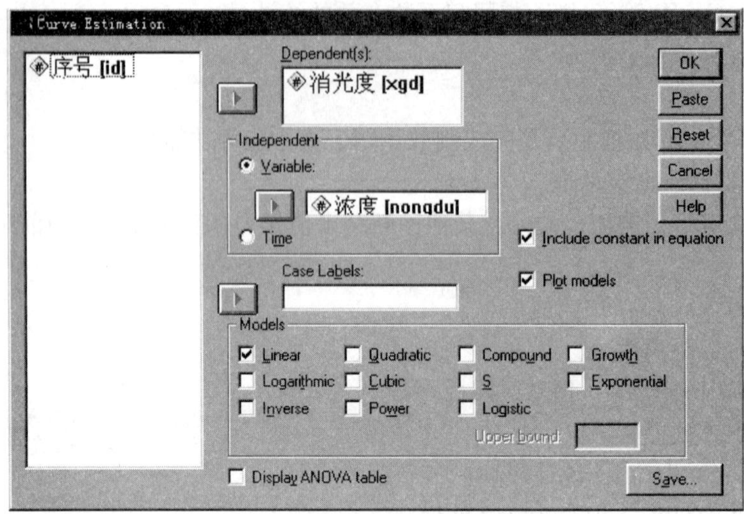

图 14 - 30　Curve Estimation 对话框

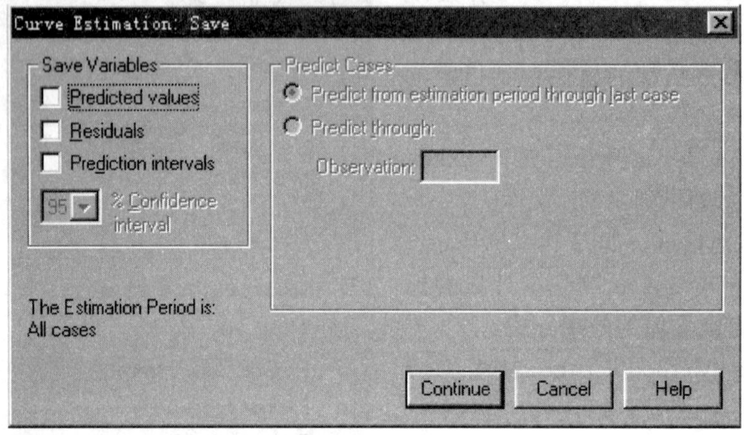

图 14 - 31　Curve Estimation 对话框

此对话框里的选项，可以将每个选择的模型得出的预测值、残差、预测区间等作为新变量保存于当前数据文件里。

①Save Variables：保存预测值、残差等

②Predict Cases：预测观测量栏

当主对话框的 Independent 里，选择了 Time 作为自变量的时候，这栏方可被激活。在这栏的选项中确定一种时间序列的预测周期。

Predict from estimation period through last case：对估计周期内的所有观测量计算预测值。

Predict through：用来预测时间序列中最后一个观测量之后的值。

（3）各选项确认以后，单击 OK 按钮，进行运算。

第三节　非数量型资料的分析方法

农村发展研究过程中，除了获取大量的数量资料以外，还获得较多的非数量型资料，如

反映社会现实的事例，典型经验等都是农村发展研究中需要分析的资料，非数量型资料的分析方法和数量型资料有较大的不同，最主要的区别就是非数量型资料不能进行一般意义的统计分析。

一、非数量型资料的分类

要对非数量型资料进行分析，首先要了解它的分类。一般可将非数量型资料分为六类：分别是事例，实录，轶事，场景、档案和影音资料。

（一）事例

事例即反映一定现象的各种实例。比如，辽宁省丹东市大梨树村党委书记毛丰美带领全村人民开荒种树，发展生态旅游，五味子基地使得全村老百姓过上了幸福快乐的生活，2005年大梨树村总产值6.6亿元，村集体总资产达2.1亿元，村集体纯收入1 600万元，村民人均年收入9 000元，是一个致富带头人带领大家走上致富道路的社会主义新农村典型事例。

事例作为非数量型资料的一种，首先要具有真实性，也就是说，它必须是真实发生的，真实性是对所有统计资料（包括数量和非数量）的最基本要求。除此之外，事例还具有自身的特性：①代表性。对任何事情而言，穷举的可能性都是不存在的，也是不必要的，可以选取一些具有代表性的事例来说明，事例的代表性愈强，愈典型，由此所说明的问题和得出的结论也就更具有说服力；②全面性。由于我们所运用的事例一般多为个别的，而所得的结论却是一般原理，从个别到一般，事例的全面性则显得很重要，要求事例能够涉及我们谈及问题的诸多方面，从政治、经济、文化等不同角度都能阐述出一般性规律来。从这个意义上说，事例和传统意义上的案例有相似之处。

（二）实录

实录主要包括对农村发展研究过程的真实记录。比如我们举行的一些社会调查研究，访谈或者参与式发展项目等。实录的方式可以有多种，可以笔录，也可以采用录音笔或者摄像机来完成。

在选用实录时，必须注意以下两点：①全面性，实录必须能真实地反映本意和全貌，也就是说不可根据农村发展研究过程中的只言片语进行实录，更不能曲解实录中的个人或者集体的本意；②技巧性，一般情况下，被录的对象在得知自己的谈话或者意思会被记录下来的时候，会有很多的情感抵触和心理反抗，这就直接会影响实录的真实性，最好在实录开始之前进行一些舒缓的谈话，营造一种良好温馨的氛围，打消被录对象的疑虑。

（三）轶事

轶事主要是指与研究对象有关的、但鲜为人知的事情。既然是鲜为人知的，那么，很有可能涉及研究对象个人的生活。因此，在使用时，首先，要注意其真实性，切不可杜撰，以免对研究对象产生消极或者不良的影响。其次，使用前必须要得到对方的允许，并且最好签订相应的授权文书。使用过程中必须严格遵照文书的规定执行，采用合理合情合法的手段进行，以免造成不必要的纠纷。

(四) 场景

场景是指在一定的场合下，置身其中的人的表现、态度、行为等。场景可以是真实的，也可以是模拟的。为了说明我们要研究和表述的问题，可以营造一些虚拟的场景，甚至再现一些场景。

场景的研究需要大家的积极参与，有些场景可以反复研究观摩，尤其是对一些行为方面的研究，需要不断发现场景中的细节，从而为农村发展研究提供更加多的视角。

(五) 档案

档案是指已经记载并有案可查的史料或事实。由于档案所记载的是不同的时代、历史条件下的事实，所以使用和研究中需要注意结合当时的社会背景综合分析，档案的获取需要一定的时间和精力，而且需要有相关部门的配合和支持，由于有些档案涉及保密内容，使用过程中应该注意保密。

(六) 影像资料

影像资料是指农村发展研究中所用到的各种影视资料，包括视频资料，比如社会、经济、历史等资料片等，或是访谈形成的视频文件，都可以作为农村发展研究的资料加以保存，以备研究使用。

可以把影响资料分门别类的进行保存，分析研究问题时可以随时获取出来作为佐证资料。

二、非数量型资料的统计分析

在获得了各类非数量型资料以后，下一步所要做的就是对这些非数量型资料进行整理、分析，从而得出一定的结论。这种分析主要可以从横面和纵面两方面加以拓展。

(一) 横向分析

横向分析也就是向广度进行扩展分析，广度拓展是基于马克思主义哲学中的联系的观点，也就是将所获得的资料与当前的经济社会现状、国内外的各种情况加以联系，从而获得较为全面系统的结论和观点。所谓从广度方面的拓展是指运用所获得的非数量型资料从适当的角度去获得结论。比如，有一个课题“农民如何才能又好又快的采用新技术”，在做这个课题时，我们做了以下资料工作，分别从心理学、社会学、经济学等不同角度去分析研究，具体分析方法可以从经济条件，心理因素，社会环境等不同方面来了解农民采用新技术的整个过程和心理变化，然后分析新技术本身，如新技术的实用性、时效性，难易程度、是否适合当地的发展和预期经济效益等，进而分析推广新技术时需要遵循的推广学原理、方法和技术，最后还要对新技术采用后的农民进行后续跟踪调查，反馈意见。

从上面的实例可以看出，一个研究问题需要多学科的共同作用和协调，上面的实例就涉及经济学、社会学、心理学、农学、农业推广学等不同学科的知识，所以对农村发展研究的人员来说，知识面一定要宽。

（二）纵向分析

纵向分析就是向深度进行扩展分析，深度方面拓展是基于马克思主义哲学中提到的历史的观点，也是纵向思维方法。

纵向分析主要是了解所研究问题的来龙去脉，也就是其发展脉络，从其根本上找出问题的起源、发展和演变过程，从历史的角度去看问题，得出问题的症结所在。分析其历史背景，也就不难理解其存在的原因了。

纵向分析需要借助一些资料，如年鉴，县志，再就是要亲自去当地获取，可以找一些年岁比较大的人来了解。

（三）影音资料的分析

从获取的影音资料可以分析出农村发展研究中所需要的资料，这种分析方法还可以节省成本，充分发挥集体思考的作用。具体来说，影音资料的分析可以从两个方面来进行：一是联系的方法；一是历史的方法。联系的方法是指从影音资料中得到其发展的现状，影响因素，成功经验等；历史的方法是从中研究其发展脉络和历程，从历史的角度获取其发展的动力和源泉。

小 结

本章主要是在资料整理的基础上，对农村发展资料的分析方法进行阐述，农村发展资料分析的方法主要是两种：一种是理论分析，主要阐述了理论分析的科学性、客观性和全面性原则，具体方法和步骤，重点介绍了几种理论分析的方法，如综合分析法、归纳演绎法、因果分析法等；二是农村发展资料的统计分析方法，首先介绍统计分析的意义，简要介绍了统计分析用的软件 SPSS、SAS、EVIEWS 等，其次重点讲解了如何应用 SPSS 软件对数量型资料进行统计描述和统计推断，统计描述主要讲述均值比较、方差分析，统计推断主要包括相关分析和回归分析，具体的分析方法和操作过程都有较为详尽的阐述，为农村发展研究提供可靠的科学统计结果，最后针对农村发展研究中的特殊资料即非数量型资料的分析提供了一些分析方法，如广度分析和深度分析方法。

思 考 题

1. 阐述农村发展研究中理论分析的意义。
2. 如何使用 SPSS 实现对数据的描述性统计？
3. 如何使用 SPSS 实现对数据的推断性统计？
4. 如何对农村发展研究中的非数量型资料进行分析？

第十五章　农村发展研究报告的撰写

农村发展研究的目的是为了了解农村发展过程中的客观存在的事物、发现存在的问题、反映情况、解决矛盾、总结其经验教训和农村发展的规律，并以此指导或影响人们的社会实践。因此我们非常有必要把所有通过农村发展研究过程中获得的各种信息资料，以文字的形式与人们进行交流沟通，即撰写农村发展研究报告。农村发展研究报告系统介绍农村发展研究的目的、方法、过程、结论及有关建议，是农村发展研究成果的集中体现，因而农村发展研究报告的写作，是农村发展研究工作过程中一项十分重要的部分。了解农村发展研究报告的类型、特点、作用、格式和结构，才能更好地将农村发展研究的成果运用于实践，指导实践。为有关部门的决策提供依据。

第一节　农村发展研究报告概述

一、农村发展研究报告的类型

农村发展研究报告依据不同标准可划分为多种类型。根据报告的内容、范围分为综合性发展研究报告和专题性的发展研究报告；根据报告的读者对象，可分为应用性、普遍性发展研究报告和学术性农村发展理论研究报告；根据调查报告的主要目的，可分为农村发展经验总结报告、揭示问题的研究报告等。

（一）农村综合发展研究报告

综合发展研究报告也称全面发展报告（或者叫概况报告）。其特点是范围较大，涉及的内容广、影响面大。

这类报告，通常是在某一地区或某一县的经济、政治文化等诸方面的历史和现状进行全面的调查，从其历史演变和现状两个方面来概述该地区的全貌，提供发展规划，如费孝通教授的《江村经济》，1999 年中国科学院《21 世纪中国的发展前景》等都是此类。

这类发展研究报告的作用是能使人们对大到一个国家，小到一个地区或者一个县的情况有一个比较完整的了解，有一个整体的概念。对于发展研究者来讲，要想做出一个地区的总体规划，做出正确的决策或采取正确的措施，这类发展研究报告是必不可少的。否则，只知其一，不知其二，不可能了解和掌握全面的情况，就不可能制定出一个符合本地实际情况的总体规划来。

如果使贫困山区脱贫致富，那么，就必须对该山区的历史和现状、自然条件、经济、政治、文化等诸方面做出全面的调查研究，并写出综合性的书面发展研究报告。只有全面了解该地区的整个情况，才能做出使该地脱贫致富的总体规划。

（二）专题发展研究报告

所谓专题发展研究报告，是指围绕某一个问题、某一个事件进行调查研究之后写成的书面报告。这类发展研究报告的特点是：内容比较专一，主题鲜明，针对性比较强；数据准确，说服力强；材料叙述较为系统、详尽，可以把矛盾揭露得更深刻一些，对某一问题的解决办法，处理意见、建议和措施更具体些。

这类报告的作用是有助于某一问题、事件的深入了解和解决。通过揭露某一尖锐问题，引起人们的注意。比如通过山区和边远贫困地区贫困户的调查研究。从而使有关部门了解到我国至今还有人未解决温饱问题，还处于贫困状态，因而引起各级党和政府的高度重视，并加大力度采取各种扶贫措施，积极帮助山区和边远地区脱贫致富。例尹继东、彭迪云等的《江西现代农业发展的研究战略与对策》就是专题发展研究报告。

（三）理论研究报告

在建设有中国特色社会主义新农村的过程中，有许多理论问题需要探讨，许多政策性问题需要研究。而就某些理论问题进行调查研究后写成的研究报告，即理论性研究报告。例如《关于农村雇工经营问题的探讨》、《农村雇工问题研究》等就属于此类。这两篇研究报告，对实行家庭联产承包责任制以后为人们所关注的雇工问题，进行了理论上的探讨，对雇工的现状、产生的原因、性质及其政策界限等问题，从实际研究材料出发，作了实事求是的分析，对于人们正确认识和对待我国当前农村出现的雇工现象是有益的。还有张曙光《决策权的配置与决策方式的变迁——关于中国农村问题的系统思考》、刘守英《土地使用权流转的背景、原因及要注意的主要问题》、卢迈《中国农村劳动力流动的回顾与展望》等，都从不同的方面对我国农村发展过程中出现的问题进行了理论的探讨，并提出了切合实际的对策与建议，对当前我国农村发展是有一定的指导作用的。

因此，这类研究报告的作用可以使人们的眼界开阔，使人们的思维得到启迪，使人们能更好地认识客观事物，探讨和掌握事物发展的客观规律。

（四）实际建议发展研究报告

这类报告是为某项工作，针对某种社会现象、影响问题，或对某项政策提出意见或建议而撰写的。如傅崇兰、杨重光的《温州市环境与生态建设战略研究报告》、黄速建、魏后凯的《西北地区实施西部大开发战略研究》属于此类。

另外，根据研究报告对今后发展研究的时间长短，有短期的发展研究和中长期的发展研究报告。以上的有关专题发展研究报告、实际建议发展研究报告就属短期发展研究报告。而中长期研究报告，就是对某地从现在起至今后若干时间内的发展，提出一些发展的想法和思路，对政府、有关行政部门在制定本地区、本部门的发展规划过程中提供理论依据，如《中国区域经济开发的中长期战略》就属此类。

二、农村发展研究报告的特点

上述的各种类型的研究报告，虽然内容简繁不一，形式各异，除了自己的特点以外，还有以下的共同特点：

（一）应用资料的丰富性

农村发展研究报告不应像小说情节（人物可以虚构），而应以丰富的调查研究材料为基础，让事实说话。必须如实地反映农村发展过程中的客观事实，反映客观事物内在的规律性。

（二）体现目的的针对性

不论什么类型的研究报告，都有着具体的研究对象，而且都有一定的目的。农村发展研究报告通常是领导机关为了及时了解农村实际情况，或者为党政及有关部门制定某一项方针政策提供服务的。因此它是某一地区或某一单位进行细致的调查研究之后而写成的书面报告，即它有很强的针对性。

（三）反映情况的现实性

农村发展研究报告是来源于对农村实际的调查研究。同时它反映农村的一些问题是农村中当前正在发生、发展的，以及在工作过程中的做法、体会、经验和教训等，所有这一切都是很现实的。

（四）具体写法上的独特性

农村发展研究报告与小说、散文、报告文学等写法显然不同。小说、散文、报告文学均属文学体裁，它们均要靠景物的描写，人物的刻画来取得社会效果。而发展研究报告则不然，它是在调查的基础上，通过大量材料的分析、研究，然后说明事件的产生、发展、变化和结果，找出规律性的东西，从中得出反映事物本质的观点和结论。但写法上可以夹叙夹议。

第二节　农村发展研究报告的结构与写作格式

农村发展研究报告的结构与一般的调查报告基本相同，其形式多种多样。基本的结构主要有：标题、导语、主体和结论。但各部分有自己的特点。

一、标　　题

标题又称题目，是用来揭示、评价、反映农村发展研究报告内容的文字。好的标题既能引人入胜，又能直接体现报告的主要内容和中心思想。它是整个报告的灵魂。

一般的，农村发展研究报告的标题要求既简洁、生动，又形象贴切，起到吸引读者注意，诱读正文的目的。据有关报道，人类获取信息的过程中，仅标题一项就占50%以上。因此对农村发展研究报告的标题要求做到：生动、形象、鲜明和醒目。

标题分为单标题和双标题。

（一）单标题

用一个内容的文字简单直接表示的标题称为单标题。其主要形式有两种：陈述式和结论式。

1. 陈述式。这类标题使研究的主题一目了然。如《我国财政支农资金与农业发展的关系研究》、《江西现代农业发展的战略与对策》、《温州市农业发展战略研究报告》等。这些研究报告的标题使人一看就知该报告所反映和研究的主要内容、问题，有利于读者根据自己的实际需要选择是否阅读。

2. 结论式。这类标题直接将报告的主题展示给读者，而且表明作者的观点、态度和结论，具有较强的针对性，且醒目、突出，如《中国农村扶贫开发对可持续发展的影响》。

（二）双标题

用双行、两个内容表达同一主题的标题，称为双标题。它分为正标题和副标题。正标题是标题的核心部分，它说明主要现象、事实或态度，其位置较显著，字体较大。副标题是对主标题的解释和补充，并对主要标题加以限制，如《决策权的配置与决策方式的变迁——关于中国农村问题的系统思考》。

在确定标题时切忌大而空，要精炼；切忌双标题内容文字重复，或正副标题倒置。

二、前　　言

前言又称导语、导言、引言，是发展研究报告的重要组成部分，是报告的基调、起点。一般的，前言要用精练的语言，开门见山、干净利落地概括全文。同时要求前言简明扼要又要重点突出，以便读者了解中心内容，又便于作者展开陈述。通常情况下研究报告是以对所提问题的描述开始，包括与概念相关的理论或概念框架的界定。然后进行文献评述，就是针对与研究相关的前人研究的总结性评论，从中找出自己研究的特色和创新，并随之引申出研究的目的和意义。主要有以下几种写作方法：

（一）问题先行型

联系研究的现象，说明研究的主要目的和意义。这是前言的写作格式中最为常见的一种，这种写法有利于读者较好地把握研究报告的主要宗旨和主要精神。

（二）设置悬念型

先描述社会现象，然后对这一现象产生的原因或这一现象的影响、作用、意义等提出若干问题。这种写作方法通过一连串的提问给读者设立悬念，增强了报告的吸引力。它一般常用于总结经验和揭露问题的农村发展研究报告。

（三）结论主导型

在描述现象、提出问题的同时，直截了当地写明结论，然后再在报告的主体部分详细地进行论证。这种写法开门见山，使读者对研究报告的基本观点一目了然，它也是前言较为常见的写作格式。

三、主　　体

农村发展研究报告的主体部分大约占整个篇幅的70%～80%，是研究报告的展开部分，作者在这部分要运用大量的数据和事实，及有关图表来叙述其观点。因此，这部分所占比例是最大的，是发展研究报告的中心。所以，一篇好的研究报告关键在写好主体。要写好主体，首先是尽可能多的占有数据、材料，同时要把握好数据、材料，做到结构严谨，条理清晰，重点突出。这部分写得如何关系到报告质量的高低和作用的大小，所以对这部分内容在结构上必须进行精心的构思，在写作这部分之前我们必须考虑这样几个因素：一是主题的需要；二是研究材料的情况；三是整个报告的结构。

（一）从写作格式来看

按照具体的写作格式上来分，通常有以下三种：

1. 纵式的写作方法。这种写作方法是按照研究的对象发生的时间顺序和逻辑顺序来描述和分析的。这种写法给人的印象是条理清晰，有始有终。

2. 横式的写作方法。这种写作方法是按照研究现象的不同方面或不同特征，从横的方面分别叙述，分别分析的。这一写作方法不仅可以让读者对现象的方方面面都有了解，而且，还能让读者对报告的研究问题有更深刻、更全面的理解。

3. 纵横交错式的写作方法。这种写法是上述两种方法的结合，在具体写作时是以一种结构为主。比如以纵为主，是总体纵横交错式的写作方法，就是在总体上是以事物发展的时间顺序为主线，在每一个阶段，又横向展开，从每一个侧面对事物的特征或性质进行论述。

报告的主体部分的写作一般以这三种形式为主，但是在具体写作时，到底采取哪一种，要视报告的内容、主题而定。最好根据调查研究的实际需要来进行构思，在传统的写作格式的基础上不断创新，以求达到突出主题、深化主题的目的。

（二）从写作的内容来看

按照具体的写作内容来说，包括以下几个部分：

1. 研究设计的介绍。主要包括有关研究方式、研究设计路线、研究方法、研究对象、研究区域和资料收集、分析方法等的介绍，主要针对导言部分所提出的问题，本项研究是采取哪一种方式进行探讨的？研究的基本设计是什么？这是研究报告的方法部分首先应该说明的问题。研究采取的是实验研究的方式呢？还是采取的调查研究、实地研究或文献研究的方式呢？在有关研究对象的介绍方面，要根据样本的构成情况做专门介绍。例如，对于调查研究来说，则需要对调查样本做全面的介绍。比如，抽样总体是什么（即总体的界定），样本是如何从总体中抽取的，即具体抽样方式和过程。样本的规模多大（即实际调查的人数），回答率或回收率如何等。有关资料收集方法的介绍方面，首先对研究的主要变量要进行说明，即说明研究的主要变量是什么，变量的操作定义是什么，这些变量是用哪些指标来进行测量的。如果是采用问卷调查的方式，还应该对问卷中用来测量这些变量的特定问题进行分析说明。对资料收集过程进行说明，即研究者把如何进行实验操作、实地观察或问卷调查的过程告诉读者。其次要对所用的工具进行说明：无论是实验所用的仪器、材料，还是测验所用的量表，调查所用的问卷，都要对读者进行一定程度的描述。比如，问卷包含多少个问题，主要是封闭式问题还是开放式问题，是否进行过试调查，在何地对哪些对象进行的试调查，试调查的结果如何等，都应作些说明。同时要对研究者实际采用的分析方法作些说明。同时，对于资料的处理、整理及分析过程，也需要做一些说明。在方法的最后部分，还对研究的质量及局限性的说明常常需要对研究程序、样本、资料等方面的质量进行评估。

2. 研究结果与分析。在结果的表达上，总的原则是先给出“森林”，然后再是“树木”，即先给出总体的、一般性的陈述，然后才是个别的、具体细节的陈述。主要内容包括现状分析，一般对某地区、某研究的领域现状进行较透彻的分析，为下一部分找出问题做好准备；对面临的问题及问题形成的原因进行分析，主要是对该领域出现的问题是如何形成的，如果继续下去，会造成什么样的后果等做出较深刻的反思；提出今后发展的思路与对策，在前面分析、反思的基础上，提出今后发展的战略目标、对策、措施等，并做出详细的论述，为政府、有关部门决策提供依据。

研究结果与分析的写作的步骤，可以包括以下几个环节：第一，再次向读者提示你在报告的导言部分所提出的概念性问题，即对所研究问题的概念性陈述。第二，向读者提示你在研究中实际完成的操作或实际测量的行为。即对问题的操作性陈述。第三，告诉读者你的答案。比如，“回答是肯定的”。现在且仅仅是现在，用数字、图形、表格、材料来向读者说话。即从这时开始，向读者展示你的详细的、具体的证据和结果，并对这些数字、图形、表格进行必要的说明和解释，在每一个结果的末尾部分，都应对该结果所处的位置做一简要的小结。要注意用一种平滑的转折句把读者引向结果的下一个部分。

四、结　尾

结尾部分一般以讨论、结论和建议的形式出现。讨论与导言部分密切相关。讨论一般是告诉读者你从研究中掌握了什么开始。从研究的结果中，能够得出什么样的推论呢？这些推论中，哪些同研究的数据资料结合得相当紧密？哪些则在较抽象的层次上同理论更加相关？对于研究的结果来说，它的理论内涵和实践内涵又是什么？在讨论部分，我们可以把自己的研究结果同在文献评论中列举的那些研究的结果进行比较，看看是否又一次验证了它们的结论。同时还可以讨论自己的研究可能存在的缺陷，讨论将自己的结论进行推广时必须具备的条件及所受到的限制。讨论部分还包括，对于研究仍未能回答的那些问题的讨论，对于在研究中新出现的问题的讨论，以及对有助于解决这些问题的研究的建议等。在解释性研究中，一个没有证实的假设也是一个重要的结果，它同样对深入探讨所研究的课题具有价值。

五、小结、摘要、参考文献及附录

作为一篇完整的农村发展研究报告，还要包括小结或摘要、参考文献和附录等部分内容。在一些较长的研究报告中，常常有一个非常简要的小结，即对以上内容做个提纲挈领的总结。现在一些专业性的研究报告常以摘要代替小结，而且，不是放在报告的结尾，而是放在报告的开头，大约200～300字，有些期刊类的研究报告需要翻译成英文摘要，主要是介绍研究的方法、内容、结果等。

普通发展研究报告一般不要求列出参考文献，而学术性调研报告则要求在报告的正文写完之后列出主要的参考文献，包括书籍和文章。对于书籍，一般先写作者，如果是翻译著作，那么紧接着是译者，然后是书名、出版社、出版时间。如果是英文书籍，只是将出版地点和出版社放在出版时间的前面。中英文文章的写法是：作者、文章名、刊物名称、某年某卷（期）某页。同时要注意针对发展研究报告发表的不同出版社和刊物的写作要求，进行相应参考文献格式的写作。

并不是所有的发展研究报告都有附录这一部分，只有那些正文写得较为精炼，而需要一些调查资料来补充说明问题的报告才有附录。附录的内容一般是精选的研究佐证材料，包括统计数字、图表、旁证材料等。有的附录内容甚至比正文还长。附录的主要目的是帮助读者进一步弄清报告的详细研究情况。

第三节　农村发展研究报告的写作步骤和写作时应注意的问题

一、农村发展研究报告的写作步骤

（一）确定农村发展研究报告的读者对象

在正式动笔撰写农村发展研究报告之前，首先必须认真考虑这个问题。农村发展研究报告的读者对象可能是专家学者，可能是政府部门的决策者，可能是一般群众。由于读者对象不同，农村发展研究报告的写作也有很大的不同。一般来说，专业工作者对概念、理论的理解及研究步骤都较为熟悉，他们希望报告写得精练、准确、严谨。政府部门的工作人员对于农村发展研究报告中那些对现有政策及管理提出改进意见的资料更感兴趣。他们希望读到的报告能多提供解决问题的方法。而对于一般群众来讲，由于这个群体内部兴趣差距较大，所以，他们更喜欢看具体生动、通俗易懂的报告。因此，在报告撰写时首先明确你的读者对象，这是写好报告的关键一步。

（二）确定报告的题目

报告的题目的确立，可以使报告目的明确，写作时合理地取舍资料。任何一次研究，都会收集到与研究主题相关的各个方面的材料，撰写研究报告并不是把这些材料堆砌在一起，而是从中选择一部分作为你在报告中向别人介绍的内容。这里就涉及选材问题。选材实际上就是确立报告的题目，或者报告的研究角度。如何从众多的材料中，选择一个合适的角度呢？第一，要考虑到社会实际需要，越与实践联系密切的题目，越容易引起人们的重视。第二，要考虑题目的新颖性，也就是说有无他人做过此类的研究，如果没有当然更好，如果有，试图选择一个与他们不同的角度。第三，还要考虑到自己的实际能力以及客观条件允许的情况，比如时间、资料等。

（三）拟定写作提纲

确定好写作的角度，手头也筛选了不少资料，但这并不等于就可以顺利地撰写发展研究报告了，因为你必须要把这些材料按照一定的思路组织起来。那么理清思路的过程实际上就是形成提纲的过程。在拟定提纲时要注意以下问题：

1. 围绕中心。只有围绕中心，提纲的拟定才可能符合要求。在编写提纲的时候，不仅对报告的中心，而且对于各段落各层次的中心都应清清楚楚。在提炼中心的基础上，将思维放开，对思考的问题进行逻辑分析，然后分类、概括，理出整个报告的提纲。

2. 材料的选择和使用。在这个环节就要确定报告使用哪些研究资料。为了让报告读起来生动具体，报告应尽可能使用数据资料，但是必须是精心选择出来而且经过认真核实的。如果还需引用别人的资料，对于引用的部分也必须进行认真的核实工作，并且注明资料的出处。

3. 报告的写作格式。确定报告的写作格式包括确定整个报告的结构以及报告每一部分的写作形式。最常见的是按照报告的结构的几个部分来确定。如题目用什么样的格式，前言用什么格式，主体选择什么样的形式等。

（四）写出报告的草稿

在确定好报告的主题、方向，拟定好提纲以后，就可以动笔开始写初稿了。初稿最好由研究的负责人亲自主笔，或者应亲自参加。如果有可能，在初稿写作的过程中，还应征求研究组其他人员的意见，这样写出的初稿才能比较真实可靠。

（五）定稿

初稿完成以后，要认真地进行修改。对于报告中使用的数据资料再次和原始资料进行核实，确保数据的可靠。

二、农村发展研究报告撰写中应注意的问题

（一）语言文字表达要精炼科学

农村发展研究报告中使用的语言不同于文学作品，它不要求用华丽的词语，而要使用科学的语言，力求准确、严密、简洁、准确，即语言最大限度地同客观实际相一致。准确是使用了最恰当的词语再现了事物的原貌，贴切地表达了自己的观点。在学术性报告中，应尽量使用专业术语；普通报告中，也不能通篇使用日常用语，力求用中性的、不易产生分歧的语言。另外，应尽量少用“可能”、“估计”、“差不多”之类的不确定的词语。修辞中的比喻也少用为好。在叙述事实时，应尽可能使用第三人称或非人称代词，如“笔者以为……”，“这一结果表明……”，等等。

（二）引文注释要规范严谨

规范性主要指书写的规范，不随意制造简化字、新词和写错别字，同时也指在引用别人资料或者对某些不太容易理解的内容时使用的注释以及报告的主要参考文献要规范。尤其是注释，它的使用在报告中是必不可少的，通过它，既告诉了别人资料的来源，或帮读者解释了疑难，也表明作者是一个遵守学术道德的人，尊重他人的劳动成果。注释的形式一般有三种：夹注、脚注和尾注。夹注通常是在引用的资料之后用圆括号括起来。脚注是只在引用的

资料处作一注释符号，比如用①、②、③等标在该资料的右上角，然后用小一号的字在该页的最下端说明引文的出处、时间等。尾注则是将所有脚注一并移到文章的结尾，按顺序派出。

第四节 农村发展研究报告示例

在下面我们将给出一个农村发展研究报告的写作示例，通过它，你可以进一步熟悉农村发展研究报告的几个组成部分，并尝试自己撰写调研报告。由于篇幅的限制，这里只能介绍普通报告的示例。

东北地区农村家庭结构变迁的调查与分析

——基于辽宁省一个典型村落的田野调查

* *[a,b]，* * *[a]

（* *农业大学 a. * *学院；b. *学院，辽宁 沈阳 110161）

摘要：对辽宁省一个典型村落的田野调查表明，改革开放以来东北地区农村家庭结构发生了很大变化，主要表现在：农村家庭规模不断缩小，农村劳动力的文化水平和有技能的劳动者数量都有所提高，农村家庭决策模式逐渐向男女共商决策模式演变，晚婚晚育普遍，婚姻自主化，婚姻质量提高。农村家庭子女教育费用逐年提高，农村养老方式正在向社会养老保险方面发展。农村职业分化明显，其中亦工亦农亦商和工人阶层所占比例最大。最后提出了加强政府对职业技术教育的指导和扶持、提高个人道德素质和法制观念、加强对老人生活照料和精神的慰藉和深化以户籍和土地制度为主体的各项制度改革等一系列优化农村家庭结构的政策和建议。

关键词：东北地区；农村家庭；结构变迁；田野调查；人口结构；文化结构；婚姻结构；抚育赡养结构；职业结构

改革开放以来，我国农村社会、经济和体制发生了剧烈变迁，家庭作为农村社会最基本的设置也不可避免地发生了巨大的变化。东北地区农村具有典型的地域文化特色，尤其是清朝以来“闯关东”后分化而成的家庭而聚居而成的村落和乡镇，在时代风雨中已经产生巨大的变迁，尤其是改革开放以来农村家庭结构正在发生巨大变化。所以，在新形势下，非常有必要深入调查和分析农村家庭变迁状况，为东北地区农村发展创造更好的家庭环境，为国民经济发展提供基础保障。

本研究采用田野调查方法，以辽宁省一个典型村落作为研究的切入点，分析研究改革开放后农村家庭结构变迁的情况及其原因，揭示东北地区农户家庭结构变迁产生的问题，对于正确认识和把握农村家庭变迁的方向和趋势具有重要意义。

一、对象和方法

2008 年 4—5 月，调查在辽宁省盘锦市大洼县 Z 乡 L 村进行。Z 乡位于辽东湾北部，双台子河口国家级自然保护区核心区。辖区总面积 $163km^2$，下辖五个行政村，总人口9 014人。L村属于湿地气候，现有人口2 025人，人年均收入在6 000元左右。改革开放以来，该村发展势头强劲，农业上积极推进稻田养蟹，工业上继续发展农产品深加工，同时，大力发展生态旅游业和服务业。

在研究方法上，此类研究大都以大规模的人口或家庭户调查作为数据来源和分析依据，采用定量研究方法[1]。也有一些学者采用定性研究方法。如胡亮对中国家庭结构变迁特点及原因进行的分析[2]。在研究思路上，多数研究者都采用把家庭结构的变动置于现代化转型的框架进行分析。如可凌玮和郭学贤分析改革开放对家庭结构的影响[3]。在研究学科上，涉及哲学、社会学、经济学、管理学、建筑学等[4,5]。在研究范围上，既有从全国的宏观视角，也有关注一个村的微观考察[6-10]。在研究范围上，既有对家庭某一方面进行研究分析，也有对家庭的某些方面进行整体性分析研究。

本研究在大量收集文献资料和实地调查获取资料的基础上，通过问卷调查与半结构访谈相结合的方式对L村进行具体调查。调查的主要内容包括农村家庭的人口结构、文化结构、婚姻结构、抚育和赡养结构和职业结构五个方面，主要涉及农村家庭规模、家庭代际结构、家庭劳动力受教育的程度、家庭决策模式、婚姻观念、抚育赡养问题和职业结构变迁等问题。问卷分发采用分层抽样的方法，按年龄进行分配，并注意性别比例协调。本次共计发出150份问卷，实际有效问卷为145份，有效率为96.7%，其中男性71份，女性74份。此次访谈调查的人数总计为39人，其中村干部3人，包括书记、村长和妇女主任；当地村民36人。

二、结果与分析

（一）家庭人口结构变迁

1. 家庭规模。L村1984年和1990年户均规模的数据显示，从1984年的3.95人到1990年的3.59人，减幅为9.11%。而2007年L村总人口达到2 005人，总户数625户，户均规模为3.24人，较1990年减幅为9.74%。经历20多年的发展变化，户均规模减幅达到17.97%。由此，我们不难看出，随着农村经济的快速发展，农户家庭规模一直在不断的缩小。这与可凌玮、郭学贤研究结果认为家庭规模趋向于小型化、微型化的结果是一致的[3]。

2. 家庭代际结构。调查显示，2007年L村中一代人的家庭比例占样本总数的19%，二代人的家庭占58%，三代人的家庭占23%，四代人和五代人的家庭已经消失了，农户家庭的代际结构正在逐步降低。对比大洼县1990年人口普查的结果，四代人和五代人的家庭各占1%。最明显的变化就是2007年四代人和五代人的家庭已经彻底消失了，其次就是一代人的家庭迅速增加，增幅达111%，二代人的家庭比例有所下降，但仍占主体地位。这与邓大才对中国洞庭湖区进行大量调查得出的变化趋势是一致的，只是各个代际的比例有所差异[12]。分析原因一是1982年L村开始实施严厉的计划生育制度，家庭生育数量受到制约，家庭人口规模势必会缩小；二是经济因素。L村年轻人一般外出打工，打工收入远高于务农收入。年轻人不愿将自己的高收入拿回大家庭吃“大锅饭”；三是当下很多年轻人渴望属于自己的独立空间，不愿意与父母生活在一起。

（二）家庭文化结构变迁

从1993年、2000年和2007年L村劳动力的规模与构成可以看出，L村劳动力规模总体呈现上升趋势。在九年义务教育制度的大力推进下，劳动力素质有了质的飞跃，小学及以下文化水平的劳动力比例迅速下降，而初中及以上的则显著上升（表15-1）。劳动者的平均受教育时间显著上升，已由1993年的5.96年提高到2007年的8.8年，14年增幅达47.65%。与此同时，农民接受技术培训的劳动力人数呈不断上升趋势，到2007年，接受过技术培训的劳动力达到16.9%。劳动力的文化水平和培训率的提高，主要原因是自1993年，当地积极推进“普及九年义务教育工程”，其次是1995年以后成立了职业技术教育培训中心，注重对农民的技术培训。史清华在调查浙江十村中发现，劳动力的文化水平和技术素质也都随改革开放进程呈上升趋势[4]。这与本研究的调查结果是一致的。

表15-1 L村劳动力的规模与构成

年份	劳动力（人）	文化构成（%）				人均受教育年限（年）	参加培训情况（%）	
		不识字或识字不多	小学	初中	高中及以上		是	否
1993	645	17.03	39.17	37.25	6.54	5.96	7.57	92.43
2000	691	10.46	36.67	43.35	9.31	6.54	9.33	90.67
2007	870	9.75	33.1	46.11	11.04	8.8	16.9	73.1

（三）家庭婚姻结构变迁

1. 家庭权力结构。由图15-1可以看出，随着时间的推移，世代的演变，农户家庭的决策模式发生了明显变化。就丈夫决定模式而言，从30岁以下到60岁以上总体上是先上升后下降，在51～60这个年龄段达到最高，比例为45%；妻子决定模式，总体上看所占比例不高，但是以女性为主体决策呈强化趋势；夫妻共同商量决策模式大体上呈下降趋势，最高值出现在31～40岁这个年龄段里，比例为60%；子女参与决策模式的比例总体上是先下降后上升，在30岁以下和60岁以上这个年龄段里所占比例较高。这一结果表明：农户家庭决策模式由传统的“男主外，女主内”模式逐渐向现代的男女共商决策模式演变，而且男女共商决策模式占据主体地位。可见，共同协商决策模式将是目前乃至未来农户家庭决策模式选择的一种重要趋向。

2. 婚姻观念。随着农民文化水平的提高，以及受城市文化的影响，L村人的婚姻观念发生了很大转变。主要表现为：第一，晚婚晚育现象普遍化。晚婚晚育成为改革开放后人们对于传统婚姻模式的反思。小家庭中两性关系的不稳定，性观念的开放，使农村中青年人面对婚姻家庭时格外慎重并且给予一定的缓冲。2000年，L村晚婚平均年龄在26.6岁左右，晚婚率达70%，计划生育率99%，一孩率75%。第二，婚姻自主化，婚姻质量提高。在与老人的访谈中，谈到孩子结婚问题的时候，父母都强调现在不像以前“父母之命，媒妁之言”，现在孩儿们都喜欢自己找对象。村里的年轻人除了上学的多数都出外打工，他们依靠自己的劳动来维持，他们按照自己的意愿来安排自己的婚姻。婚姻成为个人的事，由自己处理，他们看重个人爱情和个人生活。究其原因：一是当地计划生育政策的有力实施。晚婚晚育政策是计划生育政策中很重要的一个内容，当地用各种形式进行宣传教育，包括用宣传

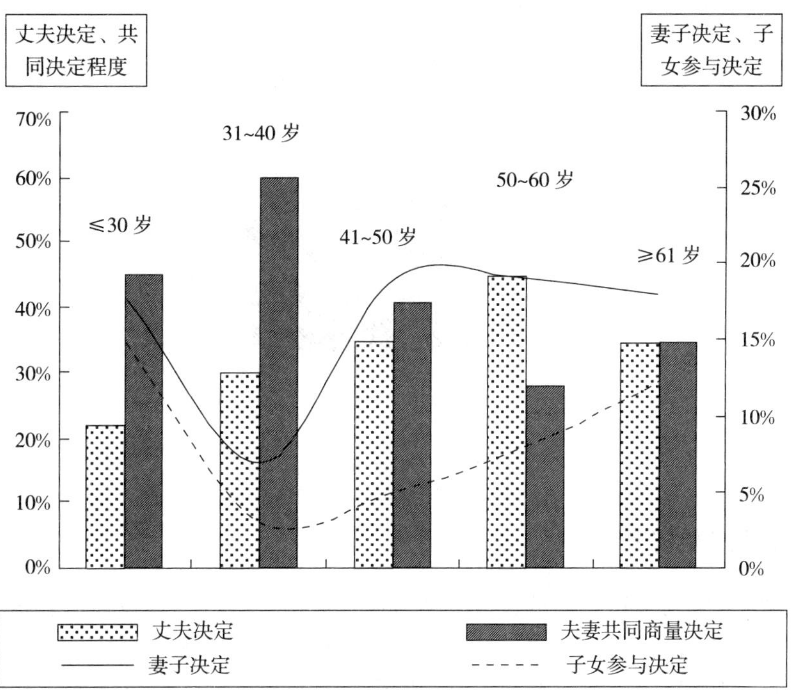

图 15-1　农户家庭决策模式的世代演变

板、组织快要结婚和已婚的男性和女性学习相关知识等；二是外出打工者增多，且以青年人为主。青年人外出打工，他们好奇心较强，学习能力也较强，很容易融入城市生活，被城市的文化同化；三是受经济生活条件影响。现在物价水平越来越高，而且结婚和生孩子都是农村家庭的大事，婚姻花销费用很大。所以，很多人自然想多挣几年钱，再考虑结婚等其他事情。

（四）家庭抚育和赡养结构变迁

1. 子女教育。在家庭抚育中教育始终是最重要的活动之一。调查中发现，子女教育费用在农村家庭支出所占比重越来越大。例如 2007 年，L 村子女教育支出占家庭总支出平均为 16.3%。有很多家庭把家里的收入主要用于供子女上学，其中，文化水平越高、收入越高的家庭，对教育消费的投入越大。其次家庭对子女教育的功能逐步弱化，尤其是学龄前。调查发现，很多农民选择把学龄前儿童送到幼儿园而不是在家照看。充分显示出父母希望孩子能更好地接受教育的愿望。

2. 赡养结构。统计数据表明，L 村 60 岁以上的老人占总人口的 12.4%，已经超出联合国定义的 60 岁及以上老人超过总人口的 10%的老龄社会标准。而且随着青壮年不断涌向城市，这个比例还会进一步提升。随着 L 村进入到老龄化社会，养老方式也在发生变化。从图 2 可以看出，依靠养老保险金作为养老方式的比例达到 37%，依靠自己养老的比重达到 40%，而依靠子女供养比例只有 18%。这一结果表明：农村养老方式正在由依靠家庭养老转向依靠自己和依靠养老保险。此结果，与朱有国认为目前农村养老方式仍以家庭养老为主有一定差别[13]。分析原因，主要是受家庭规模、家庭类型变化和家庭婚姻理念变化的影响，还有就是轻老重幼的亲子关系和人口老龄化的现状造成的。

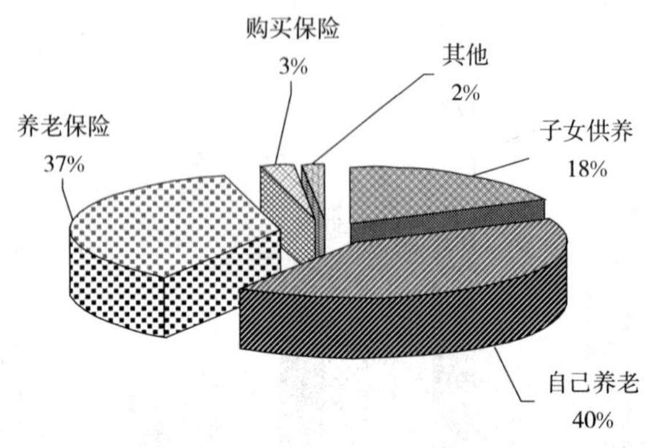

图 15-2　农户养老方式统计图

（五）家庭职业结构变迁

家庭职业结构变化实际上就是农村劳动力从农业向非农产业的转移，它是劳动生活方式现代化的重要标志。在 1984 年以前，L 村 98%的人口仍然以种植为主。实行土地承包责任制之后，随着农村商品经济的发展和生产力的提高，L 村二三产业也逐渐兴起，目前出现的新行业有旅游服务业、运输业和商业等。目前，L 村大部分中青年都到村外出打工，以男性居多。年长一些的人外出打工地比较近，多从事瓦工、木工等重体力劳动。年轻点、有学历、有技术的人离家也远些，比如有从事电焊，计算机工作的人。外出打工的女性，有卖服装、卖鞋或者到饭店打工的。若以职业作为分层标准，L 村农民可以分成七个阶层，即农业劳动者、工人、个体或合伙工商劳动者、亦工亦农亦商、农村知识分子以及农村管理者，其中亦工亦农亦商和工人阶层是人数最多的阶层，约占 L 村总人口总数的 64%（表 15-2）。L 村家庭职业结构变化是一个多因素相互作用的结果。首先是 1984 年家庭联产承包责任制的实施，其次是产业结构的调整，还有就是农民文化素质的提高和传统思想观念的改变。

表 15-2　L 村农民阶层结构

阶层名称	人数（人）	结构比例（%）
农业劳动者层	12	8
农村知识分子	2	1
农村管理者	2	1
个体或合伙工商劳动者	19	13
私营企业经营者	4	3
工人	26	18
亦工亦农亦商	80	56

三、结论与建议

（一）结论

改革开放以来，L 村的家庭结构确实发生很大变化。在这些变化中，有很多是朝着好的方面发展的，但在发展变迁中也产生了一些问题。

1. 在农村家庭人口结构方面。随着农村经济社会的发展，农村家庭规模不断缩小，农村家庭代际结构变化明显，其中二代人的家庭比例有所下降，但仍占主体地位。

2. 在农村家庭文化结构方面。农村劳动力的文化水平和有技能的劳动者都有所提高，特别是外出打工者，但是与城市的劳动力文化水平和技能水平相比还是比较低的，竞争时依然处于劣势，所以只能做一些与体力劳动相关的又脏又累的职业。

3. 在农村家庭婚姻结构方面。农户家庭决策模式由传统的"男主外，女主内"模式逐渐向现代的男女共商决策模式演变，同时晚婚晚育现象普遍化，婚姻自主化，婚姻质量提高。但农村中婚外恋、未婚同居等现象增加，特别是在青年人当中，未婚同居的现象较多。

4. 在农村家庭抚育与赡养结构方面。农村家庭都非常重视子女教育问题，其支出费用在农村家庭支出所占比重越来越大，农村养老方式正在由依靠家庭养老转向依靠自己和社会养老保险方面发展。但在养老问题中还存在缺乏对老人的日常生活照料和精神需求的满足等方面的问题。

5. 在农村职业结构方面。随着农村劳动力从非农产业的转移，农村职业结构发生了很大变化，出现了农业劳动者、工人、个体或合伙工商劳动者、亦工亦农亦商、农村知识分子以及农村管理者，其中亦工亦农亦商和工人阶层是人数最多的阶层。但农户家庭职业结构分化不充分，容易产生边缘化群体，尤其是亦工亦农亦商的农民阶层类别的边缘化群体，由于其利益不再单纯地依赖于村集体或农业、农村，甚至可能更多地来源于新的单位、新的职业、新的社区。在缺乏社会保障的情况下，农村成为他们抗御风险的避风港，农业和土地成为他们生存的保障因素。农村和城市"双栖"的生活方式不仅给农村家庭带来大量问题，对城市的发展也带来一些不确定因素。

（二）政策建议

1. 加强政府对职业技术教育的指导和扶持。政府应该加强对职业技术教育的指导和扶持，鼓励农民参加职业技术培训，提高自身素质，增强自主意识、自身适应能力和市场竞争力。建立以政府为主导的多元化资金投入体制，积极鼓励和支持社会力量，特别是企业和大专院校、科研单位、农民合作组织进行农民职业技术教育，给农民参加职业技术教育打开方便之门。

2. 提高个人道德素质和法制观念。虽然婚姻变得自主化，婚姻生活质量提高了，但是如果人们的思想过于开放，把握不好度的问题，很容易产生婚外恋、未婚同居等现象，从而降低婚姻幸福指数。因此要提高个人的法制观念和个人道德素质，不做背信弃义的事情。

3. 加强对老人生活照料和精神的慰藉。作为子女应该多抽时间多回家看看，用尽量多的时间陪父母生活，不能常回家的，也要多给老人打电话，说说话儿，减少老人的精神空虚和生活孤单寂寞；作为农村社区，应该多组织适合老年人参加的活动，让农村的老人们有一个幸福、快乐的晚年。

4. 深化以户籍和土地制度为主体的各项制度改革。要想解决农民家庭职业结构分化产生的边缘群体，首先应继续深化户籍制度改革，全面废除农业、非农业户口之分，并逐步剥离有关部门附加在户口管理上的诸多行政管理职能，使就业竞争不再受身份限制。其次，应加快完善社会福利制度和社会保障体系改革，全面推行面向城镇非农业就业人口的住房、失业、教育、生育、养老和医疗保障，拆除所有阻碍农民进城的制度门槛。第三，加快土地制度改革。积极地探索建立土地使用权的合理流转制度。允许外出打工、经商的农户依法有偿转让、转租、入股抵押土地承包权，防止土地荒芜，切实解决进城农民的生产生活的后顾之忧。

参考文献

[1] 李　颖．甘肃省农村家庭教育态度与方式调查研究报告［J］．中国农业教育，2007，(1)：11-13.
[2] 胡　亮．由传统到现代—中国家庭结构变迁特点及原因分析［J］．西北人口，2004，(2)：29-31.
[3] 可凌玮，郭学贤．改革开放对家庭结构的影响［J］．郑州大学学报，2003，36 (1)：78-81.
[4] 史清华．农户经济可持续发展研究—浙江十村千户变迁（1986—2002）［M］．北京：中国农业出版社，2005.1-3.
[5] 李大为．家庭人口小型化与住宅建设［J］．华中建筑，2002，20 (4)：67-68.
[6] 蒋　艳．当代中国农村家庭结构变化的原因分析［J］．安徽农学通报，2007，13 (2)：40-41.
[7] 张原震．中部欠发达地区农村老年人养老现状的调查与思考［J］．人口研究，2000，24 (5)：41-44.
[8] 钟瑶奇．重庆市家庭结构变迁研究［J］．重庆大学学报，2003，9 (1)：74-78.
[9] 郑卫东．二十世纪村落家庭结构、家长权威与生育的变动［J］．山西师大学报，2007，34 (4)：26-30.
[10] 温　蓉．社会变迁中的东乡族家庭：结构、功能及家庭成员关系［J］．社会纵横，2007，22 (4)：130-131.
[11] 唐　灿．中国城乡社会家庭结构与功能的变迁［J］．浙江学刊，2005，(2)：201-206.
[12] 周　杨，刘钟钦．农村公共产品供给与辽宁省西北欠发达地区农业增长问题研究［J］．沈阳农业大学学报（社会科学版），2009，7 (3)：267-271.
[13] 邓大才．湖村经济——中国洞庭湖区农民的经济生活［M］．北京：中国社会科学出版社，2006：21-22.
[14] 朱有国．我国农村家庭养老面临的困境与对策［J］．郑州航空工业管理学院学报，2007，25 (5)：76-79.
[15] 盘锦市大洼县地方志编纂委员会编．大洼县志［M］．沈阳：沈阳出版社，1998：34-36.

从上文我们可以看到，这是一篇以东北地区农村家庭结构变迁为主要研究内容的农村发展研究报告。文章的标题是直接陈述式。全报告分成了五个部分，但如果按照报告的结构看，它仍然是由三个部分组成：即导言（前言或引言）、主体（文中对象与方法，结果与分析部分）、结尾（文中结论与建议部分）。

在导言部分，作者写得非常简短，在这部分中主要介绍了研究的背景、目的和意义。主体部分是这篇报告的重点，属于我们介绍的写作方法中的第一种方法，也是较为常用的一种写法。它在整个报告中占的篇幅也是最大的，约为80%。主体的写作格式是我们介绍的第二种，即按照调查现象所包含的不同特征或不同方面来逐一描述的。主要介绍了调查的范围、调查的内容以及调查的方法，并且对调查问卷涉及的几个主要方面进行了分析。报告的结尾部分简单地对全文作了个小结，而且提出了作者的建议，以供有关部门参考。

小　结

本章主要介绍了农村发展研究报告的类型，主要包括农村综合发展研究报告、专题发展研究报告、理论研究报告和实际建议发展研究报告，并指出农村发展研究报告在应用资料的丰富性、体现目的的针对性、反映情况的现实性和具体写法上的独特性等方面存在突出特点。农村发展研究报告类型多样，但基本结构主要包括标题、导语、主体和结论四大部分。在农村发展研究报告的写作过程中，要遵循确定农村发展研究报告的读者对象、确定报告的题目、拟定写作提纲、写出报告的草稿和定稿等五个步骤。同时要注意语言文字表达要精炼科学和引文注释要规范严谨等问题。最后列举了常见的农村发展研究报告实例。

思　考　题

1. 农村发展研究报告的类型有哪些？有什么特点？
2. 农村发展研究报告的格式有哪些部分？
3. 农村发展研究报告的写作步骤和应注意的问题有哪些？
4. 结合调查实践，说说如何更好地开展农村发展研究报告的写作？

主要参考文献

YIN R K. 2005. 案例研究方法的应用［M］. 海涛等译. 重庆：重庆大学出版社.

巴比. 2005. 社会研究方法［M］. 北京：华夏出版社.

陈方. 1997. 社会林业参与性快速评估技术［M］. 西南林学院社会林业培训班教材.

陈向明. 2004. 在参与中学习与行动［M］. 北京：教育科学出版社.

陈晓. 2005. 基于生态经济学模型的新疆可持续发展度量研究［D］. 新疆大学博士学位论文.

陈学圣. 1994. 技术经济系统分析与设计［M］. 北京：中国科学技术出版社.

陈佑启. 2000. 论农村生态系统与经济的可持续发展［J］. 中国软科学（8）：24-30.

仇立平. 2008. 社会研究方法［M］. 重庆：重庆大学出版社.

董恒秋. 1998. 国际合作扶贫攻坚的成功范例［M］. 昆明：云南科技出版社.

董明辉，魏晓. 2008. 区域农业可持续发展度评价——以环洞庭湖区为例［J］. 经济地理 28（3）：479-482.

董智勇，孙旖旎，赵玉. 2004. 中国农民家庭消费支出地区分布的聚类分析［J］. 经济与管理（10）

恩格斯. 1971. 自然辩证法［M］，北京：人民出版社.

范水生. 2007. 农村社会调查［M］. 北京：中国农业出版社.

费孝通. 1985. 社会调查自白［M］. 北京：知识出版社.

风笑天. 2005. 现代社会调查方法（第三版）［M］. 武汉：华中科技大学出版社.

风笑天. 2005. 社会学研究方法（第二版）［M］. 北京：中国人民大学出版社.

风笑天. 2001. 现代社会调查方法（第二版）［M］. 北京：中国人民大学出版社.

弗郎索瓦·佩鲁. 1987. 新发展观［M］. 北京：华夏出版社.

傅睿，胡希军. 2007. 浅析我国农村生态系统与城市生态系统的对比［J］. 山西建筑 33（14）：6-7.

高燕，王毅杰. 2002. 社会研究方法［M］. 北京：中国物价出版社.

管于华. 2005. 统计学［M］. 北京：高等教育出版社.

郭伟，肖兴伟. 2001. 一个农户生态经济系统的分析［J］. 沈阳农业大学学报 32（2）：94-98.

郭志刚. 2006. 社会统计分析方法［M］. 北京：中国人民大学出版社.

郝大海. 2005. 社会调查研究方法［M］. 北京：中国人民大学出版社.

何青. 2005. 运用观察法时如何杜绝误差［J］. 调研世界（7）.

何兴元. 2004. 应用生态学［M］. 北京：科学出版社.

洪睿，李波，崇洁等. 2008. 农户调查方法在退耕还林（草）工程研究中的应用［J］——以皇甫川流域为例. 中国生态农业学报 16（4）：995-999.

侯立白，李新然. 2004. 农村发展研究方法［M］. 北京：中国农业大学出版社.

坎迪达·马奇应，伊内斯·史密斯，迈阿伊特·穆霍帕德亚等. 1999. 社会性别分析框架指南［M］. 英国乐施会，社会科学出版社.

柯惠新，沈浩. 2005. 调查研究中的统计分析法［M］. 北京：中国传媒大学出版社.

李怀祖. 2000. 管理研究方法论［M］. 西安：西安交通大学出版社.

李淑英，周早弘，吴胜. 2009. 基于层次分析法的农民信息素质的评价［J］. 贵州农业科（5）.

李维长，何丕坤. 1998. 社会林业理论与实践［M］. 昆明：云南林业出版社.

李小云. 2001. 参与式发展概论［M］. 北京：中国农业大学出版社.

李新然. 2003. 以农民为中心的农村发展［M］. 云南：云南民族出版社.

李新然．2003. 以农民为中心的农村发展［M］．昆明：云南民族出版社．

李毓强．1998. 区位论的理论与应用［J］．化工设计（5）：41－43.

李忠波，叶青．2002. 盘锦某庭院生态系统能流和物流分析［J］．辽宁城乡环境科技，22（1）：54－56.

梁文举，郭秀银，杨玉兰．1998. 北方庭院生态系统能量分析及养分平衡研究［J］．自然资源学报，13（1）：28－33.

林碧仙．2008. 浅谈建设项目对农村生态系统的环境影响评价［J］．海峡科学（2）：42－44.

林定夷．1990. 科学的进步与科学目标［M］．杭州：浙江人民出版社．

刘新生，郑少锋，崔百胜．2003. 农业经济效益评价的综合指数法探讨［J］．西北农林科技大学学报（社会科学版）（05）．

刘旭强，张小斐．2004. 区域可持续发展度研究—以山东省为例［J］．统计与信息论坛，19（4）：36－39.

路遥、蒋永宁．2009. SWOT 分析在少数民族农村参与性发展中的应用［J］．全国商情——经济理论研究（8）．

罗慧，赵海峰，贺皓等．2007. 区域环境可持续发展度的评价体系及计算——以榆林市为例［J］．干旱地区农业研究 25（2）：167－174.

罗琳·摩塞．1993. 社会性别计划于发展：理论，实践与培训［M］．伦敦劳特利奇出版社．

骆世明，彭少麟．1996. 农业生态系统分析［M］．广州：广东科技出版社．

骆世明．2001. 农业生态学［M］．北京：中国农业出版社．

马国庆．2005. 应用统计学：数理统计方法、数据获取与 SPSS 应用［M］．北京：科学出版社．

马慧．2008. 参与观察法的引入与深化——读怀特《街角社会》［J］，阴山学刊（5）．

迈克尔·M. 尼塞．1998. 把人放在首位［M］．北京：中国计划出版社．

苗东生．1998. 系统科学精要［M］．北京：中国人民大学出版社

农业部人事劳动司．1997. 农村社会调查研究方法［M］．北京：中国农业出版社．

欧阳康，张明仓．2001. 社会科学研究方法．北京：高等教育出版社．

乔家君，熊剑．2006. 村域农田生态经济系统投入产出特征研究——以河南省巩义市吴沟村为例［J］．中国生态农业学报 14（1）：226－229.

单宜虎，黄贤金．2002. 县级区域可持续发展度预测评价——以江苏省高邮市为例［J］．扬州大学学报（人文社会科学版），6（2）：25－28.

石永明．2008. 农民工培训驱动机理研究——以重庆市璧山县为例［J］．西南大学学报（自然科学版）（10）．

石永明．2008. 农民工培训驱动机理研究——以重庆市璧山县为例［J］．西南大学学报（自然科学版）（10）．

水延凯．2003. 社会调查教程［M］．北京：中国人民大学出版社．

苏驼主编．1993. 社会调查研究方法［M］．天津：天津人民出版社．

孙海法，朱莹楚．2004. 案例研究法的理论与应用［J］．科学管理研究，（1）：116－120.

唐启义，冯明光．1997. 实用统计分析及其计算机处理平台［M］．北京：中国农业出版社．

佟新．2005. 社会性别研究导论［M］．北京：北京大学出版社．

王韩伟．2005. 投入产出分析在农业经济系统中的应用［J］．农机化研究（3）：36－38.

王红红，吴发启，李荣标．2008. 黄土高原沟壑区农户果业生态系统的能值分析［J］．西北农林科技大学学报（自然科学版），36（7）：64－70.

王嘉，王植，琚慧媛等．2007. 农业生态系统能量分析方法研究进展［J］．沈阳大学学报，19（2）：78－81.

王寿云．1996. 开放的复杂巨系统［M］．杭州：浙江科学技术出版社．

王晓军、孙拖焕．2007. 参与式监测评估理论与实践［M］．北京：中国林业出版社．

吴增基，吴鹏森，苏振芳 . 2005. 现代社会调查方法 . 2 版 [M] . 上海：上海人民出版社 .

向蓉美 . 2007. 投入产出法 [M] . 成都：西南财经大学出版社 .

项保华 . 2005. 案例研究方法和战略管理研究 [J] . 自然辩证法通讯 (5)：62 - 63.

徐碧美 . 2004. 如何开展案例研究 [J] . 教育发展研究 (2)：9 - 13.

徐国祯，李维长 . 2002. 社区林业 [M] . 北京：中国林业出版社 .

徐建华 . 1991. 农业生态经济系统分析 [M] . 兰州：兰州大学出版社 .

徐经泽 . 1993. 社会调查理论与方法 [M] . 北京：高等教育出版社 .

颜玖 . 2001. 观察法在社会科学研究中的应用 [J] . 北京市总工会职工大学学报 .

杨雯，曹秀娟 . 2008. 云南调查报告 [M] . 昆明：云南大学出版社 .

杨吾扬，梁进社 . 2000. 高等经济地理学 [M] . 北京：北京大学出版社 .

姚爱丽 . 2007. 主成分分析及其应用探讨—以山西省农村居民消费结构为例 [J] . 山西农业大学学报 (社会科学版) (02) .

叶敬忠，李小云 . 2002. 社区发展中的儿童参与 [M] . 北京：中央编译出版社 .

余建英，何旭宏 . 2003. 数据统计分析与 SPSS 应用 [M] . 北京：邮电出版社 .

袁德政，郑宝华，于晓刚 . 1992. 社会林业学概述 [M] . 昆明：云南省社科院农经所 .

袁方，王汉生 . 1997. 社会研究方法教程 [M] . 北京：北京大学出版社 .

张干 . 1997. 投入产出分析方法在区域经济预测分析中的应用 [J] . 渝州大学学报 (自然科学版)，14 (3)：71 - 80.

张文彤 . 2002. SPSS Ⅱ 统计分析教程 [M] . 北京：北京希望电子出版社 .

张彦，吴淑凤 . 2006. 社会调查研究方法 [M] . 上海：上海财经大学出版社 .

张艳明，马永俊 . 2008. 现代乡村生态系统的功能及其保护研究 [J] . 安徽农业科学，36 (6)：2517 - 2519.

张耀辉 . 2004. 农业生态系统能值分析方法 [J] . 中国生态农业学报，12 (3)：181 - 183.

张琢，马福云 . 2001. 发展社会学 [M] . 北京：中国社会科学出版社 .

赵群，孙大江，张洁，薛金玲 . 2000. 社会性比与技术生存环境 [M] . 云南：云南民族出版社 .

钟涨宝 . 2002. 农村社会调查方法 [M] . 北京：中国农业出版社 .

钟涨宝 . 2002. 农村社会调查方法 [M] . 北京：中国农业出版社 .

周道玮，盛连喜，吴正方等 . 1999. 乡村生态学概论 [J] . 应用生态学报，10 (3)：369 - 372.

周洪玲，郑松岩 . 2008. 教育科研资料的整理、分析与研究 [J] . 文教资料 (21) .

朱朝枝 . 2001. 农村社会调查原理与方法 [M] . 福州：福建人民出版社 .

CHEN FANG. 1997. Community - Forest Interactions Between the Wa People and the Nangun river National Natural Reserve , China. Maser Thesis Submitted to the Graduate School of the University of the Philippines Los Banos.

Food and Agricultural Organization of the United Nations. 1990. The Communities Tool Box：The Idea，Methods，and Tools for Participatory Assessment，Monitoring and Evaluation in Community forestry. Rome：Food and Agricultural Organization of the United Nations.

Food and Agricultural Organization of the United Nations. 1989. Community forestry：Participatory Assessment，Monitoring and Evaluation. Rome：Food and Agricultural Organization of the United Nations.

图书在版编目（CIP）数据

农村发展研究方法/侯立白，李新然主编．—2版．—北京：中国农业出版社，2010.12（2017.12重印）

普通高等教育“十一五”国家级规划教材　全国高等农林院校“十一五”规划教材

ISBN 978-7-109-15098-0

Ⅰ.①农…　Ⅱ.①侯…②李…　Ⅲ.①农村经济—经济发展—研究方法—中国—高等学校—教材②农村—社会发展—研究方法—中国—高等学校—教材　Ⅳ.①F323-3②C912.82-3

中国版本图书馆CIP数据核字（2010）第205368号

中国农业出版社出版

（北京市朝阳区农展馆北路2号）

（邮政编码 100125）

策划编辑　何晓燕

文字编辑　何晓燕

中国农业出版社印刷厂印刷　新华书店北京发行所发行

2004年7月第1版　2010年12月第2版

2017年12月第2版北京第3次印刷

开本：787mm×1092mm　1/16　印张：22.75

字数：537千字

定价：47.50元